QUALIDADE com HUMOR

Volume 3

Victor Mirshawka

Qualidade com Humor

Volume 3

DVS EDITORA

www.dvseditora.com.br

São Paulo, 2007

Qualidade com Humor - volume 3
Copyright© 2007 DVS Editora
www.dvseditora.com.br

Todos os direitos para a língua portuguesa reservados pela editora.
Nenhuma parte desta publicação poderá ser reproduzida, guardada pelo sistema *retrieval* ou transmitida de qualquer modo ou por qualquer outro meio, seja este eletrônico, mecânico, de fotocópia, de gravação, ou outros, sem prévia autorização, por escrito, da editora.

Produção gráfica: Spazio Publicidade e Propaganda Ltda.
Diagramação e ilustrações: Diventare Criação e Propaganda Ltda.
ISBN: 978-85-88329-43-0

Dados Internacionais na Catalogação da Publicação (CIP)
(Câmara Brasileira do Livro, SP, Brasil)

```
Mirshawka, Victor, 1941- .
   Qualidade com humor, volume 3 : sabedoria
superior com uma pitada de humor / Victor
Mirshawka. — São Paulo : DVS Editora, 2007.
   Bibliografia.
   ISBN 978-85-88329-43-0

   1. Administração - Humor, sátira etc.
2. Competitividade 3. Criatividade em negócios
4. Empreendedorismo 5. Liderança 6. Mirshawka,
Victor, 1941- 7. Planejamento de qualidade
I. Título.
```

```
07-8874                                    CDD-658.40130207
```

Índices para catálogo sistemático:
1. Qualidade : Administração : Tratamento
humorístico 658.40130207

Dedicatória

Dedico este livro à minha querida mulher Nilza Maria, a incrível companheira de mais de 42 anos de vida em comum, a incansável e carinhosa mãe de nossos três filhos, a inspiradora das minhas ações, a insufladora de toda a energia que precisei para poder transpor as barreiras na estrada da vida, e a inseparável companheira dos inolvidáveis e mais felizes momentos da minha existência.

Parafraseando o poeta Carlos Drummond de Andrade:

"Esse longo caminho percorrido lado a lado, nos bons e maus momentos, fez de nós dois um ser unificado pelos mais profundos e ternos sentimentos.

A gente sempre se amando nem viu o tempo passar.

O amor foi-nos ensinando que é sempre tempo de amar."

Obrigado por todo esse tempo, Nilza Maria!!!

Prefácio com um Relato Autobiográfico

Elaborei este livro em vários volumes justamente para poder continuar fazendo o trabalho de que mais gosto, que é aquele de poder dialogar com os alunos-aprendizes de todos os níveis e idades – discutindo e apresentando temas que de alguma forma têm relação com a melhoria da qualidade humana, tanto no contexto individual como no da sociedade no seu todo.

É por isso que abordei assuntos que vão desde a eficácia do atendimento até a influência da religião na vida de um povo, desde os exemplos de uma eficiente liderança até os progressos de uma nação, desde o incremento da capacidade individual até a validez do trabalho em equipe, etc.

Tudo isso sempre acompanhado de mensagens humorísticas, através de imagens, de pequenas historietas, de relatos cômicos e de comentários ou reflexões satíricas para tornar a leitura do livro mais amena e atraente.

Uma coisa que gostaria de passar aos leitores é que não acredito muito em motivação externa, mas sim em automotivação.

E o segredo, então, é descobrir o que o motiva.

Nesse sentido, é preciso aprender a perceber a si mesmo.

Para tanto, é necessário fazer constantes autocríticas, parando regularmente para analisar como anda a sua vida, efetuando um balanço entre o planejado e o conquistado.

É vital, pois, fazer periodicamente uma **introspecção** da própria vida.

É imprescindível também ouvir quem o ama.

Nesses mais de 40 anos de vida em comum, eu pude inúmeras vezes perguntar à minha querida esposa: "Amor da minha vida, como é que eu sou?"

Foi dela que recebi a observação dos meus pontos fracos e fortes; o consolo para não ficar triste quando algumas pessoas não me viam como gostaria que vissem; a sugestão de manter sempre o brilho nos olhos e, principalmente, para sorrir, pois o sorriso, além de ser uma fantástica "arma de *marketing*", é também um valioso termômetro para que cada um possa medir o seu grau de automotivação.

Você, meu caro(a) leitor(a), anda sorrindo para a vida ou está esperando que ela sorria para você?

O importante é que além de sorrir para os outros, pude viver com Nilza Maria, com a minha família e com os meus amigos sorrindo bastante...

E o incrível é que ninguém me orientou sobre o que fazer para achar alguém que eu fosse amar para sempre e conseguir reciprocidade dessa pessoa.

Tampouco eu sabia, quando jovem, que Santo Tomás de Aquino aconselhava: "É essencial amar a Deus para poder amar o próximo.

E para que haja amor verdadeiro, se requer que a pessoa queira o bem de alguém na medida que lhe cabe.

Na verdade, quando se quer bem a alguém, só pelo fato desse bem redundar em bem para outros, este alguém é amado por redundância."

Nesse ponto, gostaria de citar o que diz Suzi Malin sobre as três categorias visuais do amor – ecoísmo, harmonismo e prima-copulismo – e a categoria não-visual denominada **amor sereno**.

No **harmonismo**, o casal compartilha proporções faciais semelhantes, quando a possibilidade de reciprocidade é boa. O harmonismo funciona para muitos casais, porém há também um significativo índice de fracasso, pois a relação começa pela aparência física. O tempo com certeza fará com que a beleza desapareça e, a menos que encontrem a "beleza interior", o amor do casal pode diminuir muito ou até morrer. Para a maioria, porém, o harmonismo funciona bem, pois não ser mais o centro das atenções acaba até sendo uma vantagem (!?!?) quando as dificuldades aparecem. Apesar disso, algumas mulheres harmonistas fazem de tudo para se manterem atraentes (por sinal, a indústria cosmética viceja com o amor harmonista), e o envelhecimento lhes causa ansiedade.

No **ecoísmo,** o amor visual não é definido pelas proporções do rosto do casal, como no harmonismo, mas por três principais traços da face: a linha superior da pálpebra, a linha superior dos lábios e a curva da sobrancelha. O exterior da pessoa reflete o interior, portanto, os ecoístas são sempre pessoas semelhantes, ou seja, constituem o grupo de amor das "almas gêmeas". Casais ecoístas têm um grande privilégio: são autênticos, não receiam julgamento da pessoa com quem vivem, se divertem juntos, compartilham da mesma "visão" em vários assuntos, adotam os mesmo passatempos e interesses. Uma união ecoísta traz felicidade, porém o preço é a sensação de ausência quando se perde o outro. A dor de sobreviver ao outro se torna maior pela perda do(a) amigo(a) que era tão necessário...

Prima-copulismo é a atração baseada na semelhança visual da pessoa com o seu primeiro laço afetivo (mãe, babá, parente próximo, etc.). Prima-copulismo é o amor original, alimentado por algumas necessidades e inseguranças infantis. Se o primeiro laço estiver ausente nos primeiros anos, maior será a necessidade de plenitude emocional. Os homens, em particular, se atiram nesses relacionamentos sem vacilar, não importando cargos e responsabilidades. Por instinto, confiam nessa mulher por ser o amor que os leva de volta ao berço, quando confiança e afeto eram as primeiras lições. Geralmente, num relacionamento prima-copulista, a mulher tem o poder, pois a mãe (ou sua substituta) sempre sabe mais. Porém, não há equilíbrio no prima-copulismo, pois ele é involuntário e sufocante, deixando os parceiros vulneráveis. Quando um casal se encaixa nas três categorias visuais, acontece o amor de uma pessoa que lembra o primeiro laço afetivo da outra (a categoria mais poderosa de todas), além das características partilhadas de harmonismo e ecoísmo.

Existe uma outra categoria de amor relacionada a uma "atração não-visual" entre duas pessoas. Não significa que os parceiros não sejam atraentes, mas nesse caso o visual não é fundamental para a aproximação. Chama-se a este "encantamento" de amor sereno. No amor sereno não há similaridade facial nem nos traços principais, nem nas proporções matemáticas. Também não é prima-copulista, pois os parceiros não se remetem aos seus respectivos primeiros laços afetivos.

É uma atração baseada em calor humano e amizade!!!

Envolvente, pode passar despercebida nas primeiras etapas, mas, aos poucos, um sente que o outro pode ser a "pessoa ideal". Pois é, talvez os processos visuais sejam a chave para se ter sucesso no amor, o problema é que os jovens não são instruídos para usar bem esses processos e tampouco sabem o que é um amor sereno.

E não poderia ter sido diferente comigo quando eu tinha só 17 anos...

Existem muitos livros sobre o amor nas bibliotecas e nas livrarias do mundo.

O amor de que tratam esses livros é aquele que aproxima um homem de uma mulher (como foi explicado há pouco), permitindo-lhes criar a vida, como foi o nosso caso – tivemos a felicidade de ter e educar três filhos maravilhosos: Victor Jr., Sergio e Alexandre.

Na realidade, não precisei ler muito sobre esse amor, pois o encontrei na prática, na convivência com Nilza Maria, e principalmente dentro do ambiente da nossa casa.

Todo ser humano pode conhecer, dentro da sua casa, tudo aquilo que vale a pena conhecer, ou seja, a beleza, a inocência, a culpa, o sentido da dor e principalmente o amor de uma mulher.

E se alguém acha que para aprender muito sobre a vida deve viajar bastante e ter inúmeros relacionamentos, por certo erra se antes não explorar tudo o que tem dentro da própria casa e com a pessoa com quem se casou e está sempre ao seu lado.

Com Nilza Maria foi possível sonhar, o que nos deu uma fonte ilimitada de energia e entusiasmo.

E com a Nilza Maria foi gostoso sonhar, pois graças a ela poucas vezes acabamos falando: "Poderia ter sido de outra forma ou acontecido algo diferente!!!"

A nossa vida junto com os nossos filhos foi muito feliz porque sempre soubemos sonhar, e assim sempre tivemos algo para fazer, para amar e para esperar, até que se concretizassem os nossos objetivos a partir dos nossos esforços.

Tive a felicidade, nesses mais de 40 anos de vida compartilhada com Nilza Maria, de sempre achar o caminho de casa, e apesar de cada vez mais conhecido, ser aquele que tinha as melhores cores e formas, os mais agradáveis sons e os delicados perfumes.

E então pudemos formar uma família maravilhosa, hoje aumentada com três noras e seis netos.

Mas como o destino me fez conhecer Nilza Maria?

Aí vai um rápido relato desse crucial acontecimento para a minha vida...

Não podia ouvi-la nem cheirá-la.

Apenas vê-la, e a uns 15 metros de distância, em um daqueles bailinhos organizados pelos alunos do científico – curso colegial de hoje. Mas foi o suficiente para me apaixonar por ela.

Nenhum outro momento afetou mais a minha vida.

Foi assim que, em 1958, conheci o amor da minha vida: Nilza Maria!!!

Namoramos os dois anos do colegial e mais cinco anos, durante os quais me formei engenheiro pela Universidade Mackenzie.

Durante esses sete anos, planejamos muito e até começamos a economizar, abrindo uma conta conjunta para que pudéssemos ter, no futuro, o nosso lar e a nossa família.

De fato, naquela época, além de estudar, aprendi a jogar basquetebol, com o qual

Prefácio **11**

alcancei muitas conquistas, inclusive tornando-me campeão mundial em 1963, na competição que aconteceu no Rio de Janeiro; campeão mundial universitário no mesmo ano, em Porto Alegre, e medalha de bronze nos Jogos Olímpicos de Tóquio, em 1964.

Aliás, pratiquei intensamente esse esporte por mais de 20 anos, tendo jogado nas equipes do Tietê, Sírio, Palmeiras, Monte Líbano, e uma passagem rapidíssima num torneio mundial interclubes fazendo parte do Corinthians.

É evidente que nessas duas décadas de prática esportiva, muitos títulos regionais, nacionais e sul-americanos tive a possibilidade de conquistar. Isso me obrigou a fazer diversos "malabarismos" para poder continuar estudando com dedicação, e mais tarde lecionando em várias instituições de ensino superior – Universidade Mackenzie, Escola de Engenharia Mauá, Fundação Armando Alvares Penteado (FAAP) e Fundação Educacional de Bauru – e não deixar de conviver intimamente com a minha família.

Além disso, para poder ganhar algum dinheiro, ainda como estudante de engenharia comecei a escrever textos – na época chamados de apostilas –, que mais tarde se transformariam em livros editados pela Livraria Nobel. Usei esses livros nas várias disciplinas que tive oportunidade de lecionar, como Matemática Superior, Cálculo Numérico, Cálculo Integral e Diferencial, Estatística, Pesquisa Operacional, Física, Mecânica, Eletricidade e Circuitos Elétricos.

Nilza Maria era a digitadora, a revisora, a pessoa que intercalou comigo os fascículos – que no seu conjunto constituíam uma apostila – e, no final, a controladora da distribuição e venda desses textos.

Foi com a sua ajuda constante que consegui publicar dezenas de livros didáticos, que foram extremamente úteis para que as minhas aulas, e mais tarde as minhas palestras, tivessem um conteúdo consistente, e que eu pudesse de fato transmitir aos meus alunos informações sobre algo que conhecia com mais profundidade.

Com os ganhos do meu trabalho como professor universitário e com alguma ajuda do esporte, conseguimos economizar dinheiro suficiente para comprar a nossa casa, e aí pensamos que já era tempo de termos uma família maior.

O nosso casamento aconteceu em 29 de junho de 1965, o nosso primeiro filho, Victor, nasceu em 20 de dezembro de 1969, e os outros dois: Sergio e Alexandre, vieram ao mundo respectivamente em 19 de novembro de 1971 e 18 de setembro de 1976.

Assim, a década de 70 foi realmente aquela em que Nilza Maria cuidou intensamente do crescimento e da educação dos nossos três filhos, sem nunca deixar de me auxiliar na transposição de todos os obstáculos e desafios que encontrei na minha carreira, bem como de compartilhar comigo os sofrimentos de várias frustrações que foram acontecendo na estrada da vida...

A década de 70 foi vital para o meu desenvolvimento como gestor, porquanto aceitei, em 1972, o convite para ser vice-diretor da Faculdade de Engenharia da FAAP.

Em 1976, fui escolhido como diretor da Faculdade, cargo no qual permaneci até 1988.

A partir desse momento, foi preciso aprender a lidar com os anseios das pessoas: dos alunos, com seus problemas particulares; dos professores, que não conseguiam esquecer suas atribulações pessoais nas salas de aula; e dos funcionários, muitas vezes não valorizados adequadamente na sua contribuição ao processo educacional.

Foi aí que comecei a me envolver mais com as questões de administração, até porque também passei a lecionar nas Faculdades de Administração e Economia da FAAP.

Fiz vários cursos que me permitiram adquirir conhecimentos de como se deve proceder para poder liderar pessoas, tomar decisões (algumas intuitivas), desenvolver trabalho em equipe, comandar reuniões, etc.

Nasceu aí também o gosto e a preocupação com a **qualidade,** quando comecei a escrever livros sobre o assunto, abordando os problemas de produção, a melhoria de processos, o aperfeiçoamento dos serviços, e principalmente enfocando o tema qualidade de vida, navegando nas águas do sucesso pessoal e da emoção.

Por sinal, foi no início da década de 80 que o Brasil começou a acordar para a eficácia industrial, e as empresas nacionais voltaram-se de forma intensa para a melhoria da qualidade, inspiradas no maravilhoso exemplo de sucesso do Japão, um país vencedor no mundo através de seus produtos inovadores e de sua qualidade.

Se viajei para várias partes do mundo como jogador de basquete, ao me envolver com a qualidade fui convidado a ministrar inúmeras palestras para as mais diversas organizações, em praticamente todos os Estados do Brasil. Bem, aí fiz centenas de viagens!!!

Mas foi maravilhoso conhecer de perto os costumes e especialmente as maravilhas do nosso País, do Amazonas ao Rio Grande do Sul.

Em muitas dessas viagens, tive ao meu lado a minha companheira inseparável, Nilza Maria, e às vezes até de todos os meus filhos, podendo assim sentir o efeito daquele *slogan*: **"Família que trabalha junto, também se diverte junto!!!"**

Cheguei a pensar seriamente que devia deixar de lecionar nos cursos de graduação, até porque as constantes viagens atrapalhavam ou impossibilitavam a minha presença nos horários predeterminados para as aulas nas faculdades da FAAP, na Escola de Engenharia Mauá e na Universidade Mackenzie.

Assim, para minimizar os conflitos, a melhor solução foi a redução drástica do número de aulas nos cursos de graduação, e a liberação de três dias por semana para atuar mais como palestrante e consultor. Dediquei uma parte do tempo reservado à docência para envolver-me com a nascente área da informática no Brasil, escrevendo mais de uma dezena de livros sobre as linguagens FORTRAN e BASIC, além do *Fazendo maravilhas com a Grafix*, no qual era explicado o uso da impressora mais vendida naquela época.

Nesse período, graças ao estímulo do amigo Milton Mira de Assumpção Filho, na época à frente da Makron *Books*, escrevi 12 livros, a maioria abordando qualidade, confiabilidade e manutenção, entre os quais *Os 14 princípios do Dr. Deming – A vez do Brasil*, apoiado também pelo engenheiro Celso Varga, então presidente de uma das empresas mais importantes do Brasil, a Freios Varga.

Foram vendidas algumas dezenas de milhares de cópias desse livro, e só no ano de 1987 cheguei a dar 85 palestras sobre o que estava escrito nele, em diferentes empresas e locais do Brasil.

Realmente esse livro marcou muito a minha vida, e não posso deixar de lembrar que quem o leu três vezes antes de ser lançado foi Nilza Maria, que inclusive estava apta a me substituir nas palestras que ministrei em tantos lugares, caso quisesse...

Foi seguramente de tanto discutir e propor a implementação dos 14 pontos do Dr. Deming que me vieram muitas idéias novas, ou seja, aprofundar meus conhecimentos em tópicos como a criatividade e a inovação, o aprendizado acelerado, o trabalho em equipe, o desenvolvimento de competências, em particular a liderança, a qualidade de vida, o aconselhamento de pessoas e a gestão de conflitos, a administração pública, o empreendedorismo, a responsabilidade social, o capital intelectual, etc.

Aí surgiu a idéia de publicar uma revista que abordasse a qualidade e todos esses temas. Assim surgiu a *Qualimetria*, hoje apoiada pela FAAP, o que fez com que eu procurasse conhecer mais profundamente novas áreas de conhecimento.

Tudo isso foi muito rico, pois permitiu-me um desenvolvimento ímpar.

Claro que, como extensão de diversos artigos que escrevi para a *Qualimetria*, já com mais de 16 anos de existência, surgiram livros abordando especificamente esses tópicos, os quais agora são novamente analisados na coleção *Qualidade com Humor*, da DVS Editora.

Em 1992, tive uma nova mudança na minha vida, quando recebi o convite para fazer parte da diretoria da entidade mantenedora da FAAP, compondo a mesma com o seu atual presidente, Antonio Bias Bueno Guillon; o seu diretor-tesoureiro, Américo Fialdini Jr.; e, como presidente do Conselho Curador, Celita Procopio de Carvalho.

Foi um desafio para o qual não tinha me preparado, pois entre as novas funções precisaria lidar com mais de mil professores, buscando atualizar os currículos nas várias faculdades da FAAP, oferecer um **ensino de alta qualidade** e, além disso, poder complementá-lo com cursos de especialização e pós-graduação que permitissem aos estudantes da FAAP ter uma formação sólida e que lhes possibilitasse destaque no mercado de trabalho.

Foram inúmeros os cursos, seminários e congressos dos quais participei, tanto no Brasil como no exterior, para conhecer o que estava sendo feito nas melhores instituições de ensino e organizações de treinamento do mundo.

Como resultado, foram surgindo várias novidades, como foi a introdução obrigatória da Criatividade em todos os cursos de graduação e pós-graduação da FAAP; a implementação do projeto Reeducação para todos os docentes da instituição, que tem como um dos seus produtos principais o Máster em Tecnologia da Educação (MTE), um curso de pós-graduação apenas para os seus professores; e o inovador curso de administração pública Gerente de Cidade, sugerido pelas principais lideranças do setor de construção civil que comandam associações de classe, como a Fiabci e o Secovi.

Atualmente, o curso Gerente de Cidade é oferecido em inúmeras cidades do Brasil e já teve até mesmo duas realizações em Buenos Aires, numa parceria da FAAP com a Universidade de Belgrano.

Sistematicamente, a FAAP divulga como é possível fazer "mais com menos" na gestão das cidades, na sua revista *Gerente de Cidade*.

No cargo de diretor cultural da FAAP, um grande benefício para a minha carreira foi sem dúvida a possibilidade de me envolver bastante com a cultura e a arte.

É certamente na FAAP que, nesta última década, aconteceram algumas das mais importantes exposições que se organizaram em São Paulo, com obras dos mais importantes museus da Europa, como é o caso da mostra *A Herança dos Czares*, apresentada em 2005, com peças do acervo do Museu do Kremlin de Moscou.

A FAAP, num trabalho exemplar da sua diretoria executiva e da presidente do Conselho Curador, convidou sistematicamente as maiores personalidades mundiais para pronunciar palestras, estando nessa lista os ex-presidentes dos EUA George Bush e Bill Clinton, bem como os ex-presidentes do Brasil José Sarney e Fernando Henrique Cardoso.

Ministros, governadores, prefeitos, parlamentares, os mais destacados empresários, artistas e educadores brindam continuamente os professores, alunos e convidados da FAAP com as suas "lições de vida".

Foi de fundamental importância para mim, nesta última década, poder ouvir e aprender tanto com pelo menos duas centenas das mais privilegiadas cabeças do mundo que vieram à FAAP expor suas idéias.

A propósito, isso me convenceu mais ainda da importância de que se deveria ensinar aos jovens que ingressam na FAAP não apenas uma profissão, mas dar-lhes a capacidade de usar de forma plena os dois lados do seu cérebro. Isto é, serem aptos a desenvolver o seu raciocínio lógico, bem como a possuir uma inteligência emocional que lhes permita ter a habilidade social, ou melhor, saber lidar com a socialização mostrando afetividade, compaixão e atenção com os outros.

Tratei de passar aos meus professores que seria vital que eles, além de ensinarem alguma disciplina específica, buscassem desenvolver nos seus estudantes as dez funções vitais da inteligência humana:

1ª Saber pensar antes de reagir.

2ª Expor e convencer, e não impor, as suas idéias.

3ª Aprender a importância da solidariedade, fazendo de tudo para aliviar a dor dos outros.

4ª Saber gerenciar os seus pensamentos dentro e fora dos focos de tensão.

5ª Saber se colocar no lugar dos outros.

6ª Dedicar um tempo para contemplar o belo que está ao seu redor.

7ª Dominar a arte de amar a vida e tudo que a promove.

8ª Saber trabalhar em equipe.

9ª Ter espírito empreendedor, sabendo sair da zona de conforto e poder caminhar por terrenos desconhecidos.

10ª Ter a aptidão para superar o medo e saber extrair lições das perdas e frustrações.

Dessa forma, o que os docentes da FAAP procuram hoje ensinar aos seus alunos não é apenas um conjunto de conhecimentos ligados a uma disciplina, mas um conjunto de valores e princípios que possibilita aos estudantes alçar a sua qualidade de vida a um patamar bem elevado.

Isso realmente fez com que a FAAP fosse adquirindo uma grande respeitabilidade, pela forma como lida com a educação.

Hoje, no início do século XXI, estou vivendo em alto astral, pois posso conviver com a educação, a arte e a cultura, uma **trindade maravilhosa**, sentindo que fui e estou sendo útil à sociedade.

Nestes mais de 40 anos que se passaram desde que me formei engenheiro, lecionei mais de 90 mil de horas, para mais de cem mil estudantes, ministrei mais de duas mil palestras para várias dezenas de milhares de pessoas diferentes, escrevi mais de uma centena de livros e apostilas, elaborei milhares de artigos destinados principalmente a publicações como *Qualimetria*, *Gerente de Cidade* e *Revista de Engenharia* da FAAP e, durante todo esse trabalho, sempre tive a ajuda e os comentários construtivos da minha querida Nilza Maria, ao lado da qual já estou há mais de 360 mil horas, e espero que Deus me permita mais algumas centenas de milhares de horas em sua companhia...

Para que, entre outras coisas, possamos rir muito juntos.

Aliás, a risada espanta a ansiedade, ajuda a lidar com o estresse, a depressão, o medo e a preocupação.

Ela inclusive pode estimular o processo de cura de doenças.

Um sorriso amplo, voluntário e descontraído traz grandes benefícios físicos, psicológicos, sociais e até espirituais.

Por isso mesmo, esta coleção de livros – no mínimo cinco volumes – tem piadas e historinhas para que o leitor desfrute desses benefícios.

A risada é como uma ginástica interna.

Ela melhora o nosso sistema respiratório, ajuda a oxigenar o corpo, relaxa os músculos e é um ótimo analgésico.

Além disso, reduz a pulsação e a pressão arterial.

A risada pode abrir o caminho para um novo e empolgante olhar para a vida, pois é uma linguagem universal capaz de romper barreiras raciais e culturais.

É impossível ficar bravo ou preocupado quando se ri, uma vez que o estresse e a tensão são incompatíveis com a risada.

A risada tem baixo teor calórico, não contém cafeína, sal, preservativos ou aditivos, é 100% natural e vem em tamanho único.

A risada é realmente um dom de Deus.

Você pode rir sem parar e nunca terá uma *overdose*...

A risada é contagiosa.

Quando começa, nada é capaz de contê-la.

A risada geralmente não comete ofensas nem crimes, não começa guerras nem acaba como um relacionamento.

Ela é compartilhada por quem ri e para quem se ri.

Ela freqüentemente não custa muito (ou até nada...) e não é tributável!!!

A risada acaba se constituindo numa criadora de tendências.

E se alguém encontrar uma forma de rir logo ao acordar, essa alegria pode continuar pelo resto do dia.

Um dos usos mais construtivos da risada é quando **conseguimos rir de nós mesmos**!!!

Quando conseguimos isso, não deixamos espaço para que os outros riam de nós.

O humor pode existir em praticamente todas as situações do dia-a-dia, como pude comprovar com Nilza Maria e com os meus filhos, durante o crescimento deles.

Se pararmos para pensar e olharmos cuidadosamente à nossa volta, sempre vamos descobrir razões para compartilhar alegria.

Quando rimos, é como se declarássemos: **"Estou bem. Você está bem."**

É às vezes a maneira de aceitarmos o que não podemos mudar...

O fato é que o palhaço que existe dentro de cada um de nós não precisa usar uma roupa colorida e ter o rosto pintado.

O palhaço que existe dentro de você deve achar que a vida é uma alegria e vale a pena ser vivida.

Ele pode ser um lado seu que precisa das pessoas e que pode viver em harmonia com elas.

A risada deve ser a força motriz que reacende a chama e o fulgor da sua vida.

Na verdade, é importante ressaltar que não é necessário que uma pessoa saiba contar piadas para "entreter" os outros, mas é essencial que tenha senso de humor, pois o efeito do humor principalmente para o sucesso da vida conjugal é enorme.

Pode-se até afirmar que os maridos e mulheres que rirem juntos amarão juntos e permanecerão juntos!!!

Pois é, o otimismo e o senso de humor que Nilza Maria me passou todos esses anos foram certamente os componentes mais poderosos que fizeram com que o nosso casamento fosse tão duradouro.

Aprecie, caro(a) leitor(a), as piadinhas deste livro, e certamente isto o(a) auxiliará a ter um melhor relacionamento com o(a) seu(sua) parceiro(a).

O que realmente lhe desejo é que isto sirva para que você tenha um(a) confidente e companheiro(a) como a minha insubstituível Nilza Maria.

Foi Nilza Maria quem, nesses quase cinqüenta anos (estou incluindo o tempo de namoro...) de convivência, sempre me proporcionou a condição de **ser feliz**.

Ser feliz não é só ter uma vida isenta de perdas e frustrações, mas, ao contrário, a condição que permite transformar os erros em lições de vida.

Ser feliz é saber extrair das pequenas coisas grandes emoções, encontrando todos os dias motivos para sorrir, rindo das próprias tolices.

Ser feliz é não desistir de quem se ama, mesmo se houver decepções.

Ser feliz é nunca deixar de sonhar, mesmo quando se tiver pesadelo.

Ser feliz é ser sempre jovem, mesmo se os cabelos começarem a embranquecer...

A vida junto com Nilza Maria fez com que eu não percebesse a passagem dos anos, sentindo-me sempre jovem ao seu lado, pois ela me inspirou a ter esperança e a estar apaixonado pelo que fazia, não deixando nunca de sonhar com novas realizações.

Isso é que é ser feliz!!!

Foi Nilza Maria também quem me ajudou a navegar (e continua ajudando...) nas águas da emoção, possibilitando-me ter qualidade de vida no estressante mundo em que vivemos.

Aceito a idéia de que existem dois tipos de sabedoria: a inferior e a superior.

A sabedoria inferior é aquela evidenciada por quanto uma pessoa já sabe, e a superior é mostrada por quanto ela tem consciência de que não sabe.

Todos os assuntos apresentados neste livro indicam claramente o quanto eu não sabia, e imagino que isto também aconteça com o leitor.

Espero com esta coleção de livros estar colaborando para que o leitor eleve o patamar de sua sabedoria superior, tornando-se um eterno aprendiz.

Quanto mais um indivíduo desenvolve a sua sabedoria superior, mais saberá tolerar e menos usará a sabedoria inferior para julgar.

É vital que cada um saiba que a sabedoria superior alivia, a inferior culpa, e é a superior que o leva a perdoar, enquanto a inferior força-o muitas vezes a condenar.

A sabedoria superior faz com que cada um aplique a "sabedoria da água", que faz com que os seres humanos bloqueiem menos as portas, não gastando as suas energias no confronto, mas sim procurando janelas!!!

A "sabedoria da água" nos ensina que essa substância essencial para a vida, inicialmente, não procura discutir com os seus obstáculos, mas busca contorná-los...

Caro(a) leitor(a), espero que a leitura deste livro lhe permita incrementar significativamente a sua sabedoria superior!!!

Aproveite, pois, o que está neste terceiro volume da coleção.

Índice

DEDICATÓRIA _____ **5**

PREFÁCIO _____ **7**

AMBIÇÃO _____ **20**
Você conhece os segredos da ambição? 33

AMOR _____ **40**
O que é o amor? 45

COMPETIÇÃO _____ **60**
Como está a competição? 65

COMPORTAMENTO _____ **80**
As promessas precisam ser cumpridas, não é? 88

DIVERSIDADE _____ **109**
Por que se deve aprender sobre outras expressões de fé? 113

EFICIÊNCIA _____ **120**
É só no ano-novo que você pensa sobre sua eficiência pessoal? 124

EMPREENDEDORISMO _____ **133**
O que se deve aprender com os princípios da Gatorade? 138

ESTEREÓTIPOS _____ **149**
As mulheres acreditam em estereótipos sobre si mesmas? 151

ÉTICA _____ **165**
Por que a ética é tão importante? 168

EVOLUÇÃO _____ **181**
Você sabe que existe um prêmio Darwin para acabar com os desastrados? 187

EXECUÇÃO _____ **197**
Qual é o ponto fraco de muitos gestores líderes? 198

FELICIDADE _____ **203**
Como proceder para viver melhor? 206

FILANTROPIA _____ **213**
Quem é que está alavancando a filantropia? 216

GESTÃO _____ **225**
Como é difícil trabalhar com um idiota? 229

INSUCESSO _____ **237**
Quais são os sete hábitos de pessoas espetacularmente malsucedidas? 240

INTELIGÊNCIA INTERCULTURAL _____ **248**
O que vem a ser inteligência cultural? 260

LIDERANÇA _____ **265**
É possível liderar sem inteligência emocional? 268

MARKETING 1 _____ **279**
Como se pode desvendar os segredos do _marketing_? 284

MARKETING 2 _____ **291**
Você entende a vital importância do "buxixo"? 296

MENTIRAS _____ **305**
Por que as pessoas contam mentiras?

METAEDUCAÇÃO _____ **313**
O que é a metaeducação? 319

PENSAMENTO ESTRATÉGICO _____ **340**
Qual é a necessidade do pensamento estratégico? 341

PODER _____ **350**
Como proceder para se tornar um executivo poderoso?

QUALIDADE DE VIDA _____ **361**
Qual é o melhor negócio da vida?

SETE PECADOS _____ **371**
Como você se comporta em relação aos Sete Pecados capitais? 372

VELOCIDADE 1 _____ **380**
A condição essencial para ter sucesso nos negócios no século XXI é a velocidade?

VELOCIDADE 2 _____ **386**
A era da velocidade influencia a todos?

VENDAS _____ **396**
Como proceder para ser um grande vendendor? 400

BIBLIOGRAFIA _____ **413**

A importância do bom humor!

Antes de começar a apresentar os novos temas desse terceiro volume, convém discutir um pouco a **importância** do bom humor.

O ser humano moderno está sempre buscando alternativas, fórmulas e respostas sobre como **viver melhor**, como **ser bem-sucedido**, como ser **saudável**, **feliz** e assim por diante.

E a procura aponta para várias direções, desde o uso da tecnologia mais avançada e a ciência tradicional até as vertentes místicas.

Um caminho válido, mas não único, pode ser visto sob o paradigma de que tudo que precisamos está dentro de nós, **basta sabermos chegar a isto.**

Neste terreno, nada cabe tão bem quanto valer-se do **bom humor** e o seu produto físico, o **riso**.

Para qualquer situação, qualquer tipo de dor, em qualquer contexto, o riso oferece uma saída (quase como uma alavanca mágica), um consolo, uma afirmação, um aprendizado!!!

A cultura popular amplia muito as benesses do poder do riso com expressões do tipo: "Melhora a auto-estima", "Desopila o fígado", "Gera uma sensação de bem-estar", "Evidencia a inteligência e criatividade de uma pessoa", "Facilita o aprendizado", "Desarma os raivosos", "Liberta as emoções reprimidas, ou seja, estimula a soltar a franga..." e assim por diante.

O fato é que o riso nos livra do vazio, por um lado, e do pessimismo, por outro, mantendo-nos acima do que fazemos e num nível superior ao que pode nos acontecer!!!

Basta qualquer um de nós ouvir uma gargalhada gostosa para cair na risada também, não é?

Quase sempre é assim.

Quem nunca passou por isso que seja o primeiro a fechar a cara.

A situação da qual a outra pessoa está rindo pode nem ser exatamente tão engraçada assim para você, mas só de ouvir o som do ha-ha-ha a sua feição logo muda.

E o que pode parecer apenas uma impressão tem agora uma explicação científica.

O riso é contagioso sim!!!

A causa é a ação dos chamados "neurônios-espelho" que tendem a copiar o comportamento do nosso interlocutor.

O papel dessas células já é bem conhecido nos aspectos visuais da comunicação entre primatas, principalmente no que se refere a atividades motoras. Por exemplo, quando duas pessoas estão conversando e uma cruza a perna ou os braços –, ou ainda mexe no cabelo, ou franze a testa, quase imediatamente a outra vai fazer a mesma coisa!?!?

Acredita-se que são os neurônios-espelho que explicam também porque bocejamos ao ver outra pessoa abrir a boca e nos emocionamos ao ver um filme triste.

Eles estão ligados a nossa capacidade de compreender o sentimento de outras pessoas, imitar gestos e entender o seu significado.

Recentemente foi publicado na revista especializada *Journal of Neuroscience* o trabalho de uma equipe de pesquisadores liderados por Sophie Scott, do Instituto de Neurociência Cognitiva, da University College London, que demonstrou que as regiões do córtex pré-motor (área do cérebro ligado à linguagem) ativadas durante os movimentos faciais também estão envolvidas no processo auditivo de vocalizações não-verbais afetivas.

Segundo Sophie Scott, os neurônios-espelho não agem apenas ao "ver" um gesto ou apenas emoção, mas são acionados pelo simples som dela.

Ao comunicar o seu trabalho para a imprensa Sophie Scott disse: "Parece que é absolutamente verdade aquela expressão: **'Sorria e o mundo inteiro vai sorrir com você.'**

Portanto, o que todos devem fazer é relaxar e sorrir mais, pois assim aproveitarão melhor a sua vida."

Entretanto a equipe liderada por Sophie Scott acredita que essa ativação não ocorre com qualquer sentimento, mas sim com os mais positivos.

Para comprovar as suas teses, os pesquisadores expuseram voluntários a uma série de sons enquanto mediam a resposta do cérebro com imagens com ressonância magnética funcional.

Alguns dos sons eram positivos, como risadas ou "u-hus" (exclamações de triunfo) e outros eram desagradáveis, como gritos ou sons de gente vomitando.

Todos os sons desencadearam uma resposta na região do córtex pré-motor dos cérebros dos voluntários.

Entretanto, a resposta foi mais significativa para os sons positivos, sugerindo que eles são mais contagiosos do que os negativos.

Para os cientistas, isso explica claramente porque normalmente respondemos com um sorriso involuntário a uma gargalhada ou uma comemoração.

Explica Sophie Scott: "Nós freqüentemente encontramos emoções positivas, como risadas ou aplausos, em reuniões de grupos, seja por exemplo uma família assistindo a um programa de comédia na TV ou a um jogo de futebol entre amigos.

Esta resposta do cérebro – refletir o comportamento e o estado emocional dos outros, automaticamente levando a pessoa a também sorrir – ajuda os seres humanos a interagirem socialmente e a fortalecer as relações entre os indivíduos de um grupo.

Esse mecanismo neural tão básico, encontrado também em macacos, certamente foi fundamental para estabelecer coesão dentro dos grupos sociais primatas."

Pois é, está comprovado que o riso é contagioso e que além disso faz muito bem ao bem-estar das pessoas. Apesar de todas essas vantagens, a **importância do riso** ainda não é consenso geral, principalmente nos locais e nas situações onde ele é mais necessário, como por exemplo no ambiente de trabalho (funciona como um poderoso lubrificante) e na sala de aula (aumenta a capacidade de entendimento e a retenção de conteúdo).

E por que o adulto ri tão pouco de um modo geral?

Certamente os modelos educacionais vigentes até o final do século XX, muitos rígidos, os preconceitos e a própria cultura tanto a ocidental como a oriental desfavoreciam o riso do adulto.

Aliás, Platão no seu ensaio *Republica*, dizia que o riso enfraquece o caráter e confunde a mente.

Não é necessário recorrer à antigüidade para encontrar críticas contra o riso.

Assim o autor contemporâneo Umberto Eco no seu best-seller *O Nome da Rosa* escreve: "Riso é fraqueza, corrupção, a loucura de nossa carne."

E até ditos populares reforçam o comportamento anti-riso como: "Muito riso, pouco siso."

Não se deve esquecer que nos séculos XVIII e XIX quem ria muito era rotulado de abobado, pois infelizmente o riso era associado a loucura.

O riso era também considerado pecaminoso para a mulher.

Em algumas sociedades o riso continua tendo uma conotação negativa e é perceptível até agora a dificuldade que os orientais têm para rir e não se trata de rir dos outros que estão à sua volta.

É verdade que muitas piadas criticam de alguma forma o comportamento de alguém de alguma raça.

Ainda nos dias de hoje, a mulher japonesa, por exemplo, esconde o seu riso com o leque ou com a mão colocada na frente da boca.

Parece que rir é uma falta de educação, não é?

Existem portanto na atualidade muitos conceitos e idéias que atuam como verdadeiros venenos que sufocam e inibem o riso, o bom humor.

Pior que isso, em algumas escolas há quem ensine os alunos que o riso está ligado à incompetência, à falta de seriedade, à indolência.

Porém, como foi dito há pouco está provado pelos neurocientistas que o bom humor não tem nenhuma contra-indicação e que, pelo contrário, só contribui para o bem-estar do indivíduo.

Mais que isso, está provado pela Neurociência que o riso é um forte indício de inteligência e, melhor, que o riso constante **aumenta a inteligência**.

Hoje em dia, há muitas pessoas que já associam a falta de inteligência ao mau humor.

Mas vivemos ainda num mundo de contradições no que se refere as vantagens do riso.

Ao mesmo tempo que surgem adeptos do riso – aliás uma das idéias dessa coleção é a de ampliar significativamente o seu número – não desapareceram totalmente os sisudos e ferozes inimigos da boa gargalhada, isto é, os adeptos de muita seriedade.

Parece até que os sisudos estão ganhando a batalha e com isto, no nosso modo de ver, quem perde é toda a humanidade.

Justamente para que as pessoas mudem, é vital que elas percebam claramente qual é a vantagem da mudança.

Então deve-se dizer o seguinte: vivemos na era da informação, na era do conhecimento, na era da valorização do capital intelectual e o **riso é sinal de inteligência**.

Assim se você quiser sobreviver no século XXI seja uma pessoa que saiba sorrir, que tenha bom humor.

Por sinal, não se deve esquecer o que disse o humorista Bill Cosby: "Se você puder rir de uma coisa poderá sobreviver a ela."

Vamos fazer um miniteste do seu bom humor com as seguintes historinhas bem humoradas:

1. Assumindo um novo cargo.

Um indivíduo assume o comando de uma importante empresa e ao entrar no seu novo escritório encontra três envelopes deixados pelo seu antecessor e um bilhete no qual está escrito: "Abra-os na ordem indicada quando tiver problemas."

Depois de algum tempo a empresa começa a dar prejuízo e o executivo resolve abrir o primeiro envelope no qual está o conselho: "Culpe o antecessor."

Ele reúne-se com os acionistas, mostra dados e gráficos e consegue provar que a culpa não era dele.

Em seguida a empresa apresenta uma leve recuperação.

Meses depois surgem novos problemas.

Aí abre o 2º envelope, e nele está a mensagem: "Corte os custos, custe o que custar."

Numa nova reunião o executivo exige dos seus diretores cortes radicais e os resultados aparecem...

Porém depois de nove meses novos prejuízos atormentam a organização.

E aí ele resolve abrir o terceiro envelope no qual está o aviso: "Prepare rapidamente três envelopes."

2. Zezinho na escola

– Zezinho, quem navega pelos mares, o que é?

– Hum...É marujo, fessora!

– Bem! Muito bom! E quem sobrevoa os ares o que é?

– Hum...Já sei: é araújo!

3. Ação de despejo

A primeira ação de despejo de que se tem conhecimento foi a expulsão de Adão e Eva do Paraíso, fundamentada em falta de pagamentos de aluguel e comportamento irregular.

4. O dilúvio

Choveu por 40 dias e 40 noites, sem uma folga.

As águas subiram tanto que toda a terra ficou alagada e, como conseqüência lógica da tremenda inundação, morreram afogados todos os homens e animais que não conseguiram obter passagem na Arca de Noé.

Agora que já se passaram tantos séculos depois do terrível cataclisma, parece que ninguém poderá levar a mal esta pergunta:

– Que foi feito dos peixes?

5. O taxista de Deus

Um motorista de táxi chega às portas do céu, onde é aguardado por são Pedro, que verifica em seu grande livro das ações do indivíduo em vida o comportamento do recém-chegado.

Após avaliar a ficha do taxista, o santo lhe dá uma túnica de seda e um bastão de ouro e o convida a entrar no Paraíso.

Na fila, logo atrás estava o padre que observava tudo aquilo com bastante interesse.

Ele se apresentou a são Pedro, que outra vez recorreu ao seu livro em busca de informações sobre o candidato a pensionista do Paraíso.

– Muito bem, vou deixá-lo entrar no Paraíso, diz são Pedro, de cara fechada. Pegue aquela túnica de algodão e aquele bastão de madeira.

Perplexo, o padre replicou.

– Mas eu sou um homem da Igreja! Como o senhor pode ter dado um bastão de ouro e uma túnica de seda para um motorista de táxi e não para mim? Tenho certeza que valho mais diante de Deus do que um simples taxista!

E são Pedro respondeu:

– Olha só, aqui no céu estamos interessados em resultados. Enquanto você pregava, as pessoas dormiam. Mas enquanto este taxista dirigia, as pessoas rezavam.

Tenho esperança que você sorriu mais de uma vez quando estava lendo essas "historinhas" o que significa que curte o humor. E, por falar nisto, quando se fala em bom humor, não é só aquele que é gerado por uma piada.

É o estado de bom humor, a predisposição para o riso, é a atitude para achar graça na vida, nas situações e em você mesmo.

O prof. Silvio Passarelli, diretor da Faculdade de Artes Plásticas da FAAP, e um especialista em criatividade e humor complementa:

"A predisposição para o bom humor deve ser um ingrediente essencial da vida – principalmente nos dias de hoje – deve ser usada profissionalmente, como ferramenta de trabalho.

A competição e a pressão por resultados dentro das empresas fazem com que o clima de trabalho seja muito tenso.

O que se tem constatado nas organizações que conquistam os primeiros postos nas chamadas classificações de Melhores Empresas para Trabalhar é que nelas os gestores são adeptos do riso, com o que, as pessoas que nelas trabalham são mais produtivas e criativas.

É claro que existem situações em que o riso é inadequado, por exemplo, no departamento de vendas quando estas estão em baixa e a empresa indo para o buraco.

Rir nessa situação pode indicar falta de comprometimento.

Mas na maioria das outras situações de trabalho, os líderes deveriam não só serem adeptos do riso como incentivadores dele.

Nada me autoriza a dizer que as pessoas sisudas são melhores.

Pelo contrário, os mal-humorados e sisudos atrapalham os resultados e são uns tremendos pés-frios.

Sem contar que o prejuízo sorrindo é sempre menor do que chorando.

Agora para adquirir o hábito de rir e de fazer os outros rir não é nada fácil.

É preciso se preparar para isto e um bom começo é se tornar um consumidor de humor. Nesse sentido compre livros de humor, visite sites engraçados.

Ter bom humor é como ter fé.

Mas para ter fé é preciso orar, para orar é preciso ter fé. Uma alimenta a outra.

Portanto é necessário formar inicialmente o seu próprio estoque de humor: lendo livros de *cartoons*, vendo filmes hilariantes como *Simpsons*, acompanhando com atenção os comentários bem humorados de Arnaldo Jabor, assistindo comédias e lendo livros de Luis Fernando Veríssimo.

Por sinal os livros de Veríssimo estão sempre na lista dos mais vendidos, resultado do trabalho de um autor que tem a espiritualidade e humor sutil como marcas registradas.

Aliás, o próprio Luis Fernando Veríssimo comentando o seu livro *O Opositor* disse:

'Uso bastante o humor como um meio para um fim, ou seja, o humor pelo humor e o humor para outras intenções. O fato é que pode-se e deve-se escrever inclusive as coisas sérias com humor.'

O humor tem que passar a fazer parte do seu cotidiano.

Um outro fato importante, é que para ter um bom humor é vital aprender a observar.

Isso inclui saber notar que todas as situações têm um lado cômico e um lado trágico.

É vital sempre conseguir enxergar o lado cômico.

Há um lado cômico em praticamente tudo, mesmo nas maiores tragédias.

Basta averiguar a enorme quantidade de piadas na mídia e na

Internet sobre tragédias como o enforcamento de Sadam Hussein, os problemas com os aeroportos brasileiros, o comportamento de nossos políticos.

Por exemplo, recordemos a destruição das Torres Gêmeas do World Trade Center em Nova York pelos terroristas do Bin Laden e o drama de O.J. Simpson acusado de ter assassinado a sua mulher que não queria mais viver com ele ou ainda a Lorena Bobbit, a mulher que ficou mundialmente famosa após ter decepado o pênis do marido enquanto ele dormia.

Pois existem piadas sobre todas essas tragédias, inclusive alguns chegam ao requinte de unir duas tragédias em uma mesma piada: 'Sabe o que é pior do que ser casado?

– Divorciar-se de O. J. Simpson!!!'

Então, concluindo digo que toda pessoa que quer sobreviver as turbulências do século XXI deve ter como uma das suas principais competências a capacidade de tomar uma atitude humorada."

Se você, estimado leitor, não se convenceu ainda sobre a importância do humor, veja o que ensina a psicóloga Ethel Banzer Medeiros que sabia como ninguém unir um conteúdo acadêmico sério com boas doses de gargalhadas: "O humor mostra-se cada vez mais valioso, nestes tempos inquietos, de pressão desumana e competição intensa.

O humor é um excelente antídoto do estresse e o que é importante, dispensa prescrição médica, tendo um custo quase zero.

Não causa dor, não tem gosto amargo, não apresenta risco de overdose.

Pode ser usado a qualquer hora e em qualquer lugar."

Talvez uma das declarações mais importantes a favor do riso seja aquela de Viktor Frankl, no seu livro *Em Busca de Sentido – Um Psicólogo no Campo de Concentração*, ele que sobreviveu a um campo de concentração nazista e sabia de antemão que tinha que rir para suportar todo o horror que presenciou.

Viktor Frankl que enxergou um componente libertador do riso, falou da habilidade de rir como um sinônimo da arte de viver: "Eu nunca teria conseguido sobreviver se não conseguisse rir.

O riso me levava momentaneamente para fora daquela situação horrível, o suficiente para torná-la suportável."

Mariana Funes por sua vez destaca a importante ligação entre o riso e área de saúde: "No Brasil, o trabalho dos Doutores da Alegria – um grupo teatral – e de outros grupos similares, que levam o humor aos doentes, já está mais do que reconhecido em diversos hospitais pelo seu valor.

Realmente o riso é hoje um dos remédios que são ministrados aos doentes, pois entre outras vantagens, aumenta as defesas do sistema imunológico e auxilia a redução da dor.

O riso tem esse efeito, pois ajuda na produção de endorfinas, que funcionam como analgésicos naturais.

As endorfinas são produzidas naturalmente quando sentimos dor, mas o riso pode estimular essa produção.

Essa terapia do alívio da dor não custa praticamente nada, não vicia e pode ter muitos efeitos positivos nas pessoas que nos cercam.

Mas existem outros poderes do riso tais como:

➡ Acelera a recuperação de convalescentes.

➡ As lágrimas passam a ter mais imunoglobinas, um anticorpo que é a sua primeira linha de defesa contra algumas infecções oculares provocadas por vírus e bactérias.

➡ A boca da pessoa passa a ter mais imunoglobina, resultando em uma melhor função imunológica.

➡ Os hormônios do estresse produzidos pelas glândulas suprarenais são reduzidos. Também o nível de cortisol aumenta de forma nociva durante o estresse e isso diminui significativamente com o riso.

➡ A pressão sangüínea aumenta durante o riso e cai abaixo dos níveis de repouso depois.

- Há uma redução da tensão muscular depois do riso, havendo comprovações de que o principal fator que contribui para as doenças ocupacionais como a Dort (distúrbio ósteo muscular relacionado ao trabalho) é o excesso de tensão muscular.
- O ar é expelido em grande velocidade de seus pulmões e de seu corpo quando você dá uma boa gargalhada. Aliás, todo o seu corpo é oxigenado (inclusive o cérebro). Este fenômeno contribui tanto para que a pessoa pense com clareza quanto para a sua boa forma aeróbica.
- O riso possui um efeito antiinflamatório em suas juntas e ossos, o que contribui para reduzir a inflamação e aliviar a dor em condições artríticas.

Portanto com o riso, somos capazes de manter nossa dor, ou até superá-la.

É indispensável portanto elevar o nível de alegria em nossas experiências de vida.

Quem sabe rir, tem também um maior controle interno, o que lhe dá uma sensação de poder, com o que tem mais facilidade para contornar os colapsos ou sobreviver a experiências críticas."

Entretanto é imprescindível dar um alerta no tempo certo!!!

Assim como todas as outras coisas boas da vida, o riso também tem que ter um importante atributo.

Trocadilhos infames, de mau gosto, piadas preconceituosas envolvendo etnias, culturas, enfim o lado negro do humor não é bem-vindo. Por isso, toda pessoa precisa decidir se é adepta ou não da máxima: **"Perco o amigo, mas não perco a piada."**

Esse é uma condição muito importante, pois dizer depois: "Ah, mas isso é uma piada, é brincadeira, não é real", pode não ter nenhum efeito, visto que o mal estar já foi causado.

O fato é que uma piada mais agressiva precisa ter permissão!?!?

É por isso mesmo que o bom humor verdadeiro, o grau máximo

alcançado pelo riso, vem da sua capacidade de fazer com que cada um ria de si mesmo.

Dessa maneira, como os seres humanos se orgulham de pertencer a única espécie animal que pensa(!?!?), também podem incluir dentro desse orgulho que somos a única espécie que ri (se bem que a hiena também parece que ri, não é?).

O riso surgiu com o aparecimento do córtex no nosso cérebro e depois dele, o homem nunca mais foi o mesmo, pois ficou ciente também que podia pensar.

Em seguida percebeu que tinha pensamentos redundantes, contraditórios, absurdos, etc.

Provavelmente deve ter pensando consigo próprio:

"Que engraçado que sou, com pensamentos tão estapafúrdios!!!"

E aí está mais um indício concreto da importante conexão do riso com a inteligência, isto é, **a capacidade de rir exige muita autonomia intelectual.**

Sem dúvida o riso deriva da surpresa de alguma situação.

As piadas mais engraçadas são as surpreendentes.

Daí pode-se concluir que quando numa empresa as pessoas não estão rindo é sinal que estão achando o seu trabalho chato, rotineiro, estressante, etc.

Já se o seu trabalho apresentar surpresas e não for rotineiro, observa-se normalmente mais entusiasmo, motivação, criatividade, etc., e o resultado é o incremento da produtividade.

Quem quer sentir o efeito positivo do riso deve assistir uma palestra de Leila Navarro, famosa pela sua capacidade de fazer a platéia dar contínuas gargalhadas.

A própria Leila Navarro explica: "O estado de bom humor é um estado de inteligência, faz com que você fique em estado de aprendizado; proporciona sensação de bem-estar, de poder, de auto-estima; aumenta a criatividade e a capacidade de inovação; amplia o foco de visão e é fundamental nestes tempos de instabilidade.

Aliás, quando uma pessoa está bem, qualquer motivo provoca risos.

O bom humor é o primeiro sintoma de boa qualidade de vida."

Bem, com todas essas explicações e depoimentos de especialistas, você está convencido que rir é preciso, pois isto inclusive é bom para sua saúde.

O riso que a leitura desse livro provocará em você certamente criará mudanças neoroquímicas que protegerão o seu sistema imunológico dos efeitos decorrentes do estresse.

E essas mudanças vão ocorrer não porque você estará feliz ou dando risada, mas porque o riso provocará um reequilíbrio no seu corpo, independente dos motivos que o fizeram rir.

Como diz o velho ditado: **"Você não dá risada porque está feliz; está feliz porque dá risada!!!"**

Leia pois todos os livros da coleção *Qualidade com Humor* que dessa maneira adquirirá conhecimentos e ficará muito feliz pois de tempo em tempo dará gostosas gargalhadas!!!

E agora é o momento de perceber porque a ambição pode levar os outros a rirem de nós, ou então, muitos se afastaram das pessoas ambiciosas por considerarem as mesmas extremamente agressivas, ultracompetitivas e até não confiáveis.

Por outro lado, a ambição é uma característica dos vencedores...

E aí como fica o posicionamento de cada um?

VOCÊ CONHECE OS SEGREDOS DA AMBIÇÃO?

Pode-se afirmar que a **ambição** é uma força que, ao contrário da liberdade, não termina onde a do outro começa!!!

Mas o incrível é que todas pessoas são ambiciosas, umas menos e outras muito mais, a ponto de não respeitar a ética, nem a moral para alcançar os seus objetivos.

Os mais espetaculares saltos intelectuais e científicos, empresariais, políticos e esportivos trazem a assinatura de homens e mulheres ambiciosos.

Sem dúvida, os grandes feitos esportivos como os de Michael Schumacher, o super-campeão da Fórmula 1 que acaba de se aposentar, as grandes realizações empresariais como as de Richard Branson, o mais admirado executivo do Reino Unido ou a ascensão política da mulher mais poderosa dos EUA no governo de George W. Bush, a secretária de Estado, Condoleezza Rice, a mais jovem reitora de toda a história da Universidade de Stanford, mostram mentes ousadas, turbinadas pela ambição e bafejadas um pouco pela sorte.

O filósofo suíço Alain de Botton destaca: "Tenho certeza que vivemos na **era da ambição**.

A ambição e o desejo de *status* (entenda-se poder) são hoje bem maiores do que antes.

Isso porque as possibilidades de realização – sexual, profissional ou financeira – nunca foram tão claras e disponíveis.

E ambição tem tudo a ver com as nossas próprias vontades: ter mais dinheiro, ser mais admirado (entenda-se mais bonito...) ou construir uma carreia excepional.

Assim, por exemplo, um executivo cuja função é reestruturar uma organização desmpenha o seu serviço impulsionado pelo desejo pessoal de colocar as suas próprias competências à prova.

Naturalmente a busca por *status* é diferente pois tem a ver com aquele tipo de ambição orientada pela opinião dos outros.

Em outras palavras, todos gostamos de ser paparicados e percebe-se claramente que a maioria das pessoas tende a ser mais ou menos agradável com as outras de acordo com o *status* (posição) que elas têm.

Como também vivemos cercados de exemplos de pessoas bem-sucedidas e sendo esse um modelo até natural, fica justificado porque tantos indivíduos queiram mais bens, mais dinheiro, mais poder.

Aliás, no século XXI, vivemos num ambiente de ansiedade que a todo momento nos força a olhar sobre nossos próprios ombros, para nos compararmos com o vizinho.

Não nos perguntamos mais quanto nós queremos, mas sim, quanto os outros possuem!!!

A sensação que isso gera é de uma miséria constante e de um pessimismo interminável que nos leva ao sentimento de que nos faltam muitas coias, mesmo que estejamos em situação bem melhor que os nossos antepassados...

Eu acredito que a questão primordial é saber qual é a ambição de cada pessoa.

Afinal, o sucesso obtido por alguém só terá sentido para este indivíduo quando estiver relacionado a algo que ele deseje de verdade.

Na minha opinião, a boa ambição é aquela que vem de uma vontade própria.

O pior tipo de ambição é aquele imposto pelos seus amigos, parentes, professores, dirigentes empresariais ou até pelo governo."

Apesar de tudo o que pensa Alain de Botton, a ambição tornou-se o alvo predileto do estudo de psicólogos, educadores e motivadores pessoais, que procuram identificá-la logo cedo nas crianças ou um pouco mais tarde nos adultos – funcionários das organizações –, para incutir esse "magnetismo" nos grupos de trabalho para que tenham um desejo frenético de cumprir as metas e os objetivos estabelecidos.

O escritor norte-americano James Champy, um dos autores do livro *O Limite da Ambição* explica: "Etimologicamente, ambição vem de uma raiz latina e significa **querer tudo**.

Assim, ambição é a energia humana que move as pessoas, que as faz avançar e que direciona seus esforços para realizar alguma coisa grande.

Seja por amor, dinheiro, sabedoria, poder, glória ou fama, a **ambição é que move o mundo**!!!

Portanto, a ambição é um impulso humano e é da natureza humana desejar o melhor.

Todo mundo quer se destacar em uma área, ser reconhecido no que faz e, principalmente, alcançar um padrão de vida melhor graças aos próprios esforços.

A psiquiatra norte-americana Anna Fels é autora de um interessante estudo sobre a diferença entre a ambição masculina e feminina que ela elaborou na Universidade de Harvard (Boston - EUA).

De acordo com Anna Fels:

➡ Os homens dão mais valor ao emprego e ao dinheiro, enquanto as mulheres são mais preocupadas com o casamento e os filhos.

➡ Para as mulheres, a idéia de sucesso geralmente está associada ao sentido do trabalho. Já para os homens, o sucesso tem a ver com conquistar mais poder.

➡ Quando manifesta sua ambição, o homem é visto pelos pares como um profissional determinado e focado. Por sua vez, a mulher é descrita pelos colegas como agressiva e pouco feminina.

➡ Cerca de 60% das profissionais norte-americanas interromperam a carreira para ter filhos ou cuidar dos pais. Quando voltaram ao mercado de trabalho, seu nível de ambição caiu muito. Isto porque o foco na carreira passou a ser dividido com a vontade de ter mais tempo livre para cuidar da família.

É interessante lembrar que ser aceito em um grupo e se destacar nele não são apenas características humanas.

Entre os animais, como é o caso de lobos e primatas, alguns machos, chamados alfa, são naturalmente mais hábeis na caça e na liderança do que outros.

Eles também vivem mais e têm mais descendentes do que o resto do grupo.

É por isso que os antropólogos consideram a ambição um produto evolucionário.

Sempre existem aqueles que buscam melhorar continuamente, enquanto outros (a grande parcela) aceitam de maneira quase inerte o que a vida reservou para eles...

E isto se constata claramente no mundo corporativo, apesar de todos os programas motivacionais que as organizações promovem para os seus funcionários.

A ambição é um valor que hoje garante a empregabilidade e muitos executivos são recrutados por empresas quando se saem bem nos **testes de ambição**.

O psicólogo norte-americano Robert T. Hogan, um especialista na avaliação de personalidade ligada a carreira, criou um teste denominado o Inventário Hogan de Personalidade (IHP), que entre outras características permite avaliar a ambição.

O IHP já foi aplicado a mais de meio milhão de profissionais em todo o mundo, com ampla validação.

Na avaliação de líderes, aplicando-se esse teste, no tocante à ambição em uma escala de zero a 100, espera-se que o candidato a um certo cargo tenho uma pontuação acima dos 65 pontos.

O fato é que os líderes ambiciosos, costumam ser mais assertivos, mas acabam transitando melhor entre os vários estilos para resolver os conflitos.

Eles também sabem quando é melhor fazer concessões, mas se a situação exige, não pensam duas vezes para impor o seu ponto de vista.

Aliás, nesse contexto pode-se afirmar que um líder ambicioso tem tudo a ver com alta determinação. Portanto, agora cada vez mais entendida, analisada e até domada, a ambição se tornou uma das **características mais desejáveis** tanto na vida profissional como na pessoal.

A ambição que se atribui à determinação, à garra e à ousadia, é a qualidade que qualquer empresa deseja ver no seu funcionário. Ou então a persistência e a efuvisidade tão invejáveis naqueles que venceram na vida.

Entretanto a ambição é bem mais que isso.

Ela é mais do que somente possuir energia e uma vontade inabalável para superar barreiras e entraves, conseguindo se concentrar e alcançar o objetivo desejado.

É mais do que ter absoluta certeza de como e do que deve ser feito algum produto.

Não é só saber avaliar com precisão doentia a própria força e a dos potenciais adversários para poder enfrentá-los.

Seguramente, não é apenas ter intuição e sorte. Na realidade, a ambição é uma combinação explosiva de todas as características há pouco enunciadas e mais algumas...

A ambição é algo que, como uma força moral (ou religiosa) poderosa, norteia as ações de uma certa pessoa em cada instante de sua vida e isto tanto nos momentos mais elementares como nos mais complexos, do café-da-manhã ao sono profundo, da seleção de amigos à ida a um local de entretenimento.

Todo indivíduo ambicioso é continuamente o protagonista de um sonho real.

Afasta-se quase que naturalmente de todas as pessoas que não sejam importantes para o seu crescimento e ascensão.

Ele se sente, a cada minuto que passa, como um vitorioso que já chegou ao cume – mesmo que tenha dado apenas os primeiros passos da sua jornada.

A religião, sem dúvida, influencia diretamente a percepção da ambição, particularmente no que diz respeito a ganhar dinheiro.

No começo do século XX, o alemão Max Weber já havia constatado esse fato.

Na sua clássica obra *A Ética Protestante e o Espírito do Capitalismo,* mostrou como os princípios do Cristianismo em sua vertente Protestante nortearam a construção de uma potência hegemônica atual, os Estados Unidos da América (EUA).

Segundo ele, nos países de religião Protestante, onde há uma ética que valoriza o trabalho duro e legitima suas recompensas materiais, quem enriquece está **prestando um serviço à sociedade e mostrando seu valor a Deus**.

Nos países católicos, ao contrário, a ambição chega a ser considerada um pecado, já que pressupõe a busca de uma vantagem pessoal, e não divina.

Santo Agostinho, na *Oração pelos Filhos* alerta: "Senhor, que o egoísmo e a ambição não os desviem do bom caminho."

No momento em que se vive em um mundo em que idéias sobre conforto e felicidade – frutos da ambição –, são valorizadas, várias religiões estão dando destaque a tais preceitos com grande força, como é o caso dos neopente-costais, como a Igreja Universal do Reino de Deus.

Já o Budismo considera a ambição uma da causas do sofrimento humano, explicando: "O egoísmo, a idéia de ter coisas para si, só traz frustrações e infelicidade, é vital pois, refrear esse sentimento."

O indivíduo ambicioso costuma ter aquela certeza indiscutível de que sabe o que quer ser e como quer chegar lá.

Tem uma firmeza na voz que só os muito autoconfiantes possuem, além de uma postura dos que se sentem predestinados e que parecem ter um absoluto controle do seu destino.

E é por serem exatamente assim que as pessoas ambiciosas acabam provocando, quase com igual intensidade reações opostas de admiração e de desprezo (para não dizer ódio). Dessa maneira acaba ficando muito tênue a fronteira entre ser ambicioso e não se deixar levar pela prepotência, pela arrogância e pela vaidade desmedida.

É por isso que o "caçador de talentos" (*headhunter*) Robert Wong ressalta: "A grande ambição, na verdade, é saber brilhar dentro de todas as limitações, inclusive das próprias, com ética e integridade. E isso, hoje em dia, por incrível que pareça, é cada vez mais difícil!"

UM MINITESTE DA AMBIÇÃO

Aí vai um pequeno exemplo de um teste de ambição:

1. Seu melhor amigo lhe diz que encontrou uma excelente oportunidade para um novo emprego. O trabalho que ele sempre sonhou. Você procura entrar em contato com o gerente de recrutamento dessa organização antes dele?
   ☐ Sim   ☐ Não

Qualidade com Humor

2. Não se permite qualquer tipo de namoro na empresa em que você trabalha. Mas você sofre um tremendo assédio sexual e é convidado para um jantar que pode ter desdobramentos...
Você arrisca e vai?
❑ Sim   ❑ Não

3. Depois de muito tempo, você conseguiu marcar uma excelente viagem no fim de semana para comemorar o seu aniversário de casamento. Mas aí o seu chefe o convida para acompanhá-lo num jantar de negócios na sexta-feira.
Você atende o chefe e vai nessa reunião, inviabilizando a sua comemoração?
❑ Sim   ❑ Não

4. No final da sua vida, o que você gostaria de ser capaz de afirmar?
❑ Obtive tudo que quis.
❑ Deixei a minha marca.
❑ Tive excelentes momentos.

5. Você está passeando num bairro residencial com as casas mais lindas da cidade e então pensa...
❑ Odeio a minha vida.
❑ Se tivesse casado com a pessoa certa estaria vivendo aqui.
❑ Estarei morando numa dessas em breve.

6. Você sacrificaria sua família pelo seu sucesso profissional?
❑ Sim   ❑ Não

7. Você está perdendo o controle do tempo, ou seja, é um *workaholic*?
❑ Sim   ❑ Não

8. Você tem um plano de metas e objetivos para os próximos três anos?
❑ Sim   ❑ Não

9. Você conseguiu realizar, no final do ano, tudo o que planejou no início?
❑ Sim   ❑ Não

10. Você cortaria seu dedo "mindinho" se em troca conquistasse o emprego dos seus sonhos?
❑ Sim   ❑ Não

Naturalmente esses testes têm uma lógica de avaliação e permitem classificar os indivíduos no que se refere à ambição.

A bem da verdade, temos hoje, em muitos países, as "escolas de ambição" nas quais se preparam os indivíduos para se tornarem ambiciosos éticos!?!?

Dá até para fazer MBA (*master of business administration*) com foco em ambição.

Quem diria?

Mas tudo isso é verdade e ambição se aprende, como também se ensinam a criatividade, o empreendedorismo, a liderança e a capacidade de ser mais competitivo!?!?

Amor

Caros leitores,

É bem conhecido que os muçulmanos fundamentalistas (terroristas em potencial) se opõem ao consumo de álcool e consideram pecado ver uma mulher pelada que não seja a sua.

Por isso, haverá um chamado para que nesta próxima sexta-feira, às dezessete horas, todas as mulheres corram peladas em seus locais de trabalho (bancos, repartições públicas, escolas, empresas privadas etc.) e todos os homens corram atrás delas com uma cerveja na mão.

Isto nos ajudará a detectar os terroristas que porventura existam entre nós, a fim de capturá-los e deportá-los; aqueles que fizerem cara de nojo deverão ser presos imediatamente – depois a gente faz a triagem para separar eventualmente os que não gostam de mulheres...

O mundo livre e democrático agradece estes esforços na luta contra o terrorismo.

Esperamos a contribuição de todos.

Obrigado!

OMDMMBCMP - Organização Mundial em Defesa de um Mundo Melhor com Bastante Cerveja e Mulher Pelada.

Isto é que se chama organização voltada para a aproximação amorosa, não é?

O MENOR CONTO DE FADAS DO MUNDO

Era uma vez um rapaz que pediu a uma linda garota:

- Você quer casar comigo?

Ela respondeu:

- **Não!**

E o rapaz viveu feliz para sempre, foi pescar, jogou futebol, conheceu muitas outras garotas, visitou muitos lugares, foi morar na praia, comprou outro carro, mobiliou sua casa, sempre estava sorrindo e de bom humor, nunca lhe faltou dinheiro, bebia sempre cerveja com os amigos e ninguém mandava nele.

A moça teve celulite, varizes, sofreu uma sensível degradação nas partes mais atraentes do seu corpo e ficou sozinha.

Fim!!!

Bem, não se pode usar isso como uma verdade universal pois também existem muitas moças que recusaram casar e vivem uma vida alegre enquanto os homens solteiros acabam ficando amigos de gatos, cães e outros bichos...

E ao falar em evidência, pode-se classificar a mesma em:

➡ **Circunstancial**, ou seja, aquela fundamentada em fatos e referências relevantes.

➡ **Conclusiva**, isto é, a que estabelece provas acima de qualquer dúvida.

➡ **Demonstrativa**, que prova, também sem deixar dúvidas.

➡ **Direta**, que demonstra algo por meio de testemunhos insuspeitos.

➡ **Documentária**, que se vale de documentos escritos.

➡ **Ética**, que se fundamenta sobre os usos, costumes e experiências gerais.

➡ **Preventiva**, ou seja, a evidência que é altamente provável.

➡ **Auto-evidência**, derivada de consciência dos fatos de forma nítida e indiscutível.

....

E aí vão algumas piadinhas para ilustrar melhor ainda o que é de fato uma **evidência**.

Piada Nº1
– Tio, é verdade que os cisnes cantam antes de morrer?
– Certamente, um sobrinho?
– Por quê?
– Porque depois de morrer eles não conseguem mais cantar.

Piada Nº2
– Papai, os marcianos são amigos ou inimigos?
– Por que você está querendo saber isso, meu filho?
– É que eles estão levando a mãe da minha mãe...
– Então são amigos!!!

Piada Nº3
– Você sabe porque que eu sou manco?
– Não!!! Por quê?

– Porque tenho dez dedos nos pés.
– Ué, mas todo mundo tem dez dedos nos pés!!!
– Sete num pé e três no outro!

Piada Nº4
Quando é que pescar não é uma boa maneira de relaxar?
Quando você é a minhoca!!!

Piada Nº5
A professora pergunta para a turma:
– Se eu tenho 11 bananas na mão direita e 13 bananas na mão esquerda, o que eu tenho?
A classe respondeu em coro:
– Mãos grandes "fessora"!!!

Piada Nº6
Um especialista em sapos estava dando uma palestra sobre os mesmos para um grupo de adolescentes.
– É fácil identificar os sapos machos das fêmeas.
Os machos só comem moscas machos e as fêmeas só comem moscas fêmeas.
– E como é que a gente vai saber se as moscas são machos ou fêmeas? – perguntou um aluno.
– Sei lá! Eu sou especialista em sapos.

Piada Nº7
– Doutor, minha perna esquerda está doendo muito!!!
– Isso é por causa da idade – diz o médico.
– Mas a perna direita não tem a mesma idade e não está doendo!?!?

Piada Nº8
– Mamãe, no colégio um menino me chamou de mariquinha...
– E por que você não bateu nele?
– É que ele é tão lindo!!!

Piada Nº9

– Mamãe, a professora disse que nós descendemos dos macacos. É verdade?

– Não sei, filho...seu pai nunca quis me apresentar a família dele.

Piada Nº10

O filho adolescente procura o pai.

– Pai, o nosso carro está com um sério problema. Acho que é água no carburador.

– Água no carburador? Que tolice é essa?

– Pai, o carro está com água no carburador.

– Mas o que é que você entende sobre mecânica, menino! – levanta-se o pai nervoso.

– Deixe eu ver esse carro. Onde é que ele está?

– Dentro do piscina, pai!!!

Piada Nº11

Por que o abominável homem das neves nunca ganha na loteria? Porque ele é um tremendo "pé-frio".

Piada Nº12

Depois da prova, o Joãozinho pergunta ao Zezinho.

– E aí, como é que você foi na prova?

– Deixei tudo em branco.

– Eu também!

– Idiota! Agora a professora vai achar que nós colocamos!

Piada Nº13

Três meninos estavam enaltecendo as qualidades de seus pais.

– Meu pai é tão rápido que se você atirar um flecha, ele sai correndo e chega antes da flecha!

– Pss, meu pai é muito mais rápido. Se você der um tiro, meu pai sai correndo e chega antes da bala!

– Isso tudo não é nada perto da velocidade do meu pai. Ele é funcionário público. Sai para o trabalho às 9 horas da manhã e chega em casa às 8 horas do mesmo dia!?!?

Bem agora está mais fácil de entender o que é uma evidência? Que bom!!!
Isso lhe permitirá saber se existem de fato evidências se você está amando...

O QUE É O AMOR?

Já dizia Sófocles: "Uma palavra nos liberta de todos os fardos e dores da vida: **essa palavra é o amor!!!**

O **amor** é um ingrediente essencial da vida humana e a sua importância nos assuntos humanos não pode ser subestimada.

Assim, muita gente não consegue passar um dia sem sentir amor ou ser o beneficiário da expressão do amor.

A maioria dos casos de mal-estar está de alguma forma ligada ao amor não correspondido, ao amor não realizado, ao amor que deu errado ou até ao amor que deu certo porém está cheio de obrigações acessórias.

Pais, poetas, profetas, pregadores, psicólogos, filósofos e amantes têm todos o seu modo pessoal de compreender o amor.

Há tantos tipos de amor, ou modos de conceber o amor, que seria impossível fazer justiça a todos num só artigo.

É por isso que vai se dar uma "olhadinha rápida" em alguns conceitos filosóficos importantes sobre o amor e a sua aplicação na vida cotidiana.

Todo indivíduo criativo consegue entender melhor as coisas quando pensa no oposto ou no complemento, extraindo inclusive novas perspectivas sobre a maioria dos temas.

Pois bem, foi essa também a abordagem de Sigmund Freud ao tentar responder a pergunta: **"O que é o amor?"**

Aliás, Freud acabou respondendo-a de três formas diferentes, comparando o amor a três tipos de opostos: amar *versus* ser amado; amar *versus* odiar e amar *versus* indiferença (o oposto tanto do amor quanto do ódio).

O incrível é que embora Freud não conhecesse a filosofia chinesa em geral (!?!?) e o Taoísmo em particular, repetiu com exatidão algumas de suas antigas idéias de que esses pares não são **opostos**, mas **complementares**.

O incrível é que cada um deles é necessário para que o outro exista.

O primeiro par de Freud certamente é o mais simples de compreender.

Todos entendemos o que significa amar alguém ou alguma coisa.

Nesta concepção, o amor exige um sujeito que ama e um objeto que é amado.

Aqui, amar alguém, ou seja, oferecer-lhe o dom de sua devoção e ser amado por alguém, isto é, receber este mesmo dom estão equilibrados e unidos, como uma parte de um todo maior.

Quando duas pessoas amam e são amadas uma pela outra, estão em harmonia com o *Tao* (o Caminho). Este tipo de amor é a completude recíproca de si mesmo no outro e com o outro.

Os seres humanos buscam o tempo todo este tipo de completude.

Às vezes a encontram e dura a vida toda, e aí sua **lua-de-mel nunca termina**!!!

Mas as coisas podem dar erradas também no equilíbrio, caso um pessoa invista muito mais amor que a outra. Isso provoca um relacionamento desproporcional o que leva, muitos casais a procurar um aconselhamento conjugal pois acabam sentindo mal-estar com esse desequilíbrio e desejam corrigi-lo para preservar o relacionamento.

Quase sempre, quem ama mais e é menos amado sente o maior mal-estar e busca criar ou restabelecer uma proporção mais eqüitativa.

Lamentavelmente, nem sempre isso é possível, e muitos casamentos acabam em divórcio devido a um "desequilíbrio de investimento" deste tipo.

O segundo par de opostos de Freud, amor e ódio, na verdade reinventa outra antiga roda filosófica das tradições indiana e chinesa: **a idéia dos apegos**.

Apesar de amor e ódio serem diametralmente opostos, estão ligados num relacionamento complementar, assim como os pólos positivo e negativo de um imã.

Se você o quebrar ao meio, terá dois imãs menores, novamente cada um com um pólo positivo e um negativo.

Da mesma maneira, ao se constituir um apego ele pode manifestar-se como amor, ódio ou uma mistura dos dois – é o clássico relacionamento "de amor e ódio" que muitos sentem consigo mesmos, com os outros, com o seu trabalho, com a sua cidade e com o seu país.

Como bem observou o grande escritor inglês William Shakespeare: **"O amor é cego"**.

No início, tudo é cor-de-rosa, porque sua atenção se fixa nas coisas boas.

Conforme se acostuma com essas coisas ou começa a considerá-las pressupostas, passa a prestar atenção nas coisas que o irritam e, finalmente, naquelas, que simplesmente não suporta. É assim que o amor às vezes se transforma em seu oposto, ou seja, um apego positivo vira um apego negativo.

E o ódio pode causar muitos danos...

Há, felizmente, outros tipos de amor em que o positivo não ativa inevitavelmente o negativo, mas temos de ir além de Freud para descobri-los.

No que se refere a Freud, os apegos emocionais sempre estimulam o oposto.

A terceira dimensão de amor de Freud é o reconhecimento do oposto, tanto do amor quanto do ódio, ou seja, o aparecimento da **indiferença**.

Toda pessoa que é indiferente a alguém ou alguma coisa, não faz nenhum investimento emocional nele ou nela.

Naturalmente sem emoções investidas, não se pode amar nem odiar.

Isso tem o lado útil, pois só assim o indivíduo pode exercer a razão imparcial.

Também constitui a base do estoicismo, cuja idéia condutora é não supervalorizar nada que possa lhe ser tirado pelos outros, pois ao fazê-lo você se coloca sob o poder deles.

O fato é que se alguém fica muito apegado a pessoas ou coisas, está no fundo criando problemas para si mesmo.

Assim, a indiferença às circunstâncias é bastante útil, principalmente quando elas são más.

É o que todos chamam de "entender as coisas filosoficamente", ou seja, "estoicamente".

Não se deve pensar que a indiferença é algum tipo de insensibilidade nem falta de compaixão.

A indiferença é a capacidade de não entender (ou receber) as coisas de maneira exageradamente pessoal, mesmo quando parecem envolver diretamente sua pessoa.

É mais como não perder a calma e "ficar frio" durante um tiroteio verdadeiro ou verbal.

Quem consegue lidar com indiferença frente a situações emocionais, consegue agir adequadamente sob uma condição de estresse.

A desvantagem óbvia da indiferença é que ela faz com que o indivíduo não sinta nunca o prazer do apego positivo a alguma coisa.

A indiferença ideal é aquela na qual a pessoa consegue sentir a felicidade sem intensas gratificações momentâneas e também passa pela tristeza, sem que se torne uma melancolia interminável.

O AMOR SEGUNDO PLATÃO

Os gregos foram aqueles que definiram o **amor clássico**.

Platão e outros filósofos gregos concebiam o amor como residindo na alma e a própria alma (e portanto o amor) como tendo três partes ou dimensões.

Essas dimensões correspondiam ao estômago, à mente e ao coração.

Os gregos rotulavam esses três tipos distintos de amor respectivamente de *eros*, *filos* e *ágape*.

Apesar de atualmente utilizarmos a palavra "erótico" para significar sexual, o conceito grego de *eros* na realidade se referia a todos os apetites físicos humanos.

O apetite de comida e bebida era erótico (pertencente ao domínio do estômago), bem como o apetite pelo sexo.

Neste ponto de vista, o sexo é apenas outro apetite, com o mesmo julgamento de valor da comida.

Apenas quando as religiões iniciaram o controle da conduta social humana é que a sexualidade foi tratada como coisa diferente dos outros apetites corporais, o que levou ao significado mais restrito e atual de *eros*.

O "amor erótico", então, na linguagem atual, significa amor sexual e traz consigo conotações de atração, encanto, mística, química e magnetismo animal.

Aqui é interessante lembrar que os signos do zodíaco podem ser associados a sagas de heróis e deuses da mitologia greco-romana e é incrível como todas as narrativas falam de emoções e experiências da vida como medo, bondade, perseverança, compaixão, paciência, ciúme, raiva e amor.

Os seres mitológicos representam essas emoções. Assim é bom compreender o seu significado, tomando como exemplo os nativos de Libra (23 de setembro a 22 de outubro).

Aí a história é sobre Eros e Psiquê, que pode ser resumida como o **triunfo do amor**.

Certo dia, espalhou-se a notícia de que existia na terra uma mulher mais bela do que Afrodite, a própria deusa da beleza.

Ela não suportou a idéia de uma concorrente – ainda mais sendo uma mortal – e pediu ao filho Eros, o deus do amor, que matasse a moça.

Ele, porém, ao avistar Psiquê amarrada a uma rocha, com os olhos vendados, sem querer feriu a si mesmo com uma de suas setas mágicas e acabou se apaixonando.

Levou-a para seu castelo e, a fim de que a moça nunca descobrisse sua identidade, advertiu-a para usar a venda em todos os momentos em que estivessem juntos.

Um dia, as irmãs de Psiquê foram visitá-la e, invejosas de sua felicidade, convenceram-na a tirar a venda, sugerindo que seu amado só poderia ser um monstro.

Numa noite de amor, ela tirou a venda e Eros voou pela janela. Psiquê então suplicou a Afrodite que devolvesse seu amado.

A deusa concordou desde que a moça cumprisse uma série de tarefas – quase impossíveis.

Ajudada pelos animais, Psiquê saiu vitoriosa dos desafios.

A deusa então não teve remédio senão reunir os amantes que viveram felizes para sempre!!!

É por isso talvez, que os librianos estão em constante busca da harmonia, não apenas na arte onde demonstram incríveis talentos, mas **especialmente nos relacionamentos**.

Eles têm horror à solidão e fazem de tudo para não ficar sozinhos, podendo até mesmo abdicar de um amor verdadeiro em prol de uma relação superficial, porém estável.

Supervalorizam também a opinião alheia, como fez Psiquê ao dar ouvidos às irmãs invejosas.

Mas é sempre o lado libriano que nos abre a porta da crença no amor verdadeiro.

Para alguns, esse chamado é tão forte a ponto de fazê-los se sujeitar a todas as provas para conquistá-lo ou tê-lo de volta, como fez Psiquê que reconquistou seu amado Eros depois de cumprir uma por uma as tarefas ordenadas por Afrodite.

O filósofo Platão (428-347a.C) é o único ateniense que jamais deixou de ser estudado e pesquisado no últimos dois milênios e quatro séculos, sendo por isso considerado um pensador de **perene atualidade**.

Para Platão, os possíveis tipos de amor, estão dispostos ao longo de uma escala hierárquica.

No nível mais baixo está o enamoramento pela beleza de um corpo, mas logo percebemos que a beleza é a mesma em todos os corpos e acabamos por amar a beleza em si, a apreciá-la em todas as suas manifestações: na alma, nas instituições, nas leis, nas ciências.

O amor passional, mesmo precisando ser superado para se alcançarem formas cada vez mais elevadas de espiritualidade, pode ser de alguma forma justificado como o início de um possível percurso de crescimento espiritual.

Disse Platão: "Partimos de um único corpo belo, passamos a dois e depois a todos os corpos belos; dos corpos belos elevamos-nos às belas artes e das belas obras aos belos conhecimentos, até que, partindo dos belos conhecimento, chegamos enfim àquele conhecimento que não é outro senão o belo em si mesmo.

Dessa maneira, no último degrau, alcançaremos o puro belo."

Outros filósofos acompanharam a interpretação de Platão sobre o amor, alguns de uma forma mais radical.

Por exemplo, para o filósofo Arthur Shopenhauer, (1788-1860) não existia amor sem sexo.

Achava Shopenhauer que toda pessoa que se apaixona, por mais etéreo que possa parecer seu sentimento amoroso, na realidade, está sempre enraizado exclusivamente no instinto sexual, que aliás, não é outra coisa senão um mero impulso sexual mais determinado, mais especializado e melhor individualizado no sentido mais estrito do termo.

Dizia Arthur Shopenhauer: "O êxtase encantador que arrebata o homem à vista de uma mulher cuja beleza lhe apraz e que o leva a imaginar a união com ela como o supremo bem é exatamente o sentido da espécie, que reconhecendo o seu caráter claramente impresso nela, desejaria perpetuá-lo com a mesma.

Dessa decidida inclinação para a beleza depende a conservação do tipo da espécie: por isso ele age com tamanha força...

Portanto, o homem é realmente guiado por um instinto que tende ao melhoramento da espécie, mesmo que se iluda ao pensar que busca somente o aumento do próprio prazer.

Mas todo enamorado, depois do gozo finalmente alcançado, experimenta uma estranha desilusão e se surpreende de que aquilo que tão ardentemente desejou não ofereça nada mais do que qualquer outra satisfação sexual; tanto que agora já não se sente mais impelido por ela."

Maurizio Schoepflin, professor de várias instituições de ensino superior (IESs), na Itália, no seu livro, *O Amor Segundo os Filósofos*, destaca: "É preciso considerar o papel importante que o amor sexual desempenha, através de todas as suas graduações e matizações, não só nos dramas e nos romances, mas também no mundo real, onde esse tipo de amor, ao lado do amor pela vida, revela-se o mais forte e o mais ativo dos impulsos.

Com efeito, tal sentimento absorve constantemente metade (ou até mais...) das forças e dos pensamentos do segmento mais jovem da humanidade; além disso, constitui o fim último de quase todo esforço humano, exercendo um influxo prejudicial nos negócios mais importantes da vida.

Pode interromper também a cada momento as ocupações mais sérias, chegando por vezes a confundir por algum tempo até as mentes mais elevadas.

O seu influxo pode se infiltrar através dos seus artifícios entre negociações dos homens de Estado, como também perturbar as pesquisas de homens dedicados à cultura e ao progresso da tecnologia.

Sabe esgueirar-se com suas mensagens de amor e com suas mechas de cabelos até mesmo nas pastas de ministros e nos manuscritos dos educadores e dos filósofos.

Provoca pelo menos uma vez por dia as brigas mais feias e intrincadas; pode influir na escolha dos relacionamentos mais firmes e duradouros como também levar a sua vítima a perder até mesmo a própria vida, ou a saúde, ou com mais freqüência, a riqueza, a classe social e a alegria de viver.

Um amor sexual contribui, às vezes, para tornar sem escrúpulos um espírito normalmente honesto e transformar um indivíduo leal em um traidor.

Em suma: paixão amorosa se apresenta como um demônio hostil, cuja ação parece empenhada em derrubar, confundir e subverter tudo.

Esse é o aspecto ruim, mas o lado bom é que a atração cada vez maior de dois enamorados lhes dá uma grande vontade de viver a partir de um novo ser, que eles podem e desejariam gerar.

Aliás, já no encontro dos seus olhares cheios de desejos se acende a nova vida daquela pessoa, anunciando-se como uma futura individualidade harmoniosa e bem organizada.

Eles sentem o desejo ardente de uma união real e de fusão em um único ser, para poder em seguida, continuar a viver nele; e isso se realiza naquele ser gerado por eles, porque nele continuam vivendo, fundidas e unidas em um único ser, as qualidades herdadas de ambos."

Shopenhauer considerava esse desejo ardente ou poderoso impulso que impele todo ser a se perpetuar, o fundamento universal, a verdadeira substância de toda a realidade.

É a forma como todo ser que se opõe ao devir, à própria morte ou dissolução como entidade particular.

Filos, por sua vez, significa a atração intelectual por alguém que se transforma num certo tipo de amor.

Aliás, a própria filosofia é um excelente exemplo pois quer dizer "amor à sabedoria".

Portanto, *filos*, quer dizer amar pessoas, idéias ou coisas de maneira não sexual.

Assim, o relacionamento entre um aluno e o seu professor, bem como a atração de um indivíduo por uma obra de arte, por um poema ou por uma causa social, pode ser classificado como sendo um **amor fílico**.

Quem ama o seu trabalho – por exemplo, um professor, um médico ou um advogado tem um relacionamento fílico com a sua carreira.

Caro leitor, você ama e celebra a própria vida?

Que bom, isso também é *filos*.

Uma das expressões mais poderosas de *filos* é a amizade.

Existe um lado indesejável potencial em *filos*, assim como em todo tipo de apego.

Se você se apegar facilmente a alguma coisa, isto é, filicamente, pode ficar tão cego pelo apego quanto no caso do amor romântico.

E aí *filos* pode se transformar em seu oposto – *fobos*, ou aversão.

Nem toda fobia vem de uma filia que deu errado, mas quando falamos que a familiaridade gera o desdém queremos dizer que a atração pode se transformar em aversão.

Deve-se ficar em guarda contra infectar *filos* com *eros*.

Misturar os dois costuma como resultado final, diminuir a ambos...

Assim, não é raro que duas pessoas com um relacionamento íntimo, seja profissional ou de outro tipo, desenvolvam sentimentos eróticos uma pela outra, entretanto a relação erótica pode danificar a relação fílica.

Aliás, em termos profissionais, ou seja, sob o enfoque da ética, é inaceitável – e por muitas boas razões – que relações fílicas entre médico e paciente, orientadores e orientados ou ainda advogados e cliente se tornem eróticas.

A terceira forma de amor dos gregos é *ágape* – **o amor que nada busca em troca**.

Este é, segundo os filósofos gregos, o tipo mais caro e valiosos de amor.

Os que manifestam *ágape* agem além do motivos puramente pessoais.

O mundo está repleto de seres que precisam ser amados por um **grande coração** e *ágape* é o amor que emana de um coração assim.

Ágape possibilita que as próprias pessoas sintam o amor e manifestem compaixão pelos outros.

Como *ágape* é altruísta, sua expressão sempre auxilia e nunca provoca grandes problemas ou danos.

Enquanto *eros* torna possível o namoro e a família; *filos* torna possível a amizade e a sociedade e finalmente *ágape* conduz a veneração a Deus e a humanidade.

Eros estimula as pessoas a se esforçarem e até batalharem para encontrar-se ou erguer-se no outro.

Filos estimula os indivíduos a procurarem identificar-se nos outros.

Ágape manifesta-se sem que o eu e seus motivos atrapalhem e receber *ágape* é como ser aquecido pelo sol, não se preocupando ou ficando aborrecido porque ele também brilha e acalenta os outros

Portanto, dar **amor agápico**, é quase como gerar a própria luz radiante do sol.

Sem dúvida, é uma coisa muito boa uma pessoa sentir *eros e filos*, porque aí a pessoa acabará identificando todos os seus benefícios, malefícios e limitações.

E, quando ela estiver pronta (ou apta), *ágape* estará ali à sua espera...

Hoje em dia, devido às novelas, aos filmes e às revistas e livros, está cada vez mais difundido o **amor romântico**, entretanto da maneira que a maioria das pessoas o entende, parece uma tapeçaria enfeitada (no estilo mexicano), tecido com fios distintos e divergentes.

Um fio é platônico, que lhe dá noções do parceiro ideal – aquele que você buscava durante o namoro e acha que encontrou para casar.

Mas é vital perceber aqui o paradoxo: um relacionamento "platônico" costuma referir-se a uma relação fílica e não erótica.

Dessa maneira, o amor ideal deve ser sexualmente consumado ou não?

Pesa contra a consumação o culto (predominantemente) cristão da Virgem, que é também uma projeção da mulher platônica pura no domínio religioso.

A ênfase na virgindade antes do casamento continua forte também em todo o mundo islâmico, mas por razões diferentes.

Em favor da consumação, há a linha romântica do amor cortesão, caracterizada na literatura medieval como a necessidade de defender a "honra da donzela no campo de batalha e salvá-la de um dragão que cospe fogo".

Como explica Lou Marinoff no seu livro, *Pergunte a Platão*: "Em tais tradições, o romance costumava consumar-se, porém o final nem sempre era feliz.

De um modo ou de outro, as maiores histórias de amor incorporam grandes tragédias pessoais como são os relatos dos amores de Tristão e Isolda, Lancelot e Guinevere, Romeu e Julieta, e mais recentemente, dr. Jivago e Lara, *Coração Valente* e *Love Story*.

O amor propriamente dito nunca morre, mas os amantes sim, de forma heróica mas triste, e em geral antes da hora.

Nessa tradição, o amor romântico é um ideal mais elevado que o casamento.

O romance do tipo mais elevado é quase sempre um prelúdio de viver infelizes para sempre ou de morrer felizes juntos, mas não de viver felizes para sempre.

Portanto, o verdadeiro romance é o oposto do conto de fadas.

Assim, embora o namoro leve muitas vezes ao casamento, o casamento propriamente dito nem sempre é romântico.

Pelo contrário, o amor cortesão leva freqüentemente ao romance, que raramente acaba em casamento.

Dessa maneira, todo aquele que viveu um verdadeiro romance, pode dizer que teve sorte e, ao mesmo tempo, certamente bastante tristeza, por que ele não durou...

Já, todo aquele que viveu um casamento duradouro, teve muita sorte, e ao mesmo tempo, talvez um pouco de tristeza, porque nem sempre foi suficientemente romântico."

Quando uma pessoa cai de amores por alguém, oferece-lhe um grande dom: seu ser, seu tempo e sua energia.

Se a pessoa corresponde, ambos viverão um romance.

Mas se a pessoa não corresponde, provavelmente, você terá várias emoções negativas: rejeição, raiva e desespero.

O que se deve fazer quando o seu amor não é correspondido?

Aqui, dá para voltar ao Tao de Freud, pois três coisas podem acontecer a essa energia amorosa, provavelmente desperdiçada.

Em primeiro lugar, e a melhor opção, a pessoa deve dedicar-se a um objetivo mais elevado.

Se você está apaixonado por alguém que não se permite ser amado desta maneira, em vez de se torturar ou deprimir, você pode achar outra pessoa (ou ocupação) que aceite seus sentimentos, e assim, justificar o investimento, o desenvolvimento ou o gasto da sua energia.

Em segundo lugar, e pior condição, você pode transformar o amor não correspondido em ódio.

De fato, amor não correspondido pode, facilmente, despertar amargura, raiva, ciúme e remorsos, entre outras emoções negativas, e todas elas agem como venenos, transformando aos poucos o amor inicial em oposto: ódio.

Lamentavelmente, **o ódio é fácil de corresponder** mas isso não beneficia ninguém, pois nada de bom pode vir do ódio.

A terceira forma de agir está no meio das duas anteriores.

Você pode usar a energia potencial do amor não correspondido para aniquilar o próprio amor, enveredando pela **indiferença**.

A indiferença é conseguida com algumas rotas perigosas que incluem a bebida e as drogas, a promiscuidade ou o ascetismo, todas essas alternativas visam anestesiar-se contra o sofrimento.

Isso pode até conseguir afastar o mal-estar, mas também pode destruir ou comprometer gravemente a capacidade de uma pessoa de voltar a amar.

Não se deve esquecer, todo aquele que não consegue sentir amor, pode muito bem não ser mais humano...

O AMOR NO TRABALHO

Um dos grandes "problemas" do século XXI é que nos países ocidentais 40% dos colegas estão vivendo algum tipo de romance no trabalho.

Na realidade é praticamente impossível não surgir um clima de romance quando alguém passa em média 10 horas por dia no trabalho e a empresa estimula cada vez mais um melhor relacionamento entre os colegas o que acaba envolvendo a vida profissional com a pessoal.

Aliás, em inúmeras empresas, principalmente as que estão em primeiro lugar na classificação das "mais admiradas" ou "melhores para se trabalhar", os profissionais tomam café, almoçam, jantam, fazem ginásticas, etc. juntos.

Além disso, são muitas as situações sociais como as festas internas e como os *happy hours* que aproximam cada vez mais os colegas que acabam tendo a possibilidade de amar-se.

Shere Hite, uma das mais conceituadas estudiosas do mundo quando o assunto é sexo, autora dos *best-sellers Relatório Hite* e *Sexo e Negócios*, ressalta: "Hoje a convivência entre os colegas de trabalho é maior do que com a família e com os cônjuges.

E aí a probabilidade de se iniciar um namoro é muito grande. É fácil se apaixonar por alguém da empresa, pois geralmente são pessoas com quem você acaba tendo uma afinidade também intelectual (*filos*).

Pois é, apaixonar-se não é difícil. O difícil é depois manter um relacionamento ético no trabalho. A carreira de cada um pode sair bem arranhada até porque a fofoca e as críticas dos colegas pode minar o relacionamento.

Infelizmente, não dá para escapar dos olhares (e da língua) dos colegas de trabalho.

O problema do amor no trabalho é quando se escolhe mal a pessoa com quem acaba se envolvendo.

Não são poucos os casos que acabam em brigas homéricas acompanhadas por todos os outros funcionários.

E a situação tende a ficar muito complicada quando há rompimentos e os dois continuam na empresa, até porque a tendência do **poliamor** acaba não se aplicando aos dois ao mesmo tempo.

É óbvio, que alguém acaba ficando com muita raiva não aceitando o novo cenário, ou seja: num dia era especial para aquela pessoa e no outro não significa mais nada. Isso inclusive acaba interferindo na produtividade e no desempenho profissional; quando entre outras coisas informações estratégicas da organização podem ser repassadas a empresas concorrentes.

Realmente, o romance no trabalho é um grande problema para as organizações, até porque na maioria dos envolvimentos amorosos eles acabam acontecendo com pessoas de níveis hierárquicos diferentes com o que a ética acaba sucumbindo...

O POLIAMOR

Talvez a maior mudança com o amor no século XXI seja o fato de que muitas pessoas estão achando possível, natural e até saudável, ser amado por mais de uma pessoa ao mesmo tempo.

Ou seja, está crescendo o número de adeptos de um movimento chamado **poliamor**, que entre outras coisas tem nos seus quadros aqueles que tem "um amor em casa e outro no trabalho" e na maioria não são pilotos de avião...

De fato, não é de hoje que a monogamia tem sido fortemente contestada por correntes de pensamento que procuram relativizar a importância do amor romântico, bem como suas implicações de exclusividade.

É assim que surgiu nos Estados Unidos, tendo imediatamente adeptos na Alemanha, Inglaterra, em outros países da Europa e no Brasil o movimento denominado **poliamor** cujos praticantes acham viável, aceitável e agradável amar e ser amado por mais de uma pessoa ao mesmo tempo.

Aliás, essa idéia já agradava e de certa forma foi praticada pelo filósofo Jean Paul Sartre e sua mulher Simone de Beauvoir.

Isto significa que uma pessoa pode ter uma relação profunda com várias pessoas, o que obviamente inclui relações sexuais, sem com isso provocar crises existenciais ou esconde-esconde entre as mesmas.

O poliamor sem dúvida tem um parentesco com alguns movimentos de libertação sexual, entretanto difere muito da queima de sutiãs, do amor livre, do casamento aberto e do *swing* (troca de casais) porque o centro da questão passa a ser o **amor**, não o **sexo**.

O psiquiatra José A. Gaiarsa comenta: "Continuamos vivendo numa era em que é crime uma pessoa se enamorar. A maioria das pessoas perdoa quando o marido transa com outra, mas não admite que ele se envolva. Eu acho que deve-se amar o próximo e não apenas a esposa."

Pois bem, para os poliamoristas o objetivo principal é a *compersion*, ou seja, algo como comprazer ou consentir.

Ter *compersion* significa ficar feliz e alegre, ou pelo menos satisfeito de saber que a pessoa que você ama é amada por mais alguém!?!?

Realmente, em vista de tanta generosidade dos poliamoristas surge naturalmente a questão: ao libertar o ser amado para amar e ser correspondido por outros, a pessoa não aumenta sensivelmente as suas possibilidades de perdê-lo?

Pois é, existe claramente essa possibilidade e o pavor desespera tanto alguns que acabam abominando o poliamor...

Mas o poliamor apesar de tudo isso já não é delírio de uns poucos e se o leitor for um pouco mais curioso entre num *site* de busca, por exemplo o Google e vai encontrar mais de dez mil *links* com essa palavra. Já, quem digitar em inglês, *polyamory*, que explica todas as relações que rejeitam a monogamia como base de vida ou das necessidades do ser humano, vai ficar espantado com o montante dos *links*.

E tudo isso porque o poliamor cai como uma luva para aliviar o sofrimento dos bissexuais que assim podem amar os dois sexos sem confusão mental.

Que grandes mudanças do amor romântico para o poliamor, não é?

Sem dúvida, amar sempre valerá a pena!!!

AMOR PARENTAL

Um amor que não pode deixar de ser analisado é o **amor parental**.

De fato, os filhos são o maior tesouro que uma família pode possuir, mas mesmo assim **eles não devem ser possuídos**.

Ser pai ou mãe é a tarefa mais importante de todo adulto, mas é quase impossível preparar-se ou treinar-se para ela.

O debate de mais de dois mil e quinhentos anos sobre a natureza humana foi liderado por filósofos com muitas opiniões divergentes, mas poucos deles realmente abordaram o que as crianças, por natureza, precisam receber dos pais e o que os pais por natureza, podem dar-lhes.

O que os filhos precisam é de amor dos pais, porém existem dois tipos de amor parental: o condicional e o incondicional.

O amor de mãe, normalmente, é incondicional já o do pai geralmente é condicional.

Para facilitar sua transformação em seres bem equilibrados, os filhos necessitam dos dois tipos de amor.

Conseqüentemente, precisam dos dois!!!

Apesar de um pai ou mãe sozinho talvez conseguir alimentar, vestir, abrigar e educar bastante bem seus filhos, é um erro supor que um pai ou mãe isoladamente esteja convenientemente equipado(a) para oferecer ambos os tipos de amor!?!?

Normalmente a mãe ama os filhos porque são seus filhos e por nenhuma outra razão!?!?

Com efeito, ama-os não importa o que façam de bom ou de mau.

Aliás, as mães de criminosos continuam amando seus filhos incondicionalmente, mesmo que não aprovem seu comportamento.

Mesmo quando os filhos crescem e têm seus próprios filhos, o eterno aspecto maternal de suas mães continuará a vê-los como seus "nenéns".

As esposas, em vista do seu amor incondicional com os filhos, costumam exigir também o mesmo dos seus maridos, ou seja, o amor incondicional.

Dessa maneira não basta que um homem sustente e proteja a mulher que lhe cria os filhos, ainda que ela faça isso muito bem.

Embora isto seja necessário, não é condição suficiente.

Ela só acontece quando a mulher percebe que tem o amor incondicional do marido, com o que ela acha simples amar também seus filhos incondicionalmente.

Em caso contrário fica difícil o amor incondicional da mãe.

Conclui-se dessa maneira, que ambos os pais são vitais, até para que cada um deles funcione normalmente.

Claro que sempre existem exceções às "regras" de comportamento, principalmente nesse turbulento século XXI, no qual a mulher está procurando cada vez mais igualar-se ao homem: no poder, no salário, na liberdade e autonomia e até no poliamor.

Atualmente muitas mulheres se parecem mais com homens, com seus interesses básicos concentrados mais na carreira ou nas posses materiais que em filhos e família.

Hoje em dia muitas mulheres equilibram carreiras e a maternidade e isso provoca outro tipo de problema.

Muitas vezes a carreira e os filhos acabam "sofrendo", apesar que em certos casos possam até dar certo, pois isso é uma questão de organização e ritmo que cada mulher deve saber gerenciar...

Apesar do amor materno incondicional ser necessário para que um(a) filho(a) vá se preparando para a vida, não é suficiente para enfrentar toda a dura realidade do mundo.

Assim, é o amor do pai – o amor paterno condicional – que possibilita esse tipo de preparação.

O mundo impõe a todos condições objetivas: a capacidade de promover uma carreira, de sustentar e proteger uma família, está sujeita a forças externas e nem todas elas são as forças do carinho amoroso.

Coube até agora mais aos homens competir pelo dinheiro, poder, posição, oportunidade, influência e coisas afins.

Se bem que nas últimas décadas, principalmente no mundo desenvolvido, há um número crescente de mulheres que também compete dessa forma e com muito sucesso.

Basta ver as listas elaboradas por revistas famosas das 100 mulheres mais poderosas ou mais influentes ou mais ricas...

Com todas as rápidas mudanças no mundo moderno, a criança ainda precisa inicialmente ser amada em casa (e na escola...) para depois aprender a lutar no mundo.

Dessa maneira, o amor paterno, exercido pelo estabelecimento de condições, permite à criança aprender a lutar primeiro num ambiente amigável, com um guia complacente, enquanto se prepara para batalhar num mundo maior, que será menos complacente e que contém outros guias amigáveis mas também impostores inamistosos disfarçados de guias.

Os pais determinam e fazem cumprir as regras, mas a mãe costuma fazer o papel do "policial bonzinho" e o pai, do "policial mau".

Como sabem todos os pais ou mães solteiras, é **dificílimo** uma pessoa sozinha desempenhar ambos os papéis.

Se o amor de mãe consegue freqüentemente tranqüilizar o(a) filho(a) quando enfrenta algum desafio, já é preciso o amor de um pai para desenvolver o esforço correto, para dar a orientação em caso de fracasso ou então aprovar o sucesso.

Embora a emancipação das mulheres seja claramente vital, para que floresçam como seres humanos, "liberar" uma mulher não significa transformá-la em homem ou remover os homens de suas próprias funções na sociedade.

Um filho continua necessitando do amor incondicional da mãe, seja ela uma dona de casa, uma empreendedora social, uma executiva de uma grande organização ou uma grande artista.

E o filho precisa do amor condicional do pai, seja também qual for a sua ocupação.

As essências masculina e feminina do ser humano independem de seus cargos e empregos e são estas duas essências que dão origem, da forma mais natural, aos dois tipos de amor de que os filhos necessitam para se tornarem adultos equilibrados.

AS CONCEPÇÕES DE KIERKEGAARD

Uma interpretação interessante do amor e do modo de viver de uma pessoa foi dado pelo filósofo Sören Kierkegaard (1813-1855).

Segundo Kierkegaard, é possível distinguir três maneiras fundamentais de viver: uma baseada em uma concepção **estética** (no belo), uma **ética** e uma terceira baseada na **fé**.

A vida estética representada pela figura do Dom Juan, protótipo do sedutor, é típica daquele que busca a máxima satisfação no tempo presente e procura fugir de qualquer forma de **repetição** (parece até uma variante do poliamor, não é?) procurando tornar inimitável e único cada instante da vida.

O esteta abomina a monotonia, mas dado que o instante é sempre, por definição, fugaz, chega logo ao tédio e ao desespero.

Quem quer que viva esteticamente está desesperado, quer saiba ou não, e o desespero é a única saída da vida estética.

O desespero é sempre uma escolha, porque se pode duvidar sem escolher duvidar, mas não se pode desesperar sem que se escolha.

A vida estética visa portanto a maximização do prazer e a escolha estética despedaça a vida em uma série de estados de espírito.

Viver no estado de espírito significa por sua vez existir somente no momento presente.

Dessa maneira a vida estética renuncia a qualquer projeto e desenvolve-se numa condição pré-ética.

Do fracasso de uma abordagem estética de existência nasce, por meio do desespero, a possibilidade de uma vida ética.

Assim como a primeira é representada pela figura do **sedutor**, a segunda concretiza-se na figura do bom marido. Ético é aquele que escolhe quem deseja ser e se impõe disciplina necessária para tanto.

Ético é quem é fiel, observa as leis e respeita os compromissos familiares, sociais e políticos.

Mas, nem mesmo tal escolha de vida é capaz de realizar plenamente o indivíduo; isso pode se dar somente por meio da eliminação dos problemas fundamentais da existência, que continuam sem resposta numa vida ética.

Apenas a concepção religiosa pode responder ao problema do significado último da existência.

Na fé o indivíduo colocou-se acima da ética, numa relação direta com Deus.

Na fé convivem paradoxalmente o máximo egoísmo (interesse por si) e o amor a Deus.

A escolha pela fé comporta sofrimento, solidão e silêncio.

Portanto, como foi dito, percebe-se que o amor é muitas coisas, é múltiplo, e muito mais se pode dizer dele filosoficamente.

No entanto, o amor também é um grande mistério, talvez o maior de todos, e banha-se permanentemente em sua própria luz maravilhosa.

Há quem ache que o mistério do amor é maior que o mistério da morte!!!

Competição

No século XXI, onde tudo deve ser feito com pressa, correndo, imediatamente, agora, já, competindo contra todos e com todas as distrações que encontramos na vida (!?!?), um dos instrumentos mais eficazes que podemos usar para manter o romantismo vivo e um relacionamento aberto, amoroso e afetuoso é o **senso de humor**.

Quem tem o bom senso de humor consegue também rir de forma positiva, sem "malícia" e depreciação, ou seja, não ficar alegre ou excitado somente com piadas raciais ou éticas, mas sim apreciando as interessantes situações hilariantes que acontecem ao nosso redor todos os dias.

Todas as pessoas devem desenvolver o seu senso de humor e esta é uma das pretensões dos livros da série *Qualidade com Humor*.

E por que isso?

Porque a risada é um dos mais fortes revigorantes mentais que o ser humano tem a sua disposição.

É uma emoção muito poderosa – está entre as mais importantes – que nós, como pessoas, podemos expressar aparecendo para alguns especialistas, logo após da primeira, que é o **amor** (sobre o qual falamos há pouco...)!!!

A risada pode espantar a ansiedade, ajudar a lidar com o estresse, a depressão, o medo e a preocupação.

Ela pode estimular o processo de cura e traz grandes benefícios físicos, psicológicos, sociais e até espirituais.

A gargalhada é como se fosse uma ginástica interna, pois ela melhora o sistema respiratório, ajuda a oxigenar o corpo, relaxa os músculos e é um ótimo analgésico.

A boa risada, isto é, aquela sincera e espontânea reduz a pulsação e a pressão arterial, podendo inclusive abrir para a pessoa, um novo e empolgante olhar para a vida.

É pois, uma linguagem universal capaz de romper barreiras raciais e culturais.

É muito difícil ficar bravo ou preocupado demais quando se ri!?!?

A explicação é que o estresse e a tensão são incompatíveis com a risada.

Pois é, a risada consome calorias, não contém cafeína, sal, preservativos ou aditivos, sendo portanto 100% natural e vem em tamanho único!!!

Sem dúvida a boa risada é um dom de Deus e você caro leitor pode **rir sem parar**, que nunca terá uma *overdose*.

A risada além do mais é contagiosa.

Quando começa, nada é capaz de contê-la.

Um fato importantíssimo é que a boa risada não comete ofensas, nem crimes, não começa guerras e nem acaba com relacionamentos.

Geralmente é compartilhada por quem ri e para quem se ri.

Ela não custa nada e não é tributável (ainda...).

A risada permite criar uma tendência e se você encontrar uma maneira de começar a rir logo ao acordar, essa condição pode efetivamente continuar pelo resto do dia.

Esta euforia controlada certamente tornará o seu dia mais feliz e produtivo.

Um dos usos mais construtivos da risada é quando conseguimos rir de nós mesmos.

Quando conseguimos isso, não deixamos brechas para que os outros riam de nós.

O humor pode se evidenciar em praticamente todas as situações cotidianas.

É só você parar para pensar e examinar meticulosamente o que está ao seu redor, certamente encontrará motivos para ficar alegre e sorrir.

O palhaço que existe dentro de nós, ou seja, a pessoa que provoca o riso, não precisa usar roupa colorida e ter a cara pintada.

O palhaço dentro de cada um de nós acha que a vida é alegria e vale a pena ser vivida, sendo a risada a sua força motriz.

O efeito do humor em todas as áreas da vida é enorme e praticamente todas as pessoas que tem um verdadeiro senso de humor possuem muitos amigos.

Aliás, os maridos e esposas que rirem juntos, amarão juntos e permanecerão juntos.

É por isso que apresentamos tantas coisas jocosas nesta coleção *Qualidade com Humor* para que o leitor possa adaptá-las e contá-las nos seus círculos de amizade, fazendo com que todos riam. Naturalmente muitas das piadas e das observações semi-sarcásticas estão de alguma forma conectadas com as descrições de temas vitais para a nossa vida e o sucesso no trabalho na era da informação e do conhecimento.

Aí vão alguns exemplos de situações que Zig Ziglar acha que farão você rir:

"Um homem foi morar em uma casa de repouso, e no primeiro dia, sentou-se à mesa diante de uma mulher.

Depois de alguns minutos, ele se sentiu constrangido porque percebeu que ela não parava de olhar para ele.

Ele tentou ignorar o olhar dela, mas não adiantou; ela continuava olhando fixamente para ele.

Finalmente, depois de alguns minutos, ele perguntou por que ela estava olhando tão intensamente para ele.

Ela respondeu:

Viúva: 'Mal posso acreditar!'

Homem: 'Você mal pode acreditar no quê?'

Viúva: 'É incrível sua semelhança com o meu terceiro marido! A cor, a compleição física, a altura, o peso, o jeito, tudo em você me lembra de meu terceiro marido!'

Homem: 'Seu terceiro marido! Quantas vezes você se casou?'

Viúva: 'Duas'."

O que você acha sobre essa definição da pessoa certa para terceiro marido dada pela viúva?

É difícil na vida real saber se alguém de fato casou com a mulher errada, porém, se alguém trata a pessoa errada como se fosse a certa, então, talvez tenha se casado com a pessoa certa afinal.

Já, se por outro lado você casou com a pessoa certa e a trata como se fosse a errada, sem dúvida acabou se casando com a pessoa errada.

Em resumo, quer você tenha se casado com a pessoa certa ou a errada, a responsabilidade é **sempre sua**.

Zig Ziglar, no seu livro *Namorados para Sempre* conta:

"Em uma viagem de avião, notei que o homem sentado ao meu

lado usava aliança no dedo indicador da mão direita. Não resisti à tentação e disse:

- Amigo, você está usando a aliança no dedo errado.

- É que me casei com a mulher errada – respondeu ele."

Pois é, aí se conclui que é muito mais importante ser a pessoa certa do que se casar com a pessoa certa, não é?

Para fechar esse assunto vale a pena recordar o que Norman Vincent Peale presenciou numa visita que fez a uma construção com o prefeito de uma das maiores cidades dos Estados Unidos da América (EUA).

A esposa do dr. Peale, Ruth, e a esposa do prefeito acompanhavam os maridos na visita ao local da construção.

Ao se aproximarem de um grupo de operários um dos homens se dirigiu à esposa do prefeito e perguntou se ela se lembrava dele.

Ela disse que sim, e os dois tiveram uma breve conversa que revelou que o operário era um antigo namorado, de 20 anos atrás.

Finalmente, eles continuaram a visita.

Com um olhar satisfeito, o prefeito declarou:

- Bem, querida, se você tivesse casado com ele, seria a mulher de um operário.

- Não querido – respondeu ela.

- Se eu tivesse casado com ele, **ele agora seria o prefeito!**

Como se percebe aquilo que é atribuído a um anônimo, parece não ser totalmente verdadeiro:

"Deus fez a mulher com uma parte lateral do homem por um motivo.

Não foi da cabeça, para que ela não pudesse governá-lo, e não foi dos pés, para que ele não pudesse pisar nele, mas do seu lado, debaixo da posição protetora de um braço, para que eles pudessem caminhar lado a lado pela estrada da vida."

Bem, agora você está apto para ler algo sobre **competição** e ver se isto o estimula a ter amigos (companheiros) incondicionais!?!?

COMO ESTÁ A COMPETIÇÃO?

A renomada revista *Business Week* dedicou praticamente todas as páginas do seu número de agosto de 2006 (21/28) ao tema **competição**.

Na realidade, o que se procurou destacar é o espírito de vencedor que as pessoas devem ter no século XXI, principalmente nas suas atitudes profissionais.

Aparece na revista o resultado de uma pesquisa feita com 2.500 gerentes e executivos dos Estados Unidos da América (EUA) que deram várias respostas interessantes, que servem para caracterizar um indivíduo competitivo.

Aí vão algumas das constatações dessa pesquisa:

➡ O indivíduo mais competitivo nos negócios no mundo é Donald Trump (28%), vindo a seguir Bill Gates (24%).

➡ A empresa mais competitiva do mundo é a Microsoft (33%), seguida pela Wal-Mart (5%).

➡ A nação mais competitiva do mundo na atualidade – os EUA (42%) –, é seguida pelo Japão (21%) e pela China (19%).

➡ 22% dos entrevistados despediriam um amigo para poder subir de posição na organização.

➡ 33% dos respondentes declararam que mesmo estando em férias verificam os *e-mails* enviados para o trabalho.

➡ A pessoa que mais ensinou a todos sobre competição foi Peter Drucker, na opinião de 67%.

➡ O setor que tem as pessoas mais competitivas da organização é o de vendas (38%), seguido pelo pessoal de operações (21%).

➡ O objetivo de trabalho que faz o pessoal levantar cedo todos os dias é o orgulho de estar executando bem as suas tarefas na organização (46%).

➡ As cinco qualidades que mais ajudam as pessoas a progredir no trabalho (Tabela 1) são:

ATRIBUTO	HOMENS	MULHERES
Autoconfiança	66%	72%
Integridade	59%	58%
Autodisciplina	51%	52%
Talento	49%	41%
Agressividade	30%	31%

Tabela 1 – As características principais que deve ter uma pessoa para ser competitiva.

➡ As indesejáveis interferências que um executivo ou um gerente mais tem na sua vida para manter-se competitivo são, pela ordem:

→ ir ao trabalho nos finais de semana (91%);

→ adiar o início das suas férias (38%);

→ não comparecer a um evento importante na vida de seus filhos (35%);

→ não participar do jantar de comemoração do aniversário da(o) esposa(o) ou do dia do casamento (33%).

Como se nota, acontecem muitas coisas estranhas na vida das pessoas que desejam ganhar a competição por melhores posições dentro de uma empresa.

No século XXI a competição é fortemente estimulada, forçando a cada momento que os indivíduos se superem, que façam tudo melhor, porém isto não pode ser conseguido às custas dos outros.

A competição é um fato bíblico, pois Caim, enraivecido, achando que Deus favorecia Abel, seu irmão mais jovem, acabou matando-o.

A instituição dos Jogos Olímpicos pelos gregos, em 476 a.C., de uma certa forma instituiu oficialmente a competição entre as pessoas.

Gêngis Khan, no início do século XII, uniu muitas tribos mongóis e, após batalhas terríveis, tornou o Império Mongol o maior de toda a história.

Ele introduziu para os seus guerreiros – os mais "ferozes" – promoções por mérito, o que instigou uma tremenda competição entre os mesmos.

Na década de 1990, o admirado CEO *(chief executive officer)* da General Electric (GE) forçou os funcionários da empresa a uma disputa tremenda para não estarem na categoria dos 10% pior avaliados, pois estes eram despedidos.

E, hoje em dia, faz um enorme sucesso um programa de TV como o *Survivor* (ou *O Aprendiz*), todo ele estruturado numa terrível competição entre 16 pessoas numa ilha remota, das quais apenas uma será premiada.

Pois é, ser extremamente competitivo passou a ser uma condição fundamental para ser aceito numa organização para um cargo importante, mesmo que aqueles que exibem essa qualidade vençam a disputa contra os seus oponentes nem sempre dentro dos parâmetros da ética e da integridade.

A COMPETIÇÃO E OS SEUS PROBLEMAS

A partir da década de 1990, o mercado brasileiro sentiu intensamente o ingresso de empresas estrangeiras, o que fez aumentar em muito a concorrência entre as companhias, bem como houve um significativo incremento na disputa pelos profissionais talentosos.

A competição interna, ou seja, a rivalidade entre os colegas, começou a não ficar mais tão velada, todos concorrendo para apresentar idéias que permitissem reduzir custos, aprimorar processos, aumentar o capital da firma, etc., e com isso alavancar a própria ascensão dentro da organização.

O diretor da Nestlé, Carlos Faccina, autor do livro *O Profissional Competitivo: Razão, Emoções e Sentimentos na Gestão*, explica: "Vivemos numa época em que o profissional que uma organização almeja ter como seu empregado é aquele que sabe equilibrar as duas competências: **cooperação** e **competitividade**.

Todas as pessoas, dentro de um certo escopo, são competitivas, pela própria natureza.

Mas há casos em que a competição em excesso é nociva.

Não se pode, por exemplo, ter na organização pessoas que não aceitem que os outros possam ter idéias melhores, ou que desagreguem.

A competitividade deve ser a colaboração que o profissional dá para si, para o grupo e para a empresa."

Já a professora da Fundação Dom Cabral, Betania Tanure, afirma: "A competitividade pode ser absolutamente funcional, e a disputa seria um estímulo à superação, particularmente quando as regras da empresa são claras e justas.

O grande problema é que em muitos casos essa disputa tem afetado negativamente os profissionais.

Numa pesquisa que finalizei em 2005 entrevistando 1.000 executivos, a competitividade, ao lado da falta de confiança e da cooperação de equipes, foi a principal insatisfação dos mesmos.

A empresa saudável tem sempre um aspecto agridoce.

O azedo da corporação é a competitividade e o doce é a cooperação.

Combinar adequadamente esses dois ingredientes de forma equilibrada tem sido um paradoxo cada vez mais presente no cotidiano das grandes firmas."

VOCÊ TEM UM IRMÃO DO MEIO?

Estudos recentes mostram que a melhor forma para desenvolver a competição ocorre quando as famílias têm vários filhos.

E por que isso?

Na atual sociedade, os pais geralmente trabalham fora e ficam pouco com os filhos.

As empregadas e as babás obedecem ordens e não entram na hierarquia familiar.

As creches e até as escolas, em geral, são impessoais, sobrando então os irmãos, as únicas pessoas que ficam quase permanentemente ao nosso lado na infância e na adolescência, acompanhando-nos, de fato, por toda a vida, visto que os pais, seguindo a lei natural da vida, morrem antes e maridos e esposas chegam depois.

É na irmandade, pois, que estão centradas a rivalidade e a solidariedade.

Dessa maneira, para se formar uma pessoa competitiva convém que os pais **não tenham filhos únicos**.

O filho único não vai ser um coitado, mas ele pode se tornar uma pessoa frágil e acaba "adotando" um irmão no colégio ou algum amigo na vizinhança.

Aliás, esta é a saída para o grande número de filhos únicos que existe atualmente na China ou em muitos países da Europa.

Depois da sociedade patriarcal, na qual os casais tinham muitos filhos, desembocamos no século XXI numa situação em que é comum as famílias terem um ou dois descendente, no máximo.

O psicólogo Mauro Godoy comenta: "Esse novo modelo vai provocar sérias mudanças no comportamento dos futuros líderes ou simplesmente dos funcionários das empresas.

Um levantamento recente feito nos EUA mostrou que 40% dos dirigentes de suas empresas são filhos do meio, que agora serão cada vez mais raros.

Nos países desenvolvidos está ocorrendo praticamente a extinção do filho do meio, o que é uma pena no que se refere a competição.

De qualquer maneira, com um, dois ou vários filhos na família, há leis eternas nesse relacionamento: irmãos sempre serão referência uns dos outros, provavelmente a mais importante..."

OS TIPOS DE TRABALHADORES

Marcos Gusmão escreveu na revista *Você S.A* (agosto de 2006) o interessante artigo *Eu amo tudo o que faço*, no qual descreve alguns tipos de pessoas e como elas se comportam frente à acirrada competição que encontram no trabalho.

Assim, segundo ele, existem quatro categorias principais de pessoas:

O *workaholic* – É aquele indivíduo que não pensa nas conseqüências de trabalhar cada vez mais, mais e mais. Costuma sacrificar todos os compromissos pessoais em nome do emprego.

Não pratica nenhum tipo de esporte e dedica pouquíssimo tempo para o próprio lazer. Descuida da saúde e, quanto mais problemas tem na vida, mais tempo fica no trabalho.

O *turrão* – É aquela pessoa que vive refazendo o seu trabalho, para ser cada vez mais perfeito. Vive geralmente de cara amarrada.

Está sempre reclamando do trânsito, da lentidão do elevador, do seu salário, etc., enfim, nunca nada está bom.

É um indivíduo estressado, dorme mal e numa crise acha que o mundo vai acabar...

O pior de tudo é que o seu nível de insatisfação pode levá-lo a sofrer de raiva do trabalho.

O blasé – É aquela pessoa que faz tudo o que lhe pedem, porém sem nenhum envolvimento intenso.

Prefere ficar distante de crises para não ter de tomar partido.

Suas relações no trabalho são sempre superficiais e fica olhando o tempo todo para o relógio (ou até rezando) para o expediente acabar logo.

Não quer de forma alguma ser visto como um desleixado, entretanto, comporta-se como tal em diversas atividades.

O worklover – Este é um indivíduo sempre bem humorado, até nas segundas-feiras. Parece até que ele leu o livro *Segunda-feira de Novo?*, do holandês Joep Schrijvers. Ao acordar de manhã, no primeiro dia útil da semana, não tem nenhuma nostalgia do fim de semana e não sofre da famosa ressaca da segunda-feira.

Ao contrário, tem um grande orgulho e satisfação de declarar o seu amor pelo trabalho, pois vê nele **muito significado**.

Aliás, dedica-se muito ao trabalho, inclusive no fim de semana e em casa, porém, quando tem folga, se desliga mesmo.

Leva uma vida completa, pois sabe como encaixar atividades prazerosas ao longo da semana, como ir a festas ou envolver-se com outros tipos de entretenimento (cinema, teatro, museu, competição esportiva, etc.).

Ele busca também trabalhar só em empresas que estejam alinhadas com seus valores pessoais.

Naturalmente, no século XXI, todas as empresas, entre os tipos citados, procurariam ter de preferência pessoas da categoria *worklover* e principalmente se elas ainda fossem talentosas.

Mas contratar um *worklover* talentoso não é uma tarefa fácil.

Um exemplo claro dessa crise de talentos é o exame realizado em 2006 na seccional de São Paulo da Ordem dos Advogados do Brasil (OAB): dos 22.207 candidatos, apenas 2.873 passaram para a segunda fase.

Os demais, apesar do diploma, não estão aptos a advogar. Dessa maneira, pode-se concluir que a baixa qualidade do ensino no Brasil, a falta de profissionais realmente interessados em se atualizar e se manter competitivos no mercado e o ritmo acelerado das mudanças nas organizações são alguns dos fatores que agravam a crise de talentos, com o que fica bastante difícil a disputa para uma organização vencer a concorrência. Na revista *Você S.A.* (agosto de 2006), Marcelus Casciano apontou, no seu artigo *Os 7 Pecados Capitais da Carreira*, o que atrapalha a evolução das pessoas nas organizações.

Pior ainda quando uma empresa está cheia de funcionários nos vários níveis que estão envolvidos com os **sete pecados capitais** (página 371), ou seja, agem de acordo com os seguintes vícios:

Preguiça – O profissional preguiçoso comporta-se segundo a lei do mínimo esforço. Ele é desorganizado e negligencia as atividades pelas quais é responsável, deixando tudo para depois. Não busca encontrar a melhor solução para os problemas, não gosta de conjugar o verbo pensar e não pratica outro tipo de ação que envolva a criatividade.

Avareza – Acumular é a palavra favorita do indivíduo avarento. Ele guarda dinheiro, não divulga as informações, não compartilha o seu conhecimento e é um sovina para manifestar suas emoções, principalmente quando se trata de elogiar alguém.

Na realidade, o seu intuito fundamental é conseguir apenas o sucesso pessoal e conquistar a própria segurança financeira.

Luxúria – A luxúria está ligada à busca do prazer imediato, sendo portanto um comportamento perdulário.

As organizações que possuem funcionários esbanjadores, principalmente entre os seu gestores líderes, correm o sério risco de ir à falência.

Inveja – É aquele empregado que está sempre incomodado com o sucesso dos outros e ao mesmo tempo alegre ao saber da desgraça alheia!?!?

Este indivíduo não aceita a possibilidade de uma outra pessoa ser melhor que ele e está continuamente articulando ciladas ou armadilhas com finalidade de sabotar o crescimento dos "colegas".

Certos chefes (ou patrões) invejosos chegam a engavetar bons projetos só porque foram desenvolvidos por subordinados.

E ainda querem vencer a competição desse jeito!!!
Assim não dá, não é?

Soberba – Existem profissionais que têm uma percepção de superioridade, em relação aos outros, bem acima da realidade.

É a essa característica negativa que se chama de soberba.

O indivíduo soberbamente egoísta é aquele que mantém um compromisso irracional com a sua imagem e procura constantemente demonstrar seu poder e *status*.

É típico do soberbo não convidar pessoas-chave às reuniões ou então ignorar a participação delas. Rapidamente o soberbo começa a ter sérios problemas, à medida que sobe na hierarquia, pois as pessoas cada vez menos lhe contam a verdade. Com isso, como é que ele pode tomar boas decisões para enfrentar as organizações competidoras?

Ira – A característica principal da pessoa irada é a falta de controle emocional, pois a sua ira está diretamente ligada à raiva e ao ódio.

Quando dirigida a outras pessoas, a ira aflora por meio de ofensas e humilhações.

Já quando voltada para a empresa na qual trabalha, o funcionário irado comumente estraga (ou destrói) o patri-mônio da organização.

A ira direcionada a si mesmo é notada claramente no instante em que esta pessoa não consegue realizar de forma correta as suas tarefas, o que a leva a uma grande depressão.

Gula – Inicialmente, cabe lembrar que a compulsão encontrada no vício da gula extrapola o ato de saborear deliciosas refeições e doces irresistíveis.

Pois é, ao trabalhar de forma alucinante, o profissional talentoso ou o executivo *worklover* se comporta com a mesma obsessão do glutão, entupindo-se de comida.

Existem muitas outras variantes deste pecado, ou seja, o comportamento de muitos funcionários que são sedentos por fazer inúmeros cursos em seqüência ou "devorar" dezenas de livros, a maioria sem um ligação com o seu trabalho, demonstrando uma enorme gula e não dando tempo para a adequada digestão do conhecimento.

A gula é facilmente percebida quando um empregado já não aprende com as informações recebidas e tampouco encontra prazer ao estudar ou trabalhar.

Faz isso apenas por vício.

Pois bem, é fácil entender que ter uma equipe de colaboradores de alto desempenho não é nada simples, pois mesmo aqueles que estão nas categorias **workaholic**, **turrão**, **blasé** ou **worklover** acabam se envolvendo com algum ou vários dos pecados capitais.

E aí, como vencer a competição, se o seu capital humano é cheio de deficiências?

Este é o grande desafio dos gestores líderes eficazes: a contínua luta para que cada colaborador faça mais e melhor, ame tudo o que faz na empresa e possa se transformar em um profissional talentoso.

O DIFÍCIL CAMINHO PARA O TOPO

Como se percebeu até agora, não é nada fácil vencer a competição nas empresas e principalmente tornar-se um CEO, ou seja, o cargo mais alto de uma empresa; caso exista o presidente e o CEO, o segundo é o mais importante.

No disputadíssimo mundo do colarinho branco, é preciso saber engolir *frogs* (sapos) para almejar o posto que dá direito a salários de sonho, além de benefícios de encher os olhos.

Segundo uma pesquisa da empresa de consultoria Mercer, feita no primeiro semestre de 2006, no Brasil, os *tops* do topo são 121 profissionais "centenários", isto é, gente de alto calibre, que recebe salários acima de R$ 135 mil por mês.

Na faixa mais modesta, dos R$ 56 mil, existem no País 2.170 executivos (diretores e vice-presidentes) e 261 empresas que são as responsáveis por aproximadamente 28% do Produto Interno Bruto nacional.

Não é, pois, por acaso, que a competição é feroz para se tornar um dos *happy few* (poucos felizardos).

Atualmente, para ser um executivo *high profile* (destacado) não basta ser, é preciso parecer também.

Roberto Justus, que ficou muito famoso ao comandar o *reality show* de aspirantes a executivos *O Aprendiz* (vem aí a 4ª edição), na TV Record, comenta: "Na terceira edição, o número de inscritos ultrapassou 24 mil, o que mostrou o nível de disputa para se obter um bom emprego, que acaba indo para apenas um deles, se bem que todos acabam tendo uma grande promoção pessoal, principalmente se demoram para ser eliminados."

Na guerra pelos postos mais importantes da empresa, o conhecimento, a dedicação e até a beleza não são tudo, mas a **boa aparência é fundamental!!!**

Assim, uma *executive search* (essa expressão não tem uma boa tradução em português, pois dá uma conotação de alguém que é apenas um mero agenciador de empregos) diz: "Eu me preocuparia muito em contratar um executivo acima do peso, principalmente em *banking* (ambiente corporativo de um banco), que é *fancy* (elegante).

Além disso, acho que ele teria menos fôlego para uma viagem internacional bate-volta, na qual se desembarca de 10 horas ou mais de vôo direto, vai-se para a mesa de reunião e volta-se no mesmo dia para o escritório.

Realmente, o aspecto externo da pessoa, em particular a sua beleza, tem hoje em dia um grande peso na contratação para os postos mais relevantes."

A POSTURA DAS EMPRESAS

Freqüentemente as empresas têm estimulado a competição entre os seus profissionais. E isto porque uma disputa sadia comumente está relacionada com a própria missão da organização.

O desafio está realmente em conseguir que se mantenha na corporação um ambiente saudável, no qual todos os colaboradores se sintam motivados.

Mas um profissional muito competitivo pode desestruturar uma equipe!?!?

Justamente para evitar essa desagregação, algumas empresas formatam projetos que estimulam a cooperação entre os colegas e, ao mesmo tempo, promovem uma competição entre eles.

É por isso que as empresas procuram fazer com que os seus gestores participem de maneira intensa de programas que se pode denominar de *corporate reality show*, nos quais se desenvolve uma competição pacífica e sadia.

Uma das áreas mais estimuladas a competir é a de vendas.

Com critérios objetivos – tíquete médio de pedidos e número de vendas –, os programas corporativos incentivam a disputa e vinculam bonificações e prêmios aos profissionais com melhor desempenho.

Muitas empresas estão procurando implementar uma nova forma de competição entre os seus funcionários, cientes de que a disputa faz parte da natureza humana e que não dá para esconder que no século XXI, nas organizações, têm-se ambientes extremamente competitivos.

Entretanto o problema não está na competição em si — visto que os funcionários competitivos seguramente contribuem muito para o sucesso dos negócios —, mas sim no ambiente agressivo e na falta de confiança que a competição estabelece entre os funcionários de uma companhia.

É por isso mesmo que muitas delas estão buscando instituir uma cultura de que é imprescindível trabalhar duro, mas que cada um compartilhe o que sabe, e o que consegue fazer, com o colega.

Essa é a base de um novo tipo de competição, apoiada na **colaboração**, e que está tomando conta de um grande percentual de empresas não só no Brasil, como no mundo.

Para que isso ocorra, o "dono do apito", ou seja, o gestor no comando deve estipular as regras para evitar que o jogo fique desleal.

A sua ação primordial é a de conseguir equilibrar a balança entre a confiança e a competição.

Nesse sentido, ele deve:

➡ Fornecer o maior número possível de informações aos seus colaboradores para alinhar a sua equipe com as metas da empresa.

➡ Destacar de forma nítida as funções de cada empregado.

➡ Valorizar o trabalho em equipe e, ao mesmo tempo, reconhecer o que cada funcionário tem de melhor, para que as pessoas se sintam reconhecidas.

➡ Promover continuamente o rodízio dos responsáveis (os "chefes") de projetos, de acordo com as competências de cada um.

➡ Ser coerente com os critérios de premiação e promoção.

➡ Conversar constantemente com os funcionários para avaliar e sentir bem o clima organizacional vigente.

➡ Ter em mente o princípio da eqüidade, isto é: não tratar as pessoas de maneira igual, mas de maneira justa.

As "receitas" de atuação do gestor líder parecem simples, mas na realidade não é nada fácil ter gente competitiva numa organização sem deixar o ambiente insuportável.

Tudo faz crer que o melhor caminho é quando se define claramente como vai ser a competição na equipe.

O ponto-chave dessa "situação" é sem dúvida um bom sistema de gestão de carreira, isto é, que seja bem formatado, particularmente no tocante as promoções.

Quando uma empresa consegue gerenciar bem essa questão, o nível de questionamento e insatisfação com as promoções diminui bastante.

A empresa deve conseguir uma condição como a que ocorre, por exemplo, no mundo real, quando há muita gente que morre de inveja do salário do Ronaldinho Gaúcho, mas acaba dando o braço a torcer e reconhece que não consegue fazer o que ele faz.

Isso então indica que existe competição sim, mas que a questão da confiança está relativamente estável.

EDUCAÇÃO INEFICIENTE

Em plena era do conhecimento, no Brasil, as suas empresas e os seus funcionários não são tão competitivos como se gostaria, devido à baixa qualidade do ensino no seu todo.

Alexa Salomão, no seu artigo, *O Preço da Ignorância*, publicado na revista Exame (27/9/2006), diz:

"Ao longo dos últimos anos, os melhores cérebros do País têm buscado compreender as razões que levaram o Brasil, no passado apontado como uma nação fadada ao sucesso, a transformar-se numa espécie de lanterninha na corrida global pela prosperidade.

E um grupo de pesquisadores do Banco Mundial acaba de fornecer uma peça-chave para decifrar a questão.

E o resultado não poderia ser mais revelador: é o sistema de ensino brasileiro que levou uma tremenda surra, pois foi o pior colocado numa amostra que incluía a China, Índia, México e Rússia, entre outros países.

Essa constatação tem tudo a ver com as possibilidades que o nosso País tem de virar o jogo na competição internacional, na qual vem cedendo espaço sistematicamente.

Com a pesquisa, ficou evidente que as deficiências no nosso ensino provocam a perda de competitividade do nosso País em relação as nações que têm melhores processos educacionais, com as quais disputa o mercado global.

Traduzindo: enquanto a educação brasileira não der um salto qualitativo, o País continuará patinando – e comendo poeira dos rivais.

O fato, mostrou a pesquisa, é que o brasileiro aprende muito pouco na escola.

Carrega por toda a vida uma herança pesada, materializada na forma de despreparo e ignorância – e essa herança tende a ser repassada para a geração seguinte.

Quando se analisam os dados sobre o desempenho brasileiro no terreno da educação, a primeira deficiência que salta aos olhos é o número de anos passados nos bancos escolares.

O brasileiro estuda em média cinco anos, contra 11 do sul-coreano, nove do argentino e dez da população da maioria dos países desenvolvidos.

Estima-se que, se os brasileiros permanecessem na escola os 12 anos que ficam os norte-americanos, a renda nacional seria mais que o dobro da atual.

Infelizmente a maioria dos brasileiros abandona a escola ainda na infância, especialmente por causa da repetência, que atinge uma taxa inacreditável de 21% dos alunos."

Como se vê, se o Brasil se preocupou razoavelmente para ter uma adequada política industrial, tem ignorado o mais importante para ser competitivo, ou seja, **formar pessoas competentes e talentosas.**

Se nós quisermos ter a intenção de ocupar um lugar de destaque no mundo, temos que investir pesado na qualidade do ensino público e manter as crianças e os jovens mais tempo nas escolas.

Precisamos de um Brasil mais competitivo

Um país que não possui uma intensa competição entre as suas empresas, que não consegue estabelecer uma concorrência saudável entre os funcionários das companhias e que não possui o apoio adequado do governo para enfrentar as organizações estrangeiras, acaba se tornando **não competitivo.**

Aliás, é o que está acontecendo lamentavelmente com o Brasil nestes últimos 16 anos.

Na lista de Competitividade Global da Conferência das Nações Unidas para o Comércio e Desenvolvimento (Unctad) divulgada em 2006, o Brasil aparece em 14º lugar entre os países que mais recebem investimentos e no 68º entre os 125 mais competitivos do mundo.

Para a Unctad, o real valorizado, baixo crescimento econômico, alta carga tributária, infra-estrutura precária, custo elevado do capital e excesso de gastos públicos, entre outras causas, justificam a queda de 17% do investimento direto estrangeiro em 2005.

Ajudaria muito o Brasil, para ter mais competitividade, se o nosso governo se conscientizasse do tempo que se perde – e que os outros países ganham – por não termos modernizado a infra-estrutura, reduzindo os impostos, cortado os gastos públicos, melhorado a educação, etc.

E, obviamente, promovido menor intervenção do Estado na economia.

Por sinal, o relatório da Unctad ressalta que, em 2005, os países que mais atraíram investimentos foram os que agiram nesse sentido, com políticas que auxiliaram os investidores.

Não por acaso, os países em desenvolvimento que mais atraíram investimentos entre 2004 e 2005, de acordo com a Unctad, desenvolveram políticas públicas modernizadoras, cortaram os gastos da máquina administrativa e investiram mais em transportes, segurança pública e outros setores.

Não é redundante afirmar que capitais atraem capitais e que é necessário investir em todas essas áreas para conseguir atrair novos investimentos de longo prazo, até porque as fragilidades sociais e econômicas de um país se propagam em cadeia ou em círculos concêntricos, tornando-o mais vulnerável do que é.

Como diz o jornalista Miguel Jorge que se tornou em 2007 ministro do Desenvolvimento, Indústria e Comércio Exterior: "Infelizmente os nossos governantes e agentes econômicos, com as exceções de praxe, não perceberam ainda que tempo é dinheiro, que tem um custo extremamente elevado e que o Estado, de cofres vazios, não pode mais subsidiar os custos diretos e indiretos de alguns setores que impulsionam o crescimento.

Ainda há tempo de abolir a teoria corrente de que os países ricos não investem em países emergentes, desculpa facilmente desmentida por todos os avanços de nossa economia nos últimos anos, com a ajuda dos investimentos estrangeiros."

Um exemplo concreto de resistência contra o progresso e a busca de maior competitividade está acontecendo na Volkswagen.

Na tentativa de estancar prejuízos acumulados de quase 3 bilhões de reais nos últimos cinco anos, a Volkswagen comunicou, em maio de 2006, que cortaria 5.700 postos de trabalho em três de suas fábricas no País.

O corte mais profundo, de 3.600 empregos, recairia na sua maior unidade, ou seja, aquela de São Bernardo do Campo.

Dos sindicatos chamados para negociar as condições para a efetivação das demissões, o de Taubaté, no interior paulista, aceitou sentar à mesa, e um mês e meio depois chegou a um acordo.

Imediatamente, a matriz da empresa alemã confirmou, sem especificar o valor, que até 2009 a fábrica receberá investimentos para produzir dois novos modelos de carro.

Já em São Bernardo do Campo, a estratégia sindical foi a de persistir na estratégia de impedir as demissões e protelar o máximo possível o problema, esperando uma intervenção do governo.

Mas o que o governo federal deve fazer é não intervir nem preocupar-se com a Volkswagen, mas sim elaborar um plano geral para que o setor automotivo brasileiro possa competir com a China e a Índia que vão em breve invadir o nosso mercado com os seus automóveis mais baratos, tendo inclusive intenção de fabricá-los aqui.

José Roberto Caetano, no seu artigo *Com os Dias Contados*, na revista *Exame* (13/9/2006), descreve a calamitosa situação da Volkswagen: "O complexo abriga o que existe de mais atrasado e de mais moderno na empresa.

Num extremo, a montagem da eterna *Kombi* é artesanal.

No outro, a linha de produção do sedã *Pólo* e do *Fox Europa* é atualíssima, com 400 robôs instalados ao custo de 2 bilhões de reais.

Esse lado moderno, porém, não se consegue impor.

Por ser uma senhora cinqüentenária, a fábrica exibe marcas do tempo das quais não consegue se livrar.

Os seus prédios são enormes e a produção espalhada.

Peças têm de ser transportadas por tratores de um lado para outro – o que resulta em desperdício de tempo, equipamento e pessoal.

Numa fábrica moderna, os espaços são compactos e tudo está próximo do processo final.

A esse quadro se soma outra marca do tempo: o custo da mão-de-obra, elevado ao longo de décadas de ação sindical."

Assim não dá para competir com o resto do mundo, em particular com a China e a Índia.

Mierta Capual, uma espanhola que ocupa o cargo de diretora do Banco Mundial e coordenadora do estudo *Doing Business* (Fazendo Negócios), uma ampla pesquisa da Instituição em que trabalha que compara os ambientes de negócios de 155 países, afirma: "O Brasil não pode ficar na 119ª posição no *ranking* do estudo *Doing Business,* ficando inclusive atrás de países como Albânia, Honduras, Bolívia e Moçambique.

O Chile, por exemplo, é o 25º país do *ranking*, o México é o 73º e a Rússia, 79º.

Na América Latina, somente a Venezuela e o Haiti têm ambientes menos favoráveis para fazer negócios que o Brasil.

E existe uma saída. Consiste em acabar com a burocracia por meio da unificação dos processos administrativos.

Investir em tecnologia e numa administração mais eficiente para simplificar os procedimentos.

No Rio Grande do Sul, por exemplo, há um acordo entre a Junta Comercial, as autoridades fiscais e as prefeituras para reduzir o prazo de obtenção de alguns documentos.

Os cartórios foram informatizados e os documentos ganharam códigos de barra.

Assim, o prazo para obter uma certidão de registro, por exemplo, caiu de 30 para 10 dias.

Iniciativas como essas são ótimas. Mas ainda são insuficientes. O pior é que há Estados do Brasil em que nada está sendo feito.

Alguns governos estaduais e municipais vêm tentando realizar reformas para tornar mais fácil a condução dos negócios e facilitar a competição.

Mas é preciso avançar muito mais nesse objetivo.

Por isso, os governadores e os prefeitos deveriam buscar as melhores práticas dentro do próprio País.

Dessa maneira, o governo do Estado de São Paulo tem muito a aprender com o mineiro e com o maranhense em termos de agilidade.

Da mesma forma como os paulistas podem ensinar ao restante dos brasileiros como ter uma Justiça mais rápida.

Infelizmente, falta diálogo entre os governos regionais e isso se torna uma grande barreira para o desenvolvimento do País.

Comparar o desempenho do Brasil com o dos outros países, principalmente quando se fala de nações emergentes, é muito importante.

Mas o Brasil está alguns passos atrás.

E antes de olhar para fora, deveria buscar os exemplos de sucesso que possui dentro de casa.

É preciso, portanto, acabar com as enormes diferenças regionais; com isso já se conseguirá aumentar a competitividade do Brasil.

A HORA CERTA DE PARAR

Na competição empresarial, existe também a hora certa de parar, inclusive para os gênios, como é caso de Bill Gates, o mais importante empresário da atualidade e o homem mais rico do mundo, que anunciou no final de julho de 2006 a sua saída da Microsoft!!!

A decisão de Bill Gates pegou o mundo dos negócios – normalmente apegado a cargos e ao poder que deles emana – de surpresa.

Por que um empresário jovem – que em outubro de 2006 completou 51 anos – e cheio de vida, dono de uma enorme capacidade de ganhar rios de dinheiro e de um formidável histórico de sucesso (e poucos fracassos...) deixaria nas mãos de outros o negócio que ajudou a criar?

Oficialmente, a explicação é a vontade de Bill Gates de se dedicar à filantropia – um projeto humanitário que envolve desde a descoberta de uma vacina para a Aids até a erradicação da malária.

Mas o real motivo pode estar diretamente ligado ao destino da Microsoft como líder de um mercado e indica uma rara sabedoria do maior bilionário do mundo.

Ao deixar sua empresa, Bill Gates quer evitar uma das ameaças mais letais ao sucesso de um negócio: **a estagnação**, provocada pela permanência de um líder que não consegue acompanhar como deveria o ritmo das mudanças do mercado.

E o mundo dos negócios não perdoa empresários que, mesmo tendo um passado brilhante, não percebem a hora em que devem transferir a liderança e dedicar-se a novos projetos pessoais e profissionais.

Assim, Bill Gates decidiu sair de cena no auge, antes que os resultados dos negócios o tornassem obsoleto diante dos outros e sobretudo frente à concorrência.

Como disse o consultor John Davis: "Bill Gates já escalou sua montanha.

Agora, ele está pronto para uma nova missão de vida."

Aliás, os cinco motivos principais que deveriam ser levados em conta pelo fundador ou o dono para deixar o comando da empresa, por mais competitiva e eficaz que tenha sido no passado, são:

1. O ciclo de crescimento da empresa necessita de habilidades com as quais o empresário não tem mais familiaridade.
2. A concorrência lança produtos no mercado com uma velocidade e um grau de inovação impossíveis de acompanhar.
3. A empresa começa a perder executivos e profissionais talentosos porque eles discordam dos rumos tomados e não há espaço adequado para o seu crescimento dentro da companhia.
4. O empresário apresenta sinais de fadiga e falta de motivação no comando.

5. O dono ou controlador adia sucessivamente a saída a pretexto de concluir novos projetos.

Caro leitor, em quantos desses motivos Bill Gates fundamentou a sua decisão de sair até 2008 da Microsoft? Certamente, os quatro primeiros, não é?

Os especialistas em empregabilidade dizem que para "envelhecer bem empregado" a pessoa deve proceder da seguinte forma:

1. **Acompanhar assiduamente as tendências do mercado e avaliar o comportamento da sua empresa.**
   Com isso o indivíduo atento percebe a tempo, entre outras coisas, que tipo de funcionário está sendo promovido, descobrindo o tipo de competência que está sendo privilegiada.

2. **Estar antenado e aprender sempre.**
   Um profissional competitivo é aquele que não se acomoda e nem acha que a sua experiência é suficiente para ser útil à empresa.
   Aliás, essa atitude vale também para uma empresa que quiser sobreviver frente à intensa concorrência.

3. **Reciclar sua postura e aproveitar ao máximo o relacionamento com os empregados mais jovens.**
   Ninguém que quer ser competitivo deve achar que a "música do seu tempo era muito melhor que a de agora".

4. **Manter o seu entusiasmo, porém respeitando os próprios limites.**
   A estabilidade no emprego costuma levar à perda de motivação. É vital fugir dessa armadilha e manter a empolgação pelo que se faz na organização.

5. **Reinventar-se continuamente, assumindo novos desafios.**
   O profissional competitivo é aquele que, com certa tranqüilidade, consegue assumir tarefas diversas de sua área de formação, como Antonio Maciel Neto, que dirigiu com sucesso a Ford para a América Latina, mal sabendo "trocar um pneu", e agora comanda a Suzano Papel e Celulose na sua reinvenção e no seu progresso.

6. **Ser fiel à organização na qual trabalha.**
   A lealdade é muito importante para quem quer conservar o emprego durante muito tempo, o que significa saber resistir às propostas tentadoras que as empresas concorrentes oferecem a um profissional talentoso.

Comportamento

VOCÊ SABE QUE A QUALIDADE DA SUA SAÚDE MENTAL DEPENDE DO HUMOR?

Realmente, existe uma corrente da psicologia que enfatiza que manter o humor em alta, até em situações adversas, não é apenas sabedoria popular do tipo: "**Rir é o melhor remédio**", mas um eficaz instrumento terapêutico.

Assim, por definição, todo humor faz bem, inclusive o **humor negro**, que mostra graça no que chama-se comumente de "desgraça", nossa e dos outros afirmando a nossa condição mortal.

Dessa maneira, ele pode ser considerado trágico e também cômico, porque inclui a morte na vida, sem deixar de celebrá-la.

Naturalmente deve-se diferenciar o humor da ironia, do deboche e também do riso cínico.

Na ironia e no deboche rimos do outro por acreditar que somos mais sábios e superiores.

No cinismo, o riso é amargo, melancólico, pois é o riso de quem, decepcionado, perdeu o gosto pela vida.

Essas formas humorísticas, de certa forma, fazem mal as pessoas, porque servem à ignorância. Daniel Kupermann, doutor em Teoria Psicanalítica junto com o psicanalista e psiquiatra Abrão Slavutzky e mais dez profissionais, organizou o livro *Seria Trágico... Se não Fosse Cômico* justamente para marcar o centenário da obra, *Os Chistes e Sua Relação com o Inconsciente*, de Sigmund Freud, no qual chama-se bastante a atenção para os detalhes engraçados que, no dia-a-dia, acabam influenciando o bem-estar das pessoas.

Daniel Kupermann deu uma entrevista para Valéria Blanc da revista *Época* (9/1/2006) na qual explicou claramente a importância da piada como terapia: "Hoje, sabe-se que não há psicoterapia sem que se estabeleça uma ligação afetiva, em que o humor é parte integrante.

O inglês Donald Woods Winnicott, (1896-1971) definia inclusive a psicoterapia como a atividade na qual duas pessoas brincam juntas, e uma das tarefas do terapeuta é trazer o paciente de um estado em que não é capaz de brincar para um em que é.

Aliás, se um psicanalista não sabe brincar, vai ter o seu trabalho seriamente comprometido.

Por exemplo para Sigmund Freud, o senso de humor é o principal sinal de um psiquismo sadio.

Ele o considerava a forma privilegiada pela qual os adultos mantêm a capacidade de brincar e de não ser esmagados pelos imperativos da vida em sociedade.

No processo de cura, o humor é um instrumento precioso para caricaturar os ideais de perfeição e de onipotência que tendemos a atribuir a nós mesmos e a figuras de destaque na vida social.

Nós nos permitimos rir desses ideais e, sobretudo, de nós.

Por sinal, as pessoas precisam desenvolver certa descrença nos ideais de felicidade propagados no mundo contemporâneo; não se levar tão a sério, sabendo que nunca atingiremos os ideais de perfeição em que aprendemos a acreditar.

Porém, ninguém se deve resignar a uma vida fútil e insatisfatória só pelo fato de ela ser socialmente aceita e reconhecida.

É essa acomodação que leva muitas vezes a níveis insuportáveis de angústia, a fobia e a depressão.

Cada indivíduo deve porém estar consciente que o humor também não é o reverso do medo, no sentido de uma coragem heróica.

O humor é uma sabedoria trágica acerca da própria **finitude**.

Assim, por um lado, sabemos que não podemos tudo, que somos precários e impotentes para muitas coisas, mas, por outro, não deixamos os medos, inclusive o da morte, nos paralisar.

Existe uma piada que traduz esse pensamento.

Um condenado à forca, numa segunda-feira, diz a seus algozes que o conduzem ao patíbulo: '**É, a semana está começando muito bem.**'

Com isso, ele afirma sua dignidade humana mesmo na iminência da morte.

Há também um episódio biográfico de Sigmund Freud, que era judeu. Para ser liberado da Áustria, durante a ocupação nazista, as autoridades da Gestapo (polícia secreta da Alemanha nazista) o obrigaram a assinar um documento declarando que não sofrera maus-tratos.

Sigmund Freud não só assinou, como acrescentou: '**Posso recomendar altamente a Gestapo a todos!!!**'

Ele correu riscos, mas não perdeu a oportunidade para mostrar o seu humor.

Uma piada, com certeza, tem vida curta, mas o cultivo do humor é tarefa para uma vida inteira, visto que a atitude humorística indica um posicionamento ético e também político.

É verdade não existe humor politicamente correto!!!

Por isso mesmo, é preciso saber onde, quando e como exercê-lo. Assim uma piada sobre minorias em um ambiente com muita gente nessa categoria, comumente pode ser altamente embaraçosa...

Deve-se saber cultivar o humor na dose certa e existem exemplos históricos que caracterizam isso muito bem.

É o caso de uma cena criada por Charlie Chaplin, o inesquecível Carlitos, em *O Grande Ditador*, na qual se parodia a ambição de Adolf Hitler pela conquista do mundo, fazendo o ditador se entreter jogando bola com o globo terrestre!!!

Há também aquela do João Saldanha, que foi técnico da seleção brasileira de futebol, ao presidente Médici, que lhe pedira para convocar um certo jogador: 'General, eu não me meto na composição do seu ministério, então o senhor não se meta na convocação para a equipe nacional.'

No humor reconhecemos não apenas a limitação de nossa importância, mas principalmente, aprendemos a conviver com aquilo que não sabemos e não saberemos.

Porém, o que é indiscutível é que o humor seduz.

Isso quer dizer que o humor é extremamente eficiente na tarefa de romper as barreiras que separam seus interesses egoístas dos interesses dos outros, provocando intimidade e comunhão.

Rir junto com alguém, assim como comer junto, é um exercício de intimidade, que favorece a aproximação sexual."

Muito bem, grande depoimento do Daniel Kupermann, que valoriza a idéia de tudo ter um toque de humor, como espero que o leitor encare as coisas que estão apresentadas neste livro.

PROMESSAS

Todo aquele que faz promessas pode ser que tenha que também fazer alguma coisa para acabar de forma definitiva com as suas ressacas.

Entre as definições formais do que vem a ser ressaca existe aquela que diz: "Mal-estar no dia seguinte a uma bebedeira" e outra que explica: "a indisposição de quem bebeu, depois de passar a bebedeira."

As definições informais são:

➡ "Vários homenzinhos verdes (e não são palmeirenses...), que me acordam de manhã, fazendo um carnaval de primeira no meu estômago."

➡ "Muito estrago no meu estômago #!?!?@/// Aaarrgghhh!!!"

➡ "Resultado da intoxicação por excesso de ingestão de muitas bebidas alcoólicas."

Os sintomas desagradáveis de uma ressaca são: sede, falta de apetite, náusea, dor de cabeça, sonolência, fotofobia, sensibilidade ao som, dor de estômago, vontade de vomitar e muitas outras coisas desagradáveis.

Por isso vale a pena não ter mais ressaca, se bem que existem muitos bêbados engraçados como aquele que estava no ponto do ônibus, olha para uma mulher e diz:

- Você é feia, hein?

A mulher não responde.

O bêbado insiste:

- Nossa, mas você é feia demais!

A mulher finge não ouvir.

E o bêbado volta a dizer:

- Putz! Você é mesmo muito feia!

A mulher não se contém e responde!

- E você é um bêbado repulsivo!

- É, mas amanhã, eu fico excelente...

Ou então aquela do sujeito que sai do metrô, logo entra no bar que está na esquina e vai ordenando:

- Coloque aí sete cachaças para mim! O barman obedece e coloca as sete cachaças para o homem, que as bebe todas.

- Coloque agora cinco pingas! O atendente serve o cliente e ele as bebe todas de uma só vez!

- Agora coloque rápido, mais três, viu? Ele bebe as três, uma depois da outra e faz aquela careta típica dos inebriados e diz:

- *Agorazzzz só uma ! Sjo mais uma! Bebe aquela, cambaleia e conclui:*
- *Eu não comppreendoo... Quanto menos eu bebo, mais eu fico bêbado!*

E aí no dia seguinte %-\ (ressaca) – na língua dos internautas tendo uma grande vontade de :- (*) (vomitar) além de ficar %-(, ou seja, confuso.

Aí vão mais duas de bêbados:

SOGRA AMIGA

O guarda manda o sujeito parar o carro.
- *O senhor está a 150 km/h e a velocidade máxima nesta estrada é 90 km/h.*
- *Não, seu guarda, eu estava a 90km/h.*
A sogra dele, que ia no carro corrige:
- *Mané, você estava a 150 km/h ou mais!*
O sujeito olha para a sogra com o rosto fervendo.
- *E sua lanterna direita não está funcionando.*
- *O guarda continua.*
- *Nem sabia disso. Deve ter estragado na estrada.*
A sogra insiste.
- *Ah Mané, que mentira! Você vem falando há semanas que precisa consertar a lanterna! O sujeito, irado, faz sinal para a sogra ficar quieta.*
- *E o senhor ainda está sem o cinto de segurança, - acrescenta o policial.*
- *Mas eu estava com ele. Só tirei para pegar os documentos!*
- *Ah, Mané, deixa disso! Você nunca usa o cinto!*
O sujeito não se contém e grita para a sogra:
- *Cala essa boca, sua velha maluca!*
O guarda se inclina e pergunta à sogra do motorista:
- *Ele sempre grita assim com a senhora?*
Ela responde:
- *Não, seu guarda. **Só quando bebe muito!!!***

EXCURSÃO CELESTE

Igreja lotada, o padre interrompe o sermão e pergunta:
- Quem deseja ir para o céu?
Todo mundo levanta a mão, menos um sujeito sentado na primeira fila, caindo de bêbado.
- O senhor não quer ir para o céu quando morrer? Pergunta o padre, olhando para o homem.
E o bêbado:
- Ahhhhh... Quando morrer? Claro que eu quero! É que eu pensei que o senhor estava organizando a caravana para hoje!

Bem, alguns indivíduos que ficam bêbados e que têm ressacas homéricas dão os seguintes avisos:

➡ O consumo de álcool pode fazer você pensar que está cochichando, quando não está.
➡ A grande ingestão de bebidas alcoólicas pode levá-lo a imaginar que é invisível.
➡ O consumo exagerado de vodca, gin ou *whisky* pode levar a pensar que as pessoas estão rindo de você.
➡ Quando você bebe muita cachaça pode começar a dizer coisas axim.
➡ Ao beber quatro garrafas de um bom vinho, mesmo assim provavelmente você começará a falar das mesmas coisas, o que poderá levar os que o escutam a dar-lhe uns sopapos.
➡ Finalmente o consumo exagerado de bebidas alcoólicas pode fazer com que você role muito na cama, acredite que ela está rodando e o que é pior, pode ser até que enxergue um assustador dragão vermelho-esverdeado, soltando labaredas sobre a sua cabeça.

MAS AFINAL DE CONTAS EMBRIAGAR-SE É PECADO?

Aí vão algumas respostas plausíveis:

➡ "Todo pecado é voluntário. Ninguém quer embriagar-se, pois ninguém quer ser privado do uso da razão. Portanto, a embriaguez não é pecado."

Comportamento **87**

- "Embriagar-se não é pecado, pois a cada pecado corresponde um outro, contrário a ele: por exemplo, a covardia se opõe à coragem, à ousadia. Como nenhum pecado se opõe à embriaguez, ela não é pecado."
- "Quem for causa de pecado para outra pessoa, também pecará. Se a embriaguez fosse pecado, quem convidasse outra pessoa para beber estaria pecando..."
- Mesmo santo Agostinho disse: "Se alguém, comendo ou bebendo, ingere mais do que é necessário, isso representa pecado pequeno, simplesmente venial. Portanto, a embriaguez causada por excesso de bebida é uma falha desculpável!!!"

Se você quer saber se amanhã vai ter uma ressaca, deve fazer antes – na noite anterior – o "teste das coisas difíceis para um bêbado".

Por exemplo, é bem complicado para um bêbado falar **inconstitucional** ou **proliferação**. Mas difícil ainda é ele dizer **verossimilhança** ou **transnacionalmente**.

Agora o que é praticamente impossível é ele dizer: "**Chega! Já bebi demais.**"

Desse jeito, ou seja, não tendo passado no texto da sobriedade, no dia seguinte vem a ressaca, sem dúvida nenhuma...

Richard Drunkard, no seu livro *O Guia Definitivo da Ressaca*, sem condenar a ressaca com o furor que a tantos impele, indica caminhos para se chegar a uma atitude consciente, ou seja, apresenta com bastante bom humor um punhado de receitas para assegurar um razoável bem-estar dos que facilmente se entalam ou embrulham com bebida... Entre elas há algumas bem simples como a de colocar duas gotas de amoníaco em um copo de água e depois ficar cheirando.

Parece que para muitos, a tontura fastidiosa se vai...

Bem, apesar de Miguel de Cervantes ter dito: "Eu bebo quando comemoro e...às vezes, quando não há nada para comemorar", o ideal é, além de conhecer bem as sugestões de Richard Drunkard para acabar com a ressaca, fazer uma **promessa** de não beber, ou então beber com muita moderação, para não passar mal no *day after*, não é?

AS PROMESSAS PRECISAM SER CUMPRIDAS, NÃO É?

As pessoas, geralmente, quando abaladas por grandes choques (demissões, problemas de saúde, crises passionais, etc.) fazem planejamentos para mudar a sua vida.

Outras vezes é quando chega o final de um ano momento em que procuram planejar uma nova vida, eliminando os erros, os desacertos, os excessos para ter uma vida melhor no Ano Novo.

Assim surge uma grande vontade nos últimos dias de um ano de elaborar planos para acordar mais cedo, para praticar mais exercícios físicos, para se alimentar melhor.

Lamentavelmente, muitos desses planos duram até... a segunda semana de janeiro (ou do mês que segue o planejamento...).

Não é pessimismo, entretanto, uma em cada três pessoas abandona as promessas de Ano Novo já na primeira semana.

Naturalmente existem aqueles mais persistentes que agüentam **até um mês**, prazo suficiente para que quase metade desista das novas metas.

Segundo uma pesquisa recente realizada pela International Stress Management Association (ISMA) só **19%** conseguem implementar as mudanças planejadas por mais de 12 meses.

Pois é, uma fração pequena consegue celebrar suas vitórias e particularmente todas as que planejou algum tempo atrás.

Mas é muito importante celebrar algo que você conseguiu, a sua mais recente realização.

É fundamental dar destaque a algo que se está começando, mas o vital é poder celebrar a sua conclusão.

Toda pessoa deve almejar a possibilidade de celebrar com pompa a aura de realizações ao seu redor.

A principal razão para que as pessoas não cumpram o que planejam reside na **falta de organização**.

Por exemplo, quem quer parar de fumar ou perder peso precisa construir uma estrutura para que isso aconteça. Além disso, as pessoas precisam entender que nem tudo dará certo na primeira tentativa.

Apesar de ser um ideal **"fazer certo na primeira vez"**, na prática se constata que em média uma pessoa **fracassa cinco vezes antes de parar de fumar**, por exemplo.

A construção da "vida nova" comumente está fundamentada na base de mudanças simples no dia-a-dia de uma pessoa.

Sem dúvida uma das personagens mais exóticas da mitologia grega foi Sísifo, o rei de Corinto.

Acreditava ser o mais astuto entre os homens da sua época. Apesar de sua astúcia, acabava envolvendo-se em situações bem complexas.

E a cada "habilidade maliciosa" sua, criava novas dificuldades, que por seu turno exigiam novos estratagemas, numa infindável sucessão de soluções paliativas.

Um dia, Sísifo descobriu que Zeus havia raptado Egina, filha de Ásopo, o deus dos rios.

Como faltava água em suas terras, Sísifo teve a brilhante idéia de revelar a Asópo o paradeiro de sua filha, desde que este lhe desse em troca uma abundante nascente.

O pai desesperado aceitou a proposta e deu a Sísifo a nascente, ficando ciente que a sua filha fora raptada por Zeus.

Sísifo conseguiu arrumar água, mas ao mesmo tempo arranjou um grande problema pois Zeus ficou furioso com a sua revelação ou melhor, sua delação e mandou a Morte buscá-lo.

Confiando na sua inteligência, Sísifo recebeu a Morte e começou a entabular um diálogo, elogiando a sua beleza e pedindo-lhe para adornar o seu pescoço com um lindo colar.

Na realidade o colar era uma coleira, com a qual Sísifo manteve a Morte aprisionada, conseguindo dessa maneira driblar seu destino.

E com isso, durante um tempo, não morreu mais ninguém!!!

Sísifo conseguiu enganar provisoriamente a Morte, entretanto se viu frente a novas encrencas.

O problema foi agora simultaneamente com Plutão, o deus das almas e do inconsciente, e com Marte, o deus da guerra, que precisava dos serviços da Morte para consumar as batalhas.

Tão logo teve conhecimento do ocorrido, Plutão libertou a Morte e ordenou-lhe que trouxesse Sísifo imediatamente para os Infernos.

Quando Sísifo se despediu da sua mulher, pediu-lhe sigilosamente que não enterrasse o seu corpo.

Já nos Infernos, Sísifo reclamou a Plutão da falta de respeito de sua esposa em não enterrar seu corpo.

Então suplicou por um dia de prazo para se vingar da mulher ingrata e cumprir os rituais fúnebres vigentes.

Plutão concedeu-lhe o pedido.

Sísifo retornou ao seu corpo e fugiu com a esposa, enganando a Morte pela segunda vez. Viveu muito anos escondido, até que finalmente morreu.

Quando Plutão o viu, aplicou-lhe um castigo especial.

Sísifo foi condenado a empurrar uma enorme pedra até o alto da montanha.

Antes de chegar ao topo, porém, a pedra rolava para baixo, obrigando Sísifo a retomar sua tarefa, de forma indefinida...

Pois é, o mundo moderno é constituído de milhões de Sísifos, ou seja, pessoas que não completam suas intenções, metas ou objetivos, pois acabam optando por soluções paliativas que lhes geram mais aborrecimentos ainda.

Assim, não comparecem aos seus compromissos, não terminam seus cursos, não mantêm uma relação amorosa saudável, vivem mudando de emprego, etc., não conseguindo de forma alguma colocar a **"pedra no topo da sua montanha"**!!!

São de fato pessoas que se focam mais no esforço desenvolvido do que no êxito.

São indivíduos que raramente terminam o que começam!!!

Aliás, iniciam tantas atividades ao mesmo tempo, todas com a mesma prioridade, que acabam ficando sem fôlego para completar nenhuma delas.

Estão continuamente começando algo, apegando-se à ilusão de que algo novo poderá ser a salvação de suas vidas.

Infelizmente todos aqueles que não planejam, que começam tudo por impulso, sem analisar adequadamente as conseqüências de seus atos acabam não alcançando os seus objetivos.

E assim, vivem no eterno **"quase"**, ou seja: quase fui promovido, quase terminei o livro, quase me casei, etc.

Lamentavelmente são os "quases" que mantêm as ilusões de sucesso destas pessoas, pelo fato de que chegam a uma certa proximidade do topo da montanha.

Estes indivíduos que não se comprometem usam com freqüência a palavra **"talvez"** e a expressão **"pode ser"**.

Seu tempo predileto é o futuro do pretérito: gostaria, faria, diria, realizaria, etc.

É muito diferente a sensação interior e o compromisso de alguém que diz: "Talvez eu nade 2.000 metros quando chegar em casa" de outra pessoa que afirma "hoje, às 18h vou entrar na piscina da minha casa para nadar 2.000 metros!"

Para as pessoas que não cumprem o que prometem, parece que só iniciar o processo de mudança é suficiente, mas não completá-lo.

Vamos agora falar de algumas atitudes que se o leitor ainda não as tomou, deveria procurar estabelecer um sistema em que completar o que se começa é uma **obrigação**, sem permissão para crises ou sem a flexibilidade para se fazer alterações que saiam da rota previamente traçada.

Ninguém deve ter no século XXI, Sísifo como herói, mas sim aprender a decidir e realizar o que é importante na sua vida, sem adiar nem se distrair.

Bem, aí vão sete promessas que você deve cumprir e um bom momento cronológico é o Ano Novo (ou no dia seguinte ao seu aniversário...).

1. Lidar melhor com o estresse.

Você conhece um período mais estressante do que o fim de ano?

Congestionamentos, compras, inúmeras confraternizações, demissões, etc.

Por exemplo, um levantamento feito pela Global Market Insite, com uma amostra significativa de brasileiros, no final de 2006, indicou para a questão: "O que mais o incomoda na época de Natal?", os seguintes resultados:

- a pressão por donativos para 74% dos respondentes;
- os programas e filmes sobre o Natal (61%);
- as músicas de Natal (50%);
- a expectativa (ou a necessidade) de comprar presentes (46%);
- o excesso de comida e bebida (26%).

Não se surpreenda, portanto, se a época também for acompanhada de dores de cabeça e fadiga.

Naturalmente esses são apenas alguns dos problemas que o estresse pode gerar, além de dores musculares, ansiedade, angústia e distúrbios no sono.

Uma pesquisa realizada pela ISMA-BR com 746 pessoas evidenciou que o estresse levou quase metade delas ao abuso de álcool e de remédios.

Não se deve, entretanto, tentar eliminar o estresse, e sim controlá-lo.

Isso pode ser feito por meio de técnicas como meditação ou ioga.

E os últimos estudos comprovam que o gerenciamento do estresse pode, em poucos meses, ter um efeito muito positivo sobre diversas doenças.

O *stress* é uma espécie de epidemia que nos últimos tempos tomou conta do ambiente de negócios e faz parte das principais preocupações cotidianas de executivos e empresários.

As pesquisas mais recentes de organizações conceituadas no Brasil mostram que cerca de 70% dos executivos e profissionais que precisam tomar decisões sofrem de altos níveis de *stress*, um quadro agravado por problemas comportamentais.

O *stress* está para um profissional (ou um executivo) assim como a dor está para o atleta profissional.

Dentro de certos parâmetros, a convivência com ele é quase obrigatória.

O sinal vermelho surge comumente de maneira dramática, quando esses limites são ultrapassados.

E as conseqüências se manifestam em níveis de gravidade diversos.

Podem ir de um patamar mais baixo, como obesidade e lesões de pele, a graus mais altos, como depressão, perda do desejo sexual, derrame e enfarte.

O *STRESS* É UMA COISA MUITO GRAVE!

Os casos críticos são hoje mais comuns do que imagina aquele que acha que jamais sofrerá de *stress*...

A elevação dos níveis de *stress* é diretamente proporcional ao grau de superação demandado pelo mundo empresarial.

Na luta pela sobrevivência, por resultados melhores, por mais participação no mercado, as organizações esperam que seus funcionários nas diversas funções sejam super-heróis, não bastando pois ser apenas competente.

É necessário ser o melhor. Não satisfaz mais ser eficiente.

É essencial entre outras coisas ser criativo, saber antecipar-se às mudanças, sugerir inovações nos processos de produção, garantir que elas vão dar certo, ultrapassar um número de metas cada vez maior com os recursos cada vez mais escassos.

As viagens de negócios são cada vez mais freqüentes e o indivíduo precisa chegar ao seu destino, extremamente animado independentemente do eventual caos que precisou suportar na viagem aérea, tão comum agora nos aeroportos brasileiros.

A estabilidade no emprego depende cada vez mais do sucesso no cumprimento dessas metas, cada vez mais complexas.

O desenvolvimento tecnológico – celulares, Internet, videoconferências, etc. – faz com que o profissional fique o tempo todo conectado com os problemas quase que instantaneamente, sendo exigido que os resolva em tempo cada vez menor.

Isto cria uma grande angústia que acaba levando ao *stress*. Parece que é necessário fazer várias coisas ao mesmo tempo.

Uma pesquisa feita no final de 2006 pela Organização Internacional do Trabalho (OIT) indicou que um executivo é interrompido em média, nas suas tarefas, a cada 8 minutos.

O que faz com que nesse ritmo, ao final do seu experiente ele terá desviado sua atenção do centro de suas atividades aproximadamente 50 vezes.

Isso torna o seu trabalho tremendamente angustiante até porque dessa forma acaba tomando algumas decisões de forma errônea.

A ISMA, uma organização não-governamental (ONG) revelou que juntamente com médicos, enfermeiros e bancários os executivos e os gerentes médios estão em terceiro lugar no *ranking* das profissões mais estressantes.

Só perdem para policiais, seguranças, controladores de vôo e bombeiros – ou seja, trabalhadores que lidam com o risco de sua vida, ou de terceiros.

Dessa maneira, os executivos e os gerentes de nível médio são, sim, especialmente atingidos pelo *stress*.

Se você ainda não é um executivo ou um gerente que deve tomar muitas decisões, entre no *site* da ISMA que lá encontrará a sua posição no *ranking* do *stress*. Mas, com a evolução da sua carreira acabará tendo um cargo gerencial, portanto quanto mais cedo souber combater esse mal, melhor viverá!!!

Um outro fato importante é que os executivos e gerentes brasileiros trabalham cerca de 15% a 20% mais que os europeus e os norte-americanos perdendo apenas para os asiáticos. Uma constatação cruel é que o *stress* normalmente tem um caráter contagioso e epidêmico.

Pessoas estressadas tendem a criar um ambiente corporativo tenso.

Se numa organização o comportamento dos seus funcionários é caracterizado pela pressa exagerada, pela agressividade ou pela queda da produtividade, tudo isso é um forte indício que a **empresa está estressada**.

Aliás, o primeiro fator de *stress* no mundo profissional está ligado às relações interpessoais.

Estressado, um indivíduo sofre redução da sua capacidade de comunicação com os seus colegas de trabalho.

Essa alteração pode assumir formas diversas.

Uma delas é o **isolamento**.

No caso particular das empresas, é comum ouvir casos de líderes que se fecham em seu mundo, deixam de compartilhar suas dificuldades, delegam pouco e "carregam nas próprias costas" toda a responsabilidade pela obtenção de bons resultados.

Uma outra característica do indivíduo estressado é a sua agressividade, que emerge assim a pessoa começa a ser submetida a grandes constrangimentos pela chefia, pelos clientes, pelos colegas no mesmo nível funcional e assim por diante.

Hoje em dia, uma das competências valorizadas no bom gestor é exatamente a sua capacidade de absorver o *stress*.

O gestor eficaz é aquele que consegue ser uma espécie de esponja, mas para isto ele precisa ter o próprio *stress* sob controle.

As empresas brasileiras já perceberam a importância de auxiliar os seus funcionários a combater o *stress*, e muitas delas instalaram academias de ginástica, salas para sessões de *shiatsu* e fazem avaliações periódicas para saber o quanto a "vida moderna" está estressando o seu empregado.

Acontece que a prevenção e o combate completo do *stress* parecem estar fora de cogitações pois para alguns especialistas isto tornaria os empregados pouco competitivos e sem ambição.

Aliás, eles dão como exemplo o fato que se tinha uma vida bem mais bucólica que a vida moderna do século XXI, por exemplo na Idade Média o homem vivia 29 anos, na virada do século XX esse número saltou para 50 anos e agora no início do século XXI, apesar de todo o ambiente estressante o homem vive em média 75 anos.

É óbvio que alguns explicam essa longevidade devido aos avanços da ciência e da medicina.

Qual é a sua opinião sobre isso?

Certamente é bom viver sob um certa tensão, não exagerada, impulsionando cada um de nós a atingir metas viáveis e obviamente quando perdemos a calma, os remédios modernos têm sido muito úteis para todos.

Mas que tal você se submeter a um pequeno teste, que foi elaborado pela psicóloga Márcia Merquior, doutora em saúde coletiva pelo Instituto de Medicina Social da Universidade do Rio de Janeiro (Tabela 2).

TESTE DE *STRESS*

1. Tenho aceito diversas tarefas das quais não posso dar conta. ☐
2. Não consigo dizer não às demandas do trabalho, até para aquelas que são absurdas. ☐
3. Custo para esquecer das turbulências do trabalho, não consigo dormir rapidamente e quando acordo dificilmente volto a pegar no sono. ☐
4. Quando o dia de trabalho termina, só penso em assistir um filme violento ou então beber alguma coisa alcoólica, só para relaxar. ☐
5. Fico irritado quando algo não ocorre na hora combinada ou que desejaria. ☐
6. Não consigo ter tempo livre para minha família e o pior é que quando chego em casa estou sempre exausto. ☐
7. Não tenho mais motivação em começar nada novo, faço o rotineiro sem interesse e tenho vontade de matar o tempo vendo filmes na TV. ☐
8. Tenho me sentido desanimado e muito pessimista nos últimos meses. ☐
9. Culpo-me quando as coisas dão errado no meu trabalho ou na minha vida pessoal. ☐
10. Não tenho conseguido me concentrar direito nas minhas tarefas. ☐
11. Sinto palpitações e falta de ar. ☐
12. Não tenho almoçado na hora certa, quando percebo já passou do horário e assim fico sem comer. ☐
13. Ando de "pavio curto" e qualquer coisa me faz perder a calma e até explodir, mostrando um comportamento irracional. ☐
14. Sinto-me paralisado e não quero começar nada novo com medo de fracassar. ☐
15. Tenho dores de cabeça que interferem seriamente no meu trabalho. ☐
16. Estou sempre ansioso, esperando por telefonemas ou *e-mails* com notícias que não me deixam relaxar em nenhum momento. ☐

Atribua a cada um dos itens as notas:	1 - nunca	2 - raramente	3 - algumas vezes	4 - muitas vezes	5 - sempre

Avaliação do seu estado de *stress* em função dos pontos obtidos:

De 16 a 32 – Seu *stress* está sendo bem administrado, ainda que em alguns momentos você fique um tanto quanto ansioso.

De 33 a 48 – Você está na fase de alerta, na qual é vital estar em permanente controle da situação.
É essencial que você defina melhor suas prioridades, mantendo uma rotina na qual atividades prazerosas sejam incluídas. Além disso, é necessário prestar mais atenção às suas relações afetivas.

De 49 a 64 – Atenção, infelizmente você está numa fase bem relevante do processo de *stress*. Nela, predomina uma sensação de "estado de guerra" contra as adversidades, que parecem não ter fim... Repense rapidamente sua qualidade de vida, redistribua as suas tarefas e responsabilidades, reivindique, ou melhor estabeleça mais tempo e espaço para si mesmo.

De 65 a 80 – Esta é a pior fase do *stress*. Toda sua energia é consumida e você se sente constantemente exausto. Em função disso são cada vez mais freqüentes os momentos de depressão e isolamento. Tudo e todos parecem estar contra você. Avalie com cuidado as causas dessa situação. É provável que para recuperar um pouco da sua calma deva retornar aos seus *hobbies* (passatempos) e antigos projetos. É imprescindível fazer uma profunda mudança no seu estilo de vida.

Tabela 2

2. Sair do sedentarismo.

Da próxima vez em que você pensar em desligar o despertador para ficar mais tempo na cama, lembre-se: o **sedentarismo** piora a qualidade do sono.

Sem falar nas alterações que ele promove na produção hormonal, no estímulo ao acúmulo de gordura, na diminuição na produção de massa muscular e nos prejuízos para o coração.

Para sair do grupo dos sedentários, uma pessoa precisa gastar por semana, 2.000 calorias, além das usadas pelo metabolismo basal (para manter as funções normais como o batimento cardíaco e a respiração).

Isto é o indicado para uma pessoa que tenha 70 quilos e significa, por exemplo, andar uma hora todo dia.

Porém o ideal é fazer também exercícios de resistência muscular e de alongamento.

Quem fizer exercícios físicos regularmente percebe muitas melhorias entre as quais, maior eficiência cardio-vascular e um melhor metabolismo do açúcar.

Fica mais fácil realizar tarefas como subir escadas, andar em ruas íngremes, levar alguma coisa mais pesada, etc.

Com algum treinamento suplementar, talvez até seja possível participar de corridas de competição, como a famosa São Silvestre, claro com a intenção mais de se divertir do que chegar entre os primeiros...

Experimente pois, desde já, fazer exercícios físicos pelo menos três vezes por semana, sem ser muito intensos mas que durem algo próximo de 1 hora.

A sua meta deveria ser inicialmente **reduzir** o tempo sentado em 1 hora por dia.

Isto não significa obrigatoriamente que se deve acrescentar mais tarefas que não podem ser realizadas sentado.

O fato é que ao se trocar momentos sedentários por outros nos quais o seu corpo está em movimento, você vai se sentir melhor e viver mais.

Se você está sentado enquanto lê este livro, saiba que está engajado em uma inatividade típica na qual a maioria de nós passa grande parte do tempo. Não existem estatísticas acuradas sobre o tempo que passamos sentados, mas uma pesquisa feita na Inglaterra indicou que mais da metade das 3.000 pessoas entrevistadas gastavam a maior parte de sua jornada de trabalho sentadas.

Apurou-se também que 50 anos atrás, o cidadão comum caminhava em média 800m por dia – o que não é mal, mas não é o ideal.

A má notícia é que essa distância percorrida a pé por uma pessoa caiu para 400m por dia no período de 1975 a 1976 e que no início do século XXI ela ficou menor que 300m.

Como trata-se de médias, é provável que os entusiastas das caminhadas percorram grandes distâncias e o resto de nós contribua apenas para abaixar as estatísticas.

No Brasil, ainda não somos tão dependentes do automóvel como acontece nos países mais desenvolvidos, e o uso de transportes coletivos impõe deslocamentos a pé.

Porém, ao contrário de nossos ancestrais, passamos boa parte do dia em inatividade física.

Com o advento dos controles remotos, máquinas lava-louças, janelas automáticas, *e-mail*s (correio eletrônico) e compras pela Internet estamos diminuindo cada vez mais a atividade física em nossas vidas – tanto que alguns especialistas estimam que queimamos 700 calorias a menos que há 30 anos, o que corresponde a um acréscimo no peso em 450g por semana.

Consideremos a energia que poupamos ao enviar um simples *e-mail*.

Se você percorresse o escritório em que trabalha para falar com alguém e depois voltasse para a sua mesa, em vez de gastar os mesmos 2 min enviando um *e-mail*, poderia deixar de adquirir cerca de 5 kg em 10 anos.

E isso corresponde a um único *e-mail* por dia!!!

Como nossa vida moderna exige bem pouco esforço físico, nossa única fonte de exercícios é a prática de atividades de lazer como caminhar, cuidar do jardim (ou das plantas) e fazer esportes.

Mas, infelizmente, poucos de nós também encontram tempo para isso!?!?

Portanto os aparelhos que nos poupam tempo sem dúvida nos fazem economizar muitos minutos ou até horas, mas podem também ajudar muito para tirar anos de nossas vidas por nos fazer perder oportunidades de manter o corpo forte e saudável.

Por exemplo, na Tabela 3 estão algumas sugestões para que você use os seus músculos no lugar de máquinas, com o que terá um coração bem mais saudável.

EM VEZ DE...	MANTENHA-SE ATIVO...
Contratar uma faxineira.	Passando o aspirador de pó e tirando a poeira você mesmo.
Lavar o carro no posto de gasolina.	Lavando e encerando o carro você mesmo.
Comprar pela Internet.	Indo pessoalmente as suas lojas favoritas, pois fazer compras a pé é um exercício válido.
Ignorar suas plantas.	Cuidar das plantas pelo menos 2h por semana.
Instalar um alarme em sua casa.	Passeando com o seu cão rotweiller todos os dias.
Ir de carro até a loja da esquina.	Caminhando ou indo de bicicleta até a loja.
Mandar entregar as compras do supermercado em casa.	Levando-as e descarregando-as você mesma.
Usar a máquina de lavar louça.	Lavando a louça na pia.

Tabela 3 – Ações para fugir do sedentarismo.

3. Emagrecer.

Para combater os males que a obesidade pode causar à saúde, não se deve apenas controlar os quilos, mas também os centímetros.

É a circunferência da cintura, mais do que o Índice de Massa Corporal (IMC) que dá a informação mais significativa: a **gordura visceral**.

Presente no abdômen, a gordura visceral gera excesso de ácido graxo, elevando a pressão arterial e aumentando a propensão ao diabetes, além de tornar o sono mais superficial, por meio da apnéia. Dessa maneira, a cintura deve ter, no máximo, 88 cm para as mulheres e 102 cm para os homens, de acordo com um dos padrões mais difundidos.

Para os homens, a má notícia é que eles têm uma tendência maior a acumular gordura visceral, e a boa, que emagrecem mais facilmente.

Para quem emagrece e perde gordura visceral, a conseqüência é radical.

A pessoa deixa de ter propensão ao diabetes e à hipertensão, sendo que aqueles que têm esses problemas, podem até revertê-los ao emagrecer.

Entretanto ninguém deve perder peso a todo custo.

A dieta deve ser balanceada, com pelo menos 400g de frutas, legumes e verduras por dia, pois dessa maneira pode reduzir o risco de várias doenças. Além disso, há uma melhora no funcionamento intestinal e a pele, os cabelos e as unhas ficam mais fortes.

Experimente pois trocar os doces e salgados que você consome por frutas, legumes e verduras.

Não há um modo específico de se alimentar de forma saudável, **apenas dois princípios simples.**

Ofereça ao seu organismo **alimentos variados** principalmente os não-processados, todos os dias e **coma** – e **beba** – com **moderação**.

Enquanto modismos vêm e vão, **este segredo de boa saúde nunca vai mudar**.

Aí estão os 15 passos para comer melhor.

1º Passo – Comece o dia com um café-da-manhã rico em fibras como mingau ou musli com frutas. Comer bem nessa parte do dia faz com que as pessoas fiquem alertas física e mentalmente.

2º Passo – Tome o mínimo possível de café e refrigerantes com cafeína.

Eles lhe darão apenas um pique curto de energia.

Prefira tomar uma ou duas xícaras diárias de chá verde ou preto. O chá contem antioxidantes, que são associados a menores índices de câncer e de doenças cardíacas.

3º Passo – Diminua aos poucos a quantidade de açúcar do chá e do café.

É melhor reeducar o paladar do que usar adoçantes artificiais, pois assim o seu desejo por doces e bebidas açucaradas também diminui.

4º Passo – Ao consumir bolos e biscoitos prefira aqueles feitos com farinha integral. Coma pão integral com mais freqüência do que o branco pois contém mais vitaminas do complexo B e o dobro de fibras.

5º Passo – Compre arroz e macarrão integral, a fim de aumentar a ingestão de vitaminas do complexo B e de fibras.

6º Passo – Aumente aos poucos a variedade de frutas e legumes que consome para sete porções por dia.

7º Passo – Substitua os lanches cheios de açúcar e gorduras, como biscoitos, massas recheadas e chocolate, por frutas incluindo as secas.

8º Passo – Tente abolir ao máximo os alimentos fritos para reduzir a ingestão de gordura saturada. Use também o mínimo possível de manteiga, margarina poliinsaturada ou monoinsturada. O óleo mais adequado é o de macadâmia ou de canola.

9º Passo – Beba bastante água. Adultos com atividade moderada necessitam pelo menos 2 litros de água por dia. Confira sua hidratação pela cor da urina. Ela deve ser amarela-clara.

10º Passo – Use cada vez menos sal, ou até elimine-o de vez.

Com o tempo, o excesso de sal pode causar aumento na pressão arterial.

É fácil evitá-lo, se comer principalmente alimentos frescos, porque a maior parte do sal da nossa alimentação provem de alimentos processados.

11º Passo – Consuma laticínios com moderação. Leite, iogurte e sorvete semidesnatados ou desnatados auxiliam a manter baixa a ingestão de gordura saturada.

12º Passo – Coma mais soja.

É uma excelente fonte de proteína vegetal e parece reduzir o risco de doenças cardíacas, ajudando a baixar os níveis de colesterol. Também protege contra o câncer de mama e de próstata.

13º Passo – Escolha cortes magros de carne vermelha e diminua o consumo de carnes processadas como salame, *bacon* e lingüiça.

Carne magra é uma boa fonte de ferro, zinco, vitamina B12 e proteína de alta qualidade, ao passo que o consumo intenso de carnes processadas está associado a risco aumentado de câncer de intestino.

14º Passo – Coma mais peixe para aumentar a ingestão do ácido graxo ômega-3. Consuma também peixes gordurosos, como salmão, cavala ou sardinha duas ou três vezes por semana.

15º Passo – Prepare refeições vegetarianas ocasionalmente.

Use leguminosas como feijão, soja, grão-de-bico, ervilha ou lentilha.

Elas possuem índice glicêmico baixo, portanto você ficará satisfeita por mais tempo. Seu alto teor de fibras também ajuda a prevenir a prisão de ventre.

Todo aquele que quiser incrementar as suas receitas para ter um vida saudável deve recorrer aos maravilhosos livros de Lucila Diniz, *Almanaque Light* e *O Prazer de Viver Light*.

4. Parar de fumar.

De acordo com dados internacionais, **apenas 3%** das pessoas que tentam largar o cigarro conseguem superar o vício.

Mas é possível melhorar essas chances se houver ajuda profissional podendo assim esse índice chegar a 10%.

Quando o acompanhamento incluir o uso de medicamentos de 30% a 35% das pessoas conseguem parar.

Tanta dificuldade tem explicação.

O simples ato de acender um cigarro envolve aspectos **psicológicos**, de **condicionamento** (a rotina) e **fisiológicos** (a dependência química).

Para vencer esse terrível vício, portanto, é necessário agir nessas três frentes.

Para as duas primeiras, a recomendação é um acompanhamento cognitivo – comportamental.

O mal-estar decorrente da abstinência da nicotina pode ser abrandado com adesivos ou chicletes.

Mas para todo aquele (ou aquela) que vencer essa luta, os resultados compensam e muito!!!

Em menos de 30 dias, o olfato e o paladar ficam mais aguçados.

No mesmo período, será possível perceber uma significativa melhoria na aptidão física. Já os pés e as mãos, que ficavam frios devido à ação da nicotina no sistema circulatório, passarão a ficar mais aquecidos.

Dentro de três ou quatro meses, o cheiro corporal típico dos fumantes muda, e o mau hálito diminui.

Um processo mais demorado é a perda da coloração amarela entre os dedos, que acabará sumindo quando a pele descamar.

O principal é que, em um ano o risco de sofrer um infarto ou um acidente vascular cerebral (AVC) cai cerca de 50%.

O risco de ter um infarto praticamente se iguala ao de quem nunca fumou num período de dois anos.

O de ter um AVC se equipara ao dos não-fumantes em cinco anos.

Quanto ao risco de câncer de pulmão, ele persiste de 15 a 20 anos.

Mas isso não deve ser motivo de desanimo, afinal, quanto antes você parar de fumar, melhor vai chegar a 2027.

Quem deseja parar de fumar precisa beber muita água gelada, mastigar cravinhos ou cristais de gengibre ou ainda pedaços de gelo, pois tudo isso ajuda muito para eliminar a vontade de fumar.

Não se deve esquecer também que após um século de incentivo ao fumo, os países ricos se voltaram cada vez mais contra o cigarro!?!?

O último reduto dos fumantes empedernidos – a França – proibiu o hábito de fumar em lugares públicos a partir de fevereiro de 2007.

Seguiu, dessa maneira, a orientação já tomada em outros países europeus, como Espanha, Itália e Irlanda.

Na Inglaterra, igual restrição entrará em vigor no decorrer de 2007.

A União Européia (UE) dessa forma se rendeu às evidências que o cigarro não só faz muito mal à saúde, mas é responsável por cerca de 5 milhões de mortes por ano no mundo, segundo dados da Organização Mundial de Saúde (OMS).

Isso significa que produz 80% mais vítimas do que a AIDS que matou em 2005, 2,8 milhões de pessoas no mundo.

Outro fator que tem pesado bastante na decisão de se adotar tais medidas antitabagistas é o custo do tratamento de **mais de 25 doenças** relacionadas ao fumo, além da perda de trabalhadores em idade produtiva, maior índice de aposentadorias, absenteísmo no trabalho, menor rendimento profissional e gastos com o seguro.

Dados no final de 2006 do Banco Mundial mostraram que o consumo de tabaco gerou um **prejuízo** de mais de US$ 340 bilhões naquele ano para a economia mundial.

Só nos EUA o prejuízo foi de US$ 184 bilhões e na França chegou a US$ 16,4 bilhões.

No Japão, quarto maior consumidor de cigarros do mundo com 330 bilhões de unidades em 2006, 5% das verbas para a saúde são gastos com doenças relacionadas ao fumo.

Se, a princípio, os governos se mostraram relutantes em adotar medidas restritivas ao fumo, acabaram convencidos pelos gastos nos orçamentos de saúde e prejuízos causados à economia pelo hábito de fumar.

E, ao contrário do que poderiam esperar, tiveram o apoio da população.

Na França, por exemplo, oito em cada dez fumantes aprovaram a lei antifumo.

No Japão, o cigarro foi proibido até nos lugares em que se fazem as tradicionais competições de sumô – e não se tem notícia de reclamações intensas.

Legislações destinadas a banir o cigarro de lugares públicos, impedir a propaganda e limitar o consumo foram adotadas em Cingapura, Fiji, Hong Kong, Mongólia, África do Sul, Tailândia, Vietnã, Argentina e Uruguai; sem muita reação.

Para não falar nos EUA, que há mais de duas décadas deram partida para a sua intensa campanha antitabagista.

Aliás, em outubro de 2006, a Sociedade Americana Contra o Câncer (SACC) comemorou a diminuição no país, de 40% nas mortes por câncer, entre 1991 e 2003, que credita fundamentalmente ao controle sobre o fumo.

A última edição do *Atlas do Tabaco*, um guia de informações sobre o câncer e consumo de cigarros no mundo, lançado pela OMS com o apoio do SACC e do Centro de Controle de Doenças (CCD) dos EUA, comprova que houve significativo aumento no número de países que aprovaram legislações restritivas ao cigarro – entre os quais, o Brasil cujo sucesso na adoção de ações educativas permitiu redução de 32% para 19% na prevalência de fumantes na população entre 1989 e 2003.

Vários países nos últimos três anos adotaram o aumento de impostos sobre vendas e apertaram o cerco à indústria com diferentes medida diretas – como a proibição de publicidade e de venda de cigarros supostamente menos ofensivos à saúde (chamados *light*).

Isso foi muito benéfico pois resultou em uma significativa diminuição do consumo e com isso, acredita-se em uma diminuição de mortes nos próximos anos.

Porém, o problema do tabagismo continua e o futuro não é nada promissor.

Se for mantida a tendência atual, calcula-se que por volta de 2030 haverá 1,6 bilhão de fumantes no mundo.

Esse aumento do atual 1,3 bilhão será decorrência do crescimento da população, mas você caro leitor **deve cumprir a sua promessa**, largando de fumar (caso seja um fumante) ou não se entregando a esse vício, lutando e colaborando dessa maneira para diminuir esse número. Aliás, segundo os dados do *Atlas do Tabaco* são mais de 250 milhões os fumantes no mundo, 22% nos países desenvolvidos.

E em alguns lugares como na Suécia ou nas ilhas Cook, na Polinésia, as mulheres fumantes estão em maior número que os homens.

Segundo alguns especialistas, o motivo é a publicidade dos fabricantes de cigarros, que associa de forma atraente e enganosa, o hábito de fumar à vitalidade, corpo esbelto, emancipação feminina, sofisticação e sexualidade.

O apelo publicitário também conta bastante na iniciação ao hábito, tanto entre as meninas como entre os meninos.

Influi muito ainda a facilidade de acesso ao cigarro, o baixo preço em alguns países como o Brasil e o exemplo de pais e amigos.

Onde esses fatores prevalecem, o consumo de cigarros aumenta.

Atualmente, as empresas concentram o investimento publicitário em países menos desenvolvidos, muitos dos quais ainda não proíbem anúncios em rádio e TV onde a pressão social contra os fumantes é bem menor.

Apesar do Brasil ter sido em 2004 o segundo produtor mundial de fumo, com 928 milhares de toneladas métricas logo após da China com 2.410 milhares de toneladas métricas (e estar mantendo essa posição atualmente), o nosso País é reconhecido internacionalmente como uma nação de vanguarda no controle do fumo, com uma legislação extremamente avançada comparável à Canadá.

Desde 2000, por exemplo, a publicidade de derivados do fumo é proibida em grandes veículos de comunicação, como jornais, rádios, canais de televisão e *outdoors*.

A divulgação só é permitida em pontos internos de venda.

Além disso, as embalagens devem conter imagens fortes dos males causados pelo fumo, acompanhadas de frases de alerta sobre os perigos do vício.

O Brasil foi também um dos primeiros a fixar os limites máximos dos teores de alcatrão, nicotina e monóxido de carbono, ao mesmo tempo em que proibia as denominações *light* e *ultralight*, "suaves" e "baixos teores", pois os mesmos fazem tanto mal para a saúde quanto os cigarros normais.

Infelizmente a luta contra o fumo não é tão fácil assim, pois centenas de milhares de pessoas vivem da produção do mesmo.

O fumo é cultivado em mais de 120 países, com as lavouras ocupando mais de 4 milhões de hectares (veja quanta área para plantar alimentos, não é?).

No mundo, a produção lamentavelmente quase dobrou, desde 1960 chegando perto de 6,5 milhões de toneladas em 2004.

Nos EUA, mais de US$ 20 bilhões foram gastos em *marketing* de cigarros em 2006 sendo que apenas 5% em publicidade direta (há proibição de publicidade na televisão e no rádio) e 95% para promoções indiretas!?!?

A luta é difícil também no Brasil pois em 2003, por exemplo, lideramos as exportações mundiais com US$ 1,06 bilhão e é obvio que os produtores não querem perder seus negócios e vão com isso "alimentando" o vício de milhões de fumantes em outros países.

O importante é saber do leitor se ele fez essa promessa!?!?

Se nem precisou porque não fuma com a leitura obteve informações suficientes para ser um bom conselheiro e fazer com que algum amigo fumante largue esse vício com as suas explicações e o seu exemplo.

Faça então essa promessa, fazer alguém que lhe é caro largar o vício de fumar!!!

5. Dormir melhor.

Num diálogo recente, na sua visita ao Brasil, o Dalai Lama deu uma resposta curta e indiscutível a um preocupado gestor que dizia que não conseguia ser mais eficaz.

E Dalai Lama lhe disse simplesmente: **"Durma mais!!!"**

E todos devem concordar com essa santa sugestão.

Se você não dormir o suficiente, será difícil ser gentil, manter as suas prioridades, continuar a realizar todos os trabalhos rotineiros, ou seja, ser eficaz.

A maior parte dos acidentes de carro são atribuídos à fadiga proveniente da falta de sono.

Os acidentes industriais estão relacionados à fadiga entre os quais incluem-se desastres como nas usinas nucleares de Chernobyl (na Ucrânia) e Three-Mile Island (EUA) bem como o derramamento de óleo do *Exxon Valdez* e a explosão da nave espacial *Challenger*.

A maioria dos trabalhadores admite que a sonolência no trabalho diminui significativamente a sua produtividade.

Se todas essas constatações não forem suficientes para tornar o sono uma prioridade para você: **saiba que a falta de sono engorda**.

Ela provoca intolerância à glucose, aumenta o apetite e diminui o metabolismo.

De quantas horas de sono você precisa?

A maioria das pessoas adultas precisa de **sete a nove horas** para "funcionar" bem o resto do dia.

O problema é que vários de nós fazem do sono uma prioridade menor, acreditando erroneamente que seis horas são suficientes, ou achando que conseguiremos compensar o sono perdido nos fins de semana.

Não podemos!!!

O que foi perdido, está perdido, e os efeitos da privação do sono são cumulativos.

Não deve pois surpreender o fato de as mulheres se queixarem de sonolência e fadiga com mais freqüência que os homens.

É que as mulheres ainda continuam assumindo a maior parte do serviço da casa e as obrigações com os filhos, mesmo quando elas e os maridos trabalham fora.

Existem várias razões pelas quais as pessoas não conseguem dormir o suficiente.

Parece que entre os brasileiros quase 10% tem insônia crônica e outros 38% possuem problemas de sono intermitente.

Sem contar com problemas médicos, que deveriam sempre vir em primeiro lugar, as causas mais comuns de insônia são a **depressão** e o **estresse**.

As clínicas de sono estão presentes em cidades por todo o País, e um estudo recente desenvolvido nos EUA mostrou que um programa de oito semanas de sono era mais eficaz na cura do sono do que comprimidos para dormir.

E nesse programa o que mais se procura ensinar é o desenvolvimento de técnicas de relaxamento e a redução do estresse.

O bom senso também pode lhe ajudar muito a dormir melhor.

Nesse sentido é vital eliminar estimulantes como a cafeína e a nicotina (como já foi dito). Ver televisão e até mesmo ler na cama podem agir como estimulantes de perda de sono.

É importante deixar de utilizar sua cama como escritório.

Trabalhar, comer e outras atividades, além de dormir e fazer sexo na sua cama, podem criar um padrão crônico de falta de sono.

E os cochilos devem ser limitados a 30 minutos ou menos por dia.

Os barulhos externos, luzes (até do seu relógio ou dos aparelhos conectados à TV), animais de estimação ou crianças que pulam sobre você ou ainda um quarto muito quente, são outras fontes óbvias de problemas que causam a falta de sono.

Uma boa prática para conseguir dormir bem é fazer antes um exercício de relaxamento muscular progressivo, começando com os músculos da cabeça e depois descendo até os pés.

Uma outra excelente idéia é fazer uma oração profunda.

Se depois de uma dessas alternativas você permanecer acordado, aí está um momento perfeito para meditar.

Os especialistas concordam que, se você não adormecer em 20 minutos, é melhor levantar e fazer algo relaxante, como tomar um banho quente ou uma xícara de um chá de ervas ou talvez um copo de leite morno.

Existem também aquelas pessoas que dormem com facilidade, porém depois acordam no meio da noite ou de manhã bem cedo.

O relaxamento e a meditação são também práticas excelentes para essas ocasiões.

Bem, se você não dorme o suficiente e de forma contínua, faça a promessa de que vai mudar essa situação, o que o levará a uma qualidade de vida melhor.

Se você dorme bem, inicialmente dê graças à Deus por não ter esse problema, mas seja também mais complacente com aqueles indivíduos que não conseguem dormir bem, pois muitas vezes estas pessoas estão irritadas ou são lentas devido a falta de sono.

Para quem sofre de insônia, não há pesadelo maior do que uma noite em claro.

Dormir mal gera cansaço, dor de cabeça, dificuldade de concentração e irritabilidade.

O mesmo ocorre com quem, embora não tenha problemas para dormir, tem um sono de má qualidade, o que pode decorrer tanto de fatores ambientais (luz, temperatura e ruído) quanto fisiológicos, como a apnéia (suspensão da respiração).

Isso prejudica alguns dos efeitos mais importantes do sono, como o processamento das informações recebidas ao longo do dia e a liberação de substâncias como o hormônio do crescimento, responsável pelo desenvolvimento celular e ligado ao vigor do organismo.

Para melhorar a qualidade de seu sono, é preciso descobrir quanto de fato você precisa dormir por dia.

Há quem se satisfaça com seis horas e há aquele que necessita de nove – a maior parte da população se encontra entre esses dois limites.

O fundamental é saber que quem precisa de nove horas não pode dormir apenas seis.

Em seguida, é imprescindível estabelecer horários fixos para se deitar e para se levantar. As mudanças na hora de dormir afetam a liberação da melatonina, substância responsável pela indução ao sono.

Quem seguir uma rotina vai notar as melhoras já no primeiro mês, afinal, é durante o sono que o corpo se recupera para o dia seguinte.

Todo indivíduo que não sofra nenhuma patologia em relação ao sono, vai se sentir nesse período, muito mais bem disposto, mais atento, com a memória mais aguçada e com maior capacidade de concentração.

O que você, se fez essa promessa, precisa evitar, antes de dormir é a ingestão de bebidas com cafeínas e praticar atividades físicas, que alteram significativamente a liberação de melatonina.

6. Ser mais organizado.

Você já deve ter estabelecido algumas metas e um objetivo principal para este ano, ou seja, daqui para frente, não é?

Você quer estudar línguas, batalhar por uma promoção, trocar de carro, viajar para o exterior, reformar a sua casa ou quem sabe começar uma nova dieta, matriculando-se numa academia e largando alguns vícios (por exemplo, o de fumar se é o seu caso...).

Esses desejos são todos muito nobres, mas para tanto é vital **organizar melhor a sua vida**, antes de mais nada, o que implica incluir o lazer (e também momentos de preguiça, por que não?) entre as suas novas prioridades.

O fundamental é que essa sua reorganização do tempo lhe traga a possibilidade de se descontrair física e/ou mentalmente, afastando a tensão e o estresse (assuntos já enfatizados...) e, muito importante, lhe proporcione um verdadeiro prazer.

A melhor opção de lazer é aquela que provoca na pessoa a sensação de estar nutrido e apaziguado interiormente.

O critério para organizar a sua vida no sentido de que você tenha tempo para o lazer é um só: o **puro deleite**.

Aliás, isso tem tudo a ver com o significado da palavra lazer, que vem do latim *licere* e significa ser lícito. O dicionário já traduz lazer como "divertimento, recreio, entretenimento".

Isto tudo significa: quando o assunto é diversão, não deve haver juízo de valor.

Nenhuma atividade pode ser considerada melhor do que a outra e se ela nos proporciona verdadeira satisfação é lícita!?!?

O tempo despendido também não significa muita coisa, pois o verdadeiro termômetro é o grau de prazer que se obtém.

O sociólogo e professor Domenico De Masi, autor de dezenas de livros, entre os quais *O Ócio Criativo*, por isso mesmo classificado como o guru do lazer como uma ferramenta do aperfeiçoamento pessoal diz: "Saber como usar o tempo livre, é no fundo construir um mundo novo no qual cada um possa exercitar o corpo e a mente.

Os indivíduos no século XXI precisam voltar a entender que o trabalho intelectual deve ser visto como uma atividade lúdica, criativa e motivadora, inseparável do que se conceitua como a diversão.

O ócio não pode continuar tendo uma interpretação negativa.

Na Antigüidade, na Grécia, se entendia o trabalho como sendo tudo aquilo que fazia suar e as atividades não físicas – como política, estudo, poesia e filosofia – **eram consideradas ociosas**.

Pois bem, no século XXI, na era da criatividade é cada vez mais necessário pensar, imaginar, inventar e portanto trabalho, estudo, diversão e ócio vão coincidir cada vez mais!!!"

A nossa sociedade de um modo geral idolatra o trabalho, porém o lazer não pode ser colocado em segundo plano, como simples vazio a ser preenchido na sua agenda.

E da qualidade das escolhas de tempo que você planeja para o seu lazer é que dependera em grande parte sua saúde física e mental.

Vejamos caro leitor como você responde às seguintes perguntas:

1. Quando se sente pressionado você pára e procura uma forma de relaxar ou de se reequilibrar?
2. Você gosta de encontrar os amigos ou conhecer gente nova nos seus momentos de lazer?

3. Durante o lazer, você tem a sensação de que não é preciso controlar o tempo disponível?
4. Você normalmente agenda as atividades que lhe dão prazer?
5. Considera importante ter todos os dias algum tempo (no mínimo uma hora) para as atividades de lazer?
6. Sua necessidade de se envolver com o entretenimento, ao máximo no tempo que sobra, acaba sendo uma fonte de desgaste?

Bem, se as suas respostas para as cinco questões iniciais foram um "**não**" e para a última um "**sim**", **está tudo errado na sua vida** e é vital que você conceitue, dimensione e administre melhor os seus momentos de folga.

Por sinal, no que se refere a sexta pergunta, a resposta enfática deveria ser um **não**.

Lamentavelmente há muita gente impingindo a si uma agenda de lazer tão rígida como a do seu trabalho.

Aí quando chega o sábado, programam de manhã uma visita à exposição de arte, depois uma volta de 20km de bicicleta, a noitinha um *happy hour* no bar e, na madrugada, balada. Assim, não há quem não fique exausto e só acorde no domingo depois do almoço...

Não se deve transformar atividades prazerosas em sobrecarga.

Se você estiver precisando de sossego, fique tranqüilo na sua casa no sábado à noite.

O fim de semana, pelo menos da forma como é vivido nas cidades, particularmente as grandes, com cinema, jantar, balada, festa, etc., acaba não sendo sinônimo de descanso ou retiro.

E também não se pode esquecer da pausa sagrada, para orar, reverenciar a Deus, enfim para praticar rituais.

O Cristianismo elege o domingo – do latim *dies dominicu*, dia do Senhor – como o momento de descanso e dedicação espiritual, sendo tradicional comparecer à missa.

Os muçulmanos consideram a sexta-feira o dia consagrado à oração quando é obrigatório o comparecimento à mesquita.

Na religião judaica, deve-se respeitar o *shabbat* (de onde derivou a palavra latina *sabbatta*), o sétimo dia da semana, que para os judeus começa no domingo.

Nesse dia, nada de trabalho, festas ou qualquer tipo de agitação.

Como os hebreus adotam o calendário lunar, esse período vai do pôr-do-sol da sexta-feira ao pôr-do-sol do sábado.

Você está reservando na sua agenda o tempo adequado para o descanso sagrado?

Se a resposta é **não**, você deveria de alguma forma e rapidamente mudar o seu sistema de vida, pois é vital que tenha um tempo para se interiorizar, para sair da roda-vida, para meditar e alimentar o espírito, para que reflita sobre a sua função aqui na Terra.

Aliás, você deve estar apto, ou melhor ter a coragem de abrir mão de parte do seu salário e de seu *status* profissional para ter uma qualidade de vida melhor.

Essa tendência se chama nos EUA *downshifting*, ou seja, trabalhar menos para ter uma vida melhor, o que significa menos viagens de trabalho, fins de semana sem a preparação de relatórios para a empresa, celular não tão ativo assim, reuniões menos freqüentes e mais curtas...

Hoje, nos EUA, cerca de 28% dos executivos e gestores sêniores estão no *downshifting*, isto é, mudando de emprego, trabalhando menos horas ou se dedicando mais ao lar.

O fenômeno começa a se difundir na Europa, tendo por exemplo, muitos seguidores na Espanha, onde se verifica que muitos profissionais que inclusive não estão próximos da aposentadoria, estão optando por trabalhar de maneira mais tranqüila.

Há um fato muito relevante a ser lembrado, que os diretores de várias empresas de "caça-talentos" têm constatado nos países da União Européia: os jovens de hoje não se motivam apenas pelo dinheiro mas estão mais interessados em um trabalho que lhes dê qualidade de vida.

Portanto, se você está insatisfeito com o que faz, ao tentar organizar a sua vida tem pelo menos três opções: adaptar-se, mudar de emprego ou aderir ao *downshifting*.

O conselho para todo aquele que já superou com o seu trabalho as necessidades básicas de uma boa sobrevivência é que pense em um *downshifting* pois certamente passar mais tempo educando e ensinando os seus filhos é mais gratificante do que ficar açambarcando todas as tarefas interessantes que aparecem na empresa, transformando-se em um *workaholic* ("viciado em trabalho").

Obviamente a desorganização não é uma doença, embora seja fonte de dor de cabeça para os adolescentes, para as suas mães e para os adultos, principalmente na sua vida profissional.

Por exemplo, sem organização, contudo, é bem mais difícil incorporar ao dia-a-dia hábitos que podem melhorar a saúde, ou seja, como se exercitar e comer melhor.

Sem organização faz-se muito mais o **urgente** do que o **importante,** com o que esquece-se por exemplo, de dedicar sistematicamente um tempo para aprender novas coisas, adquirir conhecimentos necessários para entender os avanços da tecnologia e principalmente de agregar mais valor as suas aptidões, garantindo dessa forma continuamente a sua empregabilidade.

Uma das coisas mais importantes nessa era da velocidade é **não desperdiçar o tempo útil**.

Para se ter um maior controle, o primeiro passo é avaliar o contexto atual e ver que aspectos ajudam ou atrapalham para atingir suas metas e objetivos.

Dessa maneira, quem quer emagrecer deve verificar se a sua empresa não serve comida muito gordurosa e uma das soluções pode até ser trazer a própria comida de casa.

Em seguida, é vital estabelecer as metas de forma clara, específica e realista.

Para tanto é preciso elaborar uma lista de tudo o que você acha que será necessário por ordem de prioridade e traçar um plano de ação.

A partir daí, é essencial estabelecer prazos para cada meta.

Geralmente é mais fácil encarar uma mudança radical, quando ela é decomposta em várias etapas.

É muito importante comemorar cada fase vencida e também não desanimar se algo sair do previsto ou constituir-se num fracasso parcial.

Sem metas e nem prazos bem definidos os resultados alcançados podem ser frustrantes, gerando uma ansiedade e um desânimo que podem levar à desistência.

Quem quer ser mais organizado na pior das hipóteses deve ter e usar de verdade uma **agenda**, ou aquelas clássicas de papel que ainda se ganha de brinde no final do ano ou então uma eletrônica, bem mais sofisticada.

Ela é o mínimo que se deve ter, para quem pensa em ser organizado.

Concluindo, deve-se ressaltar que todo aquele que deseja ser notável *(somebody)* o modo eficaz para crescer até esse nível é ser suficientemente realista.

Um dos ingredientes para tanto é saber cumprir as promessas, não esquecendo nunca que todo fracasso deve ser encarado como um aprendizado para no final das contas ser bem-sucedido e atingir aquilo que se almejava...

A difícil vida dos políticos brasileiros e a "original" idéia para serem aplaudidos.

Diversidade

"Ela não está nua Zezinho.
É apenas uma índia!!!"

Como vamos falar em seguida de diversidade e inteligência intercultural, nada melhor para ressaltar o comportamento das pessoas para cumprir o que disseram que fariam. Aí vão algumas coisas que talvez nunca se deva prometer!?!

1. Não comer certo tipo de guloseimas.

Durante uma palestra sobre nutrição, em São Paulo, um orador dizia à platéia presente:

"A alimentação que colocamos em nossos estômagos é o suficiente para ter matado a maioria dos aqui presentes há vários anos.

Carne vermelha é terrível!!!

Refrigerantes provocam a erosão das paredes externas do estômago.

Comida chinesa contém impurezas.

Vegetais podem ser desastrosos e todos sabem o mal que causam os germes contidos na água que bebemos.

Mas há um alimento que é, de longe, o mais perigoso de todos e a maioria de vocês já o comeu ou irá comê-lo, em algum momento de sua vida.

Alguém poderia me dizer que alimento perigosíssimo é este, que causa o maior dos sofrimentos, mesmo decorridos anos após o termos ingerido?"

Um senhor de 50 anos levantou-se e disse:

"Bolo de seu próprio casamento!!!"

2. Não se divertir de forma sarcástica e cínica com pessoas respeitáveis.

O diálogo durante uma confissão.

Padre, pequei!

- E qual teria sido seu pecado, meu filho?

- Foi um incesto, padre! Com minha própria irmã.

- Oh, este é um pecado gravíssimo! Você precisa, antes de mais nada, se arrepender desta falta!

- Mas padre, a Ormênia é irresistível! Mais até que a Ismália!

- E quem seria essa Ismália?

- Minha outra irmã, padre!

- Não me diga que...

- Foi sim! Ela também!

- E quando se deram essas aberrações, rapaz?

- Enquanto elas brincavam de casinha, no quarto!

- De casinha? Que idade elas têm para estarem brincando disso?

- Dez!

- A mais nova?

- Não, a mais velha! Mas com corpinho de oito!

- Meu Deus! Que horror! E onde estava a mãe destas crianças numa hora dessas?

- Com meu irmão, atrás do paiol!

- Jesus, que ignomínia! Preciso falar com seu pai! Alguém precisa dar um fim nesta perdição!

- Ele já sabe.

- Sabe?

- Claro! Ele adora ficar assistindo!

....

Esta é a diversão do Theobaldo. Ao menos uma vez por semana ele pega seu carro e vai até alguma cidadezinha do interior do Estado. Chegando lá, procura uma igreja e se certifica da hora das confissões. Às vezes até liga antes para não correr o risco de dar com a cara na porta.

Coloca-se entre fiéis e beatas, esperando sua vez. Observa bem se o padre é um novato, inexperiente, ou um decano linha dura, seu tipo preferido.

Na sua vez, veste seu rosto com o maior dos cinismos e desfia um rosário de temeridades. Aos poucos, vai aterrorizando o sacerdote com pecados de gravidade crescente, seguro de que todas as confissões ficarão guardadas pelo voto de silêncio. Revela assassinatos, falcatruas e tentações às quais cedeu. Percorre com requintes de perversidade todos os sete pecados capitais, escandalizando as mais ínfimas fibras do ouvinte.

Quando chega o horário político Theobaldo aterroriza os pastores com outros elementos.

Esta semana aproveitou o começo do horário político para colocar em prática um de seus piores planos.

Ajoelhou-se no confessionário, frente ao pastor e disparou esta:

- Padre, tem visto o horário eleitoral na televisão!
- Sim, meu filho! Por que pergunta?
-Adivinha em quem eu vou votar?

OPERAÇÃO CAÇA AOS TERRORISTAS - A AÇÃO

Estimados companheiros, leitores dessa obra prima:

A operação caça aos terroristas proposta e executada pelo nosso grupo sexta-feira, foi um fracasso.

Não conseguimos identificar nenhum terrorista.

Identificamos um ou outro possível gay, mas não levamos em consideração pois eles ficaram na deles.

A operação não foi no todo má, pois identificamos situações curiosas.

Algumas gordinhas cansaram logo no começo da perseguição, não conseguimos verificar se era uma estratégia para serem facilmente alcançadas.

Alguns homens com experiência comprovada em happy hour preferiram só beber e conversar de futebol, não participando da perseguição. Um deles inclusive disse "Você pode ficar com meu emprego e minha mulher, mas com minha cerveja, jamais!"

*Por fim vale a pena reportar que apesar de não termos caçado nenhum terrorista, a perseguição foi **boa pra caramba**!?*

Estamos propondo, por medida de segurança, repeti-la mensalmente.

Saudações

OMDMMBCMP (Organização Mundial em Defesa de um Mundo Melhor com Bastante Cerveja e Mulher Pelada)

Post scriptum: Se alguém tem algo a reportar, por favor o faça já.

POR QUE SE DEVE APRENDER SOBRE OUTRAS EXPRESSÕES DE FÉ?

A necessidade de se orientar na vida é essencial para os seres humanos.

Não necessitamos apenas de comida e bebida, de calor, compreensão e relacionamentos físicos.

É vital que pensemos e tentemos descobrir porque estamos vivos.

Assim corriqueiramente nós perguntamos:

➡ Quem sou eu?

➡ Como foi que o mundo surgiu?

➡ Que forças governam a natureza?

➡ Deus existe?

➡ O que vai ocorrer conosco depois que morremos?

Essas e muitas outras "dúvidas" devem ser classificadas como **questões existenciais**, pois dizem respeito a nossa própria existência.

Embora nem sempre sejam expressas de maneira tão clara, elas constituem a base de todas as religiões.

Aliás, não existe nenhuma raça ou tribo de que haja registro que não tenha algum tipo de religião.

Em certos períodos da história, houve povos (ou pessoas) que colocaram as questões existenciais numa base puramente humana, não religiosa.

Porém foi só há pouco tempo que grandes grupos de pessoas pararam de pertencer a qualquer religião reconhecida!?!?

Isso porém não implica obrigatoriamente que tenham abandonado seu interesse pelas relevantes questões existenciais.

Assim surge para todos a grande questão: **o que é religião?**

John Selden respondeu: "Religião é como moda: um homem usa seu gibão (antiga peça do vestuário) aberto, outro amarrado, outro liso; mas todo homem tem uma religião.

Divergimos apenas quanto aos adereços."

George Gurdjieff disse: "Religião é fazer; um homem não apenas pensa em sua religião ou a sente; ele 'vive' sua religião o quanto puder; do contrário, não é religião, mas fantasia ou filosofia."

Dean William R. Inge explicou: "A religião é um modo de andar, não um modo de falar."

Friedrich Schleiermacher sintetizou:

"A religião é um sentimento ou uma sensação de absoluta dependência."

Helmuth von Glasenapp afirmou: "A religião é a convicção de que existem poderes transcedentais, pessoais ou impessoais, que atuam no mundo, e se expressa por *insight*, pensamento, sentimento, intenção e ação."

C.P. Tiele declarou:

"Religião significa a relação entre o homem e o poder sobre-humano no qual ele acredita ou do qual se sente dependente.

Essa relação se expressa em emoções especiais (confiança, medo, superstição), conceitos (crença) e ações (culto e ética)."

Outros acham que religião é o batismo numa igreja cristã ou a adoração num templo budista.

Há os que associam a religião como os judeus com o rolo da Torá diante do Muro das Lamentações em Jerusalém ou então aquela multidão de peregrinos reunindo-se diante da Caaba em Meca.

Acredito que antes de se falar mais detalhadamente de religiões é conveniente nos interrogarmos sobre a dimensão do ser humano.

E aí tem-se a questão antropológica: o homem é naturalmente religioso? **Homo religiosus?**

O filósofo e padre ortodoxo Jean-Yves Leloup explica: "Inicialmente deve-se lembrar que religião é uma palavra que vem do verbo *religare*, de *ligare* (ligar ou religar).

Assim religião é o que nos religa – por meio de especulações, rituais e devoções – a um fundamento ou a uma origem tida como algo absoluto.

Uma outra interpretação possível seria o verbo *relegere*, de *legere* (colher, reunir) e nesse sentido, ser religioso significa reler os acontecimentos, interpretá-los, dar-lhes sentido, colher os inteligíveis no coração dos existentes e recolher-se sobre '**aquilo que é**'.

Assim, alguns, enxergam na origem do sentimento religioso do homem, o medo diante das forças da natureza e uma maneira de se reconciliar com elas por meio de rituais e sacrifícios.

Outros dirão que é a experiência do sofrimento e do mal no mundo, o esforço para dar a ela um sentido ou dela se livrar, que está na origem das religiões.

Outros, ainda, observarão aquilo que permanece insatisfeito no desejo do homem, como se existisse nele um desejo enorme que apenas o infinito possa satisfazer, com a tentação de fazer desse infinito um objeto do bem ou do verdadeiro, algumas vezes em detrimento do sujeito capaz desse desejo e desse pensamento.

Outros, enfim, colocam na origem das religiões a experiência de uma **realidade** que transcende as realidades costumeiras e abre a consciência humana a uma outra Consciência."

Em seguida pode-se perguntar:
- Será que as diferentes atividades religiosas têm algo em comum?
- Será que seus participantes compartilham algum sentimento semelhante a respeito do que fazem?
- E por que fazem o que fazem?

➡ O que isso significa para eles?

➡ E como tudo isso afeta a sociedade em que vivem?

Jostein Gaarder, Victor Hellern e Henry Notaker, autores de *O Livro das Religiões* respondem:

"São essas as questões que as ciências da religião procuram responder.

É óbvio que existem muitas semelhanças, mas também inúmeras diferenças entre as religiões.

No século XXI, um rápido olhar pelo mundo indica que a religião está desempenhando um papel significativo na vida social e política em todas as partes do globo.

Nestas últimas duas décadas ouvimos falar de católicos e protestantes em conflito na Irlanda do Norte, cristãos contra muçulmanos nos Bálcãs, atritos entre muçulmanos e hinduístas, na Índia e no Paquistão, guerra entre hinduístas e budistas no Sri Lanka.

Nos EUA e no Japão há seitas religiosas extremistas que já praticaram atos de terrorismo.

E o pior de todos certamente foi o ataque terrorista de 11 de setembro de 2001 em Nova York, em Washington e num campo da Pensilvânia com a morte de milhares de pessoas estimulado pela *jihad*, ou seja, a guerra santa contra aqueles que não aceitam o Islamismo.

Apesar de que *jihad*, na realidade, significa a luta contra o 'eu', isto é, não entregar-se à luxúria, ganância, raiva, cinismo ou esquecer o ajuste final de contas com Deus!?!?

Por outro lado, há dezenas de milhares de representantes de diversas religiões que promovem no mundo todo ajuda humanitária aos pobres do Terceiro Mundo.

Aliás, é muito difícil adquirir uma compreensão adequada da política internacional sem que se esteja consciente do **fator religião**.

Além disso, um conhecimento religioso sólido é útil num mundo que se torna cada vez mais multicultural nessa época de intensa globalização.

Cada vez mais as pessoas viajam para trabalhar no exterior, entrando em contato com sociedades que têm diferentes valores e modos de vida, ao mesmo tempo que imigrantes e refugiados chegam ao nosso país, confrontando-se com um sistema social que lhes é totalmente estranho.

Dessa maneira, o estudo das religiões é cada vez mais importante para o desenvolvimento pessoal do indivíduo.

As religiões do mundo podem também responder a perguntas que cada um de nós vem fazendo a si e aos outros há bastante tempo."

Portanto, gostemos ou não, no século XXI, as tradições e as estruturas religiosas, a sua fé, podem exercer uma forte influência sobre nossos relacionamentos com elas.

Por isso, é essencial que todos compreendam e saibam responder de modo inteligente às convenções e crenças religiosas e culturais, mesmo que alguns estejam indecisos quanto à existência de Deus ou convencidos de que não há tal entidade.

É o caso de alguém **agnóstico**, ou seja, uma pessoa que acredita que a existência de Deus ou de uma causa primordial não pode ser privada nem negada. Aliás, essa palavra vem do grego, significando **"desconhecido"** ou **"incognoscível"**.

Já um **ateu** é aquele que acredita que não existe essa realidade, tal como Deus ou uma causa primordial.

Mas convém recordar que não há muito tempo atrás, o mundialmente famoso astrônomo Carl Sagan numa entrevista na qual lhe perguntaram se acreditava em Deus, respondeu: "Certamente rejeito certas imagens de Divindade que me foram apresentadas quando era criança – o homem barbudo no céu atirando raios – mas como cientista, devo reconhecer a possibilidade de um princípio, ou conjunto de princípios, que governam o Universo.

Deixo assim em aberto a possibilidade de que as diversas tradições religiosas, podem oferecer importantes visões da condição humana."

Como bom cientista, Carl Sagan manteve sempre a sua mente aberta no que diz respeito a grandes questões, o que obviamente incluía os temas de natureza religiosa.

E como ele, muitos descrentes precisam "construir pontes" para não ficarem isolados das tradições religiosas e das expressões de fé vigentes no mundo contemporâneo.

Uma razão importantíssima para entender as outras expressões de fé, diferentes da sua (caso tiver alguma...) é que um comportamento exigido pela sociedade no século XXI é a **tolerância**.

Tolerância, significa inicialmente o respeito pelas pessoas que têm pontos de vista diferentes do nosso e ela é uma palavra–chave para quem quer de fato estudar e compreender as religiões existentes.

Tolerância não significa necessariamente o desaparecimento das diferenças e das contradições, ou que não importa no que você acredita, se é que acredita em alguma coisa.

Uma atitude tolerante pode perfeitamente coexistir com uma sólida fé e com a tentativa de converter os outros.

Entretanto, a tolerância não é compatível com as atitudes como caçoar das opiniões alheias ou se utilizar da força e de ameaças para que as pessoas abandonem a sua fé!?!?

A tolerância não limita o direito de divulgar a própria fé, mas exige que este seja feito com respeito pela opinião dos outros.

Os registros da História revelam inúmeros casos de fanatismo e intolerância.

Já houve lutas terríveis de uma religião contra a outra – por exemplo as Cruzadas – e se travaram centenas de guerras absurdas em nome da religião.

Muitos milhões de indivíduos já foram perseguidos por causa de suas convicções religiosas, e infelizmente isso continua acontecendo nos dias de hoje.

Com freqüência, a intolerância é o resultado do conhecimento insuficiente de um assunto.

Quem vê de fora uma religião, enxerga somente suas manifestações, e não o que elas significam para o indivíduo que a professa.

O respeito pela vida religiosa dos outros, por suas opiniões e seus pontos de vista, é um pré-requisito para a coexistência humana pacífica como ocorre por exemplo no Brasil.

Claro que isso não significa que devemos aceitar tudo como igualmente correto, mas que cada um tem o direito de ser respeitado com as suas opiniões e particularmente suas inclinações religiosas, desde que isto não viole os direitos humanos.

Mas talvez a razão mais importante para estudar outras religiões além da nossa (caso o leitor tenha alguma...) seja o fato de que esta é uma maneira maravilhosa de **substituir o medo pela experiência e pela visão**.

Brandon Toropov e o padre Luke Buckles, autores do livro *Religiões do Mundo* salientam: "É difícil ter medo de algo que você realmente entende.

E é o medo com freqüência que tem sido uma força motriz por trás dos atos que são difíceis de justificar em qualquer tradição religiosa.

O medo mata, tanto no sentido espiritual quanto no sentido físico da palavra.

E ninguém que estudou história discordará da afirmação de que é o medo e a desconfiança do desconhecido, e de modo especial o entendimento errado das práticas religiosas dos outros, que levaram a inúmeros conflitos sangrentos.

Com muita freqüência porém, esses conflitos não levaram a nada, exceto à demonstração da futilidade em se opor violentamente àquilo que alguns não entendem por completo."

O fato é que quando sabemos pouco, ou nada, acerca das crenças religiosas de nosso vizinho, fica fácil classificá-lo como o **outro** – a vítima mal orientada (ou algo pior) de práticas estranhas e possivelmente imorais.

Quando definimos outra tradição religiosa na classe "outra" estamos a um passo de desvalorizá-la de forma injusta.

Também quando um integrante de outra tradição religiosa é relegado a condição de **outro**, é comumente visto como alguém menos humano ou de valor inferior ao nosso.

Tome como exemplo, os estereótipos desumanizadores associados ao anti-semitismo através dos séculos ou o atual preconceito da mídia norte-americana contra as práticas do Islamismo.

O **outro** é assim, em geral o inimigo, ou pelo menos um competidor.

E quando fazemos essa designação, não importando quais palavras usamos, nos movemos do mundo da espiritualidade para a conquista militar, independentemente de termos ou não desferido um golpe ou dado um tiro.

Esse processo todo é extremamente denegridor, sendo pois contrário à injunção praticamente universal da maioria das tradições religiosas de louvar e respeitar toda a vida humana.

O pior de tudo é quando se usam palavras como "pagão", "herege", "bárbaro" e "selvagem" para se identificar de forma pejorativa o **outro**, que prevaleceu muito tempo na cultura ocidental.

Aliás, essas palavras, com freqüência, serviram para justificar atos de terrível violência e crueldade.

E elas foram usadas como indicadores de uma divisão, supostamente permanente entre as tradições religiosas dos "competidores".

Independentemente de seus efeitos, essas palavras, e muitas outras coisas que as acompanharam, surgiram em função de uma única causa: **medo daquilo que é desconhecido**.

E existe apenas uma cura para esse tipo de medo: **aprender sobre o que não é familiar**.

É pois muito inadequado no século XXI designar uma determinada tradição religiosa como a **"outra"**.

Mas parece que em muitos países, e particularmente no Brasil está finalmente se adotando uma atitude mais inclusiva, questionadora e aberta a respeito das inúmeras formas encontradas pela humanidade para expressar sua fé e para tentar retornar àquilo que é duradouro a nosso respeito.

Nesse sentido, a FAAP deu um importante passo ao montar a exposição a *Diversidade Religiosa no Brasil*, que inicialmente ficou no Palácio Itamaraty (Brasília), de 18 de outubro a 19 de novembro de 2006, mas que deve ser repetida em outros lugares do nosso País.

Com isso se incrementará o movimento que permite construir pontes para que todos os brasileiros possam se relacionar com os fiéis de outras expressões de fé.

E isto é essencial que aconteça pois estes contatos já existem nos encontros sociais e familiares, nos quais estão pessoas cujas tradições religiosas não são as mesmas.

Felizmente vivemos no Brasil em um ambiente de verdadeira paz e harmonia no que se refere a diversidade religiosa, a qual é garantida pela nossa Constituição.

Porém isso não basta.

É vital que cada um de nós aprenda e entenda como as diversas tradições religiosas reforçam e apóiam umas às outras, pois isto lhe será extremamente recompensador e entre outras coisas estará ampliando a sua inteligência espiritual.

À medida que alguém aprende mais sobre outras expressões de fé, o **medo** torna-se cada vez menos um fator de influência na sua maneira de lidar com pessoas que praticam religiões diferentes.

Há quem entenda o **movimento ecumênico** como aquele que busca um maior entendimento e tolerância entre as diferentes ramificações das igrejas cristãs.

Mas o que se deve é tomar o sentido mais amplo do ecumenismo, entendendo-o como o processo de obter maior cooperação e entendimento entre as diversas expressões de fé.

Talvez a expressão mais apropriada para esse segundo significado de ecumênico seja o **diálogo inter-religioso**.

Concluindo, a recomendação para todo leitor desta obra é que demonstre uma disposição cada vez maior para ir além das aparências externas e busque penetrar no ponto central da fé de uma pessoa pois este é um excelente meio para construir sólidas pontes de relacionamento.

E em conversas com aquelas pessoas cujas expressões de fé não lhe são familiares, lembre-se de que quase todos os objetivos por trás de uma religião são certamente semelhantes (ou até idênticos) aos da tradição religiosa com a qual você está familiarizado!!!

Eficiência

Antes de falar de eficiência de uma forma mais séria convém comentar um pouco os ganhadores de 2007 do Ig Nobel, ou seja, do prêmio Nobel às avessas.

Na realidade o Ig Nobel é um prêmio alternativo para pesquisadores que se dedicam a temas improváveis e que fazem muitas pessoas rirem.

Foi o editor da revista *Anais da Pesquisa Improvável*, Marc Abrahams, que é também químico e humorista que organizou o Ig Nobel.

Ele foi entregue pela primeira vez em 1991 e o sucesso do prêmio é tanto que os vencedores pagam todos as suas despesas para participar da cerimônia, que ainda conta com a presença de vencedores das edições anteriores e vários ganhadores do Nobel de verdade.

Na cerimônia de 2007 que ocorreu no início de outubro o Teatro Sanders da Universidade de Harvard estava repleto.

Eis os ganhadores do Ig Nobel 2007:

Física – Lakshminarayanan Mahadevan, da Universidade Harvard (EUA) e Enrique Cerda (Chile), "por estudarem como os lençóis ficam enrugados".

Lingüística – Juan Manuel Toro, que é colombiano, e colegas da Universidade de Barcelona (Espanha), "por mostrarem que ratos às vezes não diferenciam pessoas falando japonês ou holandês de trás para frente".

Literatura – Glenda Browne, de Blaxland, (Austrália), "por seu estudo sobre o artigo 'o/a' e os diversos problemas que ele causa a qualquer um que tente colocar as coisas em ordem alfabética".

Medicina – Brian Witcombe, de Gloucester (Reino Unido) e Dan Meyer, de Antioch (EUA), por seu penetrante estudo médico: *engulimento de espadas e seus efeitos colaterais*.

Biologia – Johanna van Bronswijk, da Universidade de Tecnologia de Eindhoven (Holanda), "por fazer o censo completo dos ácaros, insetos, aranhas, bactérias e fungos com os quais dividimos nossas camas."

Aviação – Patrícia V. Agostino, Santiago A. Plano e Diego A. Golombek, da Universidade Nacional de Quilmes, (Argentina), "por sua descoberta que o Viagra ajuda a recuperar hamsters de *jet lag* (o mal-estar causado por viagens para fusos horários diferentes)."

Pois é, e com isso os brasileiros acabam, de ganhar mais um motivo para ter inveja dos argentinos.

Eles além do melhor churrasco, do melhores vinhos, de três Premio Nobel de verdade, agora também tem o seu primeiro Ig Nobel, ou seja, o Nobel da pesquisa inútil.

O cronobiólogo Diego A. Golombek, co-autor do estudo que ganhou o Ig Nobel da Aviação disse: "Estou contentíssimo e orgulhosíssimo.

Sabíamos que esse artigo iria dar o que falar, porque teve muita divulgação na época. É dessa pesquisas que se conseguem fazer com que as pessoas inicialmente riam e depois pensem o que se pode extrair das mesmas de proveitoso."

Ressalte-se que o trabalho de Diego A. Golombek foi publicado em 2006 na revista cientifica *PNAS*, uma das mais importantes do mundo no qual ele explicava como o sildenafil, o principio ativo do Viagra consegue adiantar o relógio biológico de mamíferos, tornando-os menos suscetíveis às alterações entre luz e escuro que provocam os sintomas de *jet lag*.

Apesar do apelo humorístico, os cientistas ganhadores do Ig Nobel da Aviação juram que o seu trabalho é sério e que pode ajudar a melhorar a vida dos viajantes internacionais no futuro. Eles só não abordam, como lidar com os efeitos colaterais e principais do Viagra.

Economia – Kuo Cheng Hsieh, de Taichung (Taiwan), "por patentear no ano de 2001 um dispositivo que apanha ladrões de banco jogando uma rede."

Paz – O Laboratório Wright, da Força Aérea Norte-Americana, "por suas pesquisas instigantes de uma nova arma química, que tornará soldados inimigos sexualmente irresistíveis uns aos outros."

O Laboratório Wright iniciou nos anos 1990 o desenvolvimento de um programa de armas químicas que incluía bombardear soldados inimigos com substâncias para atrair insetos ou com "substâncias que alterem o comportamento humano."

Um exemplo – talvez até de muito mau-gosto – mas completamente não-letal seriam os afrodisíacos fortes, especialmente se a substancia também causasse um comportamento homossexual!?!?

Nutrição – Brian Wansink da Universidade Cornell (EUA), "por explorar o apetite dos seres humanos ao lhes oferecer um prato de sopa 'sem fundo' e que se enche sozinho".

Na realidade Brian Wansink está muito preocupado com o fato de muitas pessoas comerem demais, particularmente os norte-americanos.

Por isso, ele fez uma experiência com um prato de sopa de tomate sem fundo, continuamente reposta, e a descreveu num artigo cientifico, no qual afirma que os norte-americanos **"julgam saciedade com os olhos, e não com os estômagos"**.

Química – Mayu Yamamoto, do Japão, "por desenvolver uma forma de extrair a vanilina (molécula que dá o aroma e o sabor da baunilha) a partir de esterco de vaca".

Raramente um vencedor do Ig Nobel recusa o prêmio, porém em 2007, os ganhadores do Ig Nobel da Paz não participaram!!!

Eles são ligados à Força Aérea e criaram a tal "bomba *gay*", que promove uma atração sexual irresistível (!?!?) entre soldados, o que os faz perder o foco para a guerra. Como se vê o "prêmio" é concedido por um grupo de pessoas que acredita que certas pesquisas no mínimo são humorísticas e que não poderiam ter sido desenvolvidas e publicadas.

Bem aí, o leitor é capaz de achar que estas pesquisas são no mínimo ineficientes.

E dessa maneira está com a mente pronta para assimilar algo que seja a favor da eficiência, não é?

É SÓ NO ANO-NOVO QUE VOCÊ PENSA SOBRE SUA EFICIÊNCIA PESSOAL?

O início de um novo ano é um bom marco para que cada um de nós pense em ser mais eficiente, tanto na vida profissional como na vida particular. É óbvio que isso não deveria ter hora ou dia específicos. Precisa ser a preocupação contínua de toda pessoa que busca ser mais produtiva e ter uma melhor qualidade de vida constantemente.

Naturalmente, se você souber administrar melhor as suas reuniões, agendas e outros horrorosos devoradores de tempo, terá algumas horas extras para outras coisas, certamente mais agradáveis... Para que isto aconteça, precisa saber contornar as infindáveis interrupções, criar métodos mais simples e eficazes para organizar as suas comunicações – os *e-mails* – e os seus arquivos de papel.

Você está pronto para ser eficiente?

Ah! Acredita que já é!!! Pois então responda, antes, esse questionário bem objetivo:
- Você tem a sensação de que sempre lhe falta tempo?
- Você tem a impressão de que sempre tem coisas demais para fazer?
- Você está sentindo que está enterrado sob "montanhas" de decisões para tomar e centenas de *e-mails* para responder?
- Você gostaria de ter mais tempo para fazer o que quer?
- Você fica estressado por tudo que não consegue fazer?
- Você freqüentemente trabalha horas extras, à noite ou nos fins de semana, para ficar em dia com as coisas que não consegue terminar durante o expediente normal de trabalho?
- Você é incapaz de se concentrar na melhoria, a longo prazo, da sua vida e do seu trabalho porque enfrenta crises ou sobrecargas contínuas?
- Você vive se perguntando se está realizando o que deseja no seu trabalho e na sua vida?
- Você gostaria de ter melhores resultados pelo tempo e esforço que investe no seu trabalho?
- Você gostaria de relaxar ou ter férias com mais freqüência?

Pois é, se para estas questões a sua resposta na grande maioria é **"sim"**, você está mais do que pronto para aprender a **ser mais eficiente**!!!

O fato estimulante é que todo ser humano é suficientemente talentoso para poder ser cada vez mais eficiente e eficaz!?!? **Você acredita nisso?** Que bom!!! Se por acaso não acreditar, deve ler livros como *O Programa de Eficiência Pessoal*, do renomado especialista no assunto Kerry Gleeson.

FAÇA AGORA

Naturalmente, ele parte do princípio de que você é uma pessoa bem ajustada, isto é, que possui suficiente destreza para modificar hábitos ou reagir de maneira adequada às mudanças de circunstâncias. Já se você for um indivíduo mais rígido, dogmático e cheio de autodefesa, o que é recomendado, certamente, lhe servirá para derrubar esta sua postura inflexível. Segundo Kerry Gleeson, o primeiro (e provavelmente mais importante) princípio de um processo de eficiência pessoal é o **faça agora**!!!

Para entender corretamente o conceito de **faça agora,** é vital perceber que ele se opõe ao significado de "pendente", pois o adiamento é um grande ladrão do tempo. O simples adiamento provavelmente desperdiça mais tempo no local de trabalho do que qualquer outra coisa.

Se você tem o costume de adiar suas tarefas, descobrirá que **faça agora** é um elemento-chave para auxiliá-lo a identificar onde existe adiamento nos seus hábitos de trabalho e como superá-lo. A maioria das pessoas é muito esperta, até engenhosa, para colocar as coisas de lado. "Eu não tenho tempo", ou "Não é tão importante", ou ainda "Eu acho que disseram que não estaria lá hoje, portanto não me incomodei em telefonar", são algumas das centenas de motivos para não realizar uma tarefa.

No entanto, essa tendência pode e deve ser superada por você para aumentar sua produtividade pessoal. E aí vão algumas maneiras para conseguir isso:

1. **Faça uma vez só.**
   Isto significa não ler tudo que está na sua mesa ou no *e-mail* mais de uma vez. Leia e responda, essa é a regra.

2. **Clareie sua mente.**
   O ser humano tende a se concentrar em itens de alta prioridade e negligenciar os de baixa prioridade. Na realidade não devia ser assim, pois as coisas têm de ser feitas... Por isso, é importante ter a capacidade de concentrar a mente em uma única e solitária tarefa até terminá-la.

3. **Solucione os problemas enquanto eles são pequenos.**
   Você já deve ter ouvido falar da lei de Murphy: **"Se alguma coisa puder dar errado, dará!!!"** Aliás, existe um corolário para a lei de Murphy: "Se dez coisas podem dar errado em uma certa situação, você pode ter certeza de que a coisa que causará o maior dano será a que dará errado!"
   Talvez a maioria dos itens da sua pilha de problemas vá embora se você a deixar intocada. Mas pode ter plena convicção que o problema que você não quer que

aconteça, acabará ocorrendo. E quanto tempo a mais será necessário para você cuidar de uma crise do que para a resolução de um pequeno distúrbio?

Adquira, dessa forma, o hábito de agir sobre todos os problemas, principalmente os pequenos, agora e desse jeito, e gastará menos tempo, antes que se tornem grandes obstáculos consumidores de muita energia mental e de muito tempo. Como resultado, você terá mais tempo para se concentrar nas questões mais importantes.

4. **Reduza as interrupções.**

Se você quiser evitar interrupções, execute as tarefas relacionadas a elas. Um grande benefício da eliminação de interrupções autocriadas é a melhor qualidade do seu trabalho, quando você fica livre para se concentrar nele totalmente e aumenta sua capacidade de concluir mais trabalho na mesma quantidade de tempo, porque é capaz de trabalhar sem ser perturbado.

5. **Elimine as pendências.**

As pendências criam seu próprio trabalho adicional, e sua eliminação reduz muito a carga de trabalho. Aliás, uma vez que se tenha posto em dia as pendências e evitado que outras ocorram, fica-se muito mais preparado e atento para o que pode acontecer no futuro.

6. **Comece a operar em relação ao futuro, em vez de estar focado no passado.**

Praticamente todos os psicólogos concordam que uma boa indicação da saúde mental de uma pessoa é o grau em que ela opera no passado, em oposição à operação no presente e no futuro. De fato, operar (meditar) a partir do presente visando o futuro é considerado saudável. Não se deve, pois, ficar espantando quando alguém se sente "meio maluco" por estar esmagado por inúmeras tarefas atrasadas.

7. **Pare de se preocupar.**

É muito desagradável desperdiçar tempo fazendo serviços outra vez, ou lidar com interrupções adicionais ou ainda "incêndios" maiores. Porém, o verdadeiro mal de quem não aplica o princípio **faça agora**, ou seja, fica adiando as coisas, é como isso o afeta mental e emocionalmente.

Quase todos tendem a protelar tarefas desagradáveis.

Executar tarefas desagradáveis não é fácil, mas as conseqüências de não realizá-las podem ser muito piores do que apenas lidar com as coisas desagradáveis no início.

8. **O _faça agora_ faz você se sentir melhor com você mesmo.**
Realmente, todo aquele que se compromete com o **"faça agora"**, concluindo os trabalhos difíceis primeiro e manipulando os trabalhos grandes pouco a pouco, acaba reduzindo significativamente uma enorme carga de estresse e ansiedade do seu trabalho, com o que acabará ganhando mais autoconfiança e autorespeito. Não se deve também esquecer de que saber quando não trabalhar duramente é tão importante quanto saber quando trabalhar.

Uma observação importante é que, até agora, só se falou de fazer as coisas imediatamente. Deve-se ressaltar, entretanto, que nem sempre é possível ou desejável fazer tudo agora. Sim, haverá ocasiões em que você não poderá colocar em prática o **fazer agora** e, para tanto, é preciso usar o bom senso, o que nem sempre é um dom de todos.

Mas o que definitivamente não pode acontecer com você, que quer aumentar a sua eficiência pessoal, é **fazer alguma coisa estúpida agora!!!**

ORGANIZE O AGORA

O 2º princípio é **organize o agora**. Sem dúvida, é necessário estar bem organizado para estabelecer as rotinas que permitem desenvolver o hábito do **faça agora**. Nesse caso, deve-se recorrer à estratégia dos 5S.

Os 5S são: _seiri_ (organização), _seiton_ (arrumação), _seiketsu_ (padronização), _seiso_ (limpeza) e _shitsuke_ (disciplina). Na realidade, os 5S não vão além do _kaizen_, o conhecido conceito de qualidade através da melhoria contínua. O _kaizen_ focaliza primordialmente os processos de manufatura, ao passo que a estratégia dos 5S adota uma abordagem elementar, ajudando cada indivíduo a alcançar o mais alto nível de eficácia pessoal.

Na realidade, os 5S é uma maneira de pensar e trabalhar. É estar consciente da necessidade de ser eficiente, do desperdício e da necessidade de eliminá-lo, empregando um certo tempo para colocar as coisas em ordem, procurando formas do trabalho ser feito melhor, agindo para que seja sempre assim e mantendo a limpeza.

A filosofia básica dos 5S é: organizar seus materiais e ferramentas no espaço de trabalho de maneira criteriosa; executar o trabalho de forma ordenada; limpar sempre o local de trabalho, manter as condições padrão e a disciplina necessárias.

Nas empresas japonesas, onde as pessoas, há mais de três décadas adotaram o 5S, todas, do CEO (_chief executive officer_ ou principal executivo) à recepcionista, aplicam o 5S ao seu trabalho cotidiano. O resultado todos conhecemos: o Japão continua sendo a segunda nação mais rica do mundo, graças a sua produtividade e qualidade, alicerçada na eficiência e eficácia dos seus trabalhadores de todos os níveis. Na realidade, nas empresas japonesas eles dão atenção também a outros "esses".

Quem quer ser eficiente não pode conviver com a desordem. A desordem é o excesso

de bagunça que você não deve ter de forma alguma, nem no ambiente de trabalho nem na sua vida pessoal.

E de onde vem a desordem no trabalho? O primeiro culpado continua sendo o papel!?!? O que houve com a idéia do escritório sem papel? Em certa ocasião, as pessoas especulavam que a tecnologia criaria um escritório livre da desordem dos papéis, porque tudo seria eletrônico. Isso pode acontecer em breve, porém ainda não aconteceu plenamente.

As impressoras conectadas aos computadores imprimem ainda muitos relatórios. O correio eletrônico (*e-mail,*) embora seja uma invenção maravilhosa, criou, por seu turno, a desordem eletrônica. A quantidade de mensagens inúteis que se recebe agora, todos os dias, faz com que estar totalmente informatizado seja uma terrível dor de cabeça para muitas pessoas.

Por sinal, essa desordem parece que se transfere na forma como as pessoas abordam o seu trabalho e a vida no século XXI. Ela diz alguma coisa sobre essas pessoas: elas podem ter a mente desordenada também. Muitos indivíduos até justificam que precisam da desordem, pois ela é o seu "alimento" para o pensamento divergente, que é essencial para se desenvolver um processo criativo.

Se você quiser operar eficazmente, não esqueça o fato óbvio: **é mais fácil trabalhar em um ambiente limpo e arrumado**. Algumas pessoas temem que "fora de vista" signifique literalmente fora da mente. E elas têm razão!!! Por isso, tenha sempre na sua mesa apenas as coisas com as quais está trabalhando e use um bom sistema de calendário, para lembrá-lo de fazer as coisas quando realmente as fará...

Não adianta ter todas as coisas na sua mesa, com as quais não vai fazer nada. Ser lembrado sobre o que não se pode fazer reforça apenas o mau hábito de **fazer depois**.

Hoje, cada vez mais, é muito eficaz ter um sistema de acompanhamento das tarefas ou compromissos eletrônico. Há hoje à disposição excelentes *softwares* para gerenciar as informações pessoais, ou o clássico **assistente digital pessoal** [*personal digital assistant* (PDA)], como o popular Palm Pilot e as suas variantes mais modernas.

É fundamental verificar a agenda de acompanhamento quase que a cada hora do dia, pois esta é a essência da filosofia **faça agora**. Você aumentará sua eficiência e eficácia (sua produtividade), trabalhando de maneira mais inteligente nas coisas certas.

FAÇA ROTINEIRAMENTE

O 3º princípio do programa de eficiência pessoal é **faça rotineiramente**. A chave simples para a produtividade pessoal é agrupar muitas atividades relacionadas com a tarefa e realizá-las de **modo rotineiro**. Mas cabe a você determinar quais são as coisas importantes – no que deve trabalhar primeiro – e então descobrir maneiras de fazer o trabalho que considera importante de modo mais eficiente e eficaz.

Primeiramente, é preciso avaliar a maneira de você utilizar o seu tempo atualmente. Em seguida, pergunte a si mesmo: "Os resultados seriam melhores se eu gastasse meu tempo, trabalhando em alguma outra atividade?" Depois se questione: "Como eu poderia realizar as atividades mais importantes com maior freqüência e eficiência?" Para identificar com precisão como você emprega o seu tempo, é necessário manter um registro do mesmo. Só mantendo um registro de tempo é que você obterá uma idéia precisa de como o tempo está sendo gasto.

Para evitar que esse registro de tempo se transforme em um fardo administrativo, você pode simplesmente manter uma folha de papel na sua mesa ou ainda anotar na página da sua agenda de papel (ela ainda é útil...). À medida que lida com as coisas, você anota o que foi feito, quanto tempo levou e quem está envolvido.

É claro que com o auxílio de um *laptop* ou de uma **agenda eletrônica**, é possível até melhorar a precisão do registro do tempo e facilitar bastante a tabulação e avaliação dos resultados. Veja que muitos advogados, médicos, contadores, etc. já registram o tempo para a cobrança de seus honorários... No final das contas, o essencial é o seguinte: **se você deseja ter controle sobre o tempo, precisa justificá-lo!!!**

Nos agitados dias de trabalho nessa era digital, é cada vez mais importante conseguir o equilíbrio entre agir sobre as coisas à medida que acontecem e saber como colocá-las de lado depois. Uma forma de lidar com isso é aplicando a tática **faça agora, mais tarde**!!!

Para esse fim, agende as horas para certas tarefas (como abrir e ler a correspondência, processar o *e-mail*, retornar ligações telefônicas, etc.) e, quando a hora chegar, **faça agora** aquilo que deixou para **mais tarde**. Se você não cuidar bem da sua **papelada** (ela ainda existe e deve continuar por um bom tempo...) e do *e-mail*, eles o subjugarão. E a conseqüência brutal dessa desordem e da sobrecarga de informações é a de desacelerar o trabalho importante.

Nesse ponto é importante recordar a lei de Parkinson que diz: "O trabalho tende a preencher (ajustar-se ao) o tempo disponível ou alocado para ele". Assim, se você destinar somente uma hora para realizar uma certa tarefa, terá maior possibilidade de terminar o trabalho nesse prazo. Da mesma forma, se você definir um prazo para concluir um projeto em uma certa data, provavelmente descobrirá como terminá-lo dentro do prazo estabelecido.

No século XXI, é imprescindível que você crie uma estrutura adequada para os seus documentos eletrônicos, pois com essa ação estará dando um passo decisivo no sentido de controlar bem o fluxo de informações que chega até você.

O *e-mail* é uma ferramenta e tem benefícios óbvios, como:

➡ a comunicação simplificada;
➡ a perda da mensagem (informação) quase improvável;
➡ o recebimento das mensagens pode ser verificado;
➡ é fácil transferir documentos;

Qualidade com Humor

- é mais rápido que a maioria das outras formas de comunicação;
- é possível anexar todas as comunicações anteriores de um modo que um histórico completo seja enviado com a última mensagem, etc.

Naturalmente, como é na vida real, junto com as coisas boas temos também as ruins do *e-mail*:

- Como o *e-mail* facilita a comunicação, há uma tendência de haver muitos deles, inclusive os indesejados. Como pode haver muitos, as pessoas agora tendem a ignorar as mensagens que julgam não ter importância.
- Os sistemas de *e-mail* estão sujeitos a abusos. É comum encontrar pessoas usando o *e-mail* da empresa para coisas como anunciar gatinhos que estão ansiosos para doar ou, o que é mais comum, enviar piadinhas sobre tudo e todos.
- Os empregados podem não ter mudado sua atitude mental de "papel" para "eletrônico" e acabar imprimindo todas as mensagens de *e-mail*.

Etc.

Levando tudo isso em consideração, ou seja, os prós e os contras, a conclusão é que *o e-mail* é uma excelente ferramenta para você melhorar sua eficiência. Mas não esqueça, você poderá ficar sobrecarregado e estressado se for desleixado ao lidar com ele.

Portanto, ser rotineiro significa aplicar o **faça agora, mais tarde** apegando-se a uma programação. Dessa maneira, se você está no meio da elaboração de um relatório e chega um maço de documentos, continue trabalhando no relatório.

Programe, digamos, 30 minutos diários para cuidar dos documentos ou da sua correspondência e faça isso na hora certa. Não pare no meio de uma tarefa para fazer outra.

Se o fizer, provavelmente ambas ficarão sem terminar, pois a segunda será interrompida por uma terceira e assim por diante.

Para ser mais eficiente, você precisa planejar as suas atividades. Há uma lei em psicologia que diz que se você criar uma imagem mental do que gostaria de ser e guardar e conservar essa imagem por tempo suficiente, em pouco tempo você se tornará exatamente o que pensou.

PLANEJE AGORA

Portanto, não deve surpreender a ninguém que o 4º princípio para se chegar à eficiência pessoal é **planeje agora**!!! Um dos objetivos do planejamento é conseguir **clareza**, saber o que você deve fazer cotidianamente e também a médio e longo prazo.

Muitas pessoas fazem pouco planejamento, principalmente quando seu próprio trabalho está envolvido. Elas acham que todo e qualquer planejamento é perda de tempo e que não produz muitos benefícios. Isso poderá até ser verdade se o planejamento não tiver eficiência. Se o que você planeja não é o que faz, então é um desperdício!!!

Um plano estabelecido só é bom se estiver sendo implementado e realizado. Se o que você faz é o que planejou, então o planejamento tem sentido. O objetivo principal do processo de planejamento é obter uma idéia clara – **uma imagem mental clara** – do que você precisa fazer. O processo de planejamento só pode ser considerado eficaz se oferecer uma imagem clara, já que você não pode agir sem uma imaginação clara.

James T. Mc Cay, no seu livro *The Management of Time*, diz: "As imagens na sua mente controlam as suas ações. Se você não tiver uma imagem, se você não conseguir entender o que está acontecendo, não agirá. Se as suas imagens forem nebulosas e confusas, você agirá com hesitação. Se forem claras e precisas, você agirá com determinação e eficácia.

O planejamento tem três componentes básicos: priorizar tarefas, administrar o tempo e estar organizado o suficiente para executar os planos com facilidade.

As prioridades muitas vezes são usadas como desculpas para não agir. Elas podem criar uma confusão quando você enfrenta um conflito entre as questões urgentes e as importantes. Contudo, se você negligenciar as prioridades, especialmente com o volume de trabalho que é esperado de nós e a enorme pressão de tempo a que estamos sujeitos, provavelmente fracassará.

Já a administração do tempo poderia ser descrita como **a arte de fazer o melhor uso possível do tempo**. Quando você sabe o que precisa fazer e como fazê-lo melhor (administração de tarefas), precisa fazer o melhor uso possível do tempo para executar as coisas.

Ao planejar o dia, semana, mês ou ano, você considera as tarefas a serem feitas e o tempo necessário para isso? Como no século XXI os acontecimentos mudam rapidamente, para a maioria das pessoas não é mais possível planejar em detalhes com um mês de antecedência. Por outro lado, o planejamento, com somente um dia de antecedência geralmente não oferece tempo suficiente para fazer as coisas mais importantes.

Para um grande contingente de pessoas, o intervalo de planejamento de uma semana é o mais eficaz. Isto se aplica a você, caro leitor? Em caso afirmativo, comece a reservar, em todo final de semana, pelo menos uns 30 minutos para fazer o planejamento para a semana seguinte, pensando com detalhes o que precisa ter ou saber para realizar bem cada tarefa.

Comece, estimado leitor, agora, a planejar todas as suas semanas e surpreenda-se, em breve, com o quanto você consegue realizar quando planeja e com a sua espantosa ineficiência quando deixa tudo do jeito que vier...

Não esqueça que se você não sabe para onde está indo, qualquer caminho serve e você pode chegar onde não queria. A maioria de nós quer felicidade na vida. **Mas o que faz com que ela aconteça?**

A felicidade é um derivado do trabalho e de viver com significado e propósito. Estabelecer metas com base nos próprios valores proporciona significado e propósito para viver. A beleza de se trabalhar para alcançar uma meta é que, ao atingi-la, você se sente muito feliz.

Para fazer as coisas que lhe são importantes na vida e o tornam feliz, é vital que saiba administrar o seu tempo sabiamente, decidindo o que você valoriza acima de tudo, optando pelos princípios segundo os quais deseja viver e identificando claramente a sua missão na vida.

Naturalmente, dessa maneira você precisará ser eficiente para cumprir corretamente a sua missão na vida. E qual a receita para isso? Sem dúvida nenhuma, aperfeiçoando o seu programa de eficiência pessoal a partir do início do ano.

Isto significa que você deve dar uma atenção especial aos seguintes conceitos: **faça agora**, **organize agora**, **faça rotineiramente** e **planeje agora,** como foi há pouco explicado.

Desse modo, você estará seguindo o conselho do admirado ex-presidente dos EUA, John F. Kennedy: "A hora de consertar o telhado é quando o sol está brilhando."

Feliz Ano-Novo para você que está cheio de vida e tem muito ainda a aproveitar da sua existência. E a melhor estratégia para isto é **ser mais eficiente**.

Empreendedorismo

Nós vamos falar agora de empreendedorismo; que é a capacidade, a determinação, o pioneirismo e a criatividade que alguns brasileiros exibem ao abrir novos negócios.
Com isso eles geram empregos, oferecendo uma contribuição fundamental para a solução dos problemas socioeconômicos nacionais.

Sabemos que, infelizmente, o desemprego atinge considerável parcela da população brasileira e que as grande empresas não são suficientes para absorver toda a mão-de-obra disponível.

Assim, as micro, pequenas e médias empresas desempenham um papel da maior importância para os profissionais que buscam uma oportunidade no mercado de trabalho, configurando um elemento indispensável ao desenvolvimento do País.

Todo empreendedor entre as suas qualidades deve saber usar o humor para fazer publicidade do seu negócio.

Entretanto não deve esquecer nunca que o encanto do humor está na impossibilidade de ser quantificado, previsto ou contido.

É por isso que todos admiramos as pessoas que sabem fazer humor.

E é por isso que todas elas deveriam ganhar muito dinheiro.

As palavras são o melhor veiculo para o humor e um empreendedor eficaz é o que se dá conta logo de que não são as palavras em si, mas o silêncio entre elas que freqüentemente faz uma grande diferença.

É por isso que uma das poucas coisas que podemos dizer com segurança sobre o humor é que ele tem tudo a ver com o totalmente inesperado.

Ele nos encanta porque nos engana, porque nos conhece tão bem, porque é verdadeiro.

É como a vida – quando a gente acha que entendeu para onde ela está indo, ela muda o rumo inesperadamente.

O humor amplia o que parece, à primeira vista, que o mundo está nos apresentando.

E, dessa maneira, o **humor vence até a morte**. Mas esse é uma história para um outro momento...

O humor é também extremamente útil para que o empreendedor consiga vender os seus produtos para os clientes.

Aliás, são também os comerciais de TV mais engraçados, os mais lembrados e que vendem melhor os produtos.

O humor na publicidade funciona porque é generoso!!!

Ele mexe de forma especial com a pessoa que está lá na outra ponta da comunicação.

Respeita a sua inteligência e permite que ela possa interagir com a mensagem, completando o círculo da informação.

Como em tudo na vida, o humor sinaliza e mostra que há uma pessoa real no ponto onde a mensagem está emitida.

Uma pessoa com entendimentos, preocupações e medos semelhantes aos seus.

E é isso que faz toda a diferença.

Um empreendedor deve portanto entre as suas qualidade ter aquele de ser bem humorado e também apreciar e valer-se desse humor.

O que ele não deve ser é supersticioso como alguns indivíduos que tremem quando chega o dia 13 de um mês e coincide ainda de ser uma sexta-feira.

Tem gente que nem sai de casa.

Sexta-feira 13 dá o que falar.

O número 13, por si só, já faz isso.

Por exemplo, se o assunto que o empreendedor for discutir é dinheiro e ele gosta do 13 deveria dizer: "Mai$ por Meno$", pois tem 13 letras.

O que um empreendedor não gosta é o cliente lhe dizendo:

– Quero desconto!

– Quero promoção!

– Está muito caro!

– Gosto de outros!

Como se pode verificar todas as frases acima têm 13 letras, mas formando afirmações indesejáveis para o empreendedor vendedor.

Quem é bem-humorado, não deve ser supersticioso.

Ao contrário deve ser jovial e esportivo.

Por isso é que vale a pena conhecer com mais detalhes a forma como *Gatorade* de uma maneira criativa, saudável, inteligente e porque não dizer bem humorada conquistou o seu espaço no mercado de bebidas.

Uma admirável história de empreendedorismo no campo esportivo.

Vamos rir um pouco antes de começar a ler algo um pouco mais sério sobre o empreendedorismo.

Gostou da idéia?

Então aí vão algumas mensagens um tanto quanto sarcásticas, bem como também humorísticas:

➡ **Guerreiro empreendedor anônimo:** "Você nunca deve pisar nas pessoas para subir na vida, mas pode passar por cima delas, se estiverem em seu caminho."

➡ **Robert Allen:** "Mais de um otimista ficou rico comprando o negócio de um pessimista."

➡ **Victoria Golden:** "Consertamos qualquer coisas na nossa loja, mas por enquanto bata na porta ao lado, pois a campainha, não está funcionando..."

➡ **Dave Barry:** "Um pai perfeito é uma pessoa com excelentes teorias sobre como criar filhos, mas que não tem filhos."

- **Jojo Jensan:** "Sem horas suficientes de sono, todos nós nos transformamos em crianças de 2 anos."
- **Jimmy Buffett:** "Só há rugas onde houve sorrisos."
- **Neil Kinnock:** "O telefone celular é a única coisa que leva os homens a competir para ver quem tem um menor."
- **Richard Lewis:** "Quando estamos apaixonados vivemos os dois minutos e meio mais gloriosos da vida."
- **Mark Twain:** "A única maneira de se manter saudável é comer o que não se quer, beber do que não se gosta e fazer o que não se tem vontade."
- **Cristina Conti:** "Não corra mais do que seu anjo pode voar."
- **Margaret Atwood:** "Olho por olho só leva a mais cegueira."
- **Barbara Walters:** "Mostre-me alguém que nunca faz fofocas e lhe mostro alguém que não se interessa por ninguém."

Prosseguindo leia os nomes que circulam na Internet, perfeitos para cada profissão.

Não esqueça de ler em voz alta:
- H. Ramos – Professor de judô
- Ana Lisa – Laboratorista
- P. Lúcia – Fabricante de bichinhos.
- Marcos Dias – Produtos de calendários.
- H. Lopes – Professor de hipismo
- Hélvio Lino – Professor de música
- Passos Dias Aguiar – Instrutor de auto-escola
- Régis Melo Dias – Maestro
- Sara Vaz – Mãe-de-Santo

Aparício Torelly, o barão de Itararé disse: "*A vida é uma coisa que, quanto mais cresce, tanto mais curto fica.*"

Nesse sentido também ele descobriu algumas doenças profissionais.

Ele constatou que as enfermidades que afligem a humanidade têm um fundo especificamente social. As múltiplas e incríveis profissões a que os homens devem se dedicar para defender o pão com margarina de cada dia são as únicas responsáveis pelas inúmeras e complicadas doenças que dizimam a espécie humana. Vejamos:

Chofer: Auto-intoxicação. Táxi-cardia.

Chefe de polícia: Prisão de ventre.

Guarda de jardim Zoológico: Elefantíase, lobinhos.

Guarda-livros: Cálculos.

Inspetor de Águas: Gota, hidropisia.

Jóquei: Tuberculose Galopante.

Tintureiro: Tumor branco, vômitos negros, febre amarela.

Para ilustrar um pouco o conceito do empreendedor observador, aí vai uma pequena história sobre:

O EXECUTIVO E O PESCADOR

Um executivo de férias na praia observava um pescador sobre uma pedra fisgando alguns peixes com equipamentos bastante rudimentares: linha de mão, anzol simples, chumbo e iscas naturais.

O executivo chega perto e diz:

- Bom dia, meu amigo, posso me sentar e observar?

O pescador:

- Tudo bem, doutor.

O executivo:

- Poderia lhe dar uma sugestão sobre a pesca?

- Como assim? - Respondeu o pescador.

- Se você me permite, eu não sou pescador, mas sou executivo de uma multinacional muito famosa e meu trabalho é melhorar a eficiência da fábrica, otimizando recursos, reduzindo preços, enfim, melhorando a qualidade dos nossos produtos. Sou um *expert* nessa área e fiz vários cursos no exterior sobre isto - disse o executivo, entusiasmado com sua profissão.

- Pois não, doutor, o que qui o senhor qué sugeri? - perguntou calmamente o pescador.

- Olha, estive observando o que você faz. Você poderia ganhar dinheiro com isso. Vamos pensar juntos. Se você pudesse comprar uma vara de pescar com molinete, poderia arremessar sua isca para mais longe, assim pescaria peixes maiores, certo? Depois disso, você poderia treinar seu filho para fazer este trabalho para você. Quando ele se sentisse preparado, você poderia comprar um barco motorizado com uma boa rede para pescar uma quantidade maior e ainda vender para as cooperativas existentes nos grandes centros. Depois, você poderia comprar um caminhão para transportar os peixes diretamente, sem os intermediários, reduzindo sensivelmente o preço para o usuário final e aumentando também a sua margem de lucro. Além disso, você poderia ir para um grande centro para distribuir melhor o seu produto para os grandes supermercados e peixarias. Já pensou no dinheiro que poderia ganhar? Aí você poderia vir para cá como eu vim, descansar e curtir essa paz, este silêncio da praia, esta brisa gostosa...

- Mas isso eu já tenho hoje! - respondeu o pescador, olhando fixamente para o mar."

E agora reflitamos um pouco sobre a **competição** cada vez mais acirrada no século XXI e ao mesmo tempo o surgimento de uma empresa líder no campo de bebidas esportivas depois de ter introduzido ações extremamente empreendedoras.

O QUE SE DEVE APRENDER NO QUE SE REFERE A EMPREENDER COM OS PRINCÍPIOS DA GATORADE?

Inicialmente deve-se dizer que quando a Quaker comprou a Stokely – Van Camp em 1983 por US$ 220 milhões, muitos analistas acharam o valor extremamente alto.

Gatorade, de aparência engraçada e gosto estranho, era o maior ativo da Stokely – Van Camp e, no ano anterior, apresentava rendimento líquido de apenas US$ 90 milhões, ou seja, 0,1% do negócio de bebidas nos Estados Unidos da América (EUA) na época.

Embora Gatorade possuísse 97% de mercado de bebidas esportivas não havia crescimento nas vendas há anos. Na época, o analista de alimentos William Leach da empresa Donaldson, Lufkin e Jenrette afirmou: "Entrar em uma guerra de lances por uma empresa medíocre como a Stokely é ridículo."

Depois de liquidar tudo, exceto Park & Beans e Gatorade, o preço líquido da aquisição foi de US$ 95 milhões. Em 1989, os lucros da Gatorade foram de US$ 125 milhões, ou seja, 20% dos lucros totais da Quaker.

A renomada revista *Business Week* denominou o negócio como uma das melhores aquisições da década de 1980. Nos 18 anos como empresa de propriedade da Quaker à medida que o mercado de bebidas esportivas crescia a olhos vistos, Gatorade continuou sendo a marca dominante em sua categoria nos EUA e em muitos outros países do mundo.

Daren Rovell, que desde 1998 faz matérias esportivas e que contribui com o canal de esportes ESPN no seu famoso programa Sports Center é o autor do magnífico livro Gatorade – Primeiro Lugar na Sede no qual conta a história do produto, da empresa e do fascínio de toda a América pelo inigualável Gatorade.

Com imparcialidade impecável no seu texto, ele proporciona informações privilegiadas sobre as negociações, as batalhas, os litígios, as fusões e aquisições, as estratégias de produto, os golpes de sorte e até mesmo, os passos em falso (não muitos) que aconteceram no reino da Gatorade.

Uma das melhores coisas do livro de Darren Rovell, sem dúvida, são os nove princípios de negócios que ajudaram Gatorade a se tornar uma das marcas mais poderosas da história empresarial moderna.

São lições que servem para todos que querem transformar o seu negócio em um grande sucesso e principalmente para manter-se na liderança no mercado, quando se consegue chegar a essa almejada posição...

1º Princípio – Certifique-se de que seu produto, serviço ou marca são singulares e saiba por quê.

Assim que a Quaker Oats adquiriu a marca Gatorade, seus executivos procuraram descobrir a eficácia da bebida e para quem venderiam a mesma.

Mas a empresa era extremamente ética e de forma nenhuma desejava macular a sua credibilidade conquistada com o seu mingau de aveia apoiada no slogan: "Não importa o custo, se a qualidade da nossa aveia puder ser melhorada, faremos as mudanças necessárias."

Assim, em 1985, a Quaker começou a pesquisar e patrocinar estudos, com o objetivo de ser a organização mais bem informada do mundo na ciência de reposição de líquidos e nutrição esportiva.

Em 1988 a Quaker abriu o Gatorade Sports Science Institute (GSSI), um instituto para o estudo das ciências esportivas, com um excelente laboratório em Barrington, no Estado de Illinois (EUA), para garantir que o seu produto fizesse o que prometia.

O objetivo claro da alta administração da Quaker era também o de manter um estreito relacionamento com os pesquisadores para ficar sempre à frente na ciência de reposição de líquidos.

Os executivos de Gatorade dizem que a fórmula ficou praticamente inalterada ao longo do tempo, porque a sua formulação original é muito sólida, entretanto isso não significa que tenham sido reduzidos os recursos para as pesquisas no GSSI, sempre visando melhorar o produto.

Além disso, quando um concorrente faz alarde sobre um novo ingrediente que Gatorade não tem, o GSSI reage com dados clínicos que mostram por que a empresa não o acrescentou a Gatorade.

Dessa maneira, à medida que um número cada vez maior de fabricantes de bebidas e alimentos acrescenta aos seus produtos o suplemento mais famoso do dia, a marca Gatorade toma um enorme cuidado para não alterar a sua fórmula, só para participar da onda do momento...

A menos que seja comprovada pelos profissionais do GSSI a validade de algum ingrediente, ele não é colocado em hipótese nenhuma na produção de Gatorade.

O diretor do GSSI, dr. Bob Murray comenta: "Mantemos sempre nossas antenas ligadas para novas idéias em relação aos ingredientes.

E o nosso lema há anos é que existem vários tipos de oportunidades potenciais, mas pouquíssimas reais.

Embora o objetivo de Gatorade seja o de beneficiar a atletas praticantes assíduos com vitaminas A, C e E, zinco e proteína, não temos caído na tentação de introduzir na nossa bebida as propriedades famosas do momento, como creatina, efedra, picolinato de cromo, taurina, etc."

Talvez Gatorade fosse ainda mais popular se os seus profissionais de marketing estivessem divulgando um Gatorade especial contendo alguma das propriedades em voga no momento, mas certamente fazendo o contrário, eles evitam uma exposição arriscada quando essas propriedades forem substituídas pela próxima novidade...

Gatorde continua feliz com o fato que representa o máximo em reposição hidroeletrolítica.

2º Princípio – Nunca deixe de pesquisar o mercado.

Não deve ser segredo para ninguém que entender o meio em que determinada marca vive, seu presente e seu futuro, é a chave para construir um negócio duradouro.

Os executivos da Quaker reconheceram logo após a compra de Gatorade que o mercado de produtos para saciar a sede seria um negócio capaz de tornar a empresa lucrativa.

Por isso, levaram a marca de volta ao seu objetivo original.

Passaram três meses estudando o mercado, a marca e elaboraram cinco estratégias fundamentais que até hoje orientam o negócio.

Essas estratégias são:

1. Permitir o benefício de saciar a sede.
2. Promover a disponibilidade no ponto de sede.
3. Estimular a proliferação de sabores e de embalagens atraentes.
4. Estar sempre nas laterais do campo do esporte infantil ao profissional.
5. Ser a organização mais bem informada na ciência de reposição de líquidos do mundo.

Caso a explosão da atividade física tivesse sido prevista como uma onda passageira, Gatorade poderia ter perdido a vantagem de dominar a categoria, voltando-se talvez para outro setor do mercado.

Pode-se dizer que ocorreu uma coincidência providencial com Gatorade ao ser adquirida pela Quaker Oats.

Se a marca tivesse sido comprada por um fabricante de refrigerantes, dificilmente se tornaria a inovação, que na verdade ela veio a ser. Já a Quaker Oats é uma empresa que sempre se dedicou à pesquisa.

Nas últimas décadas os executivos da Gatorade que gerenciaram a marca nunca ficaram acomodados com o seu sucesso, mas ao contrário, continuaram a reinvestir parte dos lucros em pesquisas para melhor entenderem quem eram seus atuais clientes e porque compravam o produto.

E tiveram muitas idéias criativas como o slogan de Gatorade "Is it in you?" (Está em você?), com o qual através de uma forte campanha de marketing conseguiram atingir o competidor ativo.

Aliás, a frase tinha um duplo sentido, pois perguntava aos consumidores se eles tinham o desejo de lutar no campo de jogo e se consumiam o produto.

Por sinal, o duplo sentido ficava ainda mais claro com os atletas no comercial, cujo suor tinha a cor dos sabores de Gatorade.

Isso era obvio, porque sempre se dizia que aqueles que trabalhavam na marca suavam verde, assim como os empregados da Federal Express suavam roxo.

Portanto, Gatorade tornou-se uma marca de grande sucesso por causa das pesquisas constantes e a sua percepção do mercado.

É fácil manter a motivação constante quando uma empresa é uma seguidora do mercado e os seus líderes se esforçam continuamente para garantir as inovações que agradam aos consumidores.

3º Princípio – Identifique os agentes propulsores do negócio e cuide bem deles.

Se há duas pessoas que merecem crédito pela definição da estratégia de Gatorade são Phil Marineau e Bill Schmidt.

Schmidt foi medalha de bronze em arremesso de dardo nas Olimpíadas de 1972 e competiu nos jogos de 1976 e 1980.

Foi a experiência dele como atleta de alto nível que lhe permitiu entender quem seriam os agentes propulsores do negócio Gatorade.

Na maioria das vezes, as empresas querem vender diretamente aos consumidores, mas não atingem os influenciadores – aqueles que fazem o marketing boca-a-boca (buzz marketing) –, que ajudam dar início a essas vendas.

Quando Schmidt assumiu o marketing esportivo de Gatorade, em setembro de 1983, sabia exatamente quem eram os influenciadores da marca.

Schmidt percebeu que até então os preparadores físicos eram ignorados pelas equipes. Por isso, sua estratégia foi cuidar deles, para que eles cuidassem de Gatorade!!!

Na época, os preparadores físicos não eram organizados, e Schmidt começou a apoiá-los, patrocina-los e ajudá-los.

Aliás, essa ajuda chegou a National Football League (NFL) Trainers Association e quando um preparador físico era demitido, recebia uma compensação financeira da associação graças ao dinheiro doado para ela pela Gatorade.

Não se estava dessa maneira comprando um relacionamento, mas cuidando dos preparadores físicos enquanto estivessem sem emprego.

Alocar dólares para organizar e convencer os preparadores físicos sobre as vantagens de Gatorade, não estava diretamente vinculado às vendas, e provavelmente também não era muito bem visto pela contabilidade da empresa, mas tornou-se um ato fundamental para o sucesso de toda a linha de bebidas Gatorade.

Foram estes preparadores físicos, inclusive, que ajudaram que Gatorade estivesse em pontos-chave de visibilidade, por exemplo, enfileirando os copos acima do banco de reservas, onde as câmeras de televisão num jogo de basquete, iriam sempre focá-los.

Sem dúvida, construir bons relacionamentos com os influenciadores, ou seja, com os agentes propulsores sempre funciona!!!

4º Princípio – Nunca pare de trabalhar para conquistar mais um tipo de consumidor.

Colocar o produto nas laterais do campo da NFL para os profissionais beberem e os consumidores verem isso, foi ótimo para a marca, e a publicidade com o *jingle* criativo e envolvente melhorou ainda mais a divulgação.

Mas sempre foi importante gastar dinheiro para reinvestir em novos consumidores, certificando-se que Gatorade também estava entre os esportistas amadores, entre os espectadores e estava disponível em qualquer lugar onde atletas em atividade tivessem sede!!!

Em 1985, Gatorade começou a estabelecer um relacionamento significativo com a comunidade esportiva infantil.

Para levar o produto às mãos das pessoas certas, os gerentes da marca acharam que tinham de identificar as modalidades esportivas praticadas pela maioria e as que a maioria assistia.

Foi nessas modalidades que a empresa começou a gastar mais tempo e dinheiro.

A organização acreditava que se um atleta jovem começasse a praticar esportes e beber Gatorade, a probabilidade dele tornar-se leal ao produto por toda a vida da atividade física, seria muito grande.

Gatorade teve então a idéia de premiar jovens atletas nas mais diversas modalidades e acertou em várias promessas que se tornariam ídolos nacionais e mundiais nos seus esportes.

Assim, já em 1986, o prêmio nacional de futebol norte-americano foi concedido a um jovem chamado Emmit Smith, que veio a ser o principal rusher da NFL.

Entre os vencedores de prêmios Gatorade merecem também destaque os hoje famosos Ken Griffey Jr., Shaquille O'Neal, Peyton Manning (vencedor e o melhor jogador do Super Bowl de 2007) Marion Jones, Vince Carter, Derek Jeter, Chamique Holdsclaw, etc.

A alta administração de Gatorade estava decidida a conquistar os hispânicos e começou a anunciar para eles no final da década de 1980.

A pesquisa também mostrou que eles eram mais leais à marca do que a maioria dos consumidores.

Já em 1996, Gatorade apresentou !Mandarina!, especificamente para atrair os latinos no sul da Flórida, sul do Texas e sul da Califórnia. Gatorade inclusive traduziu seus comerciais para o espanhol.

Em 2001 a linha de sabores para os latinos tinha Mango Electrico, Cítrico Vibrante e Tropical Intenso, com rótulos bilíngües.

Um segredo para conquistar mais um consumidor para o produto é que os gestores da marca nunca esqueçam o mercado de seu produto principal.

Um exemplo clássico foi aquele quando em 2003 Gatorade iniciou uma pesquisa séria com os atletas de elite do futebol norte-americano, no tocante às cãibras que sentiam e as perdas maiores de sódio e líquido que os outros atletas.

Os jogadores na época tomaram uma pílula contendo um radiotransmissor projetado pela NASA para descobrir se existia uma relação entre as cãibras e a temperatura corporal.

Em 2004, o GSSI fez novos testes em jogadores para ver se eles perderam massa muscular, além de água e gordura durante os jogos.

Quando Gatorade foi inventado, 30 a 40 atletas morriam, por ano, em conseqüência de exaustão pelo calor.

Embora esse número tenha diminuído para uma média de dois atletas por ano em 2004, os executivos de Gatorade afiançam que o GSSI continua no seu esforço para ajudar os atletas a otimizarem seu desempenho por meio de pesquisas e educação em hidratação e nutrição, na esperança de acabar totalmente com essas mortes.

5º Princípio – A embalagem é muito importante.

O mercado de bebidas sempre usou alterações na embalagem para aumentar as vendas. Mas, na verdade, foi a Quaker Oats que ganhou o credito de ser a primeira empresa a reconhecer a embalagem como veículo de venda, em vez de vê-la apenas como veículo de distribuição.

A empresa diferenciou-se ao embalar sua aveia em caixas coloridas e atraentes nas prateleiras.

Antes disso, a aveia era vendida em barras que ficavam no chão da mercearia. O saco de aveia ficava quase sempre aberto e isso era anti-higiênico.

Quando Gatorade foi introduzida em garrafas de 0,47l, de porção única, as suas vendas decolaram.

Além disso, a Quaker Oats foi primeira na invenção de garrafas de plástico Pet (polietileno tereftalato) para enchimento a quente.

Quando Gatorade mudou sua garrafa de 0,95l de vidro para o plástico, o volume de vendas aumentou em 25% apenas no primeiro ano.

A nova embalagem permitiu a bebida estar em cada lateral de campo destinado à prática de todas as atividades esportivas conhecidas, o que era um objetivo da empresa.

Podia-se carregá-la a qualquer lugar, sem a preocupação de levar vidro, quebrá-lo e alguém, principalmente neste caso uma criança, se machucar.

Gatorade adotou a garrafa de boca larga, o que facilitava bebê-la durante um exercício físico ou num jogo.

Em fevereiro de 1995, foi a primeira marca a colocar uma bebida não gaseificada em uma garrafa esportiva flexível com tampa retrátil (sports bottle).

Com o tempo, as alterações na embalagem ficaram significativamente mais científicas e complexas.

A marca contratou o Metaphase Design Group, designer de produtos ergonômicos, para projetar sua garrafa esportiva ergonômica chamada EDGE (ergonomically designed Gatorade experience).

A empresa freqüentou eventos esportivos, estudou o tamanho da boca humana, se os atletas preferiam sugar ou beber o líquido da garrafa, e fez moldes de mãos e dedos dos atletas. O resultado foi uma garrafa que facilitava o ato de beber.

Ela foi introduzida em março de 2000, e os consumidores responderam com um crescimento de dois dígitos em algumas regiões dos EUA.

Girava-se a saliência na parte superior da garrafa para abri-la ou fechá-la, o que podia se feito inclusive com a boca.

O *design* conquistou o Package of the Year Award concedido pela publicação Food & Drug Packaging.

Gatorade lançou garrafas de vários outros tamanhos, mas surpreendeu ao mundo quando mostrou que o seu tamanho precisava ser bem maior!?!?

Em março de 2003, a empresa lançou a sua maior embalagem prática de todos os tempos: a jarra de plástico retangular com 3,8 litros. O objetivo dessa embalagem era ser econômica para grandes grupos. Visto que ela pesava 3,6 kg, havia uma alça perto da tampa para facilitar o seu transporte. Essas alças na garrafa, também facilitam para despejar o líquido. Como se vê, Gatorade nunca deixou de se preocupar com a embalagem, não é?

6º Princípio – Aprenda com seus erros.

Um dos maiores erros de Gatorade foi Gatorade Light, lançado no final da década de 1980 e início da década de 1990, quando o negócio de baixas calorias estava decolando.

Até a famosa Häagen-Dazs, uma grande marca de sorvetes, cedera ao lançar o iogurte congelado. Assim, Gatorade tentou trazer as mulheres – que compunham apenas 20% de seus clientes – para o seu círculo de consumidores ao criar Gatorade Light.

A bebida tinha exatamente metade das calorias e menos sódio do que Gatorade.

Gatorade Light foi introduzida no mercado em 20 de fevereiro de 1990.

Pois bem, para reduzir as calorias, a Quaker teve de usar sacarina como adoçante, o que prejudicou o sabor do produto.

Mas a questão mais importante foi que os gerentes de marca perceberam que os consumidores queriam tudo – Gatorade normal ou nada.

Além disso, a empresa percebeu também que as mulheres queriam perder peso quando praticam exercício físico e não tomavam Gatorade nenhum...

O lançamento do Gatorade Light não foi, porém, encarado pela alta administração como um desastre, mas sim como um aprendizado!?!?

O resultado final do aprendizado com o erro de Gatorade Light foi a criação de Propel, água mineral da marca, que só foi lançada regionalmente em 2000.

A água contém vitaminas B, C e E e apenas 10 calorias por porção. Por causa do seu sabor agradável, ela estimulava aqueles que praticam atividades físicas a permanecer hidratados, mas não às custas de arruinar o treino com a recuperação de calorias.

Propel, por sinal, em 2004 já era líder do mercado da água mineral nos EUA, com 10% de todas as vendas.

Gatorade agora tem quase 50 sabores em todo o mundo e praticamente não sobrou nenhum sabor natural de fruta para introduzir.

Mas os gerentes da marca continuam sendo muito cuidadosos ao criarem novos sabores, uma arte que, com o decorrer do tempo se torna cada vez mais complexa.

7º Princípio – Procure relacionar emoção e paixão à marca.

Há uma grande verdade: uma marca é tão boa quanto as pessoas que estão por trás dela.

Quando a Coca-Cola e a Pepsi começaram a concorrer com Gatorade, no início alguns pensaram que os "grandalhões da bebida" iriam dizimá-la.

Mas o pessoal encarou assim o desafio: somos uma equipe A e eles certamente não colocarão as suas equipes A para nos derrotar. Podemos, portanto vencer e a organização como um todo acreditou que poderia superar a competição...

Obviamente, é mais fácil ter emoção e paixão por uma marca que é a líder de mercado. Por isso, o sentimento daqueles que trabalham na Gatorade é sempre o de fazer o melhor trabalho.

Nesse sentido eles buscam ter um grande entendimento dos consumidores, dos atletas, dos influenciadores e da própria marca, fazendo tudo isso com muita emoção e paixão.

É impressionante a emoção daqueles que trabalham na Gatorade quando observam um grupo de atletas que completa 40 km de uma corrida ciclística de 120 km e aí nessa passagem eles podem escolher entre Gatorade e água.

Eles ficam exultantes quando verificam que a maioria optou por Gatorade.

8º Princípio – Mantenha a disciplina.

Com qualquer marca importante, sempre ocorre a tentação de usar ao máximo o seu nome, para a expansão da organização. E aí corre-se um sério risco de canibalizar a marca.

Antes de a Quaker Oats adquirir Gatorade, a Stokely-Van Camp licenciou o nome da marca Gatorade para uma goma de mascar chamada Gatorgum, cujo lema era: "A goma de mascar que sacia a sede de amantes do esporte."

Lamentavelmente era um acordo de licença de longo prazo que foi transferido a uma série de fabricantes de doces.

Isso foi prejudicial, pois a goma de mascar não tinha nenhum benefício semelhante aos que Gatorade proporcionava ao corpo e para atrapalhar ainda mais a Quaker Otats, o produto vendia pouco...

A primeira providência, quando a licença venceu foi eliminá-lo sumariamente. Em 1994, Gatorade introduziu uma bebida chamada Sunbolt, caracterizada como bebida matinal.

A publicidade dizia que o produto ajudaria a resolver a "crise energética" que as pessoas têm pela manhã, e ele foi vendido no nordeste dos EUA durante seis meses.

Mas a bebida, ainda que com o logotipo Gatorade, não tinha nenhuma das características de uma bebida esportiva e apesar de suas vendas não terem sido ruins, a administração da empresa concluiu que a disparidade com os consumidores dificultava racionalizar como sendo uma extensão da marca e retirou o produto do mercado.

Um outro exemplo interessante é aquele da sólida conexão que se estabeleceu entre Gatorade e Propel nos primeiros comerciais do produto, cujo slogan era: "E se Gatorade fabricasse água?"

Porém Gatorade tomou o cuidado de não misturar as marcas e Propel nunca apareceu nas laterais do campo da NFL, nem no banco de reservas de um jogo de softball.

Uma outra extensão mais recente da marca que não deu certo foi a barra de cereais

Gatorade. Apesar da empresa ter gasto US$ 28,2 milhões para divulgar a bara de cereal entre 2001 e 2002 com o slogan: "What burns inside you?" (O que queima dentro de você?) a barra conquistou apenas 0,8% do disputadíssimo mercado de barras de cereais/alimentos no final de seu segundo ano nas prateleiras.

Finalmente em março de 2005, os gestores da marca Gatorade desistiram da idéia da barra de cereal, que passou a fazer parte da Performance Series da marca.

Gatorade conseguiu ampliar seu negócio ao dizer às pessoas exatamente o que é o seu produto principal e porque se deve bebê-lo.

Ainda que existam muitas ocasiões para se beber Gatorade em um contexto casual, sob a administração Quaker, Gatorade procurou não anunciar para esse mercado.

Por exemplo, desde os primórdios de Gatorade, os médicos a usam em hospitais e recomendam a bebida esportiva a crianças doentes com desidratação ou diarréia.

Mas os executivos da Quaker não divulgavam o produto aos médicos porque isso se distanciava da mensagem principal e não havia certeza se fazê-lo seria legal segundo os regulamentos da FDA (Food and Drug Administration).

Na história da bebida, a marca Gatorade é considerada um produto especial.

Sem dúvida, parte disso está relacionado ao fato de que a bebida é considerada um pouco estranha.

Assim, se você deixasse um pouco de Gatorade em um copo descartável em um consultório médico, o material provavelmente seria lacrado e enviado a um laboratório!?!?

Ou ainda, as seguintes constatações: Gatorade tem três vezes mais sal que a Coca-Cola, metade do açúcar e nenhuma efervescência!?!?

Com o tempo, sob a Quaker e, a partir de 4 de dezembro de 2000, quando foi adquirida pela Pepsi por US$ 13,4 bilhões, Gatorade – esse mito – ficou uma marca cada vez mais forte graças ao fato de manter seu objetivo a maior parte do tempo.

Os executivos da Quaker (e agora da Pepsi) sabem que o mito se quebra se a marca se distanciar dos esportes e por isso não se afastam de seu foco, apesar de saber que muitos jardineiros no mundo todo, no intervalo de descanso – afinal é cansativo cortar grama ou podar árvores – também bebem Gatorade!!!

9º Princípio – Forme alianças estratégicas inteligentes.

Uma aliança que ajudou muito a fortalecer a marca Gatorade foi a sua parceria com o canal de esportes ESPN.

No decorrer dos anos, o investimento na programação da rede por meio de publicidade permitiu à marca ter destaque automático na mente dos fãs do esporte que, além de serem consumidores, são quase sempre participantes ativos que pertencem ao mercado-alvo de Gatorade.

Aliás, no verão de 2004, Gatorade colocou o logotipo da ESPN em 1 bilhão de suas garrafas, para comemorar o 25º aniversário da rede.

Por associação a aliança sugeria que ambos eram relevantes na definição da paisagem esportiva para os fãs. Gatorade foi ainda mais longe e lançou uma edição limitada da sua bebida com o título "ESPN: o sabor".

Bem, nenhuma marca boa pode continuar a existir sem fazer alianças estratégicas inteligentes.

Darren Rovell, com esses princípios empresariais explica o sucesso incomparável de Gatorade, que soube ser a primeira, valeu-se bem do seu excelente nome e utilizou magnificamente suas relações públicas, ou seja, as regras essenciais para se construir uma marca excepcional.

E você caro empreendedor, está seguindo esses princípios na construção da sua marca?

Não!!!

Então está na hora de jogar um balde de suco verde na sua cabeça, para acordar e não continuar mais desperdiçando suas energias inadequadamente.

Estereótipos

Para falar de estereótipos convém analisar o que diz o humorista Tom Cavalcante.

Afirma Tom Cavalcante: "Faço humor para o povão. Rico vê TV a cabo e viaja no fim de semana, quem me vê é o cara que trabalhou a semana toda e só tem esse lazer. Hoje na TV Record tenho o melhor grupo de humoristas no palco como Tiririca, Shaolin, Pedro Manso, Falcão, etc. Faço um humor que não ofende ninguém, não é preconceituoso.

Nosso programa não explora mulher gostosa com pouca roupa, não tem piada grosseira e tomo muito cuidado para não haver apelação. Não é pois por acaso que já fui apontado como o artista humorístico mais popular do Brasil. Já imitei muita gente na minha vida, porém não acredito que seja justo me chamar de parodiador.

Sou muito grato a algumas pessoas que me ajudaram a evoluir na carreira. Uma delas é o Chico Anysio. Ele ficou muito aborrecido comigo quando sai do seu programa – *Escolinha do Prof. Raimundo* – mas hoje está tudo bem e viajamos juntos para as principais capitais brasileiras com o *show Chico Ponto Tom* e a gente canta uma música que diz: 'É Tom, é Chico, não tem mais fuxico!!!'

Hoje vivo um momento muito feliz na TV Record porque nunca tive tanta liberdade de criação.

A emissora também está muito feliz com o meu programa *Sai de Baixo* porque a relação custo-benefício é muito boa para um programa de humor.

Chego a dar 16 pontos do Ibope a um custo muitas vezes inferior ao de um capítulo de novela.

O meu desejo é o de fixar o meu nome na TV, como um profissional de qualidade, que faz humor com qualidade e que gera bons resultados para a emissora."

Quem tem assistido Tom Cavalcante nesses últimos 15 anos já viu ele como um mestre para encarar as mais diferentes personagens.

Assim pode-se dizer que ele domina de maneira magistral a "arte do estereótipo", isto é, mostrar de forma bem-humorada como são os comportamentos, os hábitos, as idéias preconcebidas dos outros, através de interpretações magníficas.

Vejamos agora como funcionam os estereótipos para algumas mulheres!!!

AS MULHERES ACREDITAM EM ESTEREÓTIPOS SOBRE SI MESMAS?

Sobre a mulher existem frases extremamente curiosas nos pára-choques dos caminhões que atravessam esse Brasil enorme, tais como:

➡ A mulher foi feita da costela; imagina se fosse de filé *mignon*.
➡ Almoce a sua mulher antes que ela o jante.
➡ Deus criou o homem antes da mulher para não ter que ouvir palpites.
➡ Mulher é como estrada: quanto mais curvas, mais perigosa.
➡ Mulher esbelta é sereia; mulher gorda é baleia.
➡ De ponte caindo e de mulher feia eu me desvio.
➡ Deus proteja as mulheres bonitas...e as feias se der tempo!!!
➡ Marido de mulher feia tem raiva de feriado.
➡ Mulher feia é como ventania: só serve para quebrar o galho.
➡ Mulher feia é igual a trator: só serve para trabalhar.
➡ Mulher feia não tem regra; só exceção.
➡ Mulher feia vale por duas, pois o marido sempre tem duas.
➡ Mulher é um bicho burro para caramba: faz do homem o que quer. Já pensou se ela fosse inteligente?
➡ Não existe mulher feia: você é que está bebendo pouco!!!

A redatora publicitária Claudia Tajes lançou em 2005 um novo livro com o título *A Vida Sexual da Mulher Feia* que é de fato muito mais hilariante que as frases dos pára-choques dos caminhões.

E na apresentação ela confessa: "Nas festas de fim de ano da empresa, quando todas as garotas ganham algum prêmio: *O Melhor Sorriso, A Melhor Boca, Os Melhores Peitos, As Melhores Coxas*, e outros reconhecimentos (valorizações) que não dependem de muita dedicação ou esforço – só de Deus e, eventualmente, de um professor de ginástica – eu sou aquela que **nunca leva nada**!!!

O Melhor Pescoço já me deixaria satisfeita.

Ou então *As Melhores Orelhas*.

O Melhor Nariz eu jamais ganharia, o meu é tão grande para os padrões da sociedade atual.

Talvez as coisas fossem diferentes se eu tivesse nascido na época da Cleópatra que foi muito feia (!?!?) e ainda assim teve Júlio César e Marco Antonio e mais centenas de homens que quis. Obviamente ter sido rainha deve ter facilitado um pouco as coisas...

Eu sou aquela que muda o cabelo e sempre fica pior, que sai de roupa nova e ninguém repara, que passa festas inteiras fingindo que dança com amigos quando na verdade está dançando sozinha.

O que poucos sabem é que para mim, tudo isso tem uma finalidade científica: já faz algum tempo que estudo a sexualidade da mulher feia, assunto que, até onde posso lembrar, jamais foi abordado pelas revistas femininas, pelos programas para donas de casa no meio da tarde (ou da manhã), pelos livros de auto-ajuda.

É muito importante deixar claro que o objeto das minhas observações sou eu mesma, embora existam pontos em comum entre as experiências que conto no meu livro e as de outras mulheres, todas feias, evidentemente."

Corajosa e criativa a Claudia Tajes, não é?

Criativa, sem dúvida, e além disso extremamente perspicaz quando destaca no seu bem humorado livrinho: "Não existe mulher feia chamada Nicole e raramente uma delas atenderá por Júlia, Letícia, Bárbara, Cristina, Yasmin.

Em compensação, são incontáveis as Andremaras, Crisleines, Rosineides, Greicelanas, Claudiomaras e todos os nomes que unem outros dois, ou até três, num único, e inédito, substantivo próprio.

Eu mesma fui registrada como Jucianara e, nas vezes em que reclamei com a minha mãe por me chamar assim, ela respondeu: 'Não poderia haver nome que combinasse mais com você!?!?

Assim a mulher feia já começa deformada no seu nome, além naturalmente na estética.

Dessa maneira mulher feia acaba sendo um estado de espírito.

Para minimizar a sua condição natural incômoda a mulher feita é descrita, principalmente pelos homens como: prestativa, confiável, boa-praça, simpática, ser humano exemplar e grande companheira.

Algumas mulheres feias realmente conseguem compensar a falta de dotes físicos com o grande desenvolvimento de sua capacidade intelectual.

Como resultado, tornam-se profissionais brilhantes em qualquer área que atuem, das científicas às humanísticas.

Em casos específicos, isso tem contra-indicações.

O fato de o feminismo, em seu início, ter como uma de suas principais mentoras uma mulher feia, a norte americana Betty Friedan, fez com que, durante muito tempo, o movimento fosse visto como produto das frustrações de mulheres mal-amadas.

A entrada em cena de Gloria Steinem, feminista loira e bonita, certamente azedou ainda mais o rosto e alma de Betty Friedan, ao atrair para uma militante menos preparada filosoficamente, porém, milhões de vezes mais bem acabada esteticamente, todas as atenções da imprensa e da sociedade."

Na realidade não se pode minimizar a influência da escritora Betty Friedan, que faleceu no dia 4 de fevereiro de 2006 aos 85 anos de idade.

O seu livro *A Mística Feminina*, editado pela primeira vez em 1963, lançou o movimento feminista contemporâneo, e, com isso, transformou a tessitura social dos EUA e de muitos países do mundo.

No seu livro ela afirma que marido e bebês não eram tudo e diz que uma mulher deveria aspirar ao reconhecimento de sua individualidade.

Essas suas posições pareceram extremistas para a época.

Betty Friedan declarava: "Uma mulher deve ser capaz de perguntar, sem sentir-se culpada, 'Quem eu sou e o que quero da vida?'

Ela não deve se sentir egoísta ou neurótica por ter objetivos próprios além do marido e dos filhos."

Passadas algumas décadas, algumas feministas têm tachado o trabalho de Betty Friedan como superado, entretanto um grande número de aspectos da vida moderna que hoje parecem corriqueiros – desde os anúncios de "Procura-se profissional" que não especificam o sexo do profissional procurado até a presença das mulheres na política, medicina, no clero e nas forças armadas – é conseqüência direta das conquistas que ela ajudou as mulheres a conseguir.

Bem, feias ou bonitas, três décadas depois que as mulheres começaram a se aventurar em carreiras de administração, em uma era em que o sexo feminino nos EUA, representava em 2005, 50,3% de todos os executivos e profissionais, as mulheres ainda são menos de **2%** da lista de diretores-presidentes das 1.000 maiores empresas de capital aberto do mundo no *ranking* da revista *Fortune* e apenas **7,9%** dos executivos com as maiores compensações nas empresas da *Fortune 500*.

A ladainha de explicações para justificar essa situação é sempre a mesma: as mulheres atingem a idade limite para engravidar ao mesmo tempo em que enfrentam maior pressão no trabalho para provar seu talento; elas não resistem à jornada de 70 horas de trabalho semanais e à necessidade de estar constantemente viajando (...); concentram-se nas áreas de recursos humanos ou *marketing*, onde dificilmente aprendem a lição essencial que é ser responsável pelo lucro; não contam com oportunidades de fazer contatos ou obter dicas de negócios com os "rapazes" nas partidas de golfe, etc.

Essas teorias todas contradizem entretanto uma **verdade básica** comprovada por inúmeras pesquisas durante décadas, que não são muito pequenas as diferenças entre os estilos de liderança de homens e mulheres bem-sucedidos em cargos de chefia.

O grande problema é que ambos os sexos acreditam mais em suas percepções tendenciosas do que nos fatos.

Um grupo de pesquisa de Nova York, o Catalyst analisou em 2006 as opiniões de mais de 300 executivos dos dois sexos, 85% dos quais eram ou tinham sido presidentes de empresas, que classificaram a eficácia dos homens e mulheres em dez situações diferentes de liderança.

Nesse estudo foi evitada a comparação direta sobre "**quem é melhor**".

Os homens disseram que os dois sexos são basicamente iguais quando se trata de formar grupos, aconselhar, dar consultoria ou criar uma rede de contatos.

Eles deram uma nota mais alta para as mulheres em duas qualidades: **apoio e reconhecimento**.

Mas numa descoberta perturbadora, os homens disseram que são melhores que as mulheres nas horas de resolver problemas, inspirar, delegar e "influenciar superiores", quatro qualidades essenciais a uma líder.

Como são os homens que ainda concentram as posições de comando nas empresas, essas opiniões ajudam a explicar por que as mulheres **não estão suficientemente representadas no topo**.

O estudo da Catalyst identificou que as mulheres estão cedendo terreno.

Elas disseram que são melhores em dar apoio e recompensar empregados, e na importante tarefa de resolver problemas, criar equipes, tutorear, dar consultoria e inspirar.

Mas elas também salientaram que homens são melhores em fazer contatos, influenciar e delegar.

Mulheres, assim como os homens, percebem líderes do sexo feminino como melhores para cuidar das pessoas; e homens, para assumir o comando.

Mas como comenta Ilene H. Lang, presidente da Catalyst: "No final das contas essas diferenças todas são percepções, e não realidade!?!?"

Claro que existem aqueles como o controverso ex-reitor da Universidade Harvard, Lawrence Summers, que numa conferência acadêmica em 2005 procurou enfatizar que a existência de "diferenças inatas" é que explicava a quantidade pouco significativa de mulheres nas mais altas posições da carreira científica.

Nancy Hopkins, professora de biologia no Instituto de Tecnologia de Massachusetts (MIT), muito aborrecida saiu no meio do discurso do reitor, que foi secretário do Tesouro, do ex-presidente, Bill Clinton.

Nancy Hopkins que já liderou uma investigação sobre discriminação de gênero, que levou a reformas na contratação e promoção no MIT, explicou: "Quando Summers começou a falar sobre as diferenças de aptidão entre homens e mulheres, eu simplesmente não podia respirar, porque esse tipo de preconceito, me faz ficar fisicamente doente.

Parece que Summers é uma daquelas pessoas que costumavam dizer antigamente que as mulheres não podiam dirigir automóveis ou voar."

Por sinal, na própria Universidade Harvard uma mulher muito linda, a profa. Lisa Randall é titular da cadeira de Física.

É verdade que ela é a primeira mulher que conquistou esse cargo, além de ter colecionado também as primeiras titularidades na sua especialidade em Princeton e no MIT.

Ela também é a física teórica mais citada nos primeiros seis anos do século XXI, com mais de 11 mil citações!!!

Um detalhe no mínimo curioso é que ela além de não ser feia, ao contrário, é comparada por muitas pessoas com a atriz do cinema Jodie Foster.

Aliás, a respeito disso Lisa Randall comenta:

"É engraçado.

Imagino que deva ser lisonjeiro, mas também é perturbador.

Em toda a carreira você tenta afastar o fato de que tem uma aparência diferente e apenas fazer bem o seu trabalho.

É muito estranho para mim a atenção que dão a minha aparência.

E realmente não tenho certeza de que me pareço com ela.

Mas ela é uma das atrizes com aparência mais séria que conheço e muitas mulheres com mentes científicas se parecem com ela.

É uma coisa gozada, não é?

Quero lembrar que tenho procurado explicar às mulheres – em particular as mais jovens – que estou feliz com o que faço e estimulá-las a seguir o mesmo caminho.

Com isso quero também comprovar que as idéias de Lawrence Summers não têm nenhuma justificativa científica e certamente até ele sabe disso..."

Apesar das declarações do "intratável" Lawrence Summers, no mundo todo, as mulheres estão conduzindo empresas por novos e bem-sucedidos caminhos.

Por exemplo, no Japão, Izumi Kobayashi, diretora da Merrill Lynch Japan Securities, tornou lucrativo um negócio que, além de caótico, vinha perdendo rios de dinheiro antes de ela tomar as rédeas.

Olivia Lum é a órfã malaia de Cingapura que construiu um império do nada.

Ela vendeu o seu carro e o pequeno apartamento onde morava e investiu o dinheiro na criação de uma empresa de tratamento de água, a Hyflux.

Hoje, a empresa é a maior do setor, no Sudeste Asiático e Olivia Lum foi apontada no final de 2005, pela revista *Forbes*, como a empresária mais rica da região.

Olivia Lum tornou-se modelo do que significa ter espírito empreendedor na pequena cidade-Estado, cuja economia é dominada por estatais e multinacionais estrangeiras.

Ela representa uma volta à Cingapura da época do domínio colonial britânico, quando a cidade portuária era conhecida por suas histórias de fortunas erigidas a partir do nada entre a população de imigrantes chineses.

Críticos dizem que Cingapura perdeu seu espírito empreendedor porque seu autoritário governo criou uma sociedade altamente conformista que desencoraja assumir riscos, mas Olivia Lum é obviamente um exemplo de que existem ainda mulheres empreendedoras na cidade-Estado.

Linda Cook é chefe das unidades de gás e energia, na Royal Dutch Shell, sendo uma das figuras mais destacadas no setor energético. Foi classificada em 2005 pelo jornal *Financial Times* como uma das 25 mais destacadas mulheres de negócios da Europa e pelo *The Wall Street Journal*, como uma das 21 mulheres em todo o mundo "prontas para liderar" as suas próprias empresas ou outras organizações.

Laurence Parisot tornou-se há pouco tempo a primeira mulher a presidir a Medef, a federação que reúne os maiores empregadores do país, com a tarefa de rever a conservadora lei de trabalho francesa e "ensinar as pessoas a amar a economia de mercado."

Na empresa norte-americana eBay Inc., a presidente Margaret C. Whitman transformou uma firma de leilões *on-line* em um negócio global de vendas pela Internet.

Aliás, ela foi eleita pela revista *Fortune,* em 2005, pelo segundo ano consecutivo, a mulher mais poderosa do mundo dos negócios.

Nessa lista da *Fortune,* a famosa apresentadora de TV Oprah Winfrey, e que é proprietária da Harpo, aparece em quarto lugar, e cuja revista *O: The Oprah Magazine*, continua sendo uma das mais populares dos EUA, com circulação média de 2,4 milhões de exemplares por mês.

Elfriede Jelinek, escritora feminista austríaca, em 2004, ganhou o Prêmio Nobel da Literatura, ela que é mais conhecida no Brasil pelo seu romance autobiográfico *A Professora de Piano* (1998).

Segundo a comissão julgadora do Prêmio Nobel, Elfriede Jelinek foi escolhida: "Por seu fluxo musical de vozes e contravozes em romances e peças que, com extraordinário zelo lingüístico, revelam o absurdo dos clichês da sociedade e seu poder subjugador."

Que lindo "comentário", sobre o talento de uma escritora, não é?

Falando um pouco das mulheres brasileiras é importante dizer que muitas delas tem desenvolvido atividades extremamente relevante em postos de destaque em organizações não-governamentais (ONGs), instituições de ensino superior (IESs), hospitais, empresas públicas e privadas.

Inicialmente deve-se enfatizar o expressivo trabalho feito pela presidente do Conselho de Curadores da Fundação Armando Alvares Penteado (FAAP) Celita Procopio de Carvalho no desenvolvimento da cultura, da arte e da educação.

Algumas das mais lindas exposições dos mais renomados artistas e dos acervos de museus renomados (Louvre, Kremlin, etc.) foram realizadas no Museu de Arte Brasileira (MAB) da FAAP, graças ao seu trabalho, abertas ao público, ou seja, sempre com entrada franca.

O governador do Estado de São Paulo, Geraldo Alckmin, no final de 2005, quebrou um paradigma ao escolher para dirigir a Universidade de São Paulo (USP) a pesquisadora Suely Vilela que dedicou boa parte de sua vida no estudo de toxinas, principalmente venenos de serpentes.

O governador Geraldo Alckmin disse que optou por Suely Vilela Sampaio, para ser a reitora da USP, devido ao seu excelente currículo.

A revista *Forbes Brasil* tem realizado a eleição das mulheres que estão mudando o cenário econômico social e artístico do Brasil.

Entre as mulheres determinadas, ousadas e destemidas que existem no nosso País, em 2005 foram escolhidas: Mônica Bergamaschi (agronegócio); Bibi Ferreira (artes); Vera Cansação (construção civil e setor imobiliário); Eneida Bini (cosmética e perfumaria); Esther Giobbi (decoração e arquitetura); Suzana Pádua (ecologia); Eliana Cardoso (economia); Rosa Maria de Barros (educação); Ádria Santos (esportes); Flávia Quaresma (gastronomia); Angela da Costa (indústria e varejo); Isabel Figueiredo (infra-estrutura, transporte e logística); Ana Paula Padrão (jornalismo); Eliana Calmon (jurídico) Heloisa Helena (legislativo); Lya Luft (literatura); Bia Aydar (*marketing* e publicidade); Vera Cordeiro (medicina e saúde); Maria Angela Fúria (mercado financeiro); Gisele Bündchen (moda); Dilma Rousseff (políticas públicas); Françoise Trapenard (recursos humanos); Maria Helena Johannpeter (terceiro setor); Maria Fernanda Teixeira (tecnologia da informação e telecomunicações) e Chieko Aoki (turismo e hotelaria).

Que time de talentos não é?

Claro, basta lembrar algo do currículo de três delas.

Assim Chieko Aoki, no final dos anos 70, transformou o hotel Caesar Park na rua Augusta, em São Paulo, num dos mais badalados da cidade, desenvolveu a cadeia Caesar Park e participou do seu processo de venda em 1999. Imediatamente depois fundou a cadeia Blue Tree Hotels, a primeira empresa de administração hoteleira 100% brasileira, que a cada ano vem crescendo cada vez mais.

Recorda Chieko Aoki: "Quando eu comecei foi muito difícil, pois naquele tempo não havia mulheres, nem entre os funcionários da gerência e nem entre os hóspedes. Quando eu percebi que o número de mulheres que viajavam sozinhas a trabalho estava crescendo criei mecanismos para que elas se sentissem mais confortáveis nos meus hotéis."

Isabel Figueiredo, que se formou em Economia, na FAAP, sempre aceitou desafios em sua carreira, não fugindo nunca de funções distintas que recebia no trabalho na Alcoa e na CSN.

Hoje é uma eficiente diretora de logística e suprimentos da Braskem.

Vera Cansação, a presidente da Tecnosolo, relembra: "Quando me formei em engenharia civil, pela Escola Politécnica da Universidade Federal da Bahia, em 1970, havia muito preconceito em relação às mulheres nessa profissão. Hoje há bem menos.

O casamento me deixou menos disponível para o trabalho, talvez por isso tenha me separado...

Acho que hoje influencio as pessoas, principalmente as mulheres, mostrando que com persistência, dedicação e disponibilidade para o trabalho toda pessoa pode chegar ao topo."

Não se pode esquecer além disso as mulheres que se tornaram líderes no comando de seus países.

A partir do final de 2005, pela primeira vez na história, uma mulher lidera a Alemanha.

Pois é, a chanceler alemã é Angela Merkel, cargo que fora, de ninguém menos que, Adolf Hitler.

Na Libéria, a economista Ellen Johnson-Sirleaf tornou-se a primeira mulher eleita para a Presidência.

Em março de 2006, Michelle Bachelet tornou-se a primeira mulher a assumir a Presidência do Chile, uma das nações mais conservadoras do planeta, um país que só em 2005 legalizou o divórcio. Michelle Bachelet ao assumir nomeou 10 mulheres na sua equipe de 20 ministros.

Tarja Halonen reelegeu-se para o seu segundo mandato como presidente da Finlândia.

Uma rede de televisão norte-americana colocou no ar no final de 2005 um seriado intitulado *Commander in Chief* (*Comandante em chefe*), cuja heroína é uma presidente (jovem e bela) dos EUA, que chega ao cargo após a morte do seu antecessor.

Obviamente a idéia de quem produziu o seriado é o de antecipar uma mulher no cargo de presidente dos EUA.

Nos EUA, no Congresso, existem hoje 80 mulheres no meio de 535 homens, e quem comanda o mesmo é Nancy Patricia D'Alesandro Pelosi, opositora do presidente George W. Bush.

Laura Liswood, do Conselho de Mulheres Líderes Mundiais vaticina: "É claro que os EUA terão uma mulher como presidente; a questão é saber quando isso ocorrerá.

Muitas pessoas olham para os EUA em busca de alguns sinais de progresso – uma mulher presidente seria valioso nesse sentido, e 92% da população norte-americana já está preparada para votar num presidente do sexo feminino.

Assim sendo, em breve, o 'homem' mais poderoso do mundo será uma mulher!!!

Não se deve esquecer também que a nossa temida (pelo menos no futebol...) parceira do Mercosul também está dando passos decisivos para valorizar a mulher com o presidente Néstor Kirchner, nomeando no final de 2005, para o seu ministério duas mulheres, em funções importantíssimas, ou seja, Nilda Garré como ministra da Defesa e Felisa Josefina Miceli como ministra da Economia (que renunciou em 16 de julho de 2007, no meio de um escândalo de corrupção). Mas o maior exemplo, foi o apoio que deu a própria mulher Cristina Kirchner para elegê-la presidente da Argentina!!!

Evidentemente, na história da humanidade, nestes últimos séculos, tivemos muitas mulheres notáveis.

Dessa maneira a França não existiria mais se Joana d'Arc não tivesse lutado para libertá-la e em 2007, Ségolène Royal quase se tornou presidente da França.

Ela seria totalmente diferente se a regente Catarina de Médicis, com um misto extraordinário de fineza e brutalidade, não tivesse se dedicado integralmente à consolidação de um Estado ameaçado de fragmentação em função das guerras religiosas.

A rainha de Castela Isabel, a Católica, cujo casamento com Fernando de Aragão, permitiu a unificação da Espanha, após os séculos de "guerra fria". Ela foi uma personagem essencial da história da humanidade, já que foi o seu apoio que permitiu a Cristóvão Colombo descobrir a América em 1492.

Sessenta anos mais tarde, Elizabeth, "a mulher sem homem", sangrou as coroas da Inglaterra e da Irlanda e restabeleceu a religião anglicana, enquanto esperava para mandar assassinar sua prima e rival, a católica Mary Stuart. Aí depois foi preciso esperar bastante até o advento da rainha Vitória, imperadora das Índias, em 1877, para que surgisse outra monarca britânica de prestígio comparável.

A Suécia teve sua rainha Christina, protetora do filósofo e matemático, René Descartes, que não hesitou em fazer-se proclamar "rei", consolidando o trabalho unificador de seu pai, Gustave-Adolphe, na maior parte das margens do mar Báltico, antes de converter-se ao catolicismo e deixar o seu país.

A Rússia teve a sua Catarina, a Grande, alemã de nascimento que depôs o czar, seu marido, que morreu alguns dias mais tarde, sem dúvida numa bebedeira!!!

Ela ampliou o império russo graças à divisão da Polônia entre Rússia, Prússia e Áustria e à conquista de uma parte das possessões turcas dos Bálcãs e do Cáucaso, o que contribui para se entender um pouco melhor o problema atual com a Tchetchênia.

Grande admiradora dos filósofos franceses, ela falava e escrevia o francês com perfeição e era venerada por Voltaire, tendo sido uma das figuras mais marcantes do século XVIII.

Na Áustria, houve uma grande influência no seu destino, durante o período da imperatriz Maria Teresa, caracterizado como aquele do "despotismo esclarecido" pois ela tinha de fato um charme e inteligência invejáveis.

Aliou-se à França, soube conter as ambições da Prússia, com a qual, entretanto, acabou se associando para promover o desmembramento da Polônia.

Essas mulheres não foram de forma alguma "rapazes que não deram certo", longe disso.

Eram em sua maioria, muito belas e tiveram vidas sentimentais razoavelmente agitadas.

Elas possuíam qualidades como o gosto pelo concerto, a intuição, a clareza de visão, o ceticismo com relação às teorias e o palavreado rebuscado, sem falar na coragem, sendo assim bem mais dotadas do que muitos representantes do sexo forte.

Elas precisaram ter muita classe, e foi necessário que lhes surgissem circunstâncias excepcionais, para que pudessem se impor num sistema de poder essencialmente masculino. Isso explica o fato de seus sucessores praticamente sempre terem sido homens.

A bem da verdade, a situação não mudou tanto assim no mundo de hoje.

O caso da *begum* (princesa) Zia, viúva do primeiro presidente de Bangladesh (assassinado em 1981), que é primeira-ministra sem interrupção desde 1991, **é único**.

Claro que nessas últimas três décadas tivemos algumas mulheres poderosíssimas no poder, como é o caso, por exemplo, de Benazir Bhutto, Margaret Thatcher e Indira Gandhi.

Benazir Bhutto tinha apenas 35 anos quando se tornou a primeira mulher a ocupar o cargo de primeiro-ministro do Paquistão, um país de maioria muçulmana.

Dona de um currículo que incluía estudos em Harvard e em Oxford, ela também era filha de um general e importante político paquistanês, derrubado por um golpe militar.

Nos anos 80 do século XX, herdou do pai a liderança do partido, e em 1988 conquistou a maioria dos assentos na Assembléia Nacional do Paquistão. Acusada de corrupção, foi demitida pelo presidente, em 1990.

Voltou a ser primeira-ministra três anos depois, mas ressurgiram às acusações e novamente ela foi afastada do cargo.

Benazir Bhutto, garante porém, que ela foi incriminada por seus opositores de forma injusta. Em 2007 conseguiu voltar ao país depois de oito anos de exílio, criando grande confusão... Vive agora exilada nos Emirados Árabes, com seus três filhos e o marido, que passou oito anos na cadeia cumprindo pena por uma série de crimes...

Margaret Thatcher não foi apenas, em 1979, a primeira mulher eleita para comandar um país europeu, como também cunhou um estilo de governo inconfundível.

Fiel como poucas pessoas a suas ideologias de direita, ela lançou um amplo projeto de liberalização da economia britânica: promoveu a privatização das indústrias, atacou os sindicatos e incentivou os empreendimentos privados.

Aliada do presidente dos EUA, Ronald Reagan, fez dos anos 80, uma era do conservadorismo radical.

Declarou guerra à Argentina pela posse das Malvinas (ilhas Falklands para os ingleses), não deu paz aos separatistas irlandeses e hostilizou a união dos países europeus.

Reeleita duas vezes, ficou 11 anos no poder, até renunciar por falta de apoio do partido.

Até hoje, a "Dama de Ferro", apelido que ganhou pela sua coragem e ousadia, suscita ódio e amores.

Para os seus defensores ela modernizou a economia inglesa. Para os seus detratores, foram anos de inflação e desemprego galopantes.

Mas todos são unânimes: Margaret Thatcher conseguiu deixar em segundo plano até a rainha da Inglaterra.

Filha do líder indiano Jawaharlal Nehru, Indira Gandhi foi a segunda mulher da história a tornar-se primeira-ministra.

A primeira foi Sirimavo Bandaraike, no Sri Lanka, que em 1960 foi indicada para esse posto. Indira Gandhi, é herdeira da casta sagrada dos brâmanes, e foi considerada como "**o único homem em um gabinete cheio de mulheres!?!?**"

No seu primeiro mandato de 11 anos, industrializou a Índia, construiu a bomba nuclear, entrou em guerra com o Paquistão e fez acordos com a União Soviética.

Em 1975, sob suspeita de fraude, nas eleições, reagiu assumindo poderes ditatoriais e implantando políticas duvidosas, como a vasectomia forçada para o controle da natalidade.

Convocou novas eleições em 1977, mas perdeu.

Voltou à chefia só em 1980, quando teve de enfrentar um levante separatista dos *sikhs*.

Em 1984, a invasão do principal santuário desse povo em Amristar custou-lhe a vida, pois Indira Gandhi foi assassinada por seus próprios guarda-costas *sikhs*, no jardim de sua casa.

Ela teve dois filhos, um dos quais também seguiu a política e foi assassinado.

O espaço para as mulheres comandarem as nações, Estados e cidades, a partir de vitórias nas eleições está aumentando cada vez mais.

Certamente o marco foi a vitória em 1980, de Vigdís Finnbogadóttir, como presidente da Islândia, aliás a **primeira do sexo feminino no mundo** eleita pelo povo.

Para ela, isso não foi nada. Proeza mesmo foi ela ficar 16 anos no poder.

Depois da Islândia, outros 14 países já elegeram mulheres para presidi-los. Entre eles destaca-se a Letônia, cuja presidente Vaira Vike-Freiberga visitou a FAAP em 11 de junho de 2007. Ao mesmo tempo, uma pesquisa da União Internacional das Autoridades Locais (UIAL), feita em 78 nações, indicou que 9% dos atuais prefeitos do planeta são mulheres.

Embora importantes, são números pífios quando comparados aos do território onde os avanços femininos têm se mostrados mais visíveis, ou seja, nos Parlamentos, Congressos e Assembléias Nacionais e Estaduais e nas Câmaras Municipais.

Há uma década, elas representavam algo próximo de 11% e no início de 2006 esse percentual subiu para 18%, segundo dados da UIAL.

Essas mesmas cifras, entretanto, refletem também os abismos da representação política feminina.

Nos Parlamentos nórdicos, as mulheres em 2006 ocupavam 41% das cadeiras, um humilhante contraste com o resto da Europa, onde elas ocupam ainda apenas 17% das vagas, número menor até que o das Américas que está por volta de19%.

Os países árabes, naturalmente, estão no fim da lista, com 6,3% de mulheres numa multidão de homens.

EM BUSCA DA IGUALDADE ENTRE OS SEXOS

A tese de que as mulheres não gostam da política organizacional das empresas, o que leva as empresas a se inclinarem mais a favor do gênero masculino é bastante contestado no livro de Peninah Thomson e Jacey Graham com o título *O Lugar da Mulher é na Direção*.

Elas contam a seguinte anedota no seu livro: trinta executivos de nível médio, homens e mulheres se reuniram para falar sobre o novo programa de diversidade de sua empresa.

O moderador iniciou o debate pedindo para que cada um expusesse sua visão sobre como era trabalhar para a empresa do ponto de vista masculino e feminino.

As mulheres se puseram imediatamente à tarefa e começaram a escrever em ritmo vertiginoso. Os homens pareciam totalmente desconcertados.

Quando o moderador lhes perguntou se havia algum problema, um deles contestou : "Desculpe-me, mas creio que não entendi bem a pergunta!!!"

Realmente, o espanto do homem tem o seu motivo pois trabalhar para a empresa não tem muito a ver com enfoque feminino ou masculino mas sim com a eficácia que não tem gênero.

Talvez as mulheres não progridam tanto quanto os homens nas organizações pois não gostam de competir tanto quanto eles.

As economistas Muriel Nierdele da Universidade de Stanford e Lise Vesterlung da Universidade de Pittsburgh, num artigo publicado no final de 2005, enfatizam: "Sim, as mulheres têm receio de competir com os homens, que por sua vez são competitivos demais.

Isso é que reduz as possibilidades de sucesso delas, quando concorrem por uma promoção ou um cargo mais remunerado.

Para as mulheres, não agrada o clima de competição. Os homens por sua vez são mais otimistas, confiam mais em si mesmos que as mulheres, o que explicaria, em parte, sua disposição em competir."

Lois P. Frankel, *coach* (conselheira ou instrutora) executiva de renome internacional, confirma que viu muitas profissionais talentosas naufragarem ou não progredirem por não quererem competir, isto é, serem pouco ousadas.

No seu livro, *Mulheres Ousadas Chegam mais Longe*, ela diz: "Muitas mulheres encontraram maneiras para superar os estereótipos aprendidos desde a infância e fazer uso do seu poder, aprimorando um estilo característico de comunicação e comportamento, adotando e modificando atitudes rotuladas de 'masculinas' e alcançando assim um grande sucesso profissional.

No meu modo de ver uma mulher (e também um homem) precisa desenvolver as seguintes dez características para ser bem-sucedida na sua carreira:

➡ A maioria das pessoas me descreve como profissional.
➡ Tenho reputação de ser confiável.
➡ Sou conhecida por minha personalidade firme e positiva.
➡ Já me disseram que sou competente.
➡ Quando falo, os outros têm a impressão de que sou inteligente.
➡ Sinto-me bem por ser direta e objetiva.
➡ Minha maneira de falar faz com que os outros me considerem uma pessoa que tem boa dicção e idéias claras.
➡ Nos assuntos relativos ao ambiente de trabalho sou politicamente astuta.
➡ Minha maior qualidade é a autoconfiança.
➡ Minhas ações me demonstram que sei fazer *marketing* pessoal.

Uma mulher que tem todas as características há pouco citadas: saber falar, pensar, reagir, fazer *marketing* de si mesma, criar uma excelente imagem e competir, tem tudo para chegar a qualquer posto que imaginar."

Um bom exemplo de uma mulher brasileira ousada certamente é o da Danuza Leão.

Por sinal no seu livro, com o título *Quase Tudo*, ela mostrou alguns dos seus segredos e do seu poder.

Sobre essa obra comenta Danuza Leão: "O que fiz e o que me aconteceu, as minhas vontades, os meus sonhos e os meus acasos estão nesse livro. Vivi bastante tempo com três homens Samuel Wainer, Antônio Maria e Renato Machado e escrevi tudo o que foi importante nesses relacionamentos para mim.

Aliás, quando se é jovem, a gente se apaixona fácil. Depois de uma certa idade, mais calejada, cada mulher pode começar a fazer radiografias dos homens que conhece e já sabe mais ou menos o que pode acontecer no seu relacionamento com cada um deles.

Com mais idade ainda, você já faz tomografia: vê tudinho. Aí fica difícil, porque a **paixão é não saber, é o mistério. Isso não deve desaparecer!!!**

Agora estou tratando apenas de ser feliz, pois já não me falta muito tempo.

Quero fazer tudo o que quiser e nada que eu não queira. Acho que tenho esse direito. Aliás, qualquer pessoa tem esse direito. Lendo livros, vendo DVDs, cuidando dos dois gatos, encontrando uns poucos amigos, posso dizer que estou na fase mais feliz na minha vida, pois posso também dizer o que quiser. E isso não é pouco. É quase tudo."

Nesse início do século XXI, em 2006, no Brasil a mulher está cada vez mais presente na educação brasileira e 57% dos universitários são do sexo feminino, sendo que dos que estão concluindo os seus cursos 64% são mulheres, o que de fato indica que no máximo em uma década a maior parte dos cargos de gerência média estará nas mãos das mulheres.

O indicador ruim para as mulheres é que hoje não está mais correta a música *It's Raining Man (Está Chovendo Homem)*, um grande sucesso na década de 80, pois segundo os dados do Instituto Brasileiro e Geografia e Estatística (IBGE), de 1992 a 2003, aumentou em 57% o número de mulheres a mais, isto é, o "excedente" feminino em 2003 era de 4,3 milhões, numa população total de 174 milhões de pessoas.

Agora em 2006 esse excedente deve estar próximo dos 5,5 milhões o que significa "escassez de homem no mercado matrimonial" e por extensão para se ter um namorado ou parceiro. A dificuldade em arranjar parceiro fez com que surgissem serviços para ajudar o público feminino, como é o caso do *site* Par Perfeito.

Na Internet no Brasil, no início de 2006, os usuários eram 48% mulheres e 52% homens, com o que se tinha uma relação mais favorável porém essa é uma indicação irreal para a solução do problema.

Não é por acaso que existe uma febre de livros e filmes para que as mulheres possam entender e encantar os homens.

Um exemplo típico é o sucesso do seriado *Sex and the City*, no qual quatro solteironas batalham continuamente para ter um bom parceiro ou então do livro de Greg Behrendt e Liz Tuccilo, que virou *best-seller*, com o sofisticado título. *He's Just Not That Into You – The No-Excuses Truth to Understanding Guys (Ele Simplesmente Não é Tão a Fim Assim de Você – A Verdade sem Rodeios para Entender os Homens)*.

É um verdadeiro guia sem meias palavras para mulheres, como sugere o intertítulo, sobre o que os homens, supostamente querem de um relacionamento, seja ele qual for: sexo de uma noite, namoro casual, namoro sério, casamento, transa entre amigos...

Ele surgiu inspirado na série televisiva *Sex and the City*, já fora do ar.

As mulheres que precisam se esforçar tanto para vencer no trabalho, agora também precisam cada vez mais se "diferenciar" para conquistar a "alma gêmea" do outro sexo...

O que de fato se constata a cada ano que passa, em particular no Brasil, e na maioria dos países ocidentais é que a discussão sobre a distinção entre os gêneros no ambiente de trabalho está começando a ficar ultrapassada.

E os especialistas na seleção de executivos confirmam que as empresas não oferecem nenhuma resistência em contratar lideranças femininas.

Muitas organizações já perceberam claramente que a **diversidade** cria um ambiente mais produtivo e compreenderam que, ao oferecer melhores condições de trabalho para as mulheres, que também são mães, retêm grandes talentos.

Estamos porém ante um desafio positivo e aberto: os homens e as mulheres têm que trabalhar juntos e eficazmente, em prol de uma sociedade melhor, com idêntica responsabilidade e contribuições destacadas.

As qualidades masculinas e as femininas precisam umas das outras nessa tarefa coletiva, pois o bem comum se alcança mediante um trabalho conjunto.

Assim, a discriminação da mulher não representa apenas uma ofensa para ela. Constitui também uma vergonha para o homem, sendo um problema que não pode mais perdurar.

No novo cenário social que está surgindo, no século XXI, não haverá vencedores e nem vencidos entre homens e mulheres, mas sim a colaboração e a harmonia no trabalho conjunto **prevalecendo a inteligência e a competência das pessoas, única e exclusivamente**.

Ética

Se você não quiser que sua confissão se torne de conhecimento público

☐ Caixa de Doações

PIADA VENCEDORA DO CONCURSO MUNDIAL

Mamãe Pata e mamãe Gambá passeavam com seus rebentos quando, de repente, surge, veloz um caminhão. Ambas, na urgência de salvar a prole, empurram os filhotes para a calçada.

Salvaram os filhotes, mas as duas morreram atropeladas. Indefesos e sozinhos, o patinho então começou a chorar copiosa e compulsivamente. O pequeno gambá tentou ajudá-lo:

- Porque choras tanto, meu amiguinho?

- É porque minha mamãe morreu e nem teve tempo de dizer-me quem sou, de onde vim, nada!

O gambazinho:

- Mas isso é fácil, vou ajudá-lo. Você é pequenino, amarelinho, tem pés com nadadeiras e faz *quack*... Ora, só pode ser um patinho!

E o patinho ficou feliz da vida. Mas na hora caiu a ficha para o gambazinho e também descobriu que a situação dele era a mesma e chorou, copiosamente.

E o patinho:

- Nossa por que você chora tanto agora?

O gambazinho:

- É que eu descobri que minha situação também é muito triste, não sei quem sou, de onde vim, e quem é meu pai.

E o patinho, tentou ajudá-lo:

- Calma. Eu acho que também posso ajudá-lo. Raciocina comigo: você fede, tem listras pretas e brancas no corpo, não tem a mínima noção de quem é seu pai, não tem mãe... Você só pode ser.... (aqui o estimado leitor pode eventualmente imaginar os torcedores das equipes que tem as suas camisas com essas cores, não é?)

Será que essa piada é muito forte e agressiva?

UM COMEDIANTE PODE COMANDAR UM MOVIMENTO FUNDAMENTADO NA ÉTICA?

Alguns comediantes conseguem deixar com os cabelos em pé, tanto aqueles que estão em cargos no setor público como no setor privado.

Portanto, comediante não é apenas para fazer os outros rirem.

Na Itália, por exemplo, o comediante Beppe Grillo, além de fazer *shows* com a casa sempre cheia, pelo país todo, tem colhido assinaturas para um projeto que tem três pontos principais: a inelegibilidade de qualquer cidadão que tenha sido condenado por algum crime; a proibição da candidatura dos que já tiverem dois mandatos e a instituição do voto nos nomes dos candidatos, em vez de se escolher uma lista partidária.

E os políticos, que Beppe Grillo descreve como sanguessugas, não são o único alvo de sua verborragia.

Seu *blog* não poupa banqueiros, a mídia e as "grandes companhias" que para ele são todos "mentirosos".

Giuseppe Grillo, que se formou contador, começou a trabalhar na televisão no final dos anos 70. O sucesso só apareceu depois que ele apresentou dois programas intitulados *Te lo Do Io* ("Eu te dou"), um gravado nos EUA e outro no Brasil, no início dos anos 80.

Neles, Beppe Grillo, apresentou, com humor, particularidades do cotidiano nos dois países.

Pouco depois, passou a fazer sátira política com mais freqüência, acusando diretamente muitas figuras da política italiana.

Grillo não se limitou apenas em ridicularizar mandatários italianos, mas também ficava gozando executivos de grandes companhias italianas e criticando o partido que governava a nação.

Assim, a partir do início dos anos 90, ele praticamente foi excluído dos programas da TV estatal e também as redes privadas, que começaram a boicotá-lo por conta da sua verve exagerada.

Entretanto ele conseguiu transferir o seu sucesso para fora das telas, o que se comprova pelos *shows* que faz, sempre lotados e pelo *blog*, cujo poder de mobilização em torno do V-Day, algo como *"Dia do Vão-se"* para os políticos considerados corruptos.

A revista *Time*, em outubro de 2005 elegeu Beppe Grillo como um dos "heróis europeus" do ano, por conta de seus protestos públicos contra a corrupção em seu país.

Entretanto de uma forma geral os cientistas políticos italianos acham que Beppe Grillo é no momento um fenômeno exclusivamente "antipolítico", porém que ele não tem um projeto, buscando revelar apenas escândalos como os grandes privilégios dos políticos.

E como em todas as democracias maduras – que é o caso da Itália – a mídia "ama o escândalo", Beppe Grillo tem conseguido muita divulgação para as suas idéias e observações.

Dessa forma, o desejo de Beppe Grillo de "destruir os partidos" parece ser algo demagógico e provavelmente não se transformará em realidade.

Mas, que a iniciativa de Beppe Grillo está despertando nos políticos reflexões mais sérias para promover mudanças nas suas regalias e no seu comportamento, isto ninguém tem dúvida na Itália.

E com isso a ética é que vai ganhar.

POR QUE A ÉTICA É TÃO IMPORTANTE?

No Brasil em 2007, quem aprecia o politicamente incorreto, quem valoriza situações grotescas ou quem gosta, como dizem os norte-americanos do humor *outrageous*, isto é aquele recheado de grosseria ou de vulgaridade, ficou extremamente realizado ao assistir o filme *Borat – O Segundo Melhor Repórter do Glorioso País do Cazaquistão Viaja à América*, interpretado pelo comediante inglês Sacha Baron Cohen.

O filme foi dirigido por Larry Charles, entretanto a personalidade dominante é a do ator e roteirista Sacha B. Cohen.

Nesse filme *Borat* não é apenas um anti-semita.

É também pornômaníaco, obcecado por sexo, e escatológico.

Por exemplo, num trecho do filme *Borat* entra numa loja nos Estados Unidos da América (EUA) e pergunta ao vendedor que armas ele usa para matar judeus.

O vendedor faz uma descrição detalhada dos armamentos à disposição de *Borat*, mas acrescenta que ele, pessoalmente, prefere uma certa arma e busca nas prateleiras um tremendo "trabuco".

Essa cena é bastante chocante porque *Borat*, num momento de fragilidade, quando está sem teto nem dinheiro, é acolhido por uma família judaica que lhe dá toda a solidariedade.

A "meta secundária" de Borat nos EUA, é a realização de um documentário sobre o modo de vida dos norte-americanos, para exibir na TV do Cazaquistão.

A meta principal e primordial, mas naturalmente a não oficial do repórter *Borat*, é a de seduzir Pámela Anderson e casar-se com a loira *barbie* que alimenta suas fantasias de sexomaníaco.

Disposto a exibir os EUA, um país provinciano governado por George W. Bush, *Borat* faz diversas barbaridades como é o caso da "invasão" que promove a uma casa sulista de classe alta e transforma o jantar de luxo num espetáculo dos mais grotescos.

Se para muitos o bom gosto passa longe do filme *Borat*, mesmo assim poucos dos que assistiram o mesmo, não saíram do cinema, bem menos estressados e com vontade de rir mais.

Realmente rir é bom. Muito bom!!!

E assistir *Borat* faz rir.

Este humor está inclusive sendo usado para fazer *marketing* político de uma nação inteira, pelo menos é o que se suspeita que está atrás do "trabalho" todo do comediante inglês Sacha Baron Cohen.

Como se tivesse ocorrido uma intensa revolução no local ou algum fato fora do comum, o Cazaquistão saiu do obscurantismo e do seu quase anonimato, lá nos confins da Ásia Central e foi parar no centro do mundo.

Graças à obra de Sacha B. Cohen, a ex-república da desaparecida ex-União Soviética, tornou-se inicialmente um sucesso absoluto em Nova York e depois essa popularidade foi se espalhando pelo mundo devido ao personagem que ele inventou – Borat Sagdiyev – originalmente para o seriado *Da Ali G Show* da rede HBO.

Borat Sagdiyev é um repórter ingênuo e ignorante da TV cazaque, que vai aos EUA para fazer um documentário sobre a cultura norte-americana para uma televisão estatal de seu país.

Na linguagem que Sacha B. Cohen inventou para o personagem, o filme levou o subtítulo *Cultural Learnings of América for Make Benefit Glorious Nation of Kazakhstan*.

Em português seria algo equivalente à: "Aprendizado cultural da América para o benefício da gloriosa nação do Cazaquistão."

O presidente do Cazaquistão, Nursultan Abishuly Nazarbayev, na eleição que ocorreu em dezembro de 2005 obteve mais de 90% dos votos e a oposição protestou muito, argumentando que houve fraude.

Observadores da Organização para a Segurança e Cooperação da Europa declararam ter verificado sérias irregularidades na votação – como já teria acontecido, desde 1990, quando Nazarbayev, que iniciou sua carreira política no aparato burocrático do país integrante da União Soviética, sentou-se pela primeira vez na poltrona presidencial. Num artigo publicado na revista britânica *The Spectator* em novembro de 2005, o presidente Nazarbayev pergunta: "Quem se importa com *Borat*?" ("*Who needs Borat?*")

Em seguida ele explica no texto que Cazaquistão não é ainda uma democracia – uma verdade que *Borat* teatraliza –, e mais que isso, que as suas reeleições consecutivas têm mostrado que a população do seu país quer **"evolução"** e não **"revolução".**

Diz mais Nazarbayev: "A democracia deve ser introduzida aos poucos, tendo como pano de fundo e apoio, a prosperidade.

De um lado, os povos asiáticos preferem ter governos democráticos e de outro lado relutam em abrir mão de muitos hábitos e práticas incompatíveis com os valores democráticos."

Há agora no país uma democracia relativa, com as pessoas podendo viajar para o exterior livremente, abrir negócios particulares, ver televisão a cabo (menos a HBO e o *website* com o registro www.borat.kz , riscado do mapa da Internet pelo governo cazaque), ter suas propriedades, etc.

Mas o *website* da embaixada cazaque em Washington assim que foi lançado o filme *Borat* em Nova York, embarcou na onda e anunciou que uma operadora de turismo cazaque oferecia aos norte-americanos, excursões totalmente diferentes e novas para conhecerem o país sob o ponto de vista cultural (*in cultural learnings*), de uma nação desconhecida mas gloriosa (*glorious nation*) o que fará muito benefício aos visitantes (*make benefit*).

Essa oferta sem dúvida, soou como sendo um claro reconhecimento que *Borat* pode ser um excelente veículo de comunicação, um bom parceiro de relações públicas.

Obviamente existe um lado sério, aliás muito sério nessa história de *make benefit*.

É o petróleo, que por sinal é o aliado fundamental de Nazarbayev em suas manobras à frente do governo cazaque.

Recentemente ocorreu a descoberta do campo de petróleo de Kashagan, no setor cazaque do mar Cáspio, que foi classificado como a maior descoberta no mundo dos últimos 25 anos.

Com esse campo e o de Tengiz, descoberto ainda no tempo da União Soviética, o Cazaquistão espera exportar no início de 2015 algo próximo de 3 milhões de barris/dia.

Isso é equivalente a aproximadamente 3% da oferta mundial atual, o que dará ao Cazaquistão uma posição relevante.

Dessa maneira, o petróleo oferece uma grande variedade de argumentos para uso diversificado na diplomacia internacional, que Nazarbayev tem administrado com desenvoltura e evidente sucesso, distribuindo acenos e apertos de mão entre norte-americanos, chineses, russos e europeus em geral.

Por sinal, os EUA têm relevado uma série de defeitos políticos do presidente Nazarbayev porque ele enviou tropas ao Iraque para ajudar os EUA na sua batalha e na "pacificação" e principalmente porque o seu país tem **muito petróleo.**

A União Européia, por sua vez assinou com o Cazaquistão todos os acordos necessários para desenvolver no país a infra-estrutura que viabilizará a exportação do seu petróleo e gás à altura das crescentes necessidades européias de aquisição de energia no exterior (essa dependência, hoje de 50%, deverá chegar a 70% em 2030).

E está sendo também uma forma da Europa contornar, pelo menos em parte, os inconvenientes associados aos suprimentos russos – que usam os mesmos como fatores de pressão –, e além disso são com certa freqüência interrompidos por causa de litígios regionais com a Ucrânia e Bielo-Rússia, geralmente na pior época – **no inverno**!!!

E aí como se vê *Who needs Borat?*, não é uma pergunta tão sem sentido, não é?

Vamos rir, vamos brincar, vamos satirizar até um certo ponto, pois muitos milhões de pessoas dependem seriamente do petróleo do Cazaquistão.

Seguramente o filme *Borat* só vai ajudar a entender isso de uma forma não tradicional.

QUAL É A IMPORTÂNCIA DA ÉTICA NAS EMPRESAS E NA ECONOMIA?

Inicialmente, convém lembrar que a palavra ética deriva do grego *ethos*, que significa **costume**.

Em latim, os costumes do povo designam-se com a palavra *mos*, *moris* e dela deriva a voz moral.

Por isso, do ponto de vista etimológico, pode-se falar indistintamente de ética ou de moral quando se trata de discutir conduta.

Quanto ao uso atual dos termos ética e moral, predomina a corrente de utilizar o primeiro para denominar a **ciência ou a filosofia da conduta humana** (a ética) e o segundo para se referir **à qualidade da conduta humana** (a moralidade).

Assim, é comum dizer-se moral ou ética para a conduta boa e imoral ou antiética para a conduta má.

Vamos, então, enfatizar a ética como a ciência da conduta humana, que estuda a vida das pessoas, sob o ponto de vista da qualidade das suas ações, da correlação entre a boa conduta e a felicidade e a análise dos atos humanos.

A ética é também uma arte – **a arte de viver bem e feliz**.

Fala-se aqui de arte no sentido que esta palavra tem na linguagem comum, ou seja: uma habilidade que não é redutível a regras, nem é totalmente transmissível por ensino.

O advogado Felix Ruiz Alonso, o licenciado em filosofia Francisco Granizo López e o engenheiro Plínio de Lauro Castrucci todos com títulos como doutorado, mestrado e livre-docência respectivamente, são os autores do excelente livro *Curso de Ética na Administração* no qual destacam: "O ser humano é capaz de fazer com arte as tarefas que tem entre as mãos: jogar bola ao cesto, escrever (ou digitar), trabalhar, etc. Porém, antes de fazer bem tudo o quanto faz, a pessoa deve viver bem a sua própria vida.

De nada serve ser um bom jogador em algum esporte e ser infeliz!!

A ética cuida exatamente deste aspecto, de fazer bom o ser humano, de fazê-lo feliz.

Claro que é uma arte *sui generis* que consiste não apenas em fazer objetos ou algo similar, mas em fazer bem a si próprio..

Dessa maneira, a ética como arte, tem tudo a ver com a estética.

Ao censurar o comportamento errado de uma criança, dizemos: 'Como é feio o que você fez!!'

Já ao apoiar um bom comportamento, falamos: 'Que boa ação você fez ao ajudar o seu colega!'

Todo comportamento bom é ao mesmo tempo, belo?!?!

Mas, além de arte, a ética é uma ciência.

Devido às dificuldades inerentes ao estudo da intimidade do ser humano, é uma ciência muito peculiar e que se aproxima da filosofia (historicamente nela começou).

Portanto, o grande tema da ética é o ser humano."

Inicialmente, é necessário diferenciar entre atos do homem e atos humanos.

Os **atos do homem** são aqueles meramente fisiológicos, realizados sem a intervenção das faculdades superiores como: as batidas do coração, o piscar instintivo dos olhos, a digestão dos alimentos.

Ou seja, são atos que o homem realiza, à margem da sua inteligência e da sua vontade.

Os **atos humanos**, porém, são aqueles que se realizam de maneira consciente, **quando sabemos o que fazemos e o fazemos porque queremos**!?!?

Em outras palavras: atos humanos são realizados mediante as faculdades superiores, portanto com o pleno conhecimento e vontade de cada pessoa.

Fenômeno é tudo que acontece. Chove, amanhece. Fato é um fenômeno humano. Tropeçar, cair. Ato é um fato volitivo. Por exemplo caminhar, cantar, tomar um refrigerante, estruturar uma tática, ver televisão, tentar enganar alguém, etc.

Os atos humanos têm um conteúdo de moralidade e por serem obras da inteligência, da vontade ou da amorosidade, podem ser julgados pela própria consciência.

Atos humanos podem ser bons ou maus.

A dicotomia que existe entre os atos humanos é a mesma que se verifica no direito, entre atos lícitos ou ilícitos ou, na religião, entre ações boas e pecaminosas.

O ato humano bom exige que todos os seus elementos (objeto, intuição e circunstâncias) também sejam bons. Entretanto, existem muitos obstáculos para que o ato humano seja ético, vinculados à inteligência ou a vontade.

O principal obstáculo da inteligência é a **ignorância**, o desconhecer ou não saber.

Já entre os obstáculos que afetam a vontade, e conseqüentemente prejudicam o ato humano, destacam-se o medo, a violência, as paixões e os hábitos.

O medo intenso compromete a vontade, a violência pode de fato levar-nos a agir contra a consciência, as paixões podem conduzir a pessoa à ira e à agressão e os hábitos acabam influindo na vontade, como por exemplo, uma dependência química ou psicológica.

No seu livro, *Curso de Ética em Administração* os autores, Alonso, López e Castrucci ressaltam: "Existe um princípio básico da ética que é formulado por M. Rhonheimer da seguinte forma: **'O bem se deve perseguir, o mal se deve evitar!'**

Parece até uma trivialidade, mas ele nos impele a agir em caráter imperativo.

Quando agimos conforme esse princípio, em cada situação concreta sentimos força e satisfação, vemos o acerto e o alcance da nossa conduta, tornamo-nos mais dignos, mais admiráveis, respeitáveis e felizes no convívio com os outros.

A pessoa, embora individual, faz parte da humanidade e sabe que sua própria sorte depende de seu comportamento para com os outros: 'não faça aos outros o que não queira que lhe façam', 'faça aos outros aquilo que possa ser exemplo para todos', etc.

Em resumo, o princípio prático da ética, **faça o bem**, pode-se enunciar dizendo **ame e faça**, aja de maneira que o seu ato seja de amor.

Esse princípio coíbe pois o ato de egoísmo ou de ódio."

Uma das principais preocupações éticas no âmbito empresarial de que se tem conhecimento revelou-se nos debates ocorridos especialmente nos países de origem alemã, na década de 60 do século XX.

Por sua vez, o ensino da ética em Faculdades de Administração e Negócios tomou impulso nas décadas de 60 e 70, principalmente nos Estados Unidos da América (EUA), quando muitos filósofos trouxeram a sua contribuição para a disseminação da disciplina.

Os alunos passaram a complementar sua formação com a vivência empresarial, aplicando os conceitos de ética à realidade dos negócios, com o que surgiu uma nova dimensão: a **ética empresarial**.

No início da década de 90, foram constituídas redes acadêmicas como a *Society for Business Ethics* nos EUA e a *European Business Ethics Network* (EBEN) na Europa, surgindo também várias revistas especializadas como a *Business Ethics Quartely* (1991) e *Business Ethics*.

De tudo isso, acabaram também sendo publicadas duas enciclopédias, uma nos EUA e outra na Alemanha, respectivamente com os títulos: *Encyclopedic Dictionary of Business Ethics* e *Lexikon der Wirtschaftsethik*.

Também foi criada a *International Society for Business, Economics, and Ethics* (ISBEE) e o prof. Georges Enderle, então na Universidade de St.Gallen, na Suíça, iniciou a elaboração da primeira pesquisa em âmbito global, que foi apresentada no 1º Congresso Mundial da ISBEE que aconteceu no Japão, em 1996.

A rica contribuição dos participantes de todos os continentes, nesse 1º Congresso, deu origem a muitas publicações esclarecedoras, informativas e de profundidade científica.

Chegou-se a conclusão que, para facilitar o estudo da ética nos negócios, existiam três modos inter-relacionados de abordagem: a semântica, a teoria e a prática.

Na realidade, pode-se, de forma resumida, dizer que a semântica é **falar sobre a ética**, teoria é **pensar sobre a ética** e prática é **atuar eticamente**.

Foi em 1992 que o nosso Ministério da Educação sugeriu, formalmente, que todos os cursos de Administração, em nível de graduação e pós-graduação, incluíssem em seu currículo a disciplina de ética.

Para que essa propagação tomasse mais força, foi importante a realização do 2º Congresso Mundial da ISBEE – que hoje congrega professores, economistas e profissionais de empresas dedicados ou interessados em ética – no Brasil.

Dele participaram mais de 400 pessoas, oriundas de 41 países e o tema central do mesmo foi: *Os Desafios Éticos da Globalização.*

No Brasil, deve-se ressaltar o excelente trabalho que tem sido desenvolvido pelo Instituto Ethos de Empresas e Responsabilidade Social, que foi criado em São Paulo em 1998, pela sua grande contribuição, incentivando os profissionais, as instituições públicas e privadas a promover esforços organizados no combate à corrupção, pobreza e injustiça social.

Também tem desempenhado um papel importante na difusão dos valores éticos do Transparência Brasil, um capítulo brasileiro do Transparency International, entidade alemã de âmbito global, que analisa o grau de corrupção de mais de 100 países.

E ONDE A CORRUPÇÃO TEM SE EVIDENCIADO?

Em muitas partes, mas de forma destacada nas manobras antiéticas dos gestores e dos executivos das empresas privadas, bem como no desempenho lamentável dos diretores principais das empresas estatais, envolvidos pelos políticos em ações condenáveis (ou vice-versa).

Obviamente, a idéia central não é a de exemplificar os horrores da ética no mundo dos negócios.

Mas deve-se destacar que o retorno decorrente de uma política empresarial baseada no comportamento ético apresenta-se sob duas vertentes: uma de **fundo** e outra de **conveniência**.

Aliás, as razões de fundo para a ênfase da ética na empresa estão calcadas no fato de que ela funciona como um "elixir da melhoria", ajudando a aprimorar as pessoas, auxiliando-as para galgar os degraus do seu auto-aperfeiçoamento e incrementando a sua produtividade.

Tudo isso leva a uma melhoria de qualidade de vida no trabalho, o que estimula bastante o comportamento ético.

De fato, a ética torna o ser humano, íntegro, coerente e feliz.

Hoje em dia, infelizmente, muitos são os exemplos recentes de conduta antiética.

Assim, por exemplo, o ciclista norte-americano Floyd Landis comportou-se de forma incorreta para conquistar a Volta da França, pois, no seu exame, *antidoping* detectou-se uma proporção entre o hormônio testosterona e o fluido biológico epitestosterona acima de 4 para 1, que é o limite aceito pela Agência Mundial Antidoping (WADA).

O que adianta vencer esta prova de superação dessa maneira?

Aliás, o vencedor anterior de várias realizações da Volta da França, Lance Armstrong e os outros ciclistas que chegaram nos primeiros lugares são acusados da mesma fraude.

No futebol, nesses últimos anos, tivemos o envolvimento de juízes, dirigentes e atletas, na "fabricação" de resultados em países onde há uma verdadeira febre pelo esporte, como é o caso do Brasil, da Alemanha e da Itália.

E as punições para os infratores foram brandas (ou até não aconteceram....)

Na indústria alguns qualificam a entrega de produtos defeituosos, que causem inclusive danos para os usuários como não apenas falta de qualidade, mas uma conduta antiética.

Em agosto de 2006, houve um enorme *recall* (chamada para a troca) de baterias de computador fabricadas pela Sony Corp – atingiu 4,1 milhões de *notebooks* da Dell – e se todas elas forem trocadas, os custos dessa operação devem ficar entre US$ 200 milhões e US$ 400 milhões, além de macular tremendamente a imagem do fabricante.

O mesmo problema aconteceu com 1,8 milhão de baterias da Sony usadas na linha de *laptops* da Apple.

O Ministério do Comércio do Japão ordenou à Sony que ela precisa apresentar um relatório conclusivo com a solução do problema no prazo de 1 mês, sob a pena de sofrer severas multas.

O que também é no mínimo imoral é o juro cobrado pelo cheque especial no Brasil.

Assim o brasileiro que devia R$ 1 mil no cheque especial no dia 1º de julho de 1994, no início do Plano Real, e não renegociou a dívida, migrando para linhas de crédito mais baratas, acumularia hoje uma dívida impagável.

Numa simulação feita pela Associação Nacional dos Executivos de Finanças (Anefac) considerando uma taxa média mensal de cheque especial no período de 1994 a 2006, de 10,3% uma dívida de R$ 1 mil seria hoje de R$ 1.644.464.688,00!!!

É uma cifra impressionante, não é?

Fraudes contábeis envolvendo empresas norte-americanas como Enron, WorldCom, Merck, etc. (cujos executivos foram condenados a severas penas de detenção) trouxeram à tona cada vez mais as discussões sobre ética e os prejuízos que as empresas têm com a corrupção.

No Brasil, foram constatadas também, várias irregularidades em bancos, indústrias e no governo.

Embora muitos brasileiros ainda reclamem da morosidade da Justiça e das dificuldades legais para sua atuação, os órgãos governamentais incumbidos de combater os atos ilícitos e a sonegação têm obtido resultados cada vez melhores.

Só em 2005, a Polícia Federal realizou 62 operações, todas com nomes curiosos e criativos como *Terra Nostra, Albatroz, Saúva, Narciso, Curupira, Vampiro,* etc., que permitiram desbaratar grupos (ou quadrilhas) que dilapidavam o patrimônio público.

Por exemplo, com a *Operação Saúva* foi possível prender um grupo de empresários de distribuição de alimentos e servidores públicos que fraudaram licitações municipais, estaduais e federais.

No Brasil, nesses últimos tem sido revelados muitos escândalos com o envolvimento de muitos parlamentares como foi o caso daqueles que receberam propinas repassadas a eles pela máfia das ambulâncias – fato que gerou a Comissão Parlamentar de Inquérito (CPI) dos *Sanguessugas* – e vários políticos de Brasília ficaram bastante encrencados.

Escândalos são divulgados com uma freqüência cada vez maior.

Realmente, o assunto **ética**, deveria tornar-se uma prioridade, não apenas nas Faculdades de Administração, mas em todas as outras e também na educação básica pois só assim poderemos mudar essa desmoralizante situação que aflige o País.

É vital o alerta do doutor em ciência política e general reformado do Exército, Carlos de Meira Mattos: "Infelizmente a corrupção no Brasil envolveu a cúpula do Executivo, chegou ao ponto de desmanchar o Legislativo, encheu de manchas vários setores do Judiciário, atingiu de males infecciosos governos estaduais e municipais e, com raríssimas exceções, está destruindo a confiança nas empresas estatais. Fora dos órgãos públicos, até as instituições religiosas, que eram um esteio de moralidade e de bons costumes, estão contaminadas."

Dessa maneira, as razões de conveniência para a ênfase da ética tanto nas empresas como nos órgãos governamentais são evidentes.

A empresa ética é aquela que atua pelos princípios éticos sociais (respeito à dignidade pessoal, direito de propriedade, primazia do trabalho, solidariedade, princípio da subsidiariedade e primazia do bem comum) recebendo o reconhecimento, não só de quantos nela trabalham, mas principalmente dos seus clientes.

No século XXI, a conduta antiética de uma empresa é ruinosa para a mesma, se não imediatamente, seguramente a médio prazo.

Como já foi dito, são inúmeros os casos de escândalos recentes e as falências nas maiores empresas norte-americanas e aqui no Brasil são constantes as prisões feitas pela Polícia Federal por fraudes tanto em empresas privadas como públicas incluindo-se aí as administrações municipais e estaduais.

As condutas antiéticas, ordinariamente, permanecem encobertas, escondidas, porém, mais cedo ou mais tarde, são descobertas, abalando as organizações e os gestores envolvidos nesses esquemas ilícitos. Depois, na melhor das hipóteses, a empresa que incorre no erro de um comportamento antiético acaba precisando fazer gastos de vulto (campanhas de recuperação de imagem, processos judiciais, mudanças mercadológicas, etc.) para se reequilibrar.

E a imprensa diariamente dá a conhecer casos de fraudes, extorsões e adulteração de produtos, ocasionando multas, devolução de produtos, desmoralização dos funcionários da companhia (ou da empresa estatal) e do produto(serviço).

As condutas antiéticas numa empresa podem surgir na **constituição** da mesma, com um desequilíbrio entre o capital e o trabalho, com a fixação de normas e procedimentos que não são iguais para todos.

Porém, onde surgem os maiores problemas de caráter antiético é na **gestão das empresa,** com evidentes distorções nas relações com:

- ➡ os **empregados** (nepotismo, assédio sexual, manutenção de salários baixos, etc.);
- ➡ os **fornecedores** (cobranças de comissões indevidas, superfaturamneto, etc.);
- ➡ o **fisco** (sonegação, suborno de agentes fiscais, contabilidades falsas, etc.);
- ➡ os **clientes** (adulteração de produtos, publicidade enganosa, criação de dependência, etc.);
- ➡ os **sócios** (lançamentos e informações falsas, maquiagem de balanços, lucros forjados, caixa dois, avaliações inchadas, etc.).

Muitas teorias da administração consideram que a função principal do empresário ou do executivo que é seu representante (do governante ou do político também), é **tomar decisões.**

E isso é verdade!!!

Entretanto, esquecem-se muitos gestores hoje em dia, que nenhuma decisão deve limitar-se apenas à análise dos aspectos técnicos, econômicos ou circunstanciais das questões.

A decisão deve ser humana, de **dimensão ética.**

Por isso os que decidem devem se perguntar:

- ➡ Minha decisão exprime a verdade?
- ➡ Ela é justa?
- ➡ Poderia ter sido melhor?
- ➡ Se for conhecida pelos clientes (ou pelos munícipes) seria aceita (apoiada)?
- ➡ Etc.

Porém, tomar a decisão correta é, às vezes, dificílimo, pois não basta seguir literalmente algo escrito em códigos ou regulamentos.

Trata-se, isto sim, de agir bem, em conformidade com o princípio prático da ética.

Dessa maneira, um gestor antes de decidir, deve conhecer bem a situação ou o conjunto de fatos sobre os quais vai tomar decisões.

Um ingrediente essencial na arte de bem decidir é evitar decisões solitárias.

Convém, em problemas delicados, envolver outras pessoas de respeito na empresa e expor suas dúvidas éticas.

Além disso, o administrador ético deve estar atento no sentido de colaborar com a justiça social distributiva do Estado e engajar-se em ações de solidariedade voluntária.

Uma empresa no século XXI tem um grande papel a desempenhar, atuando em todas as formas da justiça social, precisando pois abraçar definitivamente a ética em sua tomada de decisões, adotando novas formas de se organizar, a partir do primado do trabalho e de novas formas de relacionamentos inter-empresariais.

A economista Maria Cecilia Coutinho de Arruda, a advogada Maria do Carmo Whitaker e o administrador José Maria Rodriguez Ramos – estes dois últimos professores da FAAP – escreveram o interessante livro *Fundamentos da Ética Empresarial e Econômica*, no qual abordam entre outras coisas a relação entre **economia** e **ética**.

Todos eles possuem envolvimento com a Associação Latino-Americana de Ética, Negócios e Economia (ALENE) além de terem obtido diversos títulos (mestre, doutor, pós-doutor, etc.) em assuntos relativos ao conteúdo do livro.

Dessa maneira, com muita propriedade afirmam na sua obra: "Para se tratar da relação entre economia e ética, convém relembrar alguns conceitos sobre economia.

Paul A. Samuelson dizia: 'Economia é o estudo de como a humanidade realiza a tarefa de organizar suas atividades de consumo e produção.'

Já Lionel Robbins afirmou: 'Economia é a ciência que estuda o comportamento humano como um relacionamento entre fins e meios escassos, devendo-se para tal finalidade usar alternativas.'

Portanto, tanto a ética como a economia têm o mesmo objetivo, isto é: estudam o homem, porém cada uma delas o analisa sob ângulos diferentes.

Ou seja, a economia estuda o comportamento humano condicionado pela escassez, pela limitação de meios e de tempo em relação aos objetivos a que se propõe.

A ética estuda as ações do homem em relação à sua moralidade, isto é, julga se são boas ou más.

Diz respeito, portanto, não aos fins próximos do homem, como comprar uma casa ou um carro, ou estudar numa certa faculdade ou trabalhar em determinada empresa, mas ao seu fim último, ou seja: se essas ações contribuem positivamente ou não para a sua **finalidade essencial**.

Por exemplo, ganhar dinheiro não é somente algo bom, mas necessário para a própria subsistência e da família.

Porém, isso não pode ser feito de qualquer maneira!!!

Fraudar, roubar, mentir, para ganhar dinheiro, fere a ética e afasta o homem de sua finalidade essencial.

Esta infração não é algo circunstancial, mas algo muito profundo.

Ir contra a moral é ir contra o próprio homem.

A ética, condição necessária na ordem pessoal, também é condição de sobrevivência da sociedade.

Sem ética, o convívio social torna-se insustentável. Sem confiança mútua, por exemplo, não se realizariam transações econômicas, nem haveria contratos.

Ninguém empregaria, ninguém produziria, ninguém se associaria.

Cada um viveria única e exclusivamente para si, cuidando dos próprios interesses.

Como resultado, a sociedade ruiria, voltaria às cavernas."

Bem, a economia, como qualquer atividade humana, está subordinada à ética.

A ética, portanto, orienta as decisões quanto a moralidade, porém não resolve o problema econômico em si.

À ética como ciência, não compete elaborar teorias sobre a inflação, porém ela pode e deve denunciar como antiéticas as práticas de corrupção ou oportunismo favorecidas pela inflação.

Igualmente não compete à ética decidir como aumentar a arrecadação de impostos ou como diminuir os gastos do governo, porém ela tem um papel importante no tocante como esses recursos são arrecadados ou distribuídos.

Dessa maneira se um fiscal exigir dinheiro do contribuinte para que este sonegue imposto sem ser denunciado, obviamente **a ética estará sendo ferida**.

Se um político desviar verbas públicas e depositá-las em sua conta corrente, estará infringindo a ética.

Concluindo, a economia e a ética são ciências autônomas, porém não independentes.

A economia está subordinada à ética, embora elabore suas teorias e propostas com liberdade.

Como o fim ético é mais importante que o fim econômico, pois este último diz respeito só a um aspecto da vida humana, enquanto o primeiro refere-se ao fim último e mais importante da ação do homem, as políticas e o comportamento econômico dos agentes não devem ir contra a ética, porque nesse momento estarão indo também contra o próprio homem e a sociedade.

A economia e os economistas, se verdadeiramente quiserem contribuir para o desenvolvimento das pessoas e para o bem comum da sociedade, não poderão ignorar a ética, mas deverão servir-se das normas morais e éticas como **norte** e guia.

A ética não é uma limitação para a economia, da mesma forma que uma estrada não é uma imposição para os carros?!?!

Antes, pelo contrário, sua função é a de facilitar o trajeto, para que as pessoas cheguem a seu destino, mesmo que "aparentemente" seja uma limitação trafegar dentro da estrada (rua) e ter que obedecer as leis do trânsito.

No que se refere a administração, o que se necessita cada vez mais é uma liderança ética do administrador ou do empresário, o que se torna evidente de diversas maneiras, tanto na implantação quanto na manutenção de padrões de conduta empresarial.

Muitas são as qualidades de um líder, mas uma das mais valorizadas na era do conhecimento é a **conduta íntegra**. Vale dizer, a conduta que evidencia uma ética pessoal.

Portanto a ética empresarial implica criar tradição de cultura ética, que tende a crescer por si mesma..

A empresa que encara frontalmente a sua vida ética cria uma energia interna que a guia sempre para a frente.

Com isso, forma-se um círculo virtuoso e enriquecedor, que seguramente garante a evolução da organização e o reconhecimento de todos os seus clientes pois eles valorizam a conduta íntegra com a qual são tratadas.

Deu para perceber por que a ética é importante para o progresso das empresas e para a vida feliz dos seus funcionários?

Evolução

Antes de discutirmos um pouco a evolução sob o enfoque darwiniano convém ter uma resposta para a questão: **onde estão os homens?**

No livro *Guia do Homem* de Tettê Schmidt e Ulisses Tavares os autores respondem:

"As revistas femininas não falam em outra coisa: **faltam homens!!!**

Faltam homens com atitude, no sentido mais elegante e simplório da palavra.

Ser homem não tem nada a ver com ser rude, bater nas mulheres, ou ainda aquele patriarca, único a prover a segurança da família, conforto e comida na geladeira todos os dias do mês.

Faltam homens com liberdade para amar até mesmo a mulher que pode pagar seu sustento, e que ironicamente deseja ser convidada para jantar e não tocar na carteira no final.

Na verdade, faltam homens, pois as mulheres viraram a mesa, a cadeira e a estante de livros.

Ao virarem chefes de família, na teoria, se **masculinizaram**.

As mulheres são hoje praticantes da 'galinhagem', e isso no fundo choca os machos do mundo.

Os homens hoje são os que fazem das mulheres, como se fossem carnes a serem devoradas em açougues de bairro.

Pois é, faltam homens e chovem mulheres de todos os tipos, por todos os lados. Metidas, gostosas, poderosas, lindas, inalcançáveis, insatisfeitas e frígidas. Faltam homens revolucionários, faltam homens que se entreguem ao amor, faltam homens que saibam tomar conta e bem de uma mulher só!!!"

E veja como evoluíram as mulheres.

Aí vão alguns tipos:

➡ **Alucinada** – Costuma fazer três coisas ao mesmo tempo, como falar ao telefone, fazer as unhas e arrumar o jantar enquanto penteia o cabelo!?!?

➡ **"Amélia"** – Pergunta sempre com gentileza, como foi o seu dia, prepara um uisquinho com gelo, serve pontualmente o jantar, enfim toda certinha...

➡ **Atualizada** – Detesta os ignorantes, surfistas e outros tipos semelhantes, evita ao máximo o uso de gírias, assina duas revistas semanais e dois jornais de grande circulação e lê um livro por semana.

➡ **"Boa moça"** – É tudo o que a sua mãe escolheria para você, se isso resolvesse o seu problema!?!? Como educadamente, fala baixinho e jamais peca pelos excessos. Que lastima, não é?

➡ **Clássica** – Esta sempre na moda, porém de forma discreta. Suas cores preferidas são: bege, marrom, vinho, preto e cinza. Haja vivacidade, não é?

➡ *Clubber* – A "clubista" vive à noite, gosta da noite, sai à noite, ou seja, o seu horário de atividades é depois das 22 h. Sabe tudo sobre todas as "baladas" que estão na moda, adora gírias recentes. Não procure falar com ela quando está dançando, isto é um pecado mortal!!!

➡ **Descolada** – Geralmente é produtora de moda, fotógrafa, jornalista, estilista ou algo do gênero. É criativa, eclética, "rainha do improviso", freqüenta mostras de arte, cinema, teatro e inteligente!!!

➡ **Executiva** – Formou-se em administração ou comunicação com mérito. Fez um MBA em instituição de ensino superior renomada como a FAAP, é ambiciosa, profissional, independente, sabe muito bem o que quer e faz de tudo para seguir a vida sendo um *workaholic* (viciada em trabalho). Essa assusta , não é?

➡ **Fanática religiosa** – É encontrada em igrejas, missas ou distribuindo panfletos em pregações. Costuma dizer: "Graças a Deus", "Deus lhe pague" e "Fique com Deus". É avessa a enfeites (fato raro, não é?) como brincos, colares e outros mimos femininos. Ela crê em culpa e pecado. O pior de tudo; tem medo do prazer e demonstra uma forte aversão á luxúria. Difícil de encarar, não é?

➡ **"Gostosona"** – Bem, é aquela que tem tudo o que a sua mãe não tem e muito mais!!! Por onde passa deixa uma legião de mulheres iradas e homens ouriçados. É, portanto excelente para despertar a inveja dos colegas de trabalho.

Mas, cuidado, pois o envolvimento com ela pode ser bem perigoso! Você sabe por que?

➡ **"Mãe de família"** – Está sempre cansada, pois não confia em babás e vive preocupada com os germes ou doenças. Não tem tempo para eventos sociais, a não ser que você arranje uma babá (que obviamente deve pagar). O perigo é se apaixonar pela babá, não é? Também, já que é para pagar...

➡ **Modelo** – E aquela vista em comerciais e capas de revista de moda, sendo facilmente reconhecida pela magreza (quase anoréxica), pela altura (aumentada pelo uso de saltos altos), pelo olhar perdido no horizonte, uma mulher praticamente inalcançável. Se você gosta de sonhar, essa é a escolha certa, não é?

➡ **Modelo-manequim-atriz** – É aquela encontrada em estandes de feiras, testes de automóveis novos, em festas e congressos ou até em estações de metrô. Cuidado que pode ser uma dançarina profissional ou amadora!?!?

➡ **"Micheteira"** – É o segundo estágio do estereótipo "modelo, manequim e atriz" vista geralmente em companhia de estrangeiros ou velhos decrépitos. Anda onde está o dinheiro e onde estão os homens, mente geralmente quanto a sua idade e usa nome falso. Um perigo potencial, não é?

➡ **Neocristã** – É religiosa, mas não fanática. Mas tem o coração cheio de fé, o que a diferencia das outras mulheres. Costuma discutir questões como o paraíso e o inferno, o bem e o mal e sempre se desvia do lema "luxuria em primeiro lugar". A neocristã é terrível de ser convencida para praticar algo semipecaminoso!!!

➡ *New hippie* – É bem diferente daquela versão dos anos 60 do século XX, ou seja, é "desencanada" das coisas materiais, mas compra roupas de marca famosa (muitas vezes falsas...). Naturalmente tem no mínimo uma *tattoo* tribal, *piercings*, coleção de havaianas e alguns óculos Calvin Klein.

➡ **Normal** – É aquela que não incomoda, que passa despercebida, não têm desejos estranhos ou depressões perceptíveis, tem hábitos regulares, não fala bobagens, apenas as besteiras normais de uma mulher normal!!! Dá para viver com uma mulher normal com uma "rotina" como esta?

➡ **"Papo cabeça"** – *O verbo que ela mais utiliza é* **ser**. Ser humano, ser pessoa, ser encontrada, ser lembrada, ser equilibrada, etc. Cuidado, pois além de adorar chás de cheiros duvidosos, ioga, *reiki*, pode também convertê-lo para o zen budismo!!!

➡ **Patricinha** – É aquela bem cheirosa, vaidosa, metida, fresca, por se achar parecida com alguma mulher famosa (cantora, atriz, escritora, etc.) e que vive envolvida com o controle das calorias que ingere e com os conselhos dos livros de auto-ajuda. Na realidade é uma futura "perua" em início de carreira.

➡ **"Perua"** – Claro, é uma Patricinha amadurecida. Entre as coisas mais importantes da sua vida estão: o seu *poodle*, o seu *personal trainer*, massagem relaxante e os imensos óculos escuros para ocultar os pés-de-galinha.

➡ **"Segura peão"** – É aquela que curte tremendamente festas de rodeio, peões, cavalos, bois bravos, etc. tendo como sonho casar com um dono de fazenda. Mas é um tipo em mutação que adora música sertaneja com o mesmo fervor de um pagode e se fantasia para desfilar no Carnaval.

➡ **Silicon Barbie** – Cheia de artificialidades tais como: silicone nos peitos, lipoaspiração nos quadris e no abdômen, *botox* nos lábios, unhas e cílios postiços. Lamentavelmente ela é tão infiel com os seus homens quanto com os seus cirurgiões plásticos.

➡ **Surfer** – É a chamada "rata de praia" ou de areia, com um corpo sarado, pele bronzeada 365 dias ao ano, uma coleção impressionante de biquínis, aquela marquinha provocante na parte estratégica do carro. É preciso gostar de sol para conviver com esta, não é?

➡ **Super-sarada** – É aquela que malha religiosamente todos os dias do ano, faça chuva ou faça sol (bem que podia ter um outro tipo de mania, não é). Corre como uma louca, faz centenas de abdominais, pratica luta marcial (cuidado para não apanhar dela) anda 20 km de *bike* e nada pelo menos 30 minutos todo dia. Para variar um pouco nos finais de semana, convida você para fazer *trekking* ou um desses esportes radicais. O lado positivo é que quando você abraça não tem nada flácido ou sobrando. O lado negativo é que se você fechar os olhos pode também pensar que está se envolvendo com um jogador de *rugby*... Fique esperto, amigo!!!

➡ **"Tia enxuta"** – Ela tem no mínimo mais de 30 anos, o que deixa até Balzac preocupado, busca arrumar namorado com no mínimo 10 anos a menos e em alguns casos a diferença pode duplicar ou triplicar. Ele é bonitona, vaidosa, independente e tem um certo poder ou influência , nem que seja, no jornalzinho do bairro. A probabilidade dela dominá-lo é enorme. Vai se submeter a isso?

➡ **"Tia tia"** – Como o próprio nome diz duplamente tia, ou seja, sem marido, sem filhos, geralmente sem namorado e com uma legião de sobrinhos. Uma verdadeira "encalhada semifeliz". Pode até ser um amiga dos homens, para dar-lhes conselhos, mas certamente não mais que isso, pois o seu comportamento é do tipo "independente futebol clube".

➡ *Teenager* – Claro que é aquela adolescente que tem no mínimo 20 anos menos que você!!! Cuidado com as Lolitas para não ser chamado por elas, em algum momento, de tio Sukita ou algo pior viu?

Bem, após essas maravilhosas caracterizações dos tipos básicos de mulher que existem no século XXI, descritos no livro *O Guia do Homem* de autoria de Tettê Schmidt e Ulisses Tavares dá para entender um pouco (ou bastante) a "evolução retroativa" do homem que tem atualmente muito receio de enfrentar a maior parte dessas "gatinhas". E é isso mesmo, o mundo está cada vez sendo mais dominado pelas mulheres. Isto é bom ou ruim?

Não é mais o homem que vai a caça. Ele é caçado!!!

Para algumas mulheres, como dizia Platão, ele é "um bípede implume", para outras como destacou o russo F. Dostoievsky, "um bípede ingrato" e como define o talentoso brasileiro Millôr Fernandes para muitas ele "é um bípede inviável". Você sabe por que?

Agora vamos ver como se criou o prêmio Darwin que não exclui ninguém, ou seja, deve ser atribuído aos homens e as mulheres que o merecem para melhorar a humanidade.

Você sabe do que se trata?

Evolução **187**

VOCÊ SABE QUE EXISTE UM PRÊMIO DARWIN PARA ACABAR COM OS DESASTRADOS?

Wendy Northcutt que se formou em biologia molecular na Universidade da Califórnia, em Berkeley, começou a coletar as histórias que constituem os prêmios Darwin a partir de 1993 e logo depois fundou o www.darwinawards.com que recebe centenas de milhares de visitantes todo mês. Batizados em honra de Charles Darwin, o **pai da evolução**, os prêmios Darwin celebram aqueles que "melhoram" a genética da humanidade, **removendo a si próprio dela** (!?!?), e com isso nos mostrando como pode ser incomum o senso comum.

Em 1859, Charles Darwin reviveu a teoria da evolução em *A Origem das Espécies* em que apresentou provas de que as espécies evoluem com o tempo, para se adaptar melhor a seus ambientes. Era uma época, na qual, muita gente tinha repulsa à idéia de que o homem descendia dos macacos (como ocorre até agora apesar de todo o progresso no campo da genética...). Entretanto as cuidadosas observações biológicas de Charles Darwin, e o mecanismo que ele propôs para a evolução lançaram a teoria de novo no cenário da ciência.

Charles Darwin chamou o mecanismo da evolução de "seleção natural", e descreveu quatro imposições que deviam ser atendidas para que isso acontecesse.

1. **A espécie deve mostrar variações.**

   Os seres humanos evidenciam essa qualidade abundantemente, existindo variações em inúmeras características como: altura, cor dos olhos, equilíbrio emocional, cor da pele, inteligência, peso, etc.

2. **As variações podem ser herdadas.**

   De fato, os filhos parecem com os pais e grande número de traços é herdado através da infinidade de genes que nós temos armazenados em nossos cromossomos.

   Para pior ou para melhor, os pais transmitem seus pontos genéticos fortes e fracos aos seus filhos, sendo que características complexas como inteligência e personalidade são influenciadas pelo ambiente, apesar de também possuírem importantes componentes genéticos.

3. **Nem todos os indivíduos de uma população sobrevivem para se reproduzir.**

   Realmente, um significativo número de pessoas morre sem se reproduzir, mas a população dos seres humanos tem aumentado todos os anos...

4. **Alguns indivíduos (seres vivos) enfrentam as pressões seletivas melhor do que outros.**

   Devido a atributos herdados, alguns membros de uma espécie têm maior probabilidade de sobreviver a predadores e a invernos frios, a vencer a competição pelo acasalamento e deixar mais descendentes. As características bem-sucedidas passam a predominar na população, e as menos florescentes declinam e eventualmente extinguem-se.

Juntamente, no seu livro *O Prêmio Darwin – A Evolução em Ação*, Wendy Northcutt consegue ilustrar a evolução humana em toda a sua glória seletiva, desde o sublimemente irônico até o pateticamente estúpido.

Ela destaca no seu livro: "Tem gente que pensa que é uma boa idéia acender um isqueiro para iluminar um tanque de gasolina, ou existe aquele ladrão que rouba a fiação elétrica sem desligar a corrente ou ainda o terrorista distraído que abre a carta-bomba que o correio lhe devolveu, por ter selos a menos!?!?

Nós devemos celebrar e aplaudir a extinção previsível desse tipo de gente ousada com os prêmios Darwin.

Portanto, para ganhar, os candidatos devem melhorar de maneira significativa a herança genética da humanidade, **eliminando-se da raça humana de forma assombrosamente estúpida**.

Os concorrentes são avaliados de acordo com os seguintes critérios:

1º **Critério** – Remover a si próprio da herança genética da humanidade.

2º **Critério** – Exibir um espantoso mau uso do seu juízo.

3º **Critério** – Ser o causador da própria morte.

4º **Critério** – Ser capaz de pensar racionalmente.

5º **Critério** – O vento fatal precisa ser comprovado.

Além dos prêmios Darwin, é importante outorgar **menções honrosas** aos indivíduos que cometeram imbecilidades sem terem chegado ao sacrifício final, mas de tal forma que ainda possam ilustrar o espírito inovador dos candidatos a Darwin."

Aí vão três exemplos de ganhadores do prêmio Darwin:

1. Um engolidor de espadas morreu na cidade de Bonn (Alemanha) quando enfiou um guarda-chuva automático na garganta – e acidentalmente apertou o botão que o abria!?!?

2. Um rapaz de 22 anos, de uma pequena cidade dos EUA, foi encontrado morto depois de ter feito, *bungee jump* (um salto com a pessoa amarrada pelos pés), pulando de uma ponte ferroviária.
   Ele prendeu a corda elástica nos pés, depois de ter medido o comprimento para se assegurar de que era mais curta do que a distância até o solo, de 20 metros.
   Pulou de cabeça e se arrebentou no chão alguns segundo depois.
   A polícia da localidade informou que o comprimento da corda elástica era bem maior do que a distância entre a ponte e o solo...

3. Um homem conhecido por sua habilidade de capturar e encantar serpentes foi chamado à casa de um vizinho para fazer o exorcismo urgente de uma jibóia que tinha invadido a residência.
   O homem de meia idade, correu para o local e, em seguida, apareceu, trazendo a cobra, vitoriosamente enfiada num saco de juta.

Ele estava voltando para a sua casa, a pé, com a cobra, quando encontrou outros moradores que já tinham ouvido a sua história (!?!?) e lhe pediram para vê-lo.

Ele a tirou do saco e, ousadamente, envolveu seu próprio pescoço com ela.

O animal, de mais de um metro e meio de comprimento, músculos sólidos, começou a apertar-lhe o pescoço e estrangulá-lo. O homem gritou por socorro, mas em vão, pois os outros petrificados, não tiveram coragem de chegar perto.

Em minutos, ele caiu morto. Policiais mais tarde arrancaram a cobra do pescoço e a levaram para o cativeiro.

Pois é, isto parece que ocorreu alguns anos atrás na Tailândia.

Por falar em cobras, vale a pena lembrar que a anaconda é a maior cobra do mundo, chegando a pesar mais de 200 kg.

No manual do Peace Corps, dado aos voluntários que trabalham na Floresta Amazônica, havia uma explicação do que fazer em caso de um ataque de uma anaconda.

Devia-se seguir as seguintes instruções:

1. Se for atacado por uma anaconda, não corra. Ela é mais rápida que você.
2. Deite-se no chão. Aperte os braços contra seus lados e as pernas uma contra a outra.
3. Abaixe o queixo.
4. A cobra vai se esfregar e subir em seu corpo.
5. Não entre em pânico.
6. Depois que ela o examinar, vai começar o engoli-lo a partir dos pés, sempre. Deixe que ela engula seus pés e canelas. Não entre em pânico.
7. A cobra vai começar a sugar suas pernas. Fique perfeitamente imóvel. Isso leva tempo.
8. Quando a cobra tiver chegado aos seus joelhos, lentamente, mexendo-se o menos possível, pegue a faca e, suavemente, deslize-a para o lado da boca da cobra entre o canto da boca e a sua perna, e subitamente puxe para cima, cortando fora a cabeça da cobra.
9. Tenha sempre sua faca à mão.
10. Mantenha sua faca afiada.

Com certeza os que ganharam os prêmios Darwin ou o indivíduo que elaborou o manual de instruções do Peace Corps certamente possuíam **os genes da estupidez**.

Na verdade, as cobras têm músculos muito poderosos e uma serpente grande pode apertar um homem com tanta força que ele não consegue se livrar.

Assim que ela começa a se enrolar numa parte do corpo, a pessoa, no mínimo, deve usar uma faca ou uma alavanca afiada para dissuadi-la da idéia.

Os donos de cobrar grandes geralmente têm instrumentos assim sempre à mão.

No caso das anacondas, elas **engolem** as vítimas a partir da cabeça em 99% dos casos, quase sempre depois de **esmagá-las** até a morte.

Mesmo quando uma cobra encontra um animal morto, ela costuma esmagá-lo antes de comer, para garantir que ele esteja morto mesmo.

Por isso, não queira ser um ganhador de um prêmio Darwin porque acha que já domesticou a sua sucuri ou ainda porque sabe as instruções do código de sobrevivência do Peace Corps...

Naturalmente, também não se pode esquecer que o filho do sujeito que tinha o gene da estupidez vai, como seu pai, ter uma boa probabilidade de cometer uma tolice final.

Claro que o ambiente também contribui para que um individuo cometa desatinos, para não dizer maluquices ou absurdos.

Assim, mesmo que ele não tenha herdado o gene da estupidez, terá ainda uma boa chance porque aprendeu erradamente a comportar-se como um onipotente perto dos mais diversos perigos.

É por isso que aumenta cada vez mais, no mundo, o número de dignos merecedores do prêmio Darwin!!!

CHARLES DARWIN, O GÊNIO DA EVOLUÇÃO

Mas o importante mesmo é falar sobre o "pai do evolucionismo" Charles Robert Darwin. Inicialmente deve-se lembrar que ele nasceu em 12 de fevereiro de 1809, em Shrewsbury, uma tranqüila cidade com um mercado, no oeste da região inglesa de Midlands.

Seu pai foi um médico próspero e de boa reputação. Sua mãe, que morreu quando Charles tinha oito anos, era filha de Josiah Wedgwood, um famoso ceramista.

Darwin desfrutou de todas as vantagens de uma boa criação, mas vivia preocupando o pai viúvo com seu **desempenho acadêmico fraco**.

Embora sua inclinação fosse por história natural, por influência do pai tentou estudar medicina na Universidade de Edimburgo, porém não suportou o sofrimento.

A experiência de testemunhar uma operação em uma criança compreensivelmente angustiada – isso foi antes da descoberta da anestesia, é claro – deixou-o traumatizado para sempre.

Ele tentou Direito, mas achou o assunto insuportavelmente maçante e acabou conseguindo, mais ou menos em vista da falta de outra opção, diplomar-se em Teologia pela Universidade de Cambridge.

Uma vida de vigário no interior parecia aguardá-lo, até que uma oferta tentadora surgiu do nada.

Darwin foi convidado a viajar no navio de pesquisas navais *HMS Beagle*, basicamente como companhia de jantar do capitão, Robert FitzRoy, cujo *status* o impedia que se relacionasse socialmente com quem não fosse cavalheiro.

FitzRoy, que era muito excêntrico, escolheu Darwin em parte por gostar da forma de seu nariz, que para ele indicava profundeza de caráter...

A missão formal de FitzRoy era mapear as águas costeiras, mas seu *hobby* – paixão de fato – era buscar indícios para uma interpretação bíblica literal da Criação.

Obviamente, o fato de Darwin ter estudado Teologia, foi fundamental na decisão de FitzRoy, de tê-lo a bordo.

A revelação subseqüente das visões liberais de Darwin e de sua pouca devoção aos fundamentos cristãos tornou-se uma fonte de permanentes discussões com FitzRoy que vinha de uma família conhecida pela tendência à depressão.

Aliás, FitzRoy, acabou se suicidando em 1865, cortando a própria garganta!?!?

Em muitos aspectos a viagem do *Beagle* foi um sucesso pois Darwin conseguiu acumular um acervo de espécimes suficientes para fazer sua fama.

Ele encontrou um tesouro magnífico de fósseis antigos gigantes; descobriu uma espécie nova de golfinho (que respeitosamente denominou *Delphinus fitzroyi*); realizou investigações geológicas diligentes e úteis através dos Andes e desenvolveu uma teoria nova e muito admirada para a formação dos atóis de corais, que sugeria, não por coincidência, que eles não podiam ter se formado em menos de 1 milhão de anos – o primeiro sinal de sua crença arraigada na extrema antigüidade dos processos terrestres.

Em 1836, aos 27 anos, Darwin voltou para casa após uma ausência de cinco anos e dois dias.

Depois, ele nunca mais deixou a Inglaterra!!!

Algo que Darwin não fez na viagem foi propor a teoria da evolução.

Foi só depois que retornou à Inglaterra e leu o *Ensaio sobre o Principio da População* de Thomas Malthus (que propunha que o aumento no suprimento de alimentos jamais conseguiria acompanhar o crescimento da população por motivos matemáticos) que o jovem Darwin começou a ocupar-se da idéia de que a vida é uma luta perpétua e de que a **seleção natural era o meio pelo qual algumas espécies prosperavam, enquanto outras fracassavam.**

Especificamente, o que Darwin percebeu é que todos os organismos competiam por recursos, e aqueles dotados de alguma vantagem inata prosperavam e **a transmitiam, a sua descendência**.

Desse modo, as espécies, constantemente, se aperfeiçoavam.

O interessante é que Darwin não empregou a expressão "**sobrevivência do mais apto**" em nenhum de seus trabalhos, apesar de ter uma clara admiração por ela.

Tampouco ele empregou no inicio a palavra **evolução**.

Isso só ocorreu na sexta edição do seu livro *A Origem das Espécies,* publicado inicialmente em 1859, quando o seu uso já estava tão disseminado que não dava mais para resistir!!! Darwin manteve durante muito tempo a sua teoria em segredo porque pressentia as perturbações que ela causaria.

Ele se atormentava com as possíveis repercussões das suas idéias e referia-se a si mesmo como "**o capelão do diabo**" e dizia que revelar a teoria dava a sensação de "confessar um assassinato".

Acima de tudo, ele sabia que ela incomodava profundamente sua adorada esposa, que era muito religiosa.

A *Origem das Espécies* foi um sucesso comercial imediato, entretanto não teve o mesmo sucesso junto à crítica.

Por exemplo, o professor de Darwin, Adam Sedgwick ficou incomodado com a gratuidade de suas afirmações e acabou dizendo que "esse livro me deu mais dor que prazer".

Por ironia, considerando-se que Darwin chamou o seu livro de *A Origem das Espécies*, a única coisa que ele não conseguiu explicar foi como as espécies se originaram.

Sua teoria sugeria um mecanismo para uma espécie se tornar mais forte, ou melhor ou ainda mais veloz – em outras palavras, mais apta – mas não dava nenhuma indicação de como ela poderia produzir uma espécie nova.

Assim a seleção natural, para funcionar, exigiria algum mecanismo alternativo e desconhecido. E quem achou essa solução foi o monge Gregor Mendel.

Ajudado por dois auxiliares em tempo integral, ele repetidamente gerou e cruzou híbridos de 30 mil pés de ervilhas.

Foi um trabalho muito delicado que exigia um cuidado extremo para evitar fecundações cruzadas acidentais e para observar a mínima variação no crescimento e na aparência de sementes, vagens, folhas, hastes e flores.

Realmente Gregor Mendel sabia o que estava procurando e fazendo.

Ele nunca usou a palavra "gene" – ela só foi cunhada em 1913, em um dicionário médico inglês – embora tenha inventado os termos "dominante" e "recessivo".

Mendel estabeleceu que cada semente continha dois "fatores" ou **elementos**, como os chamou – um dominante e outro recessivo – os quais quando combinados, produziam padrões previsíveis de herança.

Os resultados, ele converteu em fórmulas matemáticas precisas.

No todo, Mendel passou oito anos realizando os experimentos e depois confirmou os resultados com experiências semelhantes em flores, milho e outras plantas, com uma abordagem bem científica.

Assim, juntos, sem que percebessem, Darwin e Mendel estabeleceram a base de todas as ciências do século XX.

O primeiro viu que todos os seres vivos estão relacionados, que em última análise eles "remontam sua ancestralidade a uma origem única, comum", enquanto o trabalho do segundo proporcionou o mecanismo para explicar como aquilo podia acontecer.

Porém, aquilo que hoje todo mundo acha que está no argumento de Darwin, que os seres humanos descendem dos macacos, só figurou como uma alusão passageira.

Mesmo assim, não era necessário um salto de imaginação das teorias de Darwin para o desenvolvimento humano, e aquele logo se tornou um tema de discussão.

E Darwin acabou tornando explícita sua crença no nosso parentesco com os primatas em *The Descent of Man* (*A Descendência do Homem*) em 1871.

A conclusão era ousada, já que nada no registro fóssil respaldava tal idéia!?!?

Os únicos vestígios de seres humanos primitivos, então conhe-cidos, eram os ossos do famoso homem de Neandertal, da Alemanha, e alguns fragmentos incertos de maxilares, e muitas autoridades respeitadas se recusavam a acreditar mesmo em sua antigüidade.

The Descent of Man foi, no todo, um livro mais controvertido, mas na época de sua aparição o mundo se acalmara de criticar tanto as idéias de Darwin e seus argumentos causaram muito menos celeuma.

Darwin dedicou grande parte de seus anos finais a outros projetos, a maioria apenas tangenciando as questões da seleção natural.

Um dos seus experimentos foi o de tocar piano para as minhocas (!?!?), não para distraí-las, e sim, para estudar o efeito exercido pelo som e pela vibração.

Darwin foi o primeiro a perceber a importância vital das minhocas para a fertilidade do solo. Ele escreveu na sua obra-prima sobre o assunto *The Formation of Vegetable Mould Through the Action of Worms* (*A Formação do Humo Vegetal pela Ação das Minhocas*) lança-do em 1881: "É duvidoso se existem muitos outros animais que desempenharam um papel tão importante na história do mundo."

Esse livro acabou sendo mais popular que *A Origem das Espécies*.

Ele dedicou um grande esforço ao estudo das conseqüências da **endogamia** – uma questão de interesse pessoal para ele.

Tendo se casado com a própria prima, Darwin suspeitava, com tristeza, que certas debilidades físicas e mentais entre seus filhos resultaram da falta de diversidade na sua árvore genealógica.

Não se pode esquecer que Darwin teve dez filhos, que ele próprio foi vítima de distúrbi-os estranhos que o deixaram cronicamente apático, fraco e "aturdido" e ter sofrido muito com os problemas de seus descendentes, como a morte do mais novo, também de nome Charles que contraiu escarlatina e acabou falecendo.

Darwin foi muitas vezes homenageado em vida, mas nunca por *A Origem das Espécies* ou *The Descent of Man*.

Quando a Royal Society lhe concedeu a prestigiosa medalha Copley, foi por seus trabalhos em geologia, zoologia e botânica e não pelas suas teorias evolucionistas, e a Sociedade Lineana teve a mesma satisfação em homenageá-lo sem abraçar suas idéias radicais.

Ele nunca foi nomeado cavaleiro, conquanto acabasse enterrado na Abadia de Westminster – junto a Isaac Newton, em Down, em abril de 1882.

A teoria de Darwin só veio a ser amplamente aceita nas décadas de 1930 e 1940, com a apresentação de uma teoria refinada chamada, com certa presunção, de **síntese moderna**, que combinava as idéias de Darwin com as de Mendel e outros.

É surpreendente o fato de que, no início do século XX e por alguns anos além, muitas das melhores mentes científicas do mundo não sabiam realmente dizer de onde vieram os bebês... Porém, as coisas mudaram muito neste primeiros anos do século XXI quando os avanços sobre o sequenciamento do nosso DNA, ou seja, o estudo do genoma humano, evoluiu muito.

Cientistas como Craig Venter prometem que as novas descobertas permitirão em breve "construir" seres humanos livres de muitas doenças e repletos de talentos.

Dessa maneira, nunca é demais ressaltar que a cada dia que passa comprova-se que todas as formas de vida têm algo em comum (em particular a nossa grande ligação com os símios) e esta seguramente passará a ser a **afirmação mais profundamente verdadeira que existe!!!**

Vamos relembrar, que exceção feita à *Bíblia*, nenhum livro influenciou mais a filosofia do homem moderno, do que *A Origem das Espécies*.

Até a sua publicação, o pensamento científico não oferecia alternativa à visão religiosa; ao contrário, era inseparável dela: o Criador havia estabelecido as leis que regem o Universo e criado todas as formas de vida na Terra.

Você sabe o que é o **criacionismo**?

É a teoria baseada na leitura literal da *Bíblia*, que difunde que a origem do Universo e de todas as formas de vida é resultado da intervenção divina. Diz que para tudo houve um criador e este é Deus. Dessa forma o homem não descenderia dos primatas e sim de Adão e Eva.

O criacionismo defendido ardentemente pelos cristãos, em particular pelos protestantes dos EUA e católicos da América Latina, opõe-se **visceralmente ao evolucionismo.**

E aí, afinal de contas, o que é o evolucionismo?

É o conceito fundamentado na teoria do cientista inglês Charles Darwin, segundo o qual, os ancestrais do homem, são os macacos.

A briga entre os criacionistas e os evolucionistas tem mais de 147 anos, desde a publicação em 1859 do livro *A Origem das Espécies*. Os criacionistas consideram os evolucionistas ateus. Mas a pergunta que os mais esclarecidos fazem aos menos, mas não tanto, é: se todas as pessoas hoje aceitam com naturalidade o fato de a Terra girar ao redor do Sol (e não ao contrário como se imaginou até alguns séculos atrás...) por que tantos rejeitam ainda os ensinamentos de Darwin?

Ernst Mayr, considerado "o Darwin do século XX", explica essa dificuldade como sendo devido ao desconhecimento de que a teoria de Darwin não é a única, mas que pode ser decomposta em pelo menos cinco outras das quais já se falou um pouco no início:

1ª) Teoria do ascendente comum.

Na sua viagem às ilhas Galápagos, Darwin constatou que o formato do bico de três espécies de pássaros locais sugeria serem eles descendentes de um ancestral que habitava o continente.

Darwin acreditou que esse ancestral devia descender de outro, pois: "Todas as nossas plantas e animais descendem de algum ser no qual a vida surgiu antes."

E nenhuma das teorias de Darwin foi aceita com tanto entusiasmo como esta, porque dava sentido à semelhança entre os seres vivos, à distribuição geográfica de certas espécies e à anatomia comparada.

Um século mais tarde, a ciência (biologia molecular) ao demonstrar que os genes das bactérias são quimicamente iguais aos das plantas, dos fungos ou dos vertebrados, ofereceu assim a prova definitiva de que todos os organismos complexos descendem de seres unicelulares.

2ª) Teoria da evolução.

Segundo ela, o mundo não se encontra em equilíbrio estático e dessa maneira as espécies se transformam no decorrer do tempo.

A existência dos fósseis e as diferenças entre o organismo dos dinossauros e das aves ilustram com clareza o que se chama de evolução das espécies.

3ª) Teoria do gradualismo.

As transformações evolucionistas ocorrem gradualmente, mas nunca aos saltos.

Para explicar como as espécies em nossa volta estão muito bem adaptadas às condições atuais, Darwin encontrou duas alternativas: teriam sido obra da onipotência (criacionismo) ou evoluído gradualmente (evolucionismo) segundo um progresso de adaptação.

Segundo Charles Darwin: "Como a seleção natural age apenas através do acúmulo de sucessivas variações à sobrevivência, não pode produzir grandes nem súbitas modificações; ela exerce sua ação em passos lentos e vagarosos."

4ª) Teoria da multiplicação das espécies.

Calcula-se que existem de 5 a 10 milhões de espécies de animais e de 1 a 2 milhões de espécies de plantas.

Darwin passou a sua vida atrás de uma explicação para tamanha biodiversidade e ele propôs pela primeira vez o conceito de que a localização geográfica seria responsável pelo surgimento das espécies.

Embora mereça esse crédito, Darwin não foi capaz de perceber com clareza a importância do isolamento geográfico no aparecimento de espécies novas.

Hoje sabemos que indivíduos isolados por tempo suficiente da população que lhes deu origem, podem acumular tantas mutações que passam a constituir uma espécie nova incapaz de acasalar-se com os ascendentes.

5ª) Teoria da seleção natural.

Esse foi o conceito filosófico mais revolucionário desde a Grécia antiga.

Segundo Darwin, a seleção natural é resultado da existência da variabilidade genética que assegura **não existirem dois indivíduos exatamente idênticos**, em qualquer espécie. Como conseqüência da vida num planeta com recursos limitados, a competição pela sobrevivência se encarregará de eliminar os mais fracos.

A seleção natural varreu o determinismo que dominou a biologia desde a Antigüidade, segundo o qual cada espécie existiria para atender a determinada necessidade.

Só então foi possível abandonar interpretações sobrenaturais para explicar o mundo orgânico.

A seleção natural é um mecanismo universal inexorável, alheio a qualquer finalidade imprevisível como a própria vida!?!?

Sem dúvida, Charles Darwin foi um dos maiores gênios da humanidade. Explicou que a **evolução** é um fato científico provado e com isso o resto é somente apenas uma controvérsia religiosa.

E não adianta nada o conservadorismo cristão usar o chamado *design* inteligente, ou seja, um conceito não-validado cientificamente de que os organismos vivos são sistemas tão complexos que só podem ter sido criados por uma inteligência superior!!!

Execução

MAMMA MIA!!!

O Nonno estava hospitalizado, os filhos, netos e bisnetos vieram de todos os cantos do Brasil.

Os médicos deixaram que os parentes levassem-no para a sua casa, para cumprir o último desejo de morrer em casa ao lado de seus entes queridos.

Foi para o quarto e as visitas foram se revezando para tentar consolar e dar conforto ao Nonno em seus derradeiros momentos. De repente o Nonno sentiu um aroma de comida que vinha da cozinha.

> Era a Nonna tirando do forno uma fornada de *pastiere di grani italiani*.
>
> Os olhos do Nonno brilharam e ele se reanimou.
>
> Então o Nonno pediu ao bisneto que estava ao lado da cama dele:
>
> – "*Piccolo mio, và via in la cucina... voglio mangiare un noccone di pastiere... parla a Nonna.*"
>
> O guri foi e voltou muito rápido.
>
> – "*Mà... e il pastiere?*" - perguntou o Nonno.
>
> – "A Nonna disse que não!"
>
> – "*Mà per chè no, porca miseria?*"
>
> – "A Nonna disse que é para o velório..."

QUAL É O PONTO FRACO DE MUITOS GESTORES LÍDERES?

Muitos executivos continuam achando que a tarefa de realizar, implementar e executar está abaixo da sua dignidade de líder no negócio. E aí cometem um erro imperdoável.

Pois é justamente o oposto: a **execução é a atividade mais importante do gestor líder**. Mas estabelecer uma cultura voltada para a execução não é um trabalho fácil. Aliás, um exemplo clássico e lamentável de um setor onde se planeja, se promete muito e depois pouco se executa está na administração pública, em todos os níveis: municipal, estadual e federal. No setor privado, porém, a grande diferença entre uma empresa e a concorrente direta é a sua habilidade de executar, transformar em realidade os seus planos e lançar novos produtos e serviços. Infelizmente, a execução é uma questão vital que não foi ainda incorporada adequadamente no mundo dos negócios.

Outras disciplinas não têm tamanha defasagem de conhecimento acumulado e bibliografia. A **estratégia**, por exemplo, não é mais um desafio intelectual, pois é possível "comprar" qualquer estratégia que se deseja de uma empresa de consul-toria. O mesmo se pode dizer sobre o **desenvolvimento de liderança**, das **competências** e até da **inovação**, temas para os quais existe uma vasta coleção de livros com descrições das ferramentas e técnicas que auxiliam os gestores líderes a promover as pessoas, desenhar os processos do negócio, criar os manuais de mudanças na cultura da empresa etc.

Felizmente, estão surgindo, no início do século XXI, escritores de livros sobre como executar. É o caso de Larry Bossidy e Ram Charan; eles dizem que o verdadeiro significado da liderança é **saber implementar**, destacando que os planos mais bem elaborados do mundo não valem o papel no qual foram escritos, se aqueles que os elaboraram não conseguirem realizá-los. Larry Bossidy teve uma longa e excepcional carreira na General Electric (GE) e transformou a Allied Signal em uma das empresas mais admiradas do mundo. Ram Charan, professor da Harvard Business School e da Kellog School da Universidade de Northwestern, é um renomado consultor. Ambos são autores do livro *Execução – A Disciplina para Atingir Resultados*, no qual ressaltam: "Infelizmente, muitos indivíduos pensam na execução como o lado tático do negócio, alguma coisa que eles, na posição de gestores líderes, podem delegar enquanto se concentram em questões que entendem ser mais importantes. Essa idéia, porém, está completamente errada. Executar não é simplesmente uma tática – é uma disciplina e um sistema. Deve estar embutida na estratégia da empresa, em seus objetivos e sua cultura. E o gestor líder de uma organização deve estar sempre profundamente envolvido na **tarefa da execução**. Inúmeros executivos passam muito tempo aprendendo e disseminando as mais recentes técnicas de administração, mas sua dificuldade em entender e pôr em prática a execução nega o valor de quase tudo o que eles aprenderam e estiveram pregando!"

Larry Bossidy e Ram Charan destacam ainda que para o gestor líder conseguir ser bem-sucedido na execução, deve ter **sete comportamentos vitais**:

1. Conhecer bem toda a gente que comanda a sua empresa.

Para conhecer bem todo o seu pessoal, o gestor líder precisa se relacionar com todas as pessoas a sua volta, estar presente no decurso das ações, comunicar-se diretamente com os seus colaboradores. Aliás, não surgiu até agora nenhum grande líder na área empresarial, política, militar, religiosa ou qualquer outra que não tenha estabelecido eficazmente seus relacionamentos pessoais! De fato, o gestor líder tem que se mostrar, deve saber fazer avaliações do negócio e nunca ficar isolado e ausente do que fazem seus colaboradores.

O relacionamento pessoal é particularmente importante quando o gestor líder inicia algo novo. Muitas idéias boas e importantes são lançadas com muito alarde, mas em alguns meses podem ser rejeitadas.

E por que isso acontece? Simplesmente devido ao comportamento dos funcionários nos níveis mais baixos, ou seja, gerentes e colaboradores qualificados acabam achando que o novo projeto irá consumir os seus esforços, cujos méritos e resultados são incertos, por isso não se "envolvem" como o mesmo. Dizem eles: "Este também vai ser esquecido, justamente como aconteceu com a última idéia brilhante do nosso líder no mês passado!" E o resultado final para a organização é perda de tempo, dinheiro e energia, além do desgaste da credibilidade do líder. Dessa maneira, o gestor líder é aquele que não anuncia apenas a **iniciativa**, mas a define claramente e explica a sua importância para a empresa.

Mas isso não basta. Ele precisa acompanhá-la de perto para ter certeza de que todos a estão levando a sério, seguindo de perto a sua implementação e conversando sobre os problemas que surgirem durante esse processo, mas sempre deixando claro e repetidamente que ele espera a colaboração de todos para a sua execução integral.

2. Insistir no realismo.

De fato, o realismo é a essência para que aconteça a execução nas organizações, porém elas estão cheias de funcionários que procuram evitá-la! **E por quê?** Simplesmente porque ser direto, sincero, honesto, torna a sua vida desconfortável. Assim, muitas pessoas buscam esconder suas falhas ou então protelam o mais que podem para executar uma tarefa (resolver o problema), no lugar de admitir que não sabem realizá-la (solucioná-lo).

Nessa **era do desemprego crescente**, muitas pessoas buscam de todas as formas, evitar confrontações que possam ameaçar a sua estabilidade na companhia. O pior é que muitos gestores líderes também se afastam da realidade, temendo descrever os pontos fracos das suas empresas. Porém, é fundamental que o gestor líder e os seus colaboradores sejam realistas, comparando sempre a sua empresa com os seus concorrentes diretos.

3. Fixar metas e prioridades claras.

Aqui é importante ressaltar: os gestores líderes que conseguem executar são os que se concentram em algumas poucas prioridades claras, aquelas que todos possam entender. **E por que apenas algumas?** Fundamentalmente, porque enfocar três ou quatro prioridades produz melhores resultados do que ter muitas prioridades. Ter muitas, no fundo, equivale a não ter nenhuma, nesta época em que as empresas geralmente têm poucos recursos disponíveis.

Mas o gestor líder, além de definir poucas metas e claras, deve promover a **simplicidade**. De fato, o gestor líder que sabe executar é o que fala de maneira simples, o óbvio, e comunica o que pensa. Na realidade, o grande mérito deste gestor líder é que ele sabe como simplificar as coisas de modo que os seus colaboradores possam entender e atuar eficazmente sobre eles.

4. Finalizar tudo o que foi planejado.

Metas claras e simples não significam muito se ninguém as levar a sério. A falta de continuidade das ações é uma "doença" que se encontra com facilidade não só nas empresas privadas, mas também nas públicas, sendo a principal causa da má execução.

O que não falta ao gestor líder eficaz é a persistência de propósito com que ele consegue terminar o que planejou. É muito difícil conseguir a execução quando não há as pessoas certas nos cargos certos. E isso acontece com muita freqüência nas empresas nas quais existem gerentes promovidos além de suas capacidades, que deveriam ter sido demitidos ou recolocados em cargos que correspondam às suas reais competências.

5. Premiar aqueles que realmente fazem.

Se você deseja que as pessoas produzam resultados específicos, então deve recompensá-las adequadamente. Apesar desta afirmação ser óbvia, até nas empresas mais admiradas constata-se uma séria deficiência em atrelar os incentivos ao desempenho. Em muitas outras, parece não existir nenhuma correlação entre o desempenho e a recompensa. Nas empresas que **não executam** corretamente, nota-se claramente que elas não avaliam o desempenho, não procuram recompensar a obtenção de bons resultados e a execução das tarefas planejadas, além de não promoverem as pessoas que sabem como fazer as coisas acontecerem no momento certo. Nestas organizações, os aumentos de salários em termos de porcentagem são muito próximos entre aqueles que apresentam o melhor o desempenho e os que não o apresentam.

Para haver execução, contudo, deve existir esta distinção, particularmente para os bons executores.

Um bom gestor líder assegura que a sua empresa faça essa diferenciação e garante que isto faça parte da cultura da organização. Caso contrário, muitos dos funcionários poderão pensar que estão em algum regime socialista e não meritocrático, isto é, numa cultura na qual não se luta pela execução. Ao gestor líder executor cabe deixar bem claro para todos os empregados da organização que os incentivos e o respeito são baseados no desempenho.

6. Ampliar as competências das pessoas por meio da orientação.

Um gestor líder, normalmente, é uma pessoa com bastante vivência, que adquiriu **conhecimento, experiência** e até mesmo sabedoria ao longo do caminho percorrido. Assim, uma das partes mais importantes do seu trabalho na organização é **passá-los** para a próxima geração de líderes. Com esse comportamento, ele amplia as habilidades de todos na empresa, individual e coletivamente, e assim estará deixando um legado do qual poderá orgulhar-se!

Sem dúvida, orientar os colaboradores é a parte mais importante do trabalho de ampliar as suas competências. Quem orienta bem, seguramente está praticando aquele velho ditado: "Dê um peixe para um homem e o estará alimentando por um dia; ensine-o a pescar e você o estará alimentando pela vida inteira." **Há maneira melhor para explicar o que é orientação?**

Os bons gestores líderes entendem que orientar é bem diferente de dar ordens. Significa ensinar as pessoas como fazer corretamente as coisas e, para tanto, aproveitam cada encontro com os seus auxiliares para orientá-los!

7. Conhecer a si mesmo.

Para que uma pessoa possa liderar uma empresa, ela precisa ter força de caráter. Em outras palavras, necessita demonstrar firmeza emocional. E a firmeza emocional depende de descobrir-se a si próprio e ter autodomínio.

Bons líderes aprendem quais são seus pontos fortes e fracos específicos, principalmente ao lidar com as pessoas. Assim, melhoram ainda mais os seus pontos fortes e corrigem os fracos. Conseguem liderança quando seus seguidores vêem sua força e confiança interiores e a aptidão de auxiliar os integrantes da equipe a produzir resultados, ao mesmo tempo que ampliam suas próprias habilidades. Quatro qualidades-chave constituem a firmeza emocional:

- **Autenticidade:** indica que a pessoa interior é a mesma que a pessoa exterior;
- **Consciência de si próprio**: permite ao indivíduo aprender com seus erros e os seus acertos (sucessos);
- **Autocontrole:** essencial para que o gestor líder tenha a verdadeira autoconfiança;
- **Humildade**: possibilita que cada um reconheça os seus erros.

Quando o gestor líder consegue assimilar todos esses comportamentos, consegue também transferi-los para a organização, mudando a sua cultura e voltando-a para a execução. Portanto, executar não é apenas algo que se consegue ou não se consegue fazer. É um conjunto específico de comportamentos e técnicas que as pessoas nas empresas precisam dominar para que as suas organizações sejam competitivas.

Dessa maneira, a execução é uma disciplina por si só! E a execução envolve tudo. Ela permite que o gestor líder veja o que está ocorrendo no seu setor. É também o melhor meio de mudança e transição. As empresas voltadas para a execução mudam mais rápido do que as outras, pois estão mais próximas da situação.

Se a sua organização precisa sobreviver a épocas difíceis, se tem de fazer alguma correção importante de rumo para se adequar às turbulências do século XXI – e atualmente é o que quase todas as empresas precisam –, terá maior probabilidade de ser bem-sucedida se estiver executando bem os seus planos. Infelizmente, a **execução** é a grande questão ainda não abordada adequadamente no mundo dos negócios. A sua ausência é o único grande obstáculo ao sucesso, e a razão da maioria dos fracassos – estes erroneamente atribuídos a outras causas.

O que se deve, então, fazer? Dar **prioridade nº1 à execução**, lembrando sempre que a melhor das idéias, se não colocada em prática, ou seja, se for "arquivada", é pior do que qualquer pequena idéia posta em funcionamento!

Felicidade

Vivemos no século XXI, num ambiente em que as empresas estão optando por não fumantes, esportistas e voluntários em ações sociais. São as pessoas que buscam uma qualidade de vida melhor, têm hábitos saudáveis, são mais felizes e mais produtivas.

Aí vão algumas piadinhas só para esquentar o seu entusiasmo e aumentar a sua alegria.

A IDENTIFICAÇÃO INDISCUTÍVEL

Existe no Brasil uma disputa com a Argentina, nos esportes, na economia, na cultura, o que acaba gerando uma quantidade enorme de piadas sobre os *hermanos*, achando neles todos os defeitos possíveis.

Claro que isto é um exagero mais aí vão algumas delas bem rápidas antes de irmos para a principal:

a) Por que os argentinos vão para a rua quando há relâmpagos?
- Por que pensam que Deus está tirando fotos deles.

b) Segundo a imprensa argentina, Diego Maradona foi o melhor jogador do mundo, e um dos melhores da Argentina.

c) O filho de um argentino fala para o pai:

- Papai, quando crescer quero ser igual a você.

E o pai, orgulhoso:

- Por que, filho?

- Para ter um filho como eu!!!

Após esse aquecimento, o que acha da seguinte "historinha":

É manhã de domingo na fronteira entre o Brasil e a Argentina. Na igreja, o novo padre faz o sermão:

- E, então, Pilatos lavou as mãos. E o que era Pilatos? Argentino!

Os fiéis ficaram perplexos e um tanto aborrecidos. Têm parentes argentinos, ou têm filhos e filhas casados com argentinos.

Muitos outros fazem negócios com os vizinhos. Enfim, quase todos acharam que aquela manifestação do novo padre não foi nada conveniente, mas aí chega o domingo seguinte e no meio do seu sermão o pároco diz:

- Jesus fechou as portas do céu aos fariseus. E o que eram os fariseus? Argentinos!!!

Indignados e revoltados, os moradores da cidade fronteriça procuraram o bispo, para que passasse uma reprimenda no padre.

O bispo conversou com o padre que lhe jurou que nunca mais se referia aos argentinos daquele jeito.

Na missa seguinte no meio do sermão ele descreve a Santa Ceia:

- Aí aos apóstolos todos reunidos em torno dele, Jesus Cristo diz: "Esta noite um de vocês irá me trair."

Pedro logo pergunta: "Sou eu, Mestre?"

E Jesus responde: "Não Pedro, não é você."

"Sou eu por acaso, Mestre?", diz Mateus.

"Não".

João diz: "Sou eu, Mestre?"

"Não, João."

E Judas: "Soy yo?"

Para mantê-lo atento, aí vai mais uma "historinha":

As sogras provavelmente inspiram mais piadas do que qualquer outro grupo de pessoas no mundo. São sempre definidas como verdadeiras bruxas, implicantes e briguentas.

Ao ser indagado sobre qual seria a pena máxima para a bigamia, Lênin respondeu sem titubear: "Duas sogras."

As sogras realmente criam problemas em muitos matrimônios e há estudos que indicam que cerca de um terço dos desentendimentos chega a ser atribuído a elas. Mas, a boa notícia é que no mínimo metade delas é neutra, e muitas são parentes carinhosas, prestativas e generosas.

Existe um antigo provérbio polonês que diz: "O caminho para ganhar o coração de uma sogra é tratando bem sua filha". Os homens espertos em geral sabem disso!!!

O que as mães das suas mulheres desejam, mais que tudo, é ver suas filhas felizes. E se um homem assim se comporta, dificilmente a sogra criará problemas.

É mais provável que venha a ter problemas com o sogro, que se recusa terminantemente a entregar a sua "princesinha" querida.

De qualquer forma, vale a pena saber se você sabe rir de piadas sobre sogras.

1ª) Piada
Qual é a diferença entre um *rottweiler* e uma sogra?
A uma certa altura, o *rottweiler* soltará você!!!

2ª) Piada
Adão e Eva foram o casal mais feliz e sortudo do mundo porque nenhum deles tinha sogra.

3ª) Piada
Perguntou-se a um homem: "Por que você veio ao trabalho hoje? Não devia estar no enterro de sua sogra?"

O homem respondeu: "Devia sim, mas primeiro a obrigação, depois a diversão!!!"

4ª) Piada
Pensamento do dia.
Se você conseguisse convencer sua sogra a caminhar cinco quilômetros por dia, em uma semana ela já poderia estar a 35 quilômetros da sua casa!?!?

5ª) Piada
Um indivíduo recebeu um *e-mail* avisando que a sua sogra tinha falecido e perguntava-se a ele as providências que deveriam ser tomadas, ou seja, se a sogra deveria ser enterrada, cremada ou embalsamada.
A pessoa respondeu: "É melhor não correr riscos – providenciar as três ações."

COMO PROCEDER PARA VIVER MELHOR?

O professor de Filosofia na Universidade de Toronto, Mark Kingwell é o autor do livro *Aprendendo Felicidade,* cujo título em inglês é *Better Living* (*Viver Melhor*), no qual ele mostra que aprender a felicidade é um processo muito trabalhoso, sem muito encantamento e fogos de artifício, mas alcançável!!!

Ao analisar como ele recomenda proceder para ser feliz, iniciamos aqui uma série de artigos sobre o tema.

Aliás, no seu livro o prof. Mark Kingwell, de uma forma muito criativa, descreve o apuro que passou quando, no decorrer de uma apresentação sua, foi questionado de forma seca e direta: **"Professor, defina o que é felicidade?!?"**

Explica o prof. Mark Kingwell: "Naturalmente, não existe uma única resposta.

A vontade de compreender a felicidade, de controlá-la, é um desejo comum em nossa cultura, essencial para os diversos julgamentos diários que fazemos sobre a vida, o amor, o trabalho, a política e a diversão.

O desejo de entender o que é felicidade é comum e existem por isso vários tipos de discordância sobre o que constitui uma boa resposta.

Todo mundo acha que sabe algo sobre o que é felicidade, mas poucos conseguem convencer quem quer que seja de que estão certos.

Na realidade, a felicidade parece ser um desses 'conceitos essencialmente contestáveis' que os filósofos adoram desencadear sobre um mundo que de nada suspeita.

Pensadores desde Platão procuraram conectar a felicidade com justiça, bondade, virtude, beleza, amor, etc.

Assim, para Nietzsche, felicidade era: 'A sensação de aumento do poder – de superação da resistência.'

Já Rousseau dizia: 'É uma boa conta bancária, um bom cozinheiro e uma boa digestão.'

O fato é que ainda estamos fazendo perguntas sobre o que é exatamente felicidade (*happiness*).

Samuel Johnson, ao elaborar um dicionário, escapou com habilidade do problema ao definir *happiness* como *felicity* e *felicity* como *happiness*!?!?

É difícil e talvez inútil procurar definir felicidade em uma frase. Por exemplo, em 1996, vários estudos genéticos e comportamentais apareceram em revistas científicas apresentando provas de que o grau de felicidade alcançado por uma pessoa é determinado pela genética.

Dessa maneira, você é feliz, ou não é, e nada que se fale ou se escreva sobre o assunto vai mudar isso!?!?

Claro que isso também é contestável e podemos aprender a felicidade!!!

Devemos fazer isso porque a felicidade continua sendo um fator motivador – talvez o fator central – na vida humana. Como disse o poeta Alexander Pope: 'A felicidade é o fim e o objetivo de nossa existência.'

Todos queremos ser felizes, mesmo se não soubermos disso, mesmo que não possamos dizer com facilidade o que é felicidade.

Para mim, **felicidade é a satisfação que continua a ser satisfatória**."

Hoje em dia, são inúmeros os artigos em revistas conceituadas, os livros, os cursos e os programas sobre felicidade que chegam ao nosso conhecimento constantemente.

Por exemplo, o consultor gerencial australiano Siimon Reynolds (é, ele tem dois is no seu nome...) escreveu o livro *Become Happy in Eight Minutes* (*Seja Feliz em Oito Minutos*)!!!

Pois é, em oito minutos ele acha que dá para fazer você feliz!?!?

Certamente, em breve, surgirá um outro autor que fará isso em seis minutos ou quem sabe se inventará uma droga que permitirá chegar a esse resultado instantaneamente...

Já no outro extremo, Barbara Ann Kipfer, no seu livro *14.000 Things to Be Happy About* (*14.000 Motivos para Ser Feliz*), uma obra de inspiração filosófica, dá uma receita múltipla para ser feliz, que inclui: céu azul, grama verde, cães amigos, esportes divertidos, etc.

É impressionante a obsessão pela felicidade na cultura atual, e não podemos ficar fora dessa tendência na qual prolifera cada vez mais a "carinha feliz".

Por exemplo, um perfume lançado pela Clinique há alguns anos tinha o nome *Happy* e foi divulgado pela modelo Kylie Baker com a seguinte explicação:

"Por que *Happy*? Por que agora?

Porque estamos preparados culturalmente para isso como nunca estivemos antes.

Por décadas, os Estados Unidos da América (EUA) estão sob o feitiço de uma alegria imposta (volta às donas de casa dos anos 1950, ao "paz e amor" dos anos 1960, aos crepúsculos dos anos 1970, e até mesmo à excelência da nova riqueza dos anos 1980).

Mas na década de 1990, prevaleceu uma atitude mais sombria. A felicidade foi banida. Riscada do mapa. E é por isso que chegou o momento de resgatá-la... É atrevido, ousado, mesmo subversivo, ser feliz."

Mas não é apenas o perfume *Happy* que fez sucesso na década de 1990, o mesmo aconteceu com o antidepressivo Prozac, da indústria farmacêutica Eli Lilly, que não concordou nunca que se tratava da "**pílula da felicidade**".

A empresa Eli Lilly sempre procurou explicar que o Prozac é recomendado para as pessoas lidarem melhor com a depressão, mas o que nunca se explicou direito é por que dezenas de milhões de receitas são assinadas todos os anos pelos médicos, no mundo todo, para pessoas de todas as idades, inclusive adolescentes de 15 anos...

Como é que chegamos a essa situação em que acreditamos que podemos destilar e engarrafar felicidade, transformá-la em pequenas pílulas e vendê-las?

Platão, há mais de 2.400 anos, aprendeu com seu mestre Sócrates que a questão filosófica mais básica é:

"O que é um vida digna de ser vivida?", e desde então a questão da verdadeira felicidade está no centro desse projeto maior de avaliar uma vida humana.

"Uma vida que não é avaliada não merece ser vivida", afirmava Sócrates, e para os antigos filósofos não poderia haver felicidade que não fosse enraizada na exigente tarefa de auto-exame sistemático.

Sua idéia de felicidade abarcava muito mais que a experiência do prazer simples ou do contentamento.

No lugar disso, incluía a idéia de satisfação racional, uma sensação, como salientava Aristóteles, "de estar desempenhando e passando bem".

No início da era moderna – aproximadamente a partir da primeira parte do século XVII –, a idéia de Aristóteles sobre felicidade foi "aperfeiçoada".

Os grandes teóricos do período alegavam compreender a felicidade em termos psicofísicos inflexíveis: a experiência do prazer corpóreo, a ausência de dor física.

Aliás, os primeiros utilitários empregaram uma idéia redutiva de felicidade, como foi o caso de Jeremy Bentham com o seu cálculo da felicidade – *felicific calculus* –, no qual todos os prazeres e dores são mensuráveis em uma escala única, nivelando as diferenças em qualidade, duração e intensidade.

Assim, dois prazeres completamente diferentes como escutar um concerto de Mozart ou então comer um sorvete (uma torta) podiam ser convertidos em uma única escala e então comparados!?!?

Dessa forma, de acordo com John Stuart Mill, o princípio da utilidade de Bentham tornou muito elementar distinguir os níveis de felicidade.

Aliás, Mill tentou melhorar o utilitarismo ao introduzir a idéia da diferença qualitativa na felicidade, na sua frase célebre: "É melhor ser um Sócrates insatisfeito que um tolo satisfeito."

Em nossos dias, a responsabilidade de tentar articular foi, em grande parte, e na maioria das vezes sem muita utilidade, transferida para profissionais que têm como certo que as pessoas são indivíduos completamente isolados.

Esse é o caso, por exemplo, do famoso economista Amartya Sen, da Universidade Harvard, que procurou enumerar os fatores do bem-estar humano, da moradia ao lazer.

Atualmente também desenvolvem-se debates acirrados na literatura médica – acirrados porque suas implicações envolvem uma gama de questões polêmicas, da manipulação eugênica à morte voluntária –, porém todos relacionados com **qualidade de vida**.

Os médicos estão preocupados com respostas para perguntas do tipo:

➡ Toda vida merece ser preservada?

➡ Existe um ponto além do qual não se pode considerar que uma vida é digna?

➡ Que nível de felicidade deve existir em uma vida para que possamos considerá-la digna de ser vivida?

A qualidade de vida não era considerada um componente da saúde até 1947, quando a Organização Mundial de Saúde começou a definir saúde não apenas como a **ausência de doença e enfermidade**, mas também **um estado de bem-estar físico, mental e social**.

Mas na cultura atual em geral, continua-se perseguindo a questão filosófica básica da felicidade – **O que é uma vida digna de ser vivida?** – com uma clara propensão tecnológica.

Para alguns, parece que as pessoas estão acreditando poder resolver a questão do valor da vida com as ferramentas precisas da razão científica e aliviar qualquer falta de felicidade com os produtos da engenhosidade científica.

Entretanto, quanto mais se pesquisa a crescente cultura de fornecimento por meio das "máquinas de viver melhor", mais ela parece desalentadora.

Dessa condição ou posição, podemos ficar tentados a levar nossa busca da felicidade para um domínio mais espiritual.

A princípio, nada há de errado em elevar nossos olhares além das necessidades materiais para as espirituais – ao contrário, isso dá a muita gente um tipo de vida mais rica e satisfatória do que eles poderiam ter no processo comum de ter e gastar.

Aí, Mark Kingwell, no seu livro *Aprendendo Felicidade,* lembra: "Não podemos esquecer que, por exemplo, o objetivo cristão da salvação teria prometido para muitos de nossos ancestrais medievais uma forma de bem-aventurança eterna, dando assim sentido às suas vidas e oferecendo alívio em outro mundo para sua miríade de privações no mundo real, apesar de que um tal objetivo não seja melhor ou pior que os objetivos de felicidade, forma física e realização sexual oferecidos praticamente por todas as campanhas publicitárias das grandes empresas de produtos e serviços como DuPont ("Coisas melhores para viver melhor"), Ford, Boston Group, Nike, Gap, Zara, Nestlé, etc.

Assim, vemos nas propagandas de exibição de móveis ou de equipamentos de jardinagem, na TV, mensagens cujo objetivo é nos proporcionar, muito conforto e lazer, ou seja, criar um paraíso distante de um mundo urbano hostil.

O que de fato presenciamos é a '**máquina de viver melhor**'.

A **máquina de viver melhor** (MVM) é uma coisa, um objeto ou um programa, concebida de várias maneiras, que faz uso de um algoritmo, de uma técnica, de um processo, de um código ou de uma receita médica para **fazer as pessoas felizes**.

Dessa maneira, a MVM pode ser uma droga, um programa de terapia, ou mesmo um objeto material que tem muito significado para nós (*Se eu tivesse um carro BMW, eu finalmente seria feliz...*).

A MVM, resultado da engenharia e experimentação complexa, da destilação de um amplo sistema de relações psicotecnológicas e projetos de *software*, talvez da intensa pesquisa farmacêutica ou de *marketing*, faz com que a felicidade nos seja apresentada em uma forma que não é apenas comparável, mas mecânica.

A felicidade não é mais o plano de vida e o comprometimento ético dos antigos.

Agora é algo linear e governado por regras, um comprimido ou técnica à prova de falhas.

'**Tecnologizar**' a felicidade faz com que seja difícil pensar claramente sobre o que ela deveria significar de fato para todos nós."

O prof. Mark Kingwell, no livro *Aprendendo Felicidade,* enumera oito mitos dominantes sobre felicidade.

1º Mito – A felicidade é fácil.

Todo mundo, de escritores bem-sucedidos a médicos que aviam receitas, quer que você acredite que isso é verdade.

Infelizmente, a felicidade requer pensamento, e como todo mundo que já tentou sabe, **pensar é trabalho duro**!!!

2º Mito – Pode-se comprar a felicidade.

Ninguém deve duvidar que o desejo material pode ter o efeito de reduzir as possibilidades de felicidade de uma pessoa, ou que a satisfação material às vezes ajuda a reforçar a felicidade.

O erro – e é um erro fundamental – é achar que há uma forte relação de derivabilidade lógica entre renda alta e felicidade, até porque há gente pobre feliz e gente rica infeliz.

3º Mito – A felicidade é a própria simplicidade.

Naturalmente, a felicidade não deve estar na total rejeição de todos os bens e tentações do mundo. Há, porém algo de verdade na teoria da renúncia, porque normalmente são os nossos desejos descontrolados que nos levam a níveis mais elevados de estresse pessoal, conflito, ambição frustrada e exaustão.

Porém, um fato é evidente: para ser feliz ninguém deve ser tão simples a ponto de que todo dia da sua vida seja uma celebração da pobreza.

4º Mito – A felicidade é imoral.

É vital entender que existe uma moralidade na felicidade e uma felicidade na moralidade que, se comparadas aos prazeres efêmeros do contentamento, empalidecem o brilho destes. Muitos prazeres fugazes são moralmente neutros e outros são imorais, porém, de qualquer forma, existe uma notável diferença entre felicidade genuína e qualquer estado de contentamento.

Por isso, provavelmente a busca da verdadeira felicidade é a busca mais valorosa que existe para os seres humanos.

5º Mito – Felicidade é loucura.

Há quem acredite que a felicidade seja uma aspiração um pouco insana e até uma forma de doença!?!?

Mas isto só pode ser verdade se a felicidade fosse uma espécie de rompante de bom humor, de curta duração, um novo caso de amor ou o prazer de aproveitar uma vitória pessoal. A verdadeira felicidade é um trabalho de toda uma vida e conseqüentemente algo bem equilibrado e planejado.

6º Mito – A felicidade está em outro lugar.

Segundo esta idéia, muito de acordo com o que é dito pelos apologistas cristãos, o objetivo de cada ser humano aqui na Terra não é ser feliz, mas ser bom, e assim criar um "**mérito de ser feliz**".

Em outras palavras: fazer a coisa certa não fará você feliz, mas fará com que você mereça a felicidade – que virá. Tudo isso sugere que, se uma pessoa tende a ser cínica sobre a religião institucional, essa visão cristã da felicidade é mais sobre obediência à autoridade externa que qualquer outra coisa.

7º Mito – A felicidade é seu direito de nascença.

Obviamente não é bem assim.

É verdade que a felicidade acontece, se é que acontece, aqui e agora – **nesta vida**.

Entretanto, isso não significa afirmar que a felicidade **sempre aconteça**, ou que nós tenhamos um direito a ser feliz compulsoriamente.

Dizer que todos os que nascem vão ser ou merecem ser felizes é uma das mentiras mais brilhantes da era moderna.

8º Mito – A felicidade é determinada.

É verdade que a nossa felicidade nunca está totalmente em nossas mãos.

Porém, tomar equivocadamente essa verdade parcial como uma verdade total sobre a felicidade é o mesmo que fechar a possibilidade de uma pessoa de evoluir e estabelecer antecipadamente a vida de alguém.

Obviamente, os genes podem nos impor inúmeras restrições, mas ficaremos mais limitados ainda, se aceitarmos passivamente todas as conclusões cientificas que dizem que 99,9% das pessoas são iguais. Na realidade, a vida mostra que são extremamente diferentes na cultura, na inteligência e na forma como passam pela Terra, no que se refere a felicidade.

Toda pessoa que busca a felicidade, além de reconhecer os oito mitos há pouco citados, deve acreditar que vale a pena viver aceitando o mistério básico da sua vida, isto é, **que ela um dia chega a um fim**!!!

E aí o prof. Mark Kingwell conclui no seu livro: "Somos, pelo que sabemos, a única espécie capaz de refletir sobre a própria mortalidade, as únicas criaturas neste planeta capazes de vislumbrar o fim da própria existência.

E aí a questão é: **podemos aceitar essa nossa finitude, no lugar de fugir dela? Temos coragem para tal?**

Naturalmente, esse é um desafio existencial de magnitude sem paralelo, mas deveria ser também uma ocasião para assombro e felicidade, mais que para medo e temores!?!?

Só ao responder tais questões é que vamos descobrir o que está faltando em todas as versões de viver melhor, isto é, **passar a vida feliz**!!!

Dessa maneira, questionaremos nossas prioridades herdadas e as expectativas convencionais, para aí sim achar uma felicidade que vá além das ondas pouco confiáveis da sorte, do prazer e das glorias efêmeras dos objetos e das excitações.

Só chegando a essa condição é que poderemos nos tornar quem realmente queríamos ser: **pessoas felizes**!!!"

Filantropia

Antes de falar de filantropia, que em muitos lugares ainda está bastante esquecida, vejamos porque acontece o **esquecimento**.
O especialista no assunto, o médico e neurocientista Iván Izquierdo no seu livro *A Arte de Esquecer* diz: "Basicamente existem quatro formas de esquecimento. Duas deles consistem em tornar as memórias menos acessíveis, mas em geral sem perdê-las por completo: a **extinção** e a **repressão**.

As outras duas consistem em perdas reais de informação; uma delas por **bloqueio** de sua aquisição e a outra por deterioração e perda de informação, o **esquecimento** propriamente dito. O esquecimento real não é uma arte: **é uma pena**.

Dessa maneira, a arte de esquecer se concentra mais na **extinção** (e seus parentes próximos, a **habituação** e a **discriminação**) e na **repressão** que as vezes se apóia num truque chamado falsificação!!!

Pois bem, não podemos esquecer a filantropia extinguindo-a ou reprimindo-a.

Ao contrário, devemos fazer de tudo no século XXI para que ações filantrópicas se multipliquem e aumente significativamente a responsabilidade social empresarial.

Bem, inicialmente vale a pena sorrir um pouco com algumas piadas "pseudofilantrópicas".

1ª Piada – Cumprindo fielmente o desejo.

Uma senhora leva uma reluzente Ferrari a uma revenda.

Depois de examinar a "máquina" o proprietário da agência diz para a mulher:

- O carro está ótimo! Quanto à senhora está pedindo por ele?

- Quinhentos reais – respondeu a mulher.

- Quinhentos mil reais, a senhora quer dizer, não é?

- Não senhor! São quinhentos reais mesmo!!

- Mas isso é um absurdo! – espantou-se o potencial comprador. – Esse carro vale no mínimo 450 mil reais.

- Estou apenas cumprindo a vontade do meu falecido marido.

- Não posso acreditar no que estou ouvindo! Ele pediu que a senhora vendesse a Ferrari por R$ 500?

- Leia aqui o testamento no parágrafo 13.

- O indivíduo apanha o papel e lê: "Vender a Ferrari e doar a quantia resultante da venda à minha amabilíssima e prestativa secretária Camila Sangalo."

2ª Piada – Divisão eqüitativa.

Numa conversa entre dois amigos:

- Como terminou seu divórcio?

- Dividimos a casa. Ela ficou com o lado de dentro e eu, o de fora!?!?

3ª Piada - Ajuda incorreta.

Uma senhora muito distinta se comoveu ao ver um garotinho na ponta dos pés tentando apertar a campainha.

Com pena do menino, decidiu ajudá-lo, praticando uma boa ação.

- Deixe que a titia aperta para você.

E apertou.

O garoto olhou, meio assustado para a senhora e disse:

- Legal! Agora vamos sair correndo!

4ª Piada – Compensação pelo empréstimo.

Uma mãe estava preocupada com o comportamento de suas filhas e particularmente no jeito como elas se vestiam.

Um dia ela viu a filha de 13 anos usando o suéter da irmã de 20 anos.

- Filha, você pediu isso emprestado à sua irmã? – perguntou.

- Não. Mas ela veio ao meu quarto, pegou uma roupa minha e deixou isso como garantia.

5ª Piada – Nunca recusar o que é de graça!?!?

No restaurante, o garçom pergunta:

- O que gostariam de pedir de sobremesa!

- E os clientes:

- Para mim, nada!

- Eu estou satisfeito!!

- Eu não conseguiria comer mais nada!!!

O garçom, então diz:

- Mas a sobremesa está incluída no preço do jantar.

E os clientes imediatamente...

- Sorvete!

- Torta de chocolate!!

- Bolo de framboesa!!!

PRESENTE-SURPRESA

É comum casais terem problemas de comunicação. As mulheres nunca dizem claramente o que querem. E os homens não se esforçam para entender o que elas falam. A história abaixo ilustra bem isso. A esposa queria um carro esportivo de aniversário. Daí, ela virou para o marido e disse:

– Meu amor, este ano quero um presente-surpresa. Para ajudar, vou dar uma dica: desejo algo que vá de zero a 100 em menos de cinco segundos. Mas tem de ser vermelho.

No dia do aniversário, ela ganhou uma linda balança de banheiro novinha, toda vermelha. O marido ainda está desaparecido.

QUEM É QUE ESTÁ ALAVANCANDO A FILANTROPIA?

Inicialmente, é importante analisar a decisão que Bill Gates tomou em junho de 2006, comunicando que, até julho de 2008, deixará o dia-a-dia da Microsoft, companhia co-fundada por ele em 1975 e que produz o *software* Windows, indispensável para bem operar os computadores.

Bill Gates planeja permanecer como presidente do Conselho da Microsoft, mas já começou a transferir suas funções como supervisor de desenvolvimento de produtos na empresa para o diretor técnico Ray Ozzie que agora é o arquiteto-chefe de *software* e Craig Mundie que é o pesquisador-chefe e diretor de estratégia.

Claro que um papel muito importante na Microsoft está reservado a Steve Ballmer, ele que assumiu em 2000 o cargo de diretor-presidente – que era de Bill Gates – e tem mudado algumas coisas na empresa, mas que continua creditando a Bill Gates toda a revolução tecnológica que a empresa provocou no mundo.

Diz Steve Ballmer: "Bill Gates é uma personagem fantástica e assim como num mundo em que o '*software* estava numa caixa', e ele soube lucrar com o produto, tenho plena convicção que o mundo vai ganhar o maior filantropo de todos os tempos.

Bill Gates vai fazer com que todos se voltem mais para as atividades sociais, para a solução de problemas terríveis na educação, na saúde e na exclusão de bilhões de pessoas do mercado de trabalho e do consumo.

Ele tem tudo para diminuir as desigualdades na Terra."

Nesses primeiros anos do século XXI, nota-se que os muito ricos inauguraram algumas tendências e uma delas é **deserdar seus filhos**!!!

No final de junho de 2006, Warren Buffett, presidente do Conselho de Administração da Berkshire Hathaway Inc., decidiu doar 85% de sua fortuna de US$ 44 bilhões, a entidades assistenciais.

A principal beneficiária será a Bill & Melinda Gates Foundation.

E aí surge a grande questão: **por que os ricos não querem mais o seu dinheiro?**

No caso de Warren Buffett, os óbvios perdedores são os seus três filhos Peter, Howard e Susan.

Claro que nenhum deles ficará algum dia sem dinheiro, porém não são eles que vão administrar ou receber o grosso da fortuna do seu pai.

Do mesmo modo Sanford Weill, presidente emérito do Citigroup Inc., decidiu doar sua fortuna de US$ 1,4 bilhão num "acordo com Deus".

Na Grã-Bretanha, Anita Roddick que faleceu em 2007, a fundadora da Body Shop Internacional, quando vendeu a empresa para a L'Oreal S.A. por US$ 1,2 bilhão, comunicou que doaria seu dinheiro para instituições assistenciais, e não para os seus filhos!!!

O impulso dinástico é um dos mais antigos e mais fortes comportamentos dos seres humanos.

Ao longo da História, monarcas e magnatas construíram impérios e os transmitiram a seus filhos (quando puderam...).

Realmente, os seres humanos são impulsionados pelo desejo de preservar seus genes.

E algumas pessoas muito ricas o fazem de forma ostensiva como por exemplo, o magnata das comunicações Rupert Murdoch, que insistiu em colocar seus filhos em cargos graduados da sua organização News Corp., embora os resultados tenham se mostrado um tanto quanto heterogêneos e insatisfatórios.

Há três explicações iniciais para essa benfazeja onda da filantropia que assola o mundo.

Em primeiro lugar, se você quer que seus filhos se dêem bem na vida, a instrução é provavelmente mais importante do que a fortuna que herdarão!?!?

Na maioria das economias modernas, pessoas inteligentes e bem-formadas conseguem viver muito bem com recursos próprios.

Em segundo lugar, os ricos estão agradecendo os esclarecimentos que obtiveram de Sigmund Freud. O pai da psicanálise pode até não ser levado muito a sério por muitos cientistas, mas a psicologia de botequim anda mais poderosa do que nunca.

E parece que muitos bilionários e multimilionários incorporaram a idéia de que uma **vasta riqueza não ganha com trabalho** é o caminho infalível para a ruína psicológica.

Em terceiro lugar, a **filantropia está na moda!!!**

Vivemos numa era da meritocracia (não em todas as partes do mundo...).

Preferimos fortunas ganhas por meio de trabalho árduo e da imaginação.

A fortuna herdade nos deixa inquietos.

Como conseqüência, tudo indica que os ricos dos países desenvolvidos vão doar seu dinheiro cada vez mais e com isso as instituições assistenciais vão evoluir no sentido de alcançar seus objetivos.

Voltando ao caso de Warren Buffett convém lembrar que ele nunca mostrou muita paixão por filantropia.

Durante anos, disse que seu dinheiro só seria doado após a sua morte e ainda recentemente, no início de 2006, tinha reafirmado: "Não vou gastar meu tempo com filantropia à custa do que lucrei com a minha adorada empresa, a Berkshire Hathaway.

É quase o mesmo que eu deixar de beber Coca-Cola e comer hambúrgueres. Isto é, **isso não vai acontecer!!!**"

Mas aconteceu e a resolução do "sábio de Omaha", como é conhecido Warren Buffett, foi anunciada na Biblioteca Pública de Nova York onde os dois homens mais ricos do mundo se encontraram para divulgar um acontecimento filantrópico histórico.

Bill Gates e Warren Buffett já são amigos há um bom tempo e confirmam suas reputações de parcimoniosos ao fazerem apostas de apenas US$ 1 quando se reúnem para jogar pôquer.

Não se deve esquecer que em 2006, Bill Gates e Warren Buffett tinham respectivamente as seguintes fortunas: US$ 50 bilhões e US$ 44 bilhões.

Warren Buffett realmente foi admirável no seu gesto pois inclusive representou um afastamento do desejo tradicional dos filantropos de deixar uma marca pessoal com a criação de fundações com os seus nomes.

Declarou Warren Buffett: "Sei o que quero fazer e faz todo sentido prosseguir.

Acabei percebendo que existe uma Fundação fantástica – a de Melinda e Bill Gates – que já poderia usar meu dinheiro de uma maneira produtiva.

Eles já se comprometeram com algumas questões extraordinariamente importantes para o mundo e, se lhes estavam faltando recursos, estou colocando-os à disposição.

Agora Melinda e Bill Gates podem obter mais sucesso ainda na luta no mundo pela redução da pobreza, do acesso à tecnologia em países pobres, no financiamento de projetos na área de saúde e na melhoria da educação nos EUA."

Bill Gates respondeu: "Estamos todos admirados com a decisão de nosso amigo Warren Buffett de usar a maior parte da sua fortuna para combater os problemas do mundo, e nos sentimos honrados por ele ter escolhido destinar esses enormes recursos para a Fundação Bill & Melinda Gates."

Bem, nesta orgia de generosidade, no momento Warren Buffett merece o título de **revolucionário filantrópico**.

A Fundação Gates, com a ajuda de Buffett vai ser cinco ou seis vezes maior do que a sua concorrente mais próxima, se é que existe competição entre as fundações filantrópicas.

Porém, apesar desta magnitude da Fundação Gates, é preciso que surja um esquadrão de Warren Buffetts para se atingir, digamos, o poderio do Banco Mundial, com um total de ativos que excede os US$ 200 bilhões.

E continua sendo necessário ter uma cidade cheia de Buffetts para dar conta da gigantesca necessidade que existe no mundo.

Como o próprio Bill Gates ressaltou após a doação de Warren Buffett: "As doações anuais da nossa fundação chegarão a pouco menos que um dólar para cada pessoa que vive na miséria em todo o mundo."

Entretanto, não se pode deixar de lembrar que algumas centenas de milhares de pessoas terão uma qualidade de vida melhor com o auxílio da Fundação Gates.

Além disso, o mundo nunca teve um número tão grande de bilionários nem de filantropos como neste início do século XXI e isso tende a aumentar.

De acordo com a *Economist Intelligence Unit*, havia em 2006 declarados, 691 bilionários no mundo, dos quais **388** acumularam a sua **própria fortuna**.

Aliás, o próprio Bill Gates e sua mulher Melinda já desembolsaram mais de US$ 30 bilhões da sua fortuna para a Fundação Gates.

O editor de economia da renomada revista inglesa *The Economist*, Matthew Bishop estudou o binômio riqueza e filantropia e acredita que, como o número de bilionários e multibilionários está crescendo muito rapidamente no mundo, isto tem acarretado também um significativo aumento do montante das doações.

Explica Matthew Bishop: "As pessoas muito ricas estão conscientes dos problemas de desigualdade no mundo e das inúmeras carências que bilhões de pessoas têm na saúde, educação, habitação e na própria sobrevivência.

Elas sabem que esses problemas têm que ser resolvidos (ou ao menos minimizados) e que os governos não têm capacidade de lidar com essas questões.

Portanto, boa parte desses bilionários que ganharam a vida fazendo a sua estupenda carreira, sentem a necessidade de usar os seus talentos nos negócios para tentar resolver os grande problemas sociais do globo.

Acredito também que eles estejam preocupados com o fato de que, se não usarem o seu dinheiro para **fazer o bem enquanto estão vivos**, terão que deixar o dinheiro para os filhos.

Deixar uma grande herança, muitas vezes, pode causar um mal maior para esses herdeiros do que um bem, pois eles podem ficar extremamente mimados e perderem a noção do valor do dinheiro, da importância de trabalhar...

Um outro grande receio dos bilionários é que a sua fortuna acabe sendo administrada por terceiros que, não se sabe se serão capazes de fazer ações realmente filantrópicas."

É interessante lembrar que os filantropos seguem diversas tendências, dando dinheiro a comunidades locais como museus, galerias de arte, salas de espetáculo, universidades, hospitais, organizações não-governamentais (ONGs), etc.

Mas, o que se tem mostrado eficaz é a ação dos filantropos em três áreas específicas.

Uma delas é a atenção aos problemas de saúde pública, com incentivos para que empresas farmacêuticas desenvolvam medicamentos para males como a malária, tuberculose e doenças tropicais.

A outra área que tem alcançado bastante benefício da filantropia é a educação, com destaque para o estímulo à educação superior, principalmente nos países pobres.

O ano de 2005 foi escolhido pela Organização das Nações Unidas (ONU) como o "Ano do Microcrédito" o que de fato provocou um significativo estímulo para doações nesse segmento bem como de uma forte conscientização das grandes instituições financeiras que elas deviam ter linhas de crédito com taxas de juros bem baixas para os pobres.

A filantropia permitiu, no mundo todo, nesse início do século XXI, a criação de um significativo número de canais de acesso a crédito para os pobres, para que eles possam fazer empréstimos para os negócios próprios – transformando-se em empreendedores – ficando rapidamente independentes da ajuda humanitária nacional e internacional.

O lado bom de muitas instituições filantrópicas espalhadas pelo mundo é que em diversos países elas não precisam prestar contas a ninguém!?!?

Não têm que mostrar balancetes financeiros e têm autonomia de fazer o que quiserem.

O lado ruim é que não há pressão para a utilização eficiente dos recursos.

Isso é, no mínimo, maléfico pois, quando o patrono morre e burocratas profissionais assumem o comando da instituição, não poucas vezes dedicam-se a erigir sedes majestosas e não se empenham vorazmente em atividades que gerem benéficos de longo prazo para as comunidades carentes.

Em países como os EUA e Reino Unido há um grande estímulo para a filantropia, existindo inclusive uma estrutura de incentivos fiscais atraente para esse tipo de atividade, com o que tem havido um aumento de doações.

Esse não é, entretanto, o caso do Brasil onde doar pode representar sérios problemas para quem assim procede...

A tendência no mundo é que a gestão das entidades filantrópicas tenha uma interferência mínima do Estado, o que, por sinal, impede pressões imediatistas de políticos.

Os governos de certos países parece que pensam que uma grande intervenção das ações de entidades filantrópicas pode comprometer a ação do Estado em setores que deveriam ser de responsabilidade governamental, de forma que, apesar de não terem os recursos financeiros para fazer tudo o que tem que ser feito para os cidadãos também não facilitam as coisas para a ação das organizações filantrópicas.

Isso de fato é lamentável!!!

Um exemplo típico dessas intervenções é o da Fundação Gates.

Assim, a Manual High School, usava um prédio de 112 anos para oferecer ensino a jovens de vários bairros pobres na cidade de Denver (nos EUA).

Até 1996, foi uma escola respeitada, atendendo uma mistura de jovens brancos de classe média, que vinham de ônibus para estudar, e as minorias menos favorecidas.

A escola, até então, saía-se bem nos testes gerais e possuía boas equipes esportivas.

Entretanto, por falta de recursos, em 1996, o ônibus escolar obrigatório e gratuito acabou e o corpo discente da Manual High School passou a ser formado em **90% pelas minorias pobres.**

A escola logo despencou nos testes estaduais e a taxa de abandono foi para 50%.

Aí o casal Bill e Melinda Gates doou US$ 1 milhão com um plano de ajuda, propondo uma divisão dos 1.100 alunos da Manual High School em três escolas menores, com a idéia de que um ambiente mais intimista ajudaria alunos, professores e funcionários a desenvolverem relações próximas, o que aumentaria a vontade de as crianças aprenderem e ficarem na escola.

A divisão da escolas aconteceu rapidamente mas, a tal melhoria nem tanto...

Em primeiro lugar porque dois dos três diretores eram gestores educacionais iniciantes sem a devida experiência para administrá-las e tão pouco tinham competência para desenvolver certos temas nas escolas como: liderança, arte e cultura, etc.

Por outro lado, como as escolas eram muito pequenas, não tinham como oferecer tantos cursos quanto antes. Isso refletiu-se na eliminação de algumas disciplinas. Assim, o ensino do francês foi suprimido, ficando apenas o do espanhol para muitos alunos que já o falavam!?!?

As equipes esportivas de cada escola tinham também muitas dificuldades para conseguir o número de integrantes necessários. E, quando o coral foi limitado a uma só das escolas, o diretor da mais popular, que ficou sem coral, se demitiu!!!

Não demorou para que os melhores atletas, músicos e os alunos mais aplicados, desmotivados pelo ambiente, começassem a se transferir para outras escolas de Denver.

Aí aconteceu o pior: a prefeitura de Denver, reduziu o corpo docente da Manual High School, lançando-a definitivamente para uma espiral de morte.

Só foram ficando os piores alunos e agora com menos de 500 alunos a escola pode até ser fechada pela prefeitura, mostrando que a doação de US$ 1 milhão pela Fundação Gates não serviu para torná-la uma instituição de ensino de referência.

Mas isso serviu de lição para o casal mais rico dos EUA, que percebeu o quanto muitos dos males que afligem as piores escolas do país são de difícil trato, e que para eliminá-los não basta só injetar recursos, mas é necessária a cooperação séria das secretarias de ensino dos Estados.

Porém, nem tudo é insucesso e uma verificação nas muitas escolas norte-americanas financiadas pela Fundação Gates indicou, que houve nelas uma razoável melhoria no aprendizado de inglês e na leitura, embora os resultados alcançados em matemática sejam sofríveis. É verdade que diversas escolas que surgiram graças ao financiamento da Fundação Gates são ainda bem novas e é muito cedo para prever quantos dos seus alunos vão concluir os estudos e entrar na faculdade, um outro objetivo da instituição comandada por Melinda e Bill Gates.

O casal destaca que os reveses sofridos não significam que eles jogaram fora mais de US$ 1 bilhão que a Fundação Gates destinou até agora à educação básica norte-americana.

Ao contrário, enxergam isso como um aprendizado, como pesquisa e desenvolvimento para todos os educadores em nível nacional que estão tentando descobrir o que funciona e o que não serve.

O casal Gates já conseguiu criar um conjunto personalizado, mas descobriu que é essencial contratar professores motivados e qualificados, além de instituir padrões educacionais mais rígidos.

Em julho de 2006, nas 14 escolas de Nova York bancadas pela Fundação Gates, eles entregaram diplomas para 70% dos alunos, o dobro da aprovação das grandes escolas que elas estão substituindo.

Um outro exemplo de sucesso é a escola High Tech High de San Diego, na Califórnia, onde a Fundação Gates aplicou em seis anos, a partir de 2000, quase US$ 18 milhões.

No artigo *Bill Gates, get schoooled*, de autoria de Jay Greene e William C. Symonds publicado na revista *Business Week* (24/6/2006) eles contam:

"A escola se parece mais com uma empresa iniciante do setor tecnológico do que com um conjunto de salas de aula.

Janelas no teto do prédio permitem a entrada da luz e as manifestações artísticas dos alunos estão por toda parte.

As qualidades que a Fundação Gates encoraja estão visíveis em todas as partes da High Tech High. Uma delas é um currículo rígido que cria expectativas elevadas.

Apesar de na High Tech High raramente os alunos usem livros escolares (!?!?), eles fazem pesquisas detalhadas para projetos complexos em equipe que combinam matemática, ciências e história.

Os Gates buscam, no ensino, o que é relevante para os alunos e os ajudará a manter o interesse no estudo, como por exemplo a elaboração do guia prático que os estudantes da High Tech High produziram sobre o meio ambiente na área da baía de San Diego.

Cerca de 99% dos alunos da High Tech High se formou em 2005, contra a taxa de 85% do condado de San Diego.

Bill Gates, comentando o resultado, ressaltou: 'Se as coisas certas são feitas com o incentivo do professor, envolvimento do aluno e um bom currículo, consegue-se um excelente desempenho.'

É claro que novas versões do High Tech High não podem ser lançadas como se fossem novos cafés da rede Starbucks.

Além de uma infusão de idéias e capital inicial, a criação (ou reforma) bem-sucedida de uma escola normalmente exige um diretor experiente.

A idéia de escolas pequenas continua sendo uma estratégia básica da Fundação Gates pois Bill Gates está convencido de que assim é mais fácil engajar os alunos em projetos que combinem matemática com outras disciplinas.

Isso não quer dizer, obrigatoriamente, que o desempenho dos estudantes será melhor do que em escolas tradicionais, principalmente se os professores não se concentrarem com afinco no que acontece na sala de aula.

A Fundação Gates tem trabalhado em parceria com outras organizações sem fins lucrativos como é o caso do New Visions for Public Schools em Nova York.

Nas pequenas escolas localizadas no sul do Bronx, como é o caso da Mott Haven Village Preparatory School que tem 325 alunos, 80% dos 81 alunos e que estavam no último ano se formaram e 55 deles foram aceitos em faculdades.

Esse é um resultado notável!!!

Entretanto, essa é uma 'ilha de excelência' no sistema do ensino de Nova York, que é gigantesco e muitas partes dele são extremamente inadequadas e disfuncionais.

O responsável pelo projeto de melhoria das escolas públicas da Fundação Gates, Tom Vander Ark comenta: 'Onde houve problemas Melinda e Bill Gates não têm medo de divulgar os resultados negativos e mostrar o que se descobriu para conversar sobre isso e tentar arrumar um jeito para resolver o problema.

É evidente que começar as escolas do zero é bem mais fácil que tentar consertar as escolas falidas.

Aliás, ao menos 1.000 das 20.000 escolas médias públicas dos EUA são casos perdidos e deveriam ser fechadas.

Em Denver, a decisão de fechar a Manual High provocou a ira de muitos moradores, que interpretaram a medida como um ataque aos alunos negros e latinos que ainda estavam matriculados na escola, que estava afundando.

Porém, funcionários da Secretaria da Educação explicaram que não tinham outra escolha, pois com os alunos abandonando a escola não seria possível oferecer o número mínimo de aulas exigidas... '

Apesar de todos esses obstáculos que estão encontrando para melhorar a educação norte-americana, Bill e Melinda Gates, afirmam que estão comprometidos mais do que nunca com o ensino."

Que bom para os EUA, não é?

Quando é que nossos grandes empresários de sucesso vão direcionar os seus esforços para melhorar a educação brasileira?

É verdade que já existem alguns bons exemplos como o da Fundação Bradesco, da Fundação Odebrecht, do Instituto Ayrton Senna, porém em escala, ainda é muito pouco...

Bill Gates não está preocupado apenas com a educação norte-americana.

Ele tem também fornecido generosos recursos para a descoberta da vacina contra a AIDS.

Frustrado porque 25 anos de pesquisas não conseguiram produzir uma vacina contra a doença Bill Gates está querendo usar seu mais recente e maior fundo – a doação de Warren Buffett – para a pesquisa, apoiando os mais notáveis cientistas que existem no mundo.

Apesar de os pesquisadores de todo o mundo estarem se esforçando por um objetivo comum, eles o fazem em grande parte, independentemente uns dos outros, por causa de interesses comerciais, questões burocráticas e rivalidade pessoal.

Como na maioria das pesquisas biomédicas, os estudos relacionados à AIDS (*acquired immune deficiency syndrome*) em geral são feitos em sigilo, com os sucessos e os fracassos sendo mantidos em segredo até serem publicados em revistas ou jornais científicos meses ou anos mais tarde.

Nick Hellmann, diretor interino dos projetos de HIV (*human immunodeficiency virus*) da Fundação Gates explica: "Até agora as tentativas de criar uma vacina que produza anticorpos capazes de bloquear a infecção do vírus mutante HIV foram um triste fracasso.

Só em 2006, a Fundação Gates está colocando mais de US$ 300 milhões em novas doações, buscando a cooperação nas pesquisas para que se possa superar as enormes dificuldades técnicas que têm limitado até agora os esforços individuais e, às vezes, concorrentes.

Estamos construindo melhores redes e colaboração entre os pesquisadores, exigindo que todos os beneficiados com os recursos da Fundação cooperem uns com os outros.

As novas doações de 2006 foram distribuídos entre 165 pesquisadores de 19 países.

Eles foram selecionados para cuidar de questões ainda não resolvidas, alvo da Global

HIV Vaccine Enterprise, aliança para pesquisas que, em 2003, declarou que falta escala às experiências isoladas sobre vacinas para interromper a pandemia de AIDS que atualmente afeta 41 milhões de pessoas no mundo."

Com 11 mil novas infecções a cada dia, uma vacina é a nossa maior esperança para controlar a epidemia, pois os recursos hoje disponíveis são suficientes para tratar uma pequena fração dos já infectados e essa disparidade tende a aumentar.

Com essa última doação da Fundação Gates, as principais metas que devem ser atingidas são: vacinas que criem anticorpos neutralizadores para bloquear o início da infecção pelo HIV, vacinas que provoquem resposta mais forte das células T para matar células infectadas, formação de critérios padronizados para medir sucesso ou falha, e um novo *website* seguro para compartilhar todos os dados em tempo real."

Espera-se que as doações da Fundação Gates e o gesto de Warren Buffett possam atrair novos patrocinadores pois, na avaliação de Mitchell Warren, diretor-executivo da Coalizão em Defesa da Vacina contra a AIDS, um grupo comunitário sem fins lucrativos, para acelerar as descobertas o investimento total deveria estar por volta de uns US$ 3 bilhões.

Bem, Bill Gates tem agora um grande apoio, que é o de Bill Clinton, o carismático ex-presidente dos EUA, que pode não ter recursos, mas tem uma grande capacidade de envolver as pessoas na luta contra a AIDS.

Gestão

LIDAR COM IDIOTAS

Todas as pessoas que conviveram com o ex-presidente dos Estados Unidos da América (EUA) Ronald Reagan, que também governou por oito anos o Estado da Califórnia e participou antes de mais de 50 filmes, o caracterizaram como sendo um indivíduo extremamente bem-humorado.
Aliás, ele foi capaz de contar piadas até depois de um atentado contra a sua vida...

De fato, o humor e tudo o que comunica – sobre leveza de espírito, intenção, humildade, perspectivas – foram marcas registradas do estilo de trabalhar e governar de Ronald Reagan.

Mas aí vem a grande questão: **há lugar para risos no trabalho?**

Há quem explique que trabalho é chamado de "trabalho" e não "diversão" por um motivo: ele é de fato "trabalho" e ninguém nos pagaria para termos "diversão"!?!?

Entretanto os pesquisadores que têm estudado o riso encontraram vários resultados extremamente significativos.

O primeiro deles é que uma boa gargalhada "queima" quase 4 calorias, o que significa que é muito bom para o bem-estar físico da pessoa além de ser também bom para a vida profissional.

Os indivíduos que têm senso de humor sobem de escalão mais depressa, são mais produtivos e ganham mais dinheiro.

O humor é um sinal de autoconfiança e de segurança, ou seja, mostra que você se pode dar ao luxo de um momento de leveza, porque não precisa recorrer a técnicas agressivas para expor e repassar a todos o seu talento.

O senso de humor auxilia a desarmar conflitos, reduzir as tensões e colocar os que estão ao seu redor, no trabalho, mais a vontade, já que partilhar de uma **boa risada** indica atitude amistosa e não um exacerbado espírito competitivo.

Portanto, o conceito básico é: o humor nos torna felizes, desperta simpatia nos demais e, em última análise, auxilia-nos a estabelecer uma conexão (declarada ou escrita) com os colaboradores ou com o público em geral.

E aí vem de novo a questão: com todas essas vantagens do humor, por que no local de trabalho não há mais gente fazendo uso dele?

Por que na segunda-feira chegam tantos "carrancudos" e tantas "caras fechadas" no local de trabalho?

Provavelmente, muitas pessoas – principalmente aquelas em cargos de chefia – temem que qualquer toque de humor venha a causar um impacto na credibilidade de cada uma delas.

Entretanto se de um lado o humor possibilita uma certa intimidade que pode ser perigosa – o seu impacto positivo também é indiscutível.

Entretanto para rir no local de trabalho, você precisa ser competente em sua função!!!

Seja paródia, auto-ironia ou história engraçada, você deve ter muita autoconfiança ao contá-la para não correr o risco de ser considerado fútil ou até "meio palhaço".

O fato é que as pessoas querem ouvir e acreditar nas mensagens de alguém que admiram, de quem gostam. E elas gostam de gente divertida.

Se você fosse um Jô Soares ou um Chico Anysio, provavelmente também não estaria trabalhando com muitos tolos em seu redor, que são totalmente desprovidos de humor.

Obviamente você não é um humorista profissional – ou o que é mais complexo, um comediante que consegue fazer o **humor com arte**.

Todos conhecemos pessoas que podem contar a mesma piada e algumas delas nos fazem quase chorar de tanto rir, enquanto outras só recebem solenes acenos de cabeça acompanhados de um pensativo: "Oh meu Deus, é isso mesmo!"

O sentido do momento certo, a entonação e a nossa percepção do narrador se combinam, para nos fazer rir as gargalhadas ou então ficar imaginando o que existe de engraçado em uma história tão sem graça...

Muitas piadas "pesadas" da cena humorística realmente não se adequam ao ambiente profissional, entretanto existe pelo menos uma tonelada de alternativas para injetar humor no local de trabalho com a sua marca pessoal. Além disso, há um motivo relevante que não deve ser esquecido: muitas pessoas evitam fazer humor no ambiente de trabalho devido a possibilidade de ofender alguém e isso **não é uma razão fútil**.

Há hoje muitos grupos religiosos, sociais e raciais e ofender alguém pode custar caro, pois a sociedade, em geral, é muito suscetível, e **virou moda considerar-se oprimido**.

Nesse sentido, talvez o melhor seja você explorar a única pessoa, que com certeza, não vai abrir nenhum processo contra você.

E está, é você mesmo!!! Dessa maneira a **auto-ironia** é indispensável.

Quanto mais bem-sucedido na vida você for, melhor ela funcionará. Por isso, nas suas conversações e nos seus relatos é necessário que saiba fazer bem uso da **sátira** e da **paródia**.

A beleza da sátira e da paródia é que você pode usar como alvo algo que todo mundo detesta como é o caso dos relatórios de despesas e das avaliações.

Qual é também a dificuldade de criar um idiota fictício e exemplificar o processo de avaliação de desempenho usando alguém que passou o ano anterior fazendo tudo errado?

Desde que a sátira seja relevante – isto é, que você esteja realmente tentando passar uma mensagem sobre avaliação de desempenho – ela o auxiliará a construir seu argumento de forma concreta.

E o mais importante: **tornará o argumento engraçado**. Portanto é vital valer-se de boas anedotas e que sejam aparentemente inofensivas. E esse terreno é fértil porque o mundo está cheio de imbecis que geram material para histórias grotescas e hilárias mais depressa do que conseguimos documentar.

Muitas pessoas fazem coisas idiotas e há muitos indivíduos que lamentavelmente têm que trabalhar com chefes idiotas e é por isso que convém conhecer algumas piadas sobre deslizes verbais, as gafes sociais, os atos falhos e fiascos dos quais todos gostam de rir, naturalmente contanto que não tenham ocorrido com eles.

Aí vão algumas piadas que seguramente podem ser incluídas na categoria **"quanto mais idiota melhor"**:

Pergunta imbecil

A seguinte pergunta fazia parte do questionário padrão aplicado a todos os passageiros que passavam pelo portão de embarque: "Alguém colocou algo na sua mala sem o seu conhecimento?"

– Se foi posto lá sem o meu conhecimento – pergunta um passageiro – como eu saberia?
A atendente da empresa aérea sorriu, toda orgulhosa e convencida respondeu:
– É por isso que perguntamos!

Comportamento estranho

Uma pessoa estava entrando no seu carro quando reparou num amassado.

No pára-brisa estava um bilhete com um número de telefone.

Ela ligou para o mesmo, citando o incidente e uma mulher disse: "Sinto muito. Bati no seu carro enquanto estava entrando com o meu na vaga da frente."

Aí a pessoa cujo automóvel foi amassado respondeu: "Não se preocupe. Acredito que as nossas seguradoras irão cuidar de tudo!!!"

No que a mulher completou alegremente:

"Você é bem mais compreensível e simpática que o dono do outro carro em que bati enquanto saía da vaga!!!"

Inidônea legal

Um certo dia um casal ao voltar para a casa encontrou a mensagem de uma amiga da esposa na secretária eletrônica.

Dizia que ela estava participando do processo de seleção para um emprego e que precisava de uma carta de referência – de alguém que pudesse atestar que ela era honesta e confiável –, e que dera o nome da amiga para a entrevistadora.

Além disso, informou que ela precisou preencher um formulário.

E concluiu o recado:

– Como não consegui achar você, falsifiquei sua assinatura.

Mãe crédula

Um garoto e o seu pai seguiam a religião Sikh.

Eles sempre usavam os trajes tradicionais e freqüentemente por isso mesmo eram alvo de comentários e perguntas.

Certa vez os dois estavam num restaurante quando uma criança da outra mesa os olhou impressionada, tomou coragem e perguntou ao adulto:

– Você é um gênio?

A mãe do menino ficou vermelha e pediu desculpas.

Entretanto ele não ficou ofendido e decidiu alegrar a criança.

– Não precisa se desculpar. Sim eu sou um gênio, e posso lhe conceder três desejos.

Foi quando a mãe exclamou:

– Sério!?!?

Bem, toda a pessoa que deseja ser líder, precisa livrar-se da armadilha do anonimato e o melhor aliado nesse sentido é um pouco de astúcia; que lhe possibilite, fazer os outros rirem um pouco no local de trabalho. Naturalmente para conseguir isto não é necessário ser o melhor imitador de celebridades, um cartunista júnior, um comediante ou um tremendo trapalhão.

Basta que você cultive o bom humor e com ele consiga sempre escapar das armadilhas da obscuridade e do tédio.

Na armadilha da obscuridade caem os idiotas que estão desesperados para dizer coisas que parecem inteligentes para provar ou explicar seus objetivos, e ela os atrai com destruidores da mensagem como o jargão, o palavrório, as siglas e as evasivas.

Quem consegue escapar, o faz graças à linguagem simples, à honestidade e a piadas curtas e inteligentes. Já a armadilha do tédio guarda uma íntima relação com o entretenimento.

O trabalho geralmente é enfadonho e cabe a você alegrá-lo com histórias relevantes e comentários pessoais engraçados.

Nem sempre é fácil fazer isso, entretanto a vantagem é que no trabalho existem hoje tantos idiotas de padrão intelectual baixo, que para escapar da armadilha do tédio você realmente não precisa valer-se de tudo o que está escrito na prateleira de livros que ganharam os melhores prêmios da Academia do Humor.

Portanto, para se conectar bem com o seu público, faça-o dar boas risadas de tempo em tempo.

E aí caro leitor lhe pergunto: o que pode ser mais gratificante do que ver um prepotente descer do pedestal por causa de uma tremenda derrapada?

O duro é que não é fácil presenciar isso, particularmente quando se tem um chefe idiota sortudo!?!?

É o seu caso?

Então veja como se deve proceder quando o seu chefe é um idiota desse tipo.

COMO É DIFÍCIL TRABALHAR COM UM IDIOTA!

É praticamente impossível construir uma carreira sem passar pela experiência de ficar sob o mando de um chefe prepotente, perfeccionista, inseguro ou apenas incompetente – em resumo, um **chefe idiota**.

Por mais que você faça, não importa o seu cargo, sempre haverá no dia-a-dia a situação de ter de se submeter a alguém que você nem sempre considera o modelo ideal de líder.

Pois bem, idiotas no local de trabalho podem ser **reais** ou **imaginários**.

Se forem reais é fundamental aprender a lidar com eles e é isto que John Hoover, um competente estudioso de gestão de empresas e relações humanas, busca ensinar de forma inteligente, bem humorada e realista, no seu livro *Como Trabalhar para um Idiota* (Editora Futura).

Obviamente se eles forem imaginários, o que cada um de nós precisa é recorrer a ajuda de um psiquiatra.

Você percebe que trabalha para um chefe autoritário e maluco quando recebe dele comentários do tipo:

➡ "Equipe de trabalho é um monte de gente fazendo o que eu ordeno."

➡ "Fazer corretamente não é desculpa para não cumprir o prazo."

➡ "Sabemos que a comunicação é um problema, mas a empresa não vai discuti-lo com os empregados."

E aí vem uma pergunta vital: **como sobreviver a chefes idiotas?**

Uma resposta óbvia mas nem sempre fácil é: **trocando de chefe**!!!

Em primeiro lugar deve-se recordar que nem todo chefe é idiota e nem todo idiota é um chefe.

Além disso, chefes idiotas não são de todo ruins.

Os chefes de um modo geral podem ser divididos em oito categorias:

1ª) Categoria – Os bons.

São aqueles que têm a consciência de querer entender como gostam de ser tratados e também possuem o bom senso de imaginar que outras pessoas – seus subordinados – provavelmente gostam de ser tratados da mesma forma.

Eles proporcionam um bom e constante fluxo de informações que são claras e concisas, além de estimularem os colaboradores a fazer o mesmo entre si.

Não gostam de brincar de tentar adivinhar o que você está pensando e nem ler a sua mente para descobrir o que você está escondendo.

2ª) Categoria – Deuses.

Por incrível que possa parecer existem pessoas que pensam ser Deus e o pior é quando uma delas é o seu chefe.

O chefe deus é aquele indivíduo que anda de ombros eretos, como se tivesse engolido um cabide, conhece todas as coisas e acredita estar acima de tudo e de todos.

Caro leitor, se você tiver um chefe deus, faço votos e cruzo meus dedos para que ele seja generoso e bondoso.

A verdade é que uma das muitas razões pelas quais os chefes deuses acabam chateando a todos, é que os funcionários, mesmo os que ocupam os cargos mais simples, não conseguem acreditar que o verdadeiro Deus criaria esse megalomaníaco.

Um conselho não pode ser esquecido nunca: tentar competir com um chefe deus o levará com grande probabilidade à derrota.

3ª) Categoria – Maquiavélicos.

Chefes maquiavélicos não pensam em ser Deus.

Eles são extremamente inteligentes e sabem que isso é bobagem.

Mas, os chefes maquiavélicos enxergam o mundo como uma enorme pirâmide, sendo que o lugar no topo lhes pertence por direito divino!?!?

Chefes maquiavélicos envolvem cada miligrama de um ser para chegar ao posto máximo.

Não se importam com quem têm de atropelar para chegar lá.

Simplesmente se recusam a não terem aquilo que querem.

Caso você seja atropelado no decorrer da corrida de um maquiavélico para o topo, não trate a questão como uma ofensa pessoal.

Não é nada particularmente com você.

Nunca foi e nunca será a não ser no infeliz momento em que você estiver realmente no caminho do chefe maquiavélico.

A única situação em que seu chefe maquiavélico demonstra um certo contentamento ou benevolência é quando ele está no topo da pirâmide.

Porém, até isso pode ser circunstancial.

Ele pode ter lido em algum lugar que há um posto mais elevado a ser conquistado.

Enquanto houver mais poder a conquistar, os chefes maquiavélicos não descansarão.

Além disso, eles não deixarão de usar manobra ou arma de destruição em massa em sua inabalável carreira para o topo.

4ª) Categoria – Masoquistas.

Acreditar que chefe masoquista é alguém que quer ouvir de você algo como:

"Você é um perdedor, um fracassado" ou "Você realmente é um monte de lixo", não é exatamente o que ele deseja ouvir...

Infelizmente, "elogiar" dessa forma os chefes masoquistas só serve para aborrecê-los mais ainda e eles comumente reagem fazendo algo extremamente detestável para demonstrar seu desprazer.

Como sugere o próprio nome, os masoquistas desenvolveram uma crença que precisam ser punidos.

E essa necessidade de ser punido é tão intensa que eles acabam punindo a si mesmos, caso ninguém mais o faça.

Em casos extremos, ninguém mais é bom o bastante nisso, não o suficiente para merecer confiança.

Os setores comandados por masoquistas são imediatamente percebidos.

Para começar, nada jamais é feito.

Concluir alguma tarefa pode significar uma redução na dor e na infelicidade, e por isso essa alternativa está fora de questão.

Chefes masoquistas certificam-se de que os seus departamentos fracassem pois assim eles serão o centro da ira da chefia superior!?!?

5ª) Categoria – Sádicos.

Dizer a um chefe sádico o que ele quer ouvir só vai animá-lo a emitir mais punição, às vezes abertamente, às vezes de maneira sutil.

O comportamento típico do chefe sádico muitas vezes parece até uma piada e pode ser resumido pelo quadro que um deles pendurou no seu escritório: "Quando eu quiser sua opinião, eu lhe darei."

O que esse tipo de chefe aparentemente não nota é que as pessoas enxergam nesse pseudo-humor o que é verdadeiro, ou seja, a evidência do poder que ele possui.

O chefe sádico geralmente age com você como aconteceu com um rato que foi pego, mas não foi morto...

O chefe sádico não o deixará escapar, o manterá vivo para torturá-lo.

Quando um subordinado tenta uma transferência de setor chefiado pelo sádico, ele faz de tudo para que o pedido seja rejeitado.

Trabalhar para um chefe sádico é sem dúvida a situação mais próxima do inferno que alguns conseguem imaginar.

Infelizmente, só a dor e o sofrimento dos outros é que recarrega as baterias do chefe sádico.

6ª) Categoria – Paranóicos.

Para os chefes paranóicos tudo e todos estão contra ele, inclusive você.

Qualquer coisa que você faça, por qualquer motivo, o chefe paranóico vai pensar que está puxando o 'tapete dele'.

A paranóia pode se auto-alimentar e tornar-se uma profecia auto-realizadora.

Por isso, o chefe paranóico gasta sua energia buscando e expondo a conspiração contra ele.

Às vezes realmente encontra uma.

Porém, a maior parte do tempo, ele precisa inventá-las.

Qualquer operação fracassada é uma evidência para o chefe paranóico de que estão conspirando contra ele.

7ª) Categoria – Camaradas.

Chefe camarada é aquele que quer ficar com você, porém, não lhe quer causar problemas nem deseja conquistar sua antipatia.

Geralmente tem o poder de relaxar o prazo de entrega da sua tarefa ou livrá-lo de um serviço complicado, por isso convém estar próximo dele.

Entretanto, assim como os próprios chefes camaradas, as pessoas freqüentemente preferem dobrar sua carga horária de trabalho a se tornarem inseparáveis dos seus superiores.

Apesar de existirem chefes camaradas irritantes, pode-se dizer que em sua grande maioria eles são os mais maleáveis que existem nas organizações...

A próxima categoria é a do chefe idiota que John Hoover no seu livro *Como Trabalhar para um Idiota*, chama de maneira cortês de **i-chefe**, para não ser muito desagradável.

Antes de tentar compreender e conviver com um i-chefe a pergunta que deve estar na mente de muita gente é: **por que Deus permite que idiotas se tornem chefes?**

É difícil respondê-la, apesar de algumas constatações tristes que se têm no mundo contemporâneo, no qual jogadores de futebol ganham muito mais que os professores que educam os jovens ou os cientistas que trabalham incansavelmente para descobrir a cura de terríveis doenças ou ainda as muitas pessoas que seguem as opiniões de atores e músicos multimilionários sobre a política global.

E aí vem o fato lamentável de muitos idiotas se tornaram chefes, estando aí uma das mais cruéis piadas, das quais se ri com um sorriso amargo...

Uma outra questão que deve ser feita e respondida, apesar de que talvez você não queira é: **sou um idiota?**

O prof. John Hoover, no seu livro, *Como Trabalhar para um Idiota,* preparou um miniquestionário para ajudá-lo a determinar se você se encaixa ou não nessa categoria.

Caso o estimado leitor se sinta temeroso de descobrir aquilo que não deseja saber, deve ir em frente assim mesmo, pensando que se trata da avaliação do seu superior.

O teste da idiotice implícita.

1. Quando algo dá errado no trabalho (escritório) você:
(a) Culpa automaticamente outra pessoa.
(b) Abandona trabalhos importantes e se concentra na minimização e controle dos danos.
(c) Pede pão de queijo, refrigerante e sorvete.
(d) Todas as anteriores.

2. Quando recebe ordens para reduzir a equipe você:
(a) Verifica as avaliações de todos os subordinados que jogam paciência na hora do almoço.
(b) Demite as pessoas que mais o desafiaram a pensar e a inovar.
(c) Pede pizza, refrigerante e um docinho.
(d) Todas as anteriores.

3. Quando recebe ordens para reduzir custos você:
(a) Cancela a festa de fim de ano do seu setor.
(b) Obriga os seus funcionários a comprarem o seu próprio material de apoio ao trabalho que fazem.
(c) Força os empregados a fazerem "vaquinha" para que possa comprar sua pizza.
(d) Todas as anteriores.

4. Quando recebe a instrução para recompensar os funcionários por bom desempenho você:

(a) Verifica as melhores avaliações dos seus funcionários que jogam paciência na hora do almoço.

(b) Permite que os empregados peçam suprimentos extras para realizar bem o seu trabalho.

(c) Pede pizza maior e com cobertura extra, além de uma torta de queijo e um megasorvete.

(d) Todas as anteriores.

Se durante o preenchimento do questionário sobre si mesmo você atirou a caneta para longe antes de terminá-lo, **há esperança**!!!

Mas se você analisou as perguntas tendo em mente o seu chefe aqui vai a forma de obter a pontuação dele.

Cada resposta (a) vale um ponto; cada resposta (b) vale dois pontos; cada resposta (c) vale três pontos e cada resposta (d) vale quatro pontos.

A classificação para o seu chefe é então obtida da seguinte forma:

➡ Quatro pontos: apenas **estúpido**.

➡ De cinco a 12 pontos: um **verdadeiro idiota**.

➡ De 13 a 19 pontos: um **completo idiota**.

➡ 20 pontos: um **idiota colossal**.

Uma curiosidade: **como é que seu chefe se saiu?**

Você agora está pronto para a última categoria de chefe.

8ª) Categoria: Idiotas.

Antes de entrar nas características do i-chefe e como lidar com ele convém recordar como eles surgem e se desenvolvem.

Um fato indiscutível é que a maioria de nós nunca recebeu nenhuma educação formal ou treinamento na arte de liderança.

Dessa maneira enquanto erramos ou tropeçamos pelo caminho que nos leva a posições de autoridade, vamos fazendo uso do que sabemos, procedendo como qualquer pessoa inexperiente, imitando as figuras de autoridade que observamos ou com as quais convivemos.

Realmente, muitos chefes, são promovidos sem o benefício do treinamento adequado para a liderança ou a formalização de um desenvolvimento pessoal.

É comum que eles apenas imitem os estilos de liderança e as práticas de seus antecessores.

Embora pareçam indiferentes a quase tudo, os i-chefes agem dessa forma para mascarar sua insegurança.

Se um empregado fez algo maravilhoso, o i-chefe sente-se geralmente humilhado, ameaçado em sua capacidade de demonstrar a mesma competência.

Ele pode até não ser capaz de identificar o seu real sentimento ou suas origens, mas é capaz de tomar providencias para que o empregado sinta o que ele está sentindo.

É por isso que nenhuma boa ação escapa impune, e membros da equipe que as executam são comumente constrangidos ou humilhados por seus i-chefes.

Mesmo assim, se você tiver um i-chefe, agradeça sempre a Deus!?!?

Ao contrário dos chefes deus, maquiavélico, masoquista, sádico e paranóico, o i-chefe é simplesmente um **sem-noção crônico** e um mutante da jornada de evolução das espécies.

Os i-chefes existem entre outras coisas para testar nossa fé, assegurar nossa sanidade e forçar-nos a aprender técnicas de sobrevivência.

Mas via de regra, os i-chefes não são legais.

Dessa maneira, pense um pouco no seu i-chefe.

➡ Quem ele escolheu como modelo?

➡ O modelo é legal ou não?

➡ Será que ele se influenciou com o livro *Os Segredos da Liderança de Átila ou com O Líder Jesus?*

Entretanto fique sempre ciente que um i-chefe com um pouco de poder, o leva à loucura...

E não por ser diabólico, mas porque tem certos pensamentos bizarros em sua cabeça, que são extremamente perigosos já que ela não foi treinada para pensar.

Embora os i-chefes sejam muitas vezes inevitáveis, eles não precisam ser fatais.

Se você trabalha para um deles, deve ter como prioridade entender suas deficiências e fazer com que ele não se sinta ameaçado.

Nesse sentido aproveite todas as oportunidades para fazer com que as suas atividades pareçam ser guiadas por sua lealdade à filosofia da empresa, como o i-chefe a entende.

Use a linguagem corporal que reflita o tipo de seguidor que seu i-chefe imagina atrair com seu estilo de liderança.

Sempre que fizer algo bem feito, celebre o sucesso abertamente com seus pares e o seu i-chefe.

O segredo da boa convivência é divulgando ruidosamente que o que realizou, é o que o i-chefe imaginou ser importante.

Faça também as escolhas de vestuário e decoração do espaço de trabalho tendo por base os costumes culturais do império que seu i-chefe imagina;

Se fizer todas essas coisas e mais algumas outras, caso o seu diagnóstico estiver correto e o seu chefe for mesmo um idiota, você acabará sempre recebendo dele uma excelente avaliação do seu desempenho.

Mas a melhor estratégia para não se estressar com um i-chefe nem cair em desgraça com ele e treiná-lo...sem que ele perceba, **é claro**!

Este será o seu grande trunfo.

Para tanto prepare um plano consistente.

Nesse sentido mostre-se atento e interessado quando ele fizer aquilo que você deseja.

Ignore-o, trabalhe vagarosamente ou comporte-se com rebeldia quando ele estiver agindo de forma a aborrecê-lo.

Se você prestar atenção ao que o faz feliz ou infeliz em relação ao seu comportamento, em pouco tempo, poderá influenciar o que ele diz e faz.

Você precisa ser capaz de cumprimentar o seu i-chefe pelas coisas que ele idolatra e para tanto deverá se transformar também em um antropólogo amador.

Seja paciente, pratique o método de observar tudo o que ele fala, usa e admira.

Mas, acredite, você não vai obter resultados positivos do dia para a noite.

Entretanto, na pior das hipóteses, você vai criar um objetivo que o fará levantar cedo e ir mais animado para o trabalho.

Também começará a sentir uma genuína satisfação por estar melhorando o ambiente de trabalho para seus colegas.

Por favor, não se sinta mesquinho ou culpado por fingir ou adular.

É a sua sobrevivência!!!

Como você sabe, infelizmente no mundo real não existe uma **polícia dos idiotas**.

Estamos sozinhos para lidar com os idiotas que vivem entre nós.

Pelo menos aqueles que são idiotas em recuperação sabem com o que muitos de nós estamos lidando.

Dessa maneira, muitos dos idiotas ativos permanecem ignorantes ao dano que causam e os não-idiotas continuam simplesmente desesperados...

Porém aceite: a sua vida ficará muito difícil de gerenciar se você apenas tentar controlar a idiotice que não é sua.

Você precisa também investir seus recursos na administração da sua própria idiotice, pois ela não é uma "enfermidade" que se instala apenas no seu chefe.

Se você mantiver todo o conceito universal do idiota em perspectiva e dentro do contexto, há esperança de uma vida melhor para si.

Você é, em última análise, seu próprio chefe, mesmo que se reporte a outro indivíduo, que infelizmente é um i-chefe.

Cabe, portanto a você, proporcionar um descanso emocional para si mesmo...

Insucesso

Para "aquecer" o seu cérebro sobre como lidar com o **insucesso** é vital inicialmente conhecer as 10 piores gafes que são cometidas em uma entrevista de emprego.

Claro que o principal fator a ser lembrado numa entrevista de emprego é: **o entrevistador não conhece você.**

Portanto a conquista do emprego é uma conseqüência da impressão que o candidato lhe causa.

Os fatores que arruínam as suas possibilidade de conquistar um emprego são:

1ª) Gafe – "Meu relógio não despertou!"

2ª) Gafe – Desrespeitar a secretária.

3ª) Gafe – "Desculpe, não tive tempo de pesquisar a respeito da empresa na Internet."

4ª) Gafe – "Dobrei sozinho os lucros da empresa em que trabalhava no ano passado."

5ª) Gafe – Exagerar na solicitação do seu salário.

6ª) Gafe – "Meu último chefe era um idiota!!!"

7ª) Gafe – "Não tenho nenhum ponto fraco".

8ª) Gafe – Falar pelos cotovelos.

9ª) Gafe – Transformar a entrevista em uma sessão de terapia.

10ª) Gafe – Entrar em desespero, e pedir outra chance ao entrevistador!?!?

Vamos agora nos divertir um pouco com alguns insucessos de certas pessoas e certos comportamentos...

1ª) Piada – Local inadequado.

Uma loira entra numa biblioteca e grita ao atendente

– Eu quero um X-Salaaaada!!!

O bibliotecário diz:

– Psiuuuu, moça fale mais baixo....Você não percebeu que aqui é uma biblioteca!!!

A loura fica um pouco envergonhada, se desculpa e pede, bem baixinho....

– Eu quero um x-salada, por favor...

2ª) Piada – Completando a informação.

No elevador de um prédio havia o seguinte aviso: "Em caso de incêndio não uso o elevador."

Depois de algum tempo, o "engraçadinho" do edifício acrescentou:

"Use água."

3ª) Piada - Avisos alentadores.

Uma paciente que tinha muito medo de se operar e não queria correr riscos, colou bilhetinhos para o cirurgião por todo o seu corpo: "Não precisa ter pressa", "Não esqueça de lavar as mãos", "Não se corte", "Vá com calma", etc.

Após a cirurgia, enquanto a enfermeira ajudava a mulher se acomodar na cama, descobriu grudado na sua perna, um bilhete de autoria do médico: "Alguém achou o meu relógio?".

4ª) Piada - Motivo suficiente.

Algumas pessoas se divorciam por bons motivos, outras por motivos ruins.

E há ainda aqueles que se divorciam por motivos como:

➡ Um homem pediu o divórcio porque sua mulher lhe deixou um bilhete colado na porta da geladeira que dizia o seguinte: "Não estarei em casa quando você chegar do trabalho. Fui para a casa de uma amiga jogar buraco. A receita do seu jantar vai passar no Canal 77, às 20h45 min, com as devidas explicações daquele famoso cozinheiro inglês".

➡ Uma dona-de-casa pediu divórcio sob o pretexto de que o marido estava tendo um caso.

A mulher desconfiou quando a cada vez que o telefone tocava, o papagaio da casa repetia coisas como "divórcio", "eu te amo" e "tenha paciência".

Bem caro leitor o que você achou desses dois insucessos? Tinha que acabar em divórcio não é?

5ª) Piada - Integridade de caráter.

– Se digo "fui bonita" é passado – começa a professora.

– Se digo "sou bonita", o que é Zezinho?

– É mentira....

Depois de todos esses insucessos que tal dar uma estrutura mais formal para os eventos ou pessoas mal-sucedidas?

QUAIS SÃO OS 7 HÁBITOS DE PESSOAS ESPETACULARMENTE MALSUCEDIDAS?

O professor Sydney Finkelstein, cujos artigos são publicados na *Harvard Business Review* e em outras revistas famosas, no seu livro *Por Que Executivos Inteligentes Falham* (M. Books do Brasil Editora Ltda – São Paulo – 2007), revela que quando os erros acontecem, as razões, as justificativas e até as desculpas são sempre as mesmas e têm forte conexão com dificuldades na **tomada de decisões** e na **liderança**.

Na realidade, ser espetacularmente malsucedido requer algumas qualidades pessoais especialíssimas.

Naturalmente, não vamos falar somente do comportamento daqueles indivíduos cujos fracassos foram enormes e tiveram repercussão nacional ou até internacional, fazendo com que centenas de milhares de pessoas perdessem os seus empregos e milhares de investidores viram as suas aplicações evaporarem, destruindo centenas de milhões de reais (dólares) ou até bilhões...

As qualidades pessoais desses "fracassados destruidores" (mesmo que tenham desperdiçado apenas algumas centenas de milhares de reais...) são fascinantes(!?!?), porque, com regularidade, estão associadas a qualidades admiráveis, vistas nos empreendedores notáveis...

Afinal de contas, poucos têm a possibilidade de destruir muitos valores sem ter demonstrado o potencial para criá-los!!!

A maioria dos grandes destruidores de valor é constituída por indivíduos de inteligência rara e talento notável.

Quase sempre, são irresistivelmente charmosos, exercem grande magnetismo pessoal e servem de inspiração a muitos seres humanos que vivem na condição de "ninguéns" (*nobodies* ou pessoas sem expressão...), ou seja, transformam-se em "alguéns" (*somebodies*) admirados.

É comum seu rosto aparecer na capa de revistas como *Forbes*, *Exame*, *Fortune*, *Época Negócios*, *Business Week*, *Isto É Dinheiro*, etc.

A lista de líderes que fracassaram espetacularmente não é, entretanto, uma relação de pessoas incapazes de desempenhar seu cargo.

É uma lista de quem possui o talento especial para transformar em **enorme** o que poderia ser um **fracasso modesto**.

➡ E como conseguem fazer isto?

➡ Qual é o segredo de seu poder destruidor?

Curiosamente, é possível identificar **sete hábitos** que caracterizam pessoas espetacularmente malsucedidas.

Quase todos os líderes que foram responsáveis por grandes fracassos empresariais exibem cinco ou seis desses hábitos e freqüentemente os sete!!!

O incrível é que cada um desses hábitos representa uma qualidade amplamente admirada no mundo empresarial do século XXI!!!

O pior de tudo é que, como sociedade, além de tolerarmos as características ou atributos que tornam os líderes espetacularmente malsucedidos, nós as encorajamos.

E esses hábitos não são percebidos hoje em dia apenas nos CEOs (*chief executive officers* ou executivos principais da empresa), mas também nos gerentes, de maneira que prejuízos terríveis podem ser causados em diversas partes das organizações.

Aí vão esses sete comportamentos execráveis:

1º) Hábito – Eles vêem a si mesmos e as suas empresas como dominadores do ambiente.

Antes de mais nada, caro leitor, responda as seguintes perguntas:

➡ Não queremos líderes ambiciosos e proativos?

➡ Um CEO não deve tomar a iniciativa e criar oportunidades de negócios, em vez de apenas reagir aos desenvolvimentos no seu setor?

➡ Uma empresa não deve tentar dominar o seu meio empresarial, moldar o futuro de seus mercados, bem como estabelecer o ritmo dentro deles?

Obviamente, a resposta que o leitor deve ter dado a todas essas perguntas é **sim**.

Mas existe um porém.

Líderes bem-sucedidos são proativos porque sabem que **não dominam** o meio.

Sabem também que por mais bem-sucedidos que tenham sido no passado, estão sempre à mercê das mudanças circunstanciais.

Precisam gerar um fluxo constante de novas iniciativas, porque **não podem** fazer as coisas acontecerem ao seu bel-prazer.

Para que o sucesso dure mais que um breve instante, todo empreendimento de negócios precisa garantir a interação voluntária com os clientes e fornecedores.

Isso significa que por mais bem-sucedida que seja a companhia, o plano geral de negócios tem de ser continuamente reajustado e renegociado.

Lamentavelmente, os líderes que vêem a si mesmos e as suas empresas como dominadores do ambiente em que se inserem, **acabam esquecendo todas essas coisas**.

Superestimam o fato de que controlam eventos apenas até certo ponto e subestimam, em grande parte, a função do acaso e as circunstâncias no seu próprio sucesso.

Eles acreditam piamente que podem ditar regras a todos que os cercam e que seu sucesso e da sua empresa existem **porque eles fizeram com que isso acontecesse**!?!?

Infelizmente (ou felizmente), a maioria dos CEOs tem a plena convicção de ser pessoalmente capaz de controlar o que determinará o sucesso ou o fracasso de sua organização, uma tendência que se denomina **ilusão de preeminência pessoal** (IPP).

Dessa maneira, no lugar de desdobrarem-se para acompanhar as condições e as turbulências do século XXI, esses CEOs sucumbem a essa ilusão – preeminência pessoal – e acreditam fielmente que podem criar as condições nas quais eles e suas empresas irão operar.

Além disso, eles acham que podem fazê-lo apenas com sua genialidade e força de personalidade.

Mais do que isso, imaginam que seu trabalho é concretizar a sua visão criativa, impondo a sua vontade sobre os colaboradores indisciplinados, e acreditam que todos os outros funcionários estão na organização para executar as suas concepções de maneira incondicional.

Para os líderes que sofrem de IPP, aqueles que interagem com eles são instrumentos a serem usados, materiais a serem moldados ou massa de manobra para suas *performances*. Quando líderes empresariais pensam assim, costumam valer-se de comportamento intimidador para dominar os empregados que os rodeiam.

Eles desejam ser "maiores do que a vida", "legendários", "inspiradores", etc.

Um complemento assustador do comportamento de executivos que sucumbem à IPP é que eles acabam também se sujeitando à **ilusão de preeminência corporativa** (IPC).

O CEO que sofre de IPC passa a acreditar que sua empresa é vital para a sobrevivência dos seus fornecedores e para a qualidade de vida dos clientes.

Assim, no lugar de procurar satisfazer os mutáveis desejos dos clientes, os CEOs que sofrem de IPC passam a administrar suas organizações como se os clientes tivessem sorte de terem as suas necessidades atendidas eficazmente pelas suas empresas.

É como se toda a relação com os clientes ficasse de cabeça para baixo, de forma que é função deles – dos clientes – agradar à empresa, mostrando-se **dignos** dos produtos (ou serviços) que ela lhes oferece.

Líderes que sofrem de IPC costumam crer que a superioridade do produto (serviço) da sua empresa a torna invulnerável e dizem a si mesmos, se a empresa fabrica o melhor produto (oferece o melhor serviço) do mundo, são os clientes que devem vir até ela ou então contentar-se com algo inferior.

Claro que a IPP e a IPC dos CEOs acabam levando a grandes desastres empresariais.

2º) Hábito – Eles identificam-se tanto com a empresa, que não há limites claros entre seus interesses pessoais e os da organização.

Realmente, identificar-se demais com a empresa incentiva os executivos (e os gerentes) a tomar decisões tolas!?!?

Em vez de tratarem a empresa como algo que precisam cuidar, nutrir e proteger, os líderes empresariais que se identificam demais com as suas organizações acabam tratando-as como uma extensão de si mesmos.

E aí, eles acabam fazendo coisas que têm sentido para um indivíduo, mas não para a empresa.

Os líderes que sucumbem à IPP têm uma grande probabilidade de cair na armadilha do 2º hábito.

Quando os CEOs e seus funcionários não conseguem separar o CEO da organização, estão no caminho que leva à mentalidade do "império privado".

Eles costumam fazer opções empresariais que lhes sejam convenientes, e não à empresa. Talvez o fato mais surpreendente que acontece quando CEOs identificam-se demais com sua empresa é que ficam **menos** cuidadosos com o patrimônio da empresa.

Correm grandes riscos com o dinheiro alheio, não porque seja dinheiro alheio, mas porque tratam-no como se fosse **dinheiro próprio e gostam de correr grandes riscos**.

Se os executivos estão no cargo há muito tempo ou participaram de um período de crescimento rápido da empresa, acabam achando que ganharam tanto dinheiro para a empresa que suas despesas, mesmo se extravagantes, consigo mesmos e com aqueles que lhes são caros, são triviais.

E aí, começa a viagem para o grande fracasso da organização...

3º) Hábito – Eles acham que têm todas as respostas.

É difícil não nos deixarmos impressionar por líderes empresariais que continuamente nos deixam perplexos com a velocidade na qual podem focar o que é realmente importante.

Eles sempre parecem ter um conhecimento profundo dos fatos relevantes, podem compreender situações complexas instantaneamente e, sobretudo, têm o dom da firmeza na tomada de decisões.

De modo geral, essa é a imagem do executivo competente que aprendemos a admirar durante décadas.

O problema com essa situação de competência executiva é quando a mesma trata-se, na realidade, de uma **fraude**!!!

Em um mundo onde as condições empresariais estão sempre mudando e as inovações parecem ser a única constante, ninguém pode **"ter todas as respostas corretas"** por muito tempo.

Líderes que são invariavelmente firmes e decisivos costumam resolver questões tão rapidamente que não têm oportunidade de avaliar seus desdobramentos.

Pior, porque como esses líderes precisam sentir que já têm todas as respostas, não têm como aprender novas.

Sempre que algo importantíssimo está em jogo, seu instinto é forçar a solução rápida, sem permitir períodos de incerteza, mesmo quando esses sejam necessários.

Às vezes, indivíduos em torno do CEO incentivam esse "comportamento decidido", ou seja, criam a atmosfera de que o seu grande chefe "sabe tudo sobre tudo", pois isso é tranqüilizador. Eles querem seguir um líder que tem todas as respostas, pois crêem que o contrário é assustador.

E dessa maneira acabam proliferando os executivos que têm como ideal de competência executiva ser o **dono da palavra final em tudo** que a empresa faz, propagando um estilo gerencial autocrático, de cima para baixo.

Os executivos "com todas as respostas" não confiam em qualquer pessoa e acabam fazendo desde o *design* até o *marketing* do produto da empresa, tomando sozinhos todas as decisões-chave, em vez de delegá-las a outros gerentes.

E assim acabam colocando a marca pessoal em **todos** os aspectos das operações da empresa e, com essa estratégia, mais tempo, menos tempo, entram na rota que os conduz à colheita de resultados terrivelmente desastrosos para as suas organizações...

4º) Hábito – Eles eliminam impiedosamente todos que não os seguem fielmente.

Os CEOs com objetivos firmes acreditam que a parte essencial de seu trabalho é instilar uma crença em sua visão por toda a empresa, fazendo com que todos se esforcem para cumprir as metas traçadas para chegar a mesma.

Assim, se um gerente ou qualquer outro profissional não se concentrar nessa causa, isto é o suficiente para o CEO pensar que está sendo sabotado na sua visão.

Após um curto período de concessão, esse CEO acaba apresentando aos gerentes e a todos os funcionários hesitantes as opções de: "seguirem fielmente o seu plano" ou saírem (serem demitidos) da empresa.

O problema é que essa política é, ao mesmo tempo, **desnecessária** e **destrutiva**.

Um CEO não precisa que todos na organização, sem exceção, endossem sua visão para que ela seja levada a cabo, com êxito.

Ao eliminar todos os pontos de vista contrastantes e opostos, o executivo de uma companhia perde a melhor oportunidade para corrigir os eventuais problemas quando esses surgem, além de soterrar toda a criatividade e o capital humano ao seu redor.

Os executivos responsáveis por grandes catástrofes empresariais têm no seu currículo a eliminação ou demissão de muitos "colaboradores" que assumiram uma posição contrária.

Portanto, é terrível quem tem o hábito de suprimir todo aquele que não concorda com as suas idéias e, com isso, afasta muitos daqueles que podem preveni-lo sobre as suas estratégias equivocadas que acabarão levando-o a terminar sua carreira como malsucedido!!!

5º) Hábito – Eles são porta-vozes perfeitos da empresa, obcecados com sua imagem.

São inúmeros os CEOs que passam grande parte do tempo proferindo discursos em congressos, aparecendo em programas de televisão, sendo entrevistados por jornalistas e com isto construindo um notável carisma.

São brilhantes em inspirar confiança no público, nos seus empregados, nos novos contratados e principalmente nos investidores.

O grande problema é que, em meio a todo o frenesi e homenagens da mídia, esses líderes correm o risco de fazer com que seus esforços tornem-se superficiais e ineficazes.

Em vez de realmente realizar coisas, eles costumam optar pela aparência de realizá-las.

Sua energia e atenção concentram-se na moldagem de uma admirada imagem pública, e não na administração da empresa.

Obviamente, a maioria dos CEOs que alcança um nível de sucesso na mídia não chega a essa condição por pura sorte, mas por dedicar-se assiduamente às relações públicas.

O fato é que quando uma empresa consegue inovar, é bastante tentador para o CEO concentrar a maior parte de sua energia em vender a nova visão que anima os esforços da organização.

Porém, o esforço de relações públicas abrangentes que este CEO acaba desenvolvendo não apenas o desvia do trabalho real, como ele acaba criando expectativas difíceis de serem cumpridas com o novo produto (serviço) da empresa.

Além disso, quando um CEO transforma a imagem da empresa em prioridade máxima, costuma incentivar diversas práticas de relatórios financeiros que promovam essa imagem.

Isso, naturalmente, acaba colocando o executivo em um curso muito perigoso.

Na última década, no mundo todo e particularmente nos Estados Unidos da América (EUA), diversos executivos valeram-se da **contabilidade criativa** para passar ao público uma imagem positiva, mas distorcida, da sua empresa.

Mas não dá para enganar os acionistas e o público em geral por muito tempo, e esses "executivos inteligentes" acabaram levando as suas organizações a falhas fatais...

6º) Hábito – Eles subestimam grandes obstáculos.

Pois é, são muito os gestores principais das organizações que sucumbem a este hábito, ou seja, eles costumam classificar obstáculos como se fossem dificuldades insignificantes.

Ficam, na realidade, tão encantados com a visão que desejam alcançar, que acabam ignorando as grandes barreiras para concretizá-la.

Supõem que muitos problemas são solucionáveis, quando na verdade são insolúveis ou têm uma solução de custo muito elevado.

Isto acontece geralmente com os executivos que vivenciaram, antes, uma série de êxitos e que assim ficam extremamente autoconfiantes e propensos a subestimarem obstáculos intransponíveis.

Também os executivos acostumados a solucionar problemas técni-cos têm uma grande probabilidade de subestimar problemas que não evidenciam claramente como são intimidadores.

Em alguns casos, o hábito de tratar todos os obstáculos como insignificantes é uma parte essencial do estilo pessoal do líder. Executivos que usam esse enfoque são capazes de superar muitos obstáculos através de uma combinação de **charme** e **ímpeto**.

Assim, eles atraem outras pessoas para seus projetos, inspiram autoconfiança nas mesmas para fazer o que for necessário e as deixam apavoradas, tentando manter o empreendimento em andamento. Aliás, ao se recusarem a aborrecer-se com dificuldades potenciais, ajudam os outros a fazer a mesma coisa...

Qualidade com Humor

➡ Mas por que esses executivos agem assim?

➡ Por que não recuam algum tempo até ficar claro se uma certa linha de atividade produzirá um retorno adequado sobre o investimento feito?

E as respostas a essas questões são basicamente psicológicas. Alguns CEOs sentem uma enorme necessidade de acertar em toda decisão importante que tomam, em parte pelas mesmas razões pelas quais se sentem responsáveis pelo sucesso da empresa.

Se admitirem que são falíveis, sua posição como CEO parecerá assustadoramente precária. Contudo, os funcionários, os críticos especializados em negócios e a comunidade de investidores desejarão que a empresa seja administrada por alguém com uma **habilidade quase mágica de agir sempre certo**.

Depois que o CEO admitir o erro em alguma questão importante, haverá sempre alguém para dizer que ele não estava apto para o cargo que ocupa!?!?

Por isso, quando um CEO percebe que subestimou um obstáculo, geralmente não se dá por vencido, prossegue no mesmo curso de ação, jamais admitindo que a sua decisão está errada, até que se torne um executivo muito malsucedido pelo prejuízo que causou à organização.

7º) Hábito – Eles apegam-se obstinadamente ao que deu certo no passado.

Muitos CEOs a caminho de tornarem-se espetacularmente malsucedidos aceleram o declínio da empresa ao retomarem o que consideram **testado** e **aprovado**.

Em sua sede de certeza em um mundo cada vez mais imprevisível, insistem em usar o marcador errado.

Em seu empenho em alcançar a estabilidade em um mundo de mudanças, apossam-se da resposta de ontem.

Em seu empenho em conseguir o máximo do que consideram seus pontos fortes essenciais, insistem em fornecer um produto a um mercado que não existe mais.

No lugar de considerar várias opções, CEOs com esse hábito escolhem o curso de ação com referência a si próprios e às coisas que lhes deram êxito no passado.

Na maioria das vezes, os executivos adotam estratégias inadequadas ou prejudiciais, em conseqüência de um "**momento crucial**" no início de suas carreiras. Em determinado ponto, escolheram uma certa política que resultou num notável sucesso.

Isso torna-se um "**momento crucial**".

Em geral, é aquela coisa que os tornou famosos, que lhes proporcionou os cargos posteriores, aquilo que os tornou especiais. O problema é que depois que se vivencia esse "momento crucial", costuma-se deixar que ele determine as regras pelo resto da carreira. E se esses indivíduos tornam-se o CEO de uma grande empresa, permitem que esse momento crucial, até certo ponto, defina a empresa também.

Um risco especial de momentos cruciais é que podem resultar em estratégias de recuo que, além de serem inadequados, são inerentemente de alto risco. Dessa maneira, muitos CEOs ambiciosos não fracassam estrondosamente por serem incapazes de aprender, **mas porque aprenderam bem demais apenas uma lição!!!**

Bem, todo aquele que estiver se tornando um *somebody* (alguém) admirado na sua organização precisa se analisar, para ver se não está adquirindo algum dos hábitos (ou todos) de pessoas espetacularmente malsucedidas.

Além disso, seria de muita ajuda para os que alcançaram as posições mais importantes numa organização, que os seus auxiliares diretos os alertassem que esses hábitos nefastos deveriam ser abandonados. Por fim, sempre que esses sete hábitos começarem a exercer influência excessiva sobre os principais executivos de uma organização, é função primordial do Conselho de Administração (se ele existir...) intervir.

Os sete hábitos das pessoas espetacularmente malsucedidas são perigosíssimos para passarem despercebidos, e particularmente os investidores devem estar atentos aos seus sinais!!!

"Nosso cartão de crédito foi roubado, mas decidi não avisar à polícia. O ladrão está gastando menos que você."

Inteligência Intercultural

Aí vão algumas "pérolas" que os nossos estudantes deixaram "gravadas" nos diversos testes e exames sobre a sua capacidade de redigir e responder questões de algumas disciplinas.

- O Brasil é um país abastardo com um futuro promissório.
- O maior matrimônio do País é a educação.
- Precisamos tirar as fendas dos olhos para enxergar com clareza o número de famigerados que aumenta.
- Os analfabetos nunca tiveram chance de voltar à escola.
- O bem star dos abtantes enedependente de roça, religião, sexo e vegetarianos, está preocupando-nos.
- É preciso melhorar as indiferenças sociais e promover o saneamento de muitas pessoas.

- Também preoculpa o avanço regressivo da violência.
- Resposta a uma pergunta: "Esta não cei."
- O Hino Nacional francês se chama La Mayonèse...
- Tiradentes, depois de morto, foi decapitulado.
- Entres os índios de América, destacam-se os aztecas, os incas, os pirineus, etc.
- A História se divide em 4: Antiga, Média, Moderna e Momentânea (esta, a dos nossos dias).
- Em Esparta as crianças que nasciam mortas eram sacrificadas.
- Resposta à pergunta: "Que entende por helenização?" – "Não entendo nada".
- No começo os índios eram muito atrazados mas com o tempo foram se sifilizando.
- Entre os povos orientais os casamentos eram feitos "no escuro" e os noivos só se conheciam na hora H.
- Então o governo precisou contratar oficiais para fortalecer o exército da marinha.
- Em homenagem a Gutenberg, fizeram na Alemanha uma estátua, tirando uma folha do prelo, com os dizeres: "e a luz foi iluminada".
- No tempo colonial o Brasil só dependia do café e de outros produtos extremamente vegetarianos.
- A capital de Portugal é Luiz Boa.
- A geografia humana estuda o homem em que vivemos.
- O Brasil é um país muito aguado pela chuva.
- Oceano é onde nasce o Sol; onde ele nasce é o nascente e onde desce decente.
- Na América Central há países como a República do Minicana.
- A Terra é um dos planetas mais conhecidos no mundo e as suas constelações servem para esclarecer a noite.
- As principais cidades da América do Norte são Argentina e Estados Unidos.
- Expansivas são as pessoas tangarelas.
- O clima de São Paulo é assim: quando faz frio é inverno; quando faz calor é verão; quando tem flores é primavera; quando tem frutas é outono e quando chove é inundação.

O escritor norte-americano Ambrose Bierce (1842-1914?), é o autor de *O Dicionário do Diabo*, uma obra-prima do humor satírico.

Ele trabalhou para o magnata da imprensa norte-americana, William Randolph Hearst.

Ambrose Bierce escreveu dezenas de histórias – de terror fantástico, humor negro e sobre a guerra – mas sem dúvida a sua obra-prima é *O Dicionário do Diabo*, no qual "pintou" o mundo com um humor extremamente requintado.

Todo aquele, preocupado com sua inteligência intercultural não pode deixar de ler o seu livro no qual consegue demolir muitos conceitos, apresentando-os não segundo a visão hipócrita do mundo, mas de acordo com a sua consideração subjetiva, ditada pelo ceticismo e pela ironia.

A ironia de Bierce chega a parecer narcisista por vez, mas é, antes de tudo cética.

Bierce apresenta-se cético em relação aos mais caros sentimentos humanos como o amor e a amizade.

Inclusive os sentimentos aparentemente neutros e indiscutíveis, como a humildade – "paciência necessária para se planejar uma vingança que valha a pena" – no seu dicionário, são descaracterizados e apresentados com facetas das mais vis.

Aí vão algumas de suas definições.
- **Amizade** – Um barco grande o bastante para levar dois quando o tempo está bom, mas só um em caso de tormenta.
- **Beleza** – Poder que possui a mulher de provocar fascínio no amante e terror no marido.
- **Chato** – Pessoa que fala quando você quer que ela o escute.
- **Destino** – Justificativa do crime de um tirano e desculpa do fracasso de um imbecil.
- **Etnologia** – Ciência que estuda as várias tribos de homens, como ladrões, assaltantes, trapaceiros, burros, lunáticos, idiotas e etnólogos.
- **Fanático** – Alguém que sustenta de maneira diligente e intransigente uma opinião diferente da nossa.

Inteligência Intercultural **251**

→ **Geógrafo** – Indivíduo que pode explicar de improviso a diferença entre o que está fora do mundo e o que está dentro.

→ **Hipócrita** – Aquele que professando virtudes que não respeita, adquire a vantagem de parecer-se com o que despreza.

→ **Imigrante** – Pessoa inculta que acredita ser um país melhor do que outro.

→ **Justiça** – Mercadoria mais ou menos adulterada que o estado vende ao cidadão em troca de sua lealdade, seus impostos e seus serviços pessoais.

→ **Longevidade** – Prolongação anormal do medo da morte.

→ **Macaco** – Animal arbóreo que se sente à vontade em árvores genealógicas.

→ **Noivos** – Pessoas que se prendem com alianças ao invés de algemas.

→ **Ociosidade** – Fazenda modelo onde o diabo experimenta as sementes de novos pecados e promove o crescimento dos vícios existentes.

→ **Paraíso** – Lugar onde os maus cessam de perturbar falando dos problemas deles e os bons ouvem os seus com toda a atenção.

→ **Quermesse** – Celebração religiosa geralmente caracterizada pela gula e embriaguez, realizada freqüentemente em honra a algum santo que tenha se distinguido pela abstinência.

→ **Ruído** – Fedor nos ouvidos. Música não-domesticada. Principal produto da civilização e seu sinal característico.

→ **Sátira** – Linguagem censurável usada por outra pessoa para se referir a alguém.

→ **Tsé-tsé** – É um inseto (mosca) africano (*Glossina morsitans*) cuja picada é considerada o remédio natural mais eficaz contra a insônia.

→ **Ultimato** – Em diplomacia, última exigência antes de começarem as concessões.

→ **Vaidade** – Tributo que rende um imbecil ao mérito do asno mais próximo.

Ambrose Bierce começou a escrever *O Dicionário do Diabo* em 1881 mas pode-se perceber como as suas definições continuam pertinentes e adequadas em 2008, não é?

Vamos agora falar um pouco sobre o conhecimento intercultural desenvolvido por Laerte Coutinho nas suas tirinhas.

Laerte Coutinho, é um cartunista extremamente criativo e certamente já fez muita gente sorrir com os seus personagens clássicos – *Piratas do Tietê, Los Tres Amigos, Overman, Deus, Fagundes, Homem-Catraca, Os Gatos,* etc. – ele que iniciou sua carreira na década de 70, tendo sido premiado pela primeira vez no Salão de Humor de Piracicaba em 1974: "Eu gostava das tirinhas de Deus, mas elas eram atéias.

Não fiz as tiras para discutir religião, acho esse um tema empolgante, mas gosto de tratá-lo fora da fé.

Gosto da mitologia que as religiões propõem, acho isso um modo muito criativo de ver a vida, não quero discutir se aquilo é mentira ou verdade.

De certa forma, quando eu faço o personagem *Deus,* estou me colocando ali...

Acho hoje que os *Piratas* são os meus personagens que mais se destacam, são ao mais claros, têm mais peso.

Na realidade o roteiro que levou aos *Piratas* é a história inédita, na qual eles ficam de posse de um documento assinado há 400 anos entre o dono do terreno onde fica São Paulo e uns bandeirantes, que alugam a área por todo esse tempo.

Quando o contrato acaba, a cidade precisa ser devolvida aos herdeiros do dono, que são os *Piratas*!!!

Os Piratas são auto-explicativos, pois misturam um fenômeno histórico que foi a pirataria com a visão romântica dela, que foi construída depois, no século XIX.

Além disso, os personagens se encaixam perfeitamente numa história urbana brasileira crítica e atual.

Todo dia, vemos exemplos de como nós, enquanto cultura, somos flexíveis ao ponto de enxergar pirataria em relação a regras, normas.

A pirataria é algo muito compreensível para qualquer um no Brasil e em muitas partes do mundo."

Convém lembrar que a exemplo do monte Olimpo, que obriga os deuses gregos, e de Valhala, lar das divindades nórdicas, existe um panteão dedicado aos imortais do humor gráfico brasileiro.

Esse **templo do deboche**, já tem como seus hóspedes Carlos Estevão, Nássara, Belmonte entre outros e certamente é um lugar para onde vai também Laerte Coutinho.

Desde que faturou em 1974, um prêmio no I Salão Internacional de Humor de Piracicaba, com a *charge* premiada, que se baseava na fábula as *Roupas Novas do Imperador*, de Hans Christian Andersen – aquela em que um garotinho se atreve a comentar a nudez do imperador e na versão brazuca da história, o moleque é torturado nos calabouços do poder e, afinal, confessa que o rei **estava vestido** – Laerte não parou de evoluir e criar tipos inesquecíveis.

Tornou-se um quadrinhista eclético, que sabe explorar, com a mesma naturalidade e competência, piadinhas chulas de botequim e as mais profundas questões filosóficas.

Foi assim que Laerte enxergou algo nas águas pútridas do principal rio da paulicéia além de esgotos industriais e coliformes fecais.

Ele conseguiu perceber vida inteligente nesse antigo caminho dos bandeirantes.

Seus impagáveis *Piratas do Tietê* renderam obras primas da arte seqüencial, como os episódios em que os bucaneiros recebem a bordo de seu galeão – as figuras ilustres do poeta Fernando Pessoa e do *Batman*.

Numa história em quadrinhos (HQ) intitulada *A Insustentável Leveza do Ser*, ele prova que são as aparências que movem o mundo.

Pois é, enquanto ninguém estabelece um Prêmio Nobel para a categoria, Laerte Coutinho vai colecionando dezenas de troféus HQ Mix graças a sua indiscutível criatividade para o humor.

Você já se divertiu com as personagens criadas pelo Laerte? Não!!!

Isso é lamentável, pois certamente se a resposta fosse positiva isso significaria que graças a isso, entre outras coisas aumentou sua **inteligência intercultural**.

O QUE VEM A SER INTELIGÊNCIA CULTURAL?

O consultor internacional Brooks Peterson, fundador e presidente da Across Cultures Inc., explica: "Se uma empresa (ou instituição de ensino superior) resolve investir na preparação de seus empregados (alunos) para que eles saibam lidar bem com as diferenças culturais, então ela precisa, no mínimo, dar-lhes um sólido conhecimento de si mesmos como seres culturais, mostrar-lhes as diferenças com as quais eventualmente terão que lidar e oferecer-lhes uma descrição razoavelmente detalhada do país (ou países) onde eles vão viver, trabalhar ou estudar.

Em forma de uma equação matemática simbólica, pode-se dizer que:

Em outras palavras, **inteligência cultural** (IC) é a aptidão de se engajar em um conjunto de comportamentos que utilizam habilidades (isto é, linguagem e aptidões interpessoais) e qualidades (por exemplo, tolerância com a ambigüidade, flexibilidade, etc.) que estão adequadamente sintonizadas com os valores baseados na cultura e nas atitudes das pessoas com as quais se interage."

Para entender bem o que é **inteligência cultural** (IC), é essencial saber bem o que vem a ser **cultura**. As definições de cultura apresentadas nos dicionários envolvem características comuns, localização geográfica, religião, raça, música, agricultura, arte, e assim a lista vai longe. Caso se elabore uma definição de cultura incluindo múltiplos elementos como os citados há pouco, é fundamental entender cultura como sendo o que as pessoas pensam, fazem e sentem.

Nessa conceituação, é preciso incluir *insights* baseados em elementos da psicologia dos seres humanos, sociologia ou antropologia. Dessa maneira, uma possível definição de cultura seria: "É a totalidade dos padrões de comportamento transmitidos socialmente, das artes, das crenças, das instituições e de todos os outros produtos do pensamento e do trabalho humano."

Detalhando mais essa definição, convém acrescentar: "Esses padrões, características, atributos, produtos, etc. devem ser considerados em função de um determinado período, classe, comunidade ou população. Assim, podemos ter, por exemplo, a cultura grega ou romana, a cultura japonesa, a cultura da pobreza, a cultura negra, etc."

Um problema das definições para a cultura encontradas nos dicionários é que elas podem não especificar nada de concreto ou palpável para os gestores ou profissionais em diversas especialidades.

Por isso, Brooks Peterson dá a seguinte definição:

"Cultura é um conjunto relativamente estável de valores internos e crenças, geralmente mantido por grupos de pessoas em países ou regiões, e o impacto perceptível que esses valores e crenças têm no comportamento visível das pessoas."

Cultura é um tópico muito vasto, o que por sinal é muito interessante. Infelizmente, muitas pessoas cometem o erro de querer simplificar a noção de cultura sem compreendê-la de forma correta.

Uma maneira de entender adequadamente a cultura talvez seja imaginando-a como um grande *iceberg* (monte de gelo flutuando), em cuja extremidade o indivíduo percebe com os seus cinco sentidos:

- a linguagem;
- a arquitetura;
- a comida;
- a população;
- a música;
- as vestimentas;
- a arte e a literatura;
- os gestos;
- as atividades de lazer;
- os esportes;
- a exibição das emoções;
- o modo de vida.

A ponta do *iceberg* da cultura é bastante interessante, porém a maior parte da sua massa está abaixo da água (90% ou mais), como é mostrado na Figura 1.

Portanto, os aspectos mais importantes da cultura não são visíveis e comumente são características inconscientes.

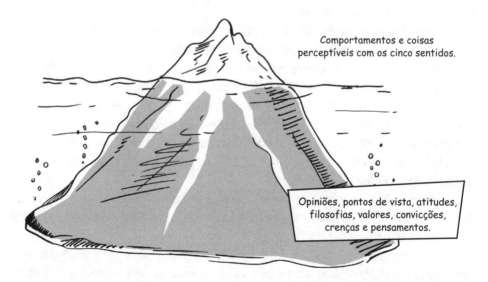

Figura 1 - O *iceberg* da cultura.

E todas as pessoas (homens de negócios, professores, estudantes que vão a outros países, etc.) precisam conhecer os conceitos culturais que estão na parte submersa do *iceberg*. É aí que está o que não podemos perceber com os cinco sentidos, pois não podemos cheirar o "tempo" ou sentir o gosto da "harmonia".

Quanto mais ao fundo do *iceberg* se vai, mais se encontram os itens mais importantes da cultura. Assim, por exemplo, nós estamos aptos a mudar de opinião ao longo de uma conversa de uns dez minutos, porém os valores e as convicções que temos, defendemos com "unhas e dentes" e dificilmente os abandonamos.

São os valores, as filosofias, as atitudes, etc. da parte submersa do *iceberg* que determinam o seguinte conjunto de comportamentos de uma pessoa:

➡ a forma de se adaptar dentro da sociedade;
➡ as regras de relacionamentos que segue;
➡ a importância que dá ao trabalho;
➡ as motivações para ser bem-sucedida;
➡ a sua tolerância com a mudança;
➡ o seu estilo de comunicação;
➡ as suas crenças sobre a natureza humana;
➡ a preferência pelo sistema de liderança;
➡ o papel do homem e da mulher.

Provavelmente, a categoria mais importante no *iceberg* da cultura, para que se entenda corretamente o que vem a ser a **IC**, é aquela representada pelos **valores**. Os valores culturais são os princípios ou as qualidades que um grupo de pessoas tende a enxergar como corretos, bons ou que valem a pena ser seguidos.

Além da necessidade de distinguir claramente os elementos visíveis e invisíveis da cultura, é vital classificar o nível ou a importância desses temas.

Assim, por exemplo, podemos nos fixar em grandes temas como a leitura dos grandes autores de uma nação (língua) ou os mais destacados movimentos históricos. Ou então podemos focar nossa atenção em temas de menor importância, como as tendências populares atuais ou o surgimento de novos modismos. Esses tópicos de maior ou menor importância costumam ser classificados em cultura com "C" maiúsculo ou com "c" minúsculo.

Na Tabela 4, temos uma forma diferente de entender a cultura, ou seja, a **visível** e a **invisível**, com a **cultura C** e a **cultura c**.

Existem indivíduos que acreditam que para assimilar bem uma cultura basta ler os melhores livros sobre um país. Isso nem sempre é verdade, o correto é explorar todos os quatro quadrantes indicados na Tabela 1.

Toda pessoa preocupada com um programa que coloca em contato vários grupos culturais precisa saber distinguir estereótipos e as generalizações. Um estereótipo é geralmente uma afirmação negativa sobre algum povo. Pense, caro leitor, nos vários povos que se classi-

	Grande cultura (C) que aborda os tópicos clássicos e grandes temas	Pequena cultura (c) que aborda os tópicos comuns e os temas menores
Cultura invisível (parte submersa do *iceberg*)		
Cultura visível (parte do *iceberg* acima da linha da água)		

Tabela 4 - Análise da cultura quanto à parte do *iceberg* e a importância do tema.

ficam como constituídos por cidadãos tolos ou muito "ingênuos". Os estereótipos emergem quando nós aplicamos uma percepção a um grupo todo. Por exemplo, podemos conhecer um chinês extremamente quieto e introvertido e daí concluir que todos os chineses são assim. E isso é totalmente inverídico, pois os chineses são barulhentos, impetuosos e entusiasmados, mas ao mesmo tempo extremamente respeitosos do protocolo e do silêncio quando a situação assim exige...

Claro que existem estereótipos positivos, como: "Os asiáticos são bons em matemática e computação", ou: "Os alemães são excelentes engenheiros". O problema com os estereótipos é que eles "pintam" um quadro parcial da pessoa e freqüentemente não são precisos.

Além disso, nessas últimas duas décadas e principalmente nos últimos anos, as culturas têm mudado muito devido aos efeitos da globalização, da abertura das fronteiras, das facilidades de comunicação proporcionadas pela telefonia, televisão e Internet.

Os temas da **cultura C** podem até permanecer os mesmos, mas não é isto que acontece com temas da **cultura c**, que podem mudar até em meses.

O Japão é um excelente exemplo, pois a sua cultura mudou drasticamente (redução da lealdade dos empregados, as pessoas estão se individualizando, etc.) nos últimos 50 anos, entretanto, o país guarda várias características seculares (harmonia, hierarquia, dignidade, etc).

Se alguém fizer uma busca na Internet sobre a palavra cultura, encontrará milhares de artigos sobre o assunto. Mas existem alguns autores que procuram simplificar e indicam os principais itens que se deve saber sobre a cultura. Mesmo assim, essas coisas importantes variam de cinco a 85 categorias cruciais!

Brooks Peterson, no seu livro *Cultural Intelligence*, diz que é imprescindível, inicialmente, poder enquadrar uma pessoa em cinco escalas, para dessa maneira não tratar "**uma egípcia como se fosse uma holandesa**".

A primeira escala é a da **igualdade** *versus* **hierarquia**.

Se prevalece a igualdade, isso significa que as pessoas, os empregados (ou estudantes) têm garantido o poder para tomar a iniciativa, mesmo que eles não tenham uma posição, um título (ou idade) para tanto. Já no caso em que se respeita a hierarquia, espera-se que o gestor (ou o professor) fique sempre no controle e tome a maior parte das decisões.

A segunda escala de cultura está vinculada à maneira segundo a qual as pessoas se relacionam e interagem umas com as outras no decorrer de uma comunicação verbal face-a-face, ou naquela não verbal e, principalmente, na escrita. Neste caso, a escala vai do **estilo direto**, no qual as pessoas preferem falar abertamente e expressar as suas opiniões de forma franca e sincera, até o **estilo indireto**, focado não apenas no que é dito, mas como é dito, evitando o conflito o máximo possível e dando as suas opiniões da forma mais diplomática possível.

A terceira escala cultural lida essencialmente com o grau de importância que as pessoas conferem a ser (ou não) parte de um grupo, de constituir uma família, de formar novas amizades e de relacionar-se com os indivíduos no trabalho (no estudo).

As pessoas em diversas sociedades dão mais importância a certos grupos a que elas pertencem. Neste caso, a escala vai do **individual ao grupal**. Aqui, inicialmente, deve-se fazer uma clara distinção entre individualismo e individualidade. Deve-se entender **individualismo** como "a promoção das próprias necessidades, colocando-as sempre em primeiro lugar como a si mesmo". Já **individualidade**, por outro lado, sugere que "cada pessoa é única e tem algum tipo de contribuição pessoal diferente a fazer".

É evidente que, nesse sentido, os brasileiros (ou os norte-americanos) voltam-se para o individualismo e os suecos (ou franceses) são mais ligados à individualidade.

O **estilo individual** significa que as pessoas preferem tomar iniciativas, fazer as decisões individualmente, focar-se em si mesmas, julgar as pessoas pelas características individuais, etc.

Já o estilo grupal significa que os seres humanos preferem agir cooperativamente, serem leais aos seus amigos, determinam sua identidade através da sua afiliação, tomam as decisões em conjunto, mantêm-se membros de uma sociedade por toda vida, etc.

A quarta escala cultural tem tudo a ver com a **incumbência** (dever) *versus* **relacionamento** (conexão). O senso comum sugere que qualquer interação profissional, com qualquer pessoa e de qualquer cultura, exige alguma espécie de foco ou o estabelecimento de um relacionamento.

Por exemplo, os indivíduos em qualquer tipo de indústria procuram aprender o máximo possível sobre os seus clientes, fornecedores, investidores e assim por diante. O mesmo estão procurando fazer as instituições de ensino superior (IESs) – como é o caso da FAAP – que buscam compreender da melhor forma possível as IESs de outras partes do mundo, bem como os seus alunos e professores, no seu processo de internacionalização.

É evidente que no caso da globalização não é nada fácil adquirir a habilidade de entender adequadamente as contrapartes (as IESs de outros países).

Existem povos e principalmente os seus homens de negócios, como aqueles dos EUA, que são mais voltados para o **dever**, ou seja, procuram realizar a tarefa, mas sem de fato estabelecer um relacionamento que crie uma real parceria em que todos ganham...

O **estilo incumbência** (tarefa) é aquele utilizado por pessoas que querem ir direto ao negócio, que sacrificam o seu tempo de lazer e o tempo com a família em prol do trabalho, que preferem um conhecimento superficial das pessoas com as quais trabalham, que se baseiam em critérios **impessoais para selecionar seus auxiliares, etc.**

Um estilo relacionamento significa que as pessoas preferem construir relacionamentos confortáveis com seus colegas de trabalho, estabelecer um clima de lealdade com aqueles de seu grupo, trabalhar em equipe, seguir estritamente as normas sociais, etc.

Finalmente, a quinta escala cultural é aquela que tem nos seus extremos o **risco** e a **prudência** (cautela). Os norte-americanos ensinam aos seus alunos atitudes machistas ou viris sobre o risco e a mudança que podem ser sintetizadas na afirmação: "Cada um de vocês, no café da manhã, come a mudança! Por isso, não devem temer o risco!"

O resultado dessa postura é que os alunos norte-americanos não temem entrar em empreendimentos incertos, muitos dos quais, no início, parecem ser "malucos", mas acabam se transformando nos maiores negócios do mundo, como é o caso das diversas empresas que surgiram recentemente apoiando-se na tecnologia de informação e comunicação.

No estilo que privilegia o risco, a pessoa prefere tomar decisões rapidamente, tenta, com freqüência, novas formas e métodos de fazer as coisas, tem poucas regras, sente-se confortável em mudar seus planos no último minuto, etc.

Já o estilo prudente ou cauteloso caracteriza o indivíduo que antes de tomar uma decisão procura obter muitas informações, olha muito para o passado, obedece às regras e às orientações que recebe, usa os métodos já provados para resolver os problemas, dificilmente muda seus planos de repente, etc.

E aí surgem perguntas do tipo:

➡ A orientação educacional voltada para o risco é a correta?

➡ O foco mais cauteloso significa que a pessoa tem mais responsabilidade?

E a resposta mais conveniente para essas duas questões é que nenhum extremo – e isso vale também para as outras quatro escalas culturais – é inerentemente superior ao outro, porém cada estilo tem as suas vantagens e desvantagens que podem ser muito úteis nas diversas situações.

Portanto, o profissional focado na internacionalização – particularmente aquele de uma IES – deve saber que existem elementos positivos em qualquer uma das preferências culturais que seguem aqueles indivíduos com os quais ele interage, não devendo dessa maneira procurar mudar os seus estilos, mas entendê-los e tolerá-los. Até porque, a idéia final não é minimizar as diferenças culturais, tão pouco ampliá-las...

Se de um lado o mundo está caminhando, graças à globalização, para um certa similaridade em muitas coisas, por outro lado é indiscutível que continuarão existindo muitas diferenças nas suas culturas.

Não é realista falar de uma "cultura mundial" e, a bem da verdade, a idéia de uma homogeneização da cultura é bastante preocupante, pois até agora o que se percebeu é que a criatividade prospera muito mais onde existem diferenças culturais, isto é, onde há muita **diversidade**.

Dessa maneira, todo profissional que lida com a internacionalização deve estar preparado para aceitar as diferenças culturais e ficar agradavelmente surpreso quando notar as similaridades culturais. Esse é o comportamento correto e bem melhor do que ficar ansioso para achar apenas as similaridades e ficar perplexo e melindrado pelas diferenças imprevistas.

O QUE VEM A SER INTELIGÊNCIA CULTURAL (IC)?

Agora que já se analisou razoavelmente o que vem a ser **cultura,** podemos descrever de fato o que significa a IC.

O que se pode dizer de início é que é difícil medir qualquer tipo de inteligência. Inclusive, já se sabe das falhas na tentativa de classificar as pessoas pelo seu QI (quociente de inteligência).

Aliás, o psicólogo Howard Gardner deu uma contribuição vital sobre como se deveria pensar sobre a inteligência, ao introduzir o seu conceito de **múltiplas inteligências,** sugerindo que havia mais para considerar do que acreditar em ser inteligente devido a competência verbal, lógica e matemática, ou seja, os atributos que tipicamente se medem nos testes de QI.

Por exemplo, um músico pode ser um gênio ao piano e não ter aptidões de comunicação, ou não saber matemática superior. E é totalmente errado rotular esse músico como "não inteligente" por ter obtido uma pontuação baixa num clássico teste de QI.

Assim, Howard Gardner descreveu várias categorias que compõem as suas inteligências. Entre as que são medidas pelos testes de QI (aparecendo entre parêntesis as pessoas que as têm desenvolvidas), destacam-se:

1. **Lingüística** (professores de linguagem, intérpretes, redatores, editores, comunicadores).
2. **Lógico-matemática** (contadores, programadores de computador, engenheiros, cientistas, etc.).

Entre as que não são medidas pelos testes clássicos de QI, temos as inteligências:

3. **Espacial** (cirurgiões, escultures, arquitetos, pintores, etc)

Inteligência Intercultural **261**

4. **Musical** (compositores, cantores, atores, etc.).
5. **Cinestésica/corporal** (dançarinos, atletas, artesãos, etc.).
6. **Interpessoal** (vendedores, políticos, negociadores, líderes comunitários, professores, etc.).
7. **Intrapessoal** (empreendedores, gestores, inventores, autores, etc.).

Em 1995, Daniel Goleman difundiu a idéia da inteligência emocional (IE). Em termos bem simples, pode-se entender a IE como similar à inteligência interpessoal de Gardner. Ela significa saber quem você é, ser equilibrado, focado e em contato com o que acontece no mundo.

Gardner e Goleman abriram os olhos dos estudiosos da inteligência humana e permitem conceituar a IC como sendo constituída, basicamente, por quatro categorias das inteligências múltiplas, ou seja: a **lingüística**, a **espacial**, a **intrapessoal** (ou IE) e a **interpessoal**.

INTELIGÊNCIA LINGÜÍSTICA.

Para se interagir com sucesso com pessoas de outras culturas, cuja língua nativa não é o português (ou o inglês), é vital ter certas aptidões de linguagem. Dessa forma, à medida que você for ficando cada vez mais envolvido com pessoas de outras nações, é essencial que se aprenda o melhor que possa da sua língua.

Há quem argumente que o inglês é falado em quase todas as partes do mundo e, por isso, basta aprender bem essa língua. Isto, porém, é parcialmente errado. Para se conseguir uma verdadeira empatia e ser bem-sucedido, é fundamental ter uma certa proficiência na linguagem nativa, o que lhe dará uma indiscutível vantagem sobre os seus competidores.

Aliás, a inteligência lingüística pode também ser demonstrada mesmo se o inglês não é a língua usada!

INTELIGÊNCIA ESPACIAL.

A inteligência espacial talvez seja uma das mais diretas componentes da IC, isto é, a mais simples de perceber.

Quando interagimos com pessoas de outras culturas, no mínimo deveríamos saber quais são os componentes adequados para que sejamos bem-sucedidos durante o primeiro encontro, em uma reunião, no decorrer de um jantar ou ao longo de uma negociação, para não cometermos deslizes e impropriedades.

Nesse contexto, a inteligência espacial está relacionada com coisas simples como a maneira de se cumprimentar, como conversar, qual deve ser a linguagem corporal e assim por diante.

As diversas maneiras de usar o próprio corpo, a voz ou o espaço não são inerentemente ruins ou boas. Elas meramente representam as diferenças culturais. A aptidão de cada pessoa de se adaptar aos comportamentos espaciais de uma contraparte internacional pode levar ao sucesso ou à falha de um relacionamento, qualquer que seja sua espécie.

INTELIGÊNCIA INTRAPESSOAL.

Das quatro inteligências de Gardner que mais contribuem para a IC, certamente o risco de não possuir a inteligência intrapessoal parece ser o de menor influência.

Entretanto, para poder estudar e entender a cultura dos outros, é vital não esquecer que deve-se conhecer bem a própria cultura, ou então saber qual é exatamente o seu estilo cultural. Mas conhecer a si mesmo, naturalmente, é uma lição para o resto da vida, envolvendo uma prática constante e uma evolução contínua.

INTELIGÊNCIA INTERPESSOAL.

A interação bem-sucedida com as pessoas de outras culturas é o cerne da IC. Saber muitos fatos sobre uma outra cultura é extremamente útil, mas o enfoque não pode ser apenas teórico. É essencial saber como interagir com sucesso com pessoas de outras culturas.

Howard Gardner sugere que a inteligência interpessoal é a aptidão de saber responder adequadamente aos outros, ressaltando: "É a habilidade de ler as intenções e os desejos dos outros, mesmo quando eles sejam declarados ou permaneçam escondidos."

Por isso essa inteligência é bastante desenvolvida nos professores, nos médicos, nos líderes políticos, etc. que conseguem se antecipar às necessidades das pessoas. Portanto, um profissional que lida com interações internacionais deve ter essa inteligência muito desenvolvida.

Pode-se afirmar que essas quatro categorias de inteligência são essenciais para se ter a IC, que permite interagir bem com as pessoas de outras culturas, visto que:
a) sabe-se falar um pouco na língua do outro;
b) conhece-se como se comportar e onde ficar;
c) entende-se um pouco da outra cultura e sabe-se bastante sobre o próprio estilo cultural;
d) sabe-se como mesclar o próprio estilo cultural com aquele do estrangeiro.

Entre as características ou qualidades que um indivíduo deve desenvolver para ter uma grande IC, destacam-se as seguintes:
- manter a mente aberta;
- demonstrar flexibilidade com as suas atitudes e o seu comportamento;
- exibir apreciação das diferenças;
- sentir-se confortável com a incerteza;
- possuir aptidão para confiar quando estiver lidando com algo desconhecido;
- manter uma atitude ganha-ganha;

- ser humilde;
- ser extrovertido;
- valorizar a criatividade;
- comportar-se diplomaticamente;
- desejar que seus pontos de vista sejam desafiados;
- ter a habilidade de fazer decisões independentes quando não puder valer-se dos recursos usuais para esta ação;
- ser revigorado pelo convívio com a diversidade;
- possuir a aptidão de enxergar situações familiares a partir de condições incomuns e não familiares;
- mostrar paciência quando não estiver no controle da situação;
- saber lidar com o estresse provocado por situações novas e inesperadas;
- evidenciar sensibilidade frente às nuances das diferenças culturais;
- respeitar as pessoas de outras culturas;
- demonstrar claramente a vontade de mudar a si próprio à medida que for aprendendo e crescendo com outra cultura, e não apenas buscar mudar os outros para se ajustar a si;
- procurar ser empático;
- ter senso de humor.

Claro que a maior parte dessas características é útil em muitas condições da vida moderna, mas elas se tornam vitais para todo aquele que está trabalhando em um ambiente internacional, pois, sem elas, é muito difícil criar um relacionamento positivo.

Naturalmente, a IC de qualquer pessoa pode tanto diminuir como aumentar, basta lembrar o quanto cada um sabia de alguma língua estrangeira quando estudou no colegial e agora, que não praticou mais....

Para incrementar a nossa IC geralmente leva bastante tempo, porém não se deve ficar frustrado, pois não dá para aprender muitas coisas sobre a cultura de um País, sua língua, seus costumes e enxergar todas as diferenças culturais em pouco tempo.

Até porque, para adquirir IC é necessário também ir ajustando os próprios modos de agir. E aí um conselho válido é que para que sua IC aumente mais depressa, você deve entender que existem muitas formas válidas de viver e se comportar (como existem muitas boas religiões) e é imprescindível que esteja preparado para se adaptar às mesmas. Para que isto ocorra, é imprescindível abandonar o **dualismo**, ou seja, algo como ver o mundo apenas em termos de "ou preto ou branco".

Nessa situação, estaremos sempre em confronto, pois temos algo como o **mundo capitalista** *versus* **o mundo socialista**, ou seja, vamos acabar ficando com a crença de que "**o meu jeito de fazer as coisas é único!**"

Entender que a **multiplicidade** é a que deve preponderar, reconhecendo novas perspectivas como válidas e legítimas. Isso significa que vai se valer do **relativismo**, ou seja, começar a aceitar que existem muitas maneiras de se ver o mundo e a forma como as pessoas vivem a sua vida. E aí se começa a dar valor a outras culturas e tudo que elas englobam. Todo aquele que praticar o **relativismo comprometido** terá certamente sucesso no mundo globalizado e no negócio da internacionalização, pois não apenas enxergará muitas maneiras válidas de viver e pensar, mas estará apto a tomar decisões consistentes sobre as melhores formas de viver para os outros e para si mesmo.

Este é o estágio em que a pessoa possui competência para lidar bem nas áreas cinzentas; está apta para valorizar as diferenças; é capaz de se adaptar com sucesso a qualquer ambiente cultural e tomar decisões bem fundamentadas para si mesmo.

Tudo isso porque tem uma excelente IC (inteligência cultural)!

Para finalizar, é importante recordar que, independente da forma que você definir a IC em função das suas particulares circunstâncias profissionais e de acordo com o seu próprio estágio de desenvolvimento, para que ela aumente não existe nada instantâneo ou imediato.

A evolução da sua IC é um processo. Não dá para ela aumentar significativamente só com um **"choque de cultura"**. Ter uma IC cada vez maior é semelhante a algo como caminhar para chegar no topo de uma alta duna de areia: são dois passos para frente e um para trás, de maneira que a caminhada é bem demorada....

Mas quem possuir uma vasta IC seguramente terá uma grande probabilidade de ser bem-sucedido em todas as suas atividades num mundo cada vez mais conectado, no qual as pessoas precisam conviver e trabalhar com aquelas de outras culturas!

Lideração

"Pare de reclamar! Eu já fui a rede na semana passada!"

Antes de se pensar em **liderança** é fundamental ser um "bom sujeito".

O fato de que uma pessoa possa achar que não nasceu para ser um líder (ou um empreendedor criativo) não significa que não possa pensar em tornar-se um.

O DNA humano, que todos nós compartilhamos, é composto por algo como 20 mil a 30 mil genes.

A maneira pela qual eles são combinados e expressos produz variações quase ilimitadas.

É isso que faz com que cada um de nós seja **praticamente único**.

Há, porém pelo menos 12 regras que cada indivíduo deve seguir para evidenciar o gene do "bom sujeito".

No livro *Instinto* de autoria de Thomas L. Harrison e Mary H. Farkes eles citam as seguintes regras:

1ª) Não caminhe sobre outras pessoas, mas também não permita que elas caminhem sobre você.

2ª) Respeite as grandes idéias de todos.

3ª) Aceite a responsabilidade pelos seus erros e sucessos.

4ª) Nunca fale de seus problemas para os seguidores.

5ª) Simplifique tudo o que puder.

6ª) Nunca pense em termos de "o que cada um fez para você hoje?"

7ª) Em diversas situações, exibir-se demais pode ser contra-producente.

8ª) Faça o que diz de forma consistente.

9ª) Não minta: corrija aquilo que o faz pensar que precisa mentir.

10ª) Nunca se esqueça de agradecer, de se congratular ou de reconhecer as pessoas pelos seus esforços.

11ª) Mantenha sua porta e seu coração abertos.

12ª) Nunca seja injusto.

Claro que todo aquele que agir seguindo os 12 procedimentos há pouco citados estará se preparando para alcançar o sucesso geneticamente adequado para ele.

Mais que isso, estará apto também a suportar frases que irritam o líder de qualquer tipo, como:

1ª) Da última vez que o vi, você estava mais magro.

2ª) Vamos trabalhar este sábado para pôr tudo em dia.

3ª) Aquele bolo na geladeira era seu?

4ª) Só um minutinho que nós vamos estar transferindo o senhor para outro departamento.

5ª) Desculpe, senhor, este caixa (guichê) acabou de ser fechado!!!

Além, disso saberá aproveitar os "ensinamentos" das seguintes "piadinhas".

1ª) Piada – Empregado quase responsável.

O chefe-líder adverte o funcionário que chegou muito atrasado.

– Já não basta o fato de não estar fazendo o seu trabalho direito, e agora você se dá ao luxo de chegar duas horas atrasado! No seu lugar eu nem teria vindo trabalhar!

– Isso é o que senhor faria. Eu tenho responsabilidade!

2ª) Piada – Sinceridade total.

O diretor de uma empresa – que se acha um líder feroz – conta uma piada e todos caem na gargalhada, exceto um dos presentes.

– Não gostou da piada? – perguntou o executivo.

– Não. Eu não trabalho aqui.

3ª) Piada – Apoio consciente.

Irritado com os alunos, o professor que se julgava um líder educacional, lançou um desafio.

– Quem se julgar burro faça o favor de ficar de pé.

Todo mundo continuou sentado.

Alguns minutos depois levanta o Zezinho.

– Quer dizer que você se julga burro? – perguntou o professor indignado.

– Bem, para dizer a verdade, não! Mas fiquei com pena de ver o senhor aí, em pé, sozinho!!!

4ª) Piada – Conversa com um filho decidido.

Um líder empresarial estava passeando com o seu filho Constantino, de 6 anos, num parque:

– Papai, o que é o Paraíso?

O líder ficou um pouco surpreso, pois nunca tinha conversado com o filho sobre Deus.

Ele, mesmo assim, procurou explicar ao filho que o Paraíso era um lugar lindo e tranqüilo no Céu, para onde só vão as pessoas boas!!!

Aí depois de pensar alguns minutos, Constantino disse:
– Então, eu não vou querer ir para lá!!!
– E por que não? – perguntou o pai líder.
– Porque não vou conhecer ninguém.

5ª) Piada – A líder mafiosa.
– Mamãe, mamãe!
– Na escola me chamaram de mafioso.
– Amanhã mesmo vou resolver isso, meu filho.
– Mas faça tudo parecer um acidente, mamãe...

Você agora está pronto para ser um líder melhor.
Quase o cúmulo do líder!!!
Por falar, em cúmulo aí vão algumas "ilustrações" sobre a palavra:

→ Qual é o cúmulo da organização?
  O líder tomar a sopa de letrinhas em ordem alfabética!!!
→ Qual o cúmulo da confiança?
  O líder jogar "palitinho" com os seus seguidores por Internet.
→ Qual o cumula da rapidez?
  O líder conseguir trancar a porta do escritório com a chave dentro da gaveta da sua mesa.
→ Qual é o cúmulo da rebeldia?
  O líder fugir de sua casa quando se sabe que ele mora sozinho.

É POSSÍVEL LIDERAR SEM INTELIGÊNCIA EMOCIONAL?

David R. Caruso, pesquisador da Universidade de Yale, e seu colega na instituição, Peter Salovey, autor dos primeiros artigos científicos sobre a **inteligência emocional**, escreveram o livro *Liderança com Inteligência Emocional* (M. Books do Brasil Editora Ltda – São Paulo – 2007) no qual explicam muito bem que todo aquele que aprender a utilizar as habilidades emocionais praticará uma gestão mais eficiente e exercerá uma melhor liderança.

Muitos de nós já ouvimos comentários do tipo:
– "Não vá se exaltar!"
– "Você está sendo muito emotivo!"
– "É vital que você encare isso de maneira mais racional!"

Com essas ponderações (ou críticas) acaba se aprendendo que as exceções devem ser sentidas e expressadas de uma maneira cuidadosamente controlada em certos ambientes e ocasiões.

Não são poucas as pessoas que acreditam que os seus maiores erros e deslizes se devem a excessos emocionais, isto é, nos momentos em que dizemos que não somos racionais, pois as emoções tomaram conta de nós.

Um fato é incontestável para se tomar boas decisões, agir de maneira otimizada na solução de problemas e enfrentar a turbulência das mudanças é essencial saber administrar as emoções, isto é, saber fazer bom uso de nossa **inteligência emocional (IE)**.

Pode-se dizer que uma pessoa possui (faz uso) da IE quando sabe:

1. Identificar as emoções.

Realmente as emoções contêm dados e são indícios de importantes eventos que estão acontecendo no mundo – seja em nosso mundo interno, em nosso mundo social ou no meio ambiente.

Para que se possa comunicar com eficácia, deve-se saber identificar com precisão as emoções alheias e conseguir transmitir e expressar efetivamente nossas emoções aos outros.

A **habilidade de ler** expressões faciais e identificar precisamente a emoção expressa em um rosto, é uma aptidão indispensável. Essa habilidade é essencial para a nossa sobrevivência interpessoal e, talvez, também para a nossa sobrevivência física.

As emoções são um sistema de sinalização e se formos incapazes de ler tais sinais, nossos dados e informações sobre uma situação estarão ou incorretos ou falhos.

Distinguir entre uma pessoa irritada e outra calma comumente constitui uma grande vantagem para o bem-estar dela.

Diferenciar amigo de inimigo é apenas parte da importância dessa habilidade.

A identificação acurada das emoções também significa que você não será tapeada facilmente por pessoas que expressam sentimentos que não possuem na verdade!!!

Embora seja muito fácil sorrir sob encomenda (como fazem os políticos, os artistas, os consultores, etc.), aliás, o que se comprova com as fotografias de tanta gente sorrindo, é bem mais difícil exibir um sorriso genuíno quando a pessoa não se sente feliz.

Por vezes, as pessoas sem percepção emocional dão certa atenção a expressões faciais e emocionais – o suficiente para notar que existe uma demonstração das emoções. O que ignoram, contudo, são os indícios mais sutis que ajudam a distinguir expressões genuínas de expressões manipuladas.

E por vezes é possível dedicar muita atenção à demonstração emocional e mesmo assim confundir a emoção.

Alguns gestores que não sabem avaliar os indícios emocionais e, sobretudo os falsos, julgam os indivíduos pela aparência.

Com isso, adotam a estratégia errada, pois acabam não indo além da expressão superficial das emoções, não fazendo o julgamento completo.

O resultado é que vêem um sorriso, mas não lhes ocorre que este pode ser falso – que a boca sorri, mas os olhos não se contraem como deviam.

Isso os leva a tirar conclusões incorretas, a tecer falsos pressupostos e a recolher dados emocionais equivocados.

Na Figura 2, tem-se uma ilustração das expressões emocionais básicas, só que cada leitor deve entender que é um grande desafio distinguir entre sentimentos falsos e verdadeiros. Todos sabemos a diferença entre um sorriso voluntário e forçado, que serve apenas para mascarar sentimentos negativos ocultos.

Um sorriso verdadeiro envolve tanto os músculos em volta dos cantos dos lábios – que se soerguem – como os que estão perto dos olhos, que geram rugas ou pés-de-galinha nessa região.

Figura 2 – Possíveis expressões básicas.

Uma boca sorridente sem rugas nos olhos não é um sorriso real. Os sorrisos falsos também surgem rápido demais, e os lábios podem parecer antes estendidos lateralmente do que soerguidos.

Assim, às vezes, os falsos sorrisos são indícios de mentiras ou farsas.

Não é, pois, nada fácil flagrar um mentiroso emocional!!!

2. Utilizar as emoções.

O modo como nos sentimos, influencia como pensamos e aquilo sobre o que pensamos!!!

As emoções voltam nossa atenção para eventos importantes; elas nos preparam para certas atitudes e ajudam a direcionar nosso processo de pensamento durante a solução de problemas.

Mas, afinal de contas, o que significa utilizar as emoções para auxiliar o raciocínio?

Significa que uma pessoa tem as seguintes habilidades:

- ➡ sabe pensar criativamente;
- ➡ consegue inspirar as outras pessoas;
- ➡ pode concentrar-se nas coisas importantes, mesmo quando as emoções são fortes;
- ➡ as emoções melhoram as más idéias;
- ➡ percebe com eficiência o que os outros sentem;
- ➡ utiliza sentimentos para moldar e mudar crenças e opiniões.

De fato, as emoções servem para que voltemos nossa atenção para eventos significativos em nosso ambiente. Assim, quando estamos assustados, prestamos mais atenção ao ambiente à nossa volta, procurando enxergar todas as possíveis ameaças.

Quando estamos felizes, nossa energia e atenção se libertam, permitindo-nos explorar o ambiente e fazer novas descobertas.

Realmente, os humores têm um impacto direto sobre o pensamento e conforme o nosso humor se altera, o mesmo acontece com o nosso pensamento.

Os indivíduos que forem capazes de explorar os estados de humor e alterá-los terão mais possibilidades de pensar criativamente, vendo o mundo de uma certa maneira e logo em seguida de outra!!!

Quando nos afirmamos travados, queremos dizer que tudo à nossa volta parece familiar e que perdemos nossa nitidez de visão e de pensamento.

Nossos sentidos ficam amortecidos, bem como também a nossa mente.

Dessa maneira, quando viajamos para um lugar distante, nossa atenção é reavivada e **enxergamos coisas novas**.

Quando as pessoas conseguem transitar entre humores, elas vêem as coisas sob diferentes pontos de vista, e essa mudança de perspectiva resulta, muitas vezes, em novas maneiras de enxergar o mundo.

Essa habilidade de gerar humores desempenha um importante papel na **empatia**, ou seja, no ato de sentir o que os outros sentem.

Para nos relacionarmos genuinamente com as outras pessoas, sejam elas colegas de trabalho, chefes ou clientes, precisamos ser capazes de compreendê-las, entendendo seus sentimentos.

Mesmo a nossa memória se encontra ligada às nossas emoções.

Quanto maior o ajuste entre o humor que experimentamos durante o aprendizado e o humor em que estamos ao tentar recordar o que aprendemos, **mais coisas relembraremos**.

Aliás, esse fenômeno – recordar informações melhor quando estamos no mesmo humor em que estávamos ao aprendê-las – é conhecido como memória congruente com o humor, ou **recordação dependente de afetos**.

Assim, a explicação ou a relação é simples: se você estiver com um humor positivo ao receber novas informações, será interessante que esteja com esse mesmo humor quando precisar recordá-las.

De maneira similar, se você estiver um tanto deprimido ao ter uma conversa com um cliente (funcionário) e posteriormente tiver de lembrar o que o cliente (funcionário) disse, você lembrará mais coisas se estiver no mesmo estado de humor.

Aí vão alguns exemplos do modo como as emoções diferentes despertam a atenção e influenciam o pensamento.

➡ **O que a felicidade faz por nós?**

A felicidade nos ajuda a gerar novas idéias e nos permite pensar em novas maneiras e ver novas possibilidades.

Ela consiste em ter sonhos e realizá-los !!!

Humores felizes resultam em:
- ➡ soluções inovadoras e criativas;
- ➡ ir além de informações específicas;
- ➡ pensar fora das amarras;
- ➡ gerar muitas idéias.

Pessoas felizes costumam relembrar os acontecimentos de seu passado distante como sendo agradáveis. Estar de bom humor também faz com que se sintam mais generosas, caridosas e amistosas.

➡ **O que o medo faz por nós?**

Ficamos mais atentos quando sentimos medo.

Nossos sentidos se aguçam e a adrenalina é bombardeada através de nosso corpo.

Ficamos mobilizados e prontos para dar o fora.

O medo motiva a fuga do perigo.

Quando ele se torna intenso, podemos ficar paralisados e imobilizados.

O medo nos proporciona um estilo de pensamento pelo qual suspeitamos de tudo e de todos.

Se bem empregado, ele nos permite rever velhas premissas e vemos coisas novas nas coisas familiares.

➡ O que a tristeza faz por nós?

Pessoas de humor triste provavelmente verão o mundo como cheio de eventos negativos, que:

- ➡ têm causas estáveis;
- ➡ se devem a problemas globais;
- ➡ vão persistir, ou seja, provavelmente ocorrerão de novo.

Essa é uma visão deprimente do mundo e será difícil conviver com ela se esse for seu humor prevalecente.

Entretanto, a tristeza pode nos ajudar a resolver um certo tipo de problemas: os de raciocínio dedutivo, em que precisamos nos concentrar nos detalhes, procurando algo de errado...

➡ O que a raiva faz por nós?

Se considerarmos a devastação provocada pela raiva, será complicado imaginar que ela tem alguma função no desenvolvimento de um bom gestor ou de um líder eficaz.

A raiva, lamentavelmente, estreita nosso campo de visão e nossa percepção do mundo, concentrando nossa energia em uma ameaça recebida. Ela nos dá a energia e o enfoque de que às vezes necessitamos para corrigir uma injustiça, não uma injustiça conjectural, mas, sim, legítima.

➡ O que a surpresa faz por nós?

A surpresa reorienta nossa atenção quando algo de inesperado ocorre.

Quando surpresos, ativamos nosso modo de busca de informações.

Nossa complacência é perturbada e somos **todo ouvidos**, ou, talvez seja mais justo dizer, **todo olhos**.

Charles Darwin definiu a surpresa de uma forma maravilhosa: "Uma vez que a surpresa é despertada por algo inesperado ou desconhecido, é natural que quando atônitos desejemos descobrir a causa o mais cedo possível e conseqüentemente, arregalamos nossos olhos para que o campo da visão se alargue e os globos oculares se movam facilmente em qualquer direção."

Ter sentimentos pelos outros, estabelecer reciprocidade, promover a confiança, controlar o seu próprio estado de espírito, etc. são tarefas com as quais todo líder de equipe acaba se confrontando.

São também tarefas que exigem uma integração inteligente entre emoções e pensamentos.

Gerar uma visão e comunicá-la aos outros de maneira que eles a recordem, acreditem nela e lhe dêem apoio é algo que provavelmente envolve muito mais do que palavras.

É o sentimento por trás das palavras que terá o maior impacto em sua mensagem, por isso é vital saber usar bem as emoções.

3. Compreender as emoções.

É fundamental saber prever o futuro emocional, pois as emoções não são obra do acaso.

Elas têm causas subjacentes, mudam de acordo com um conjunto de regras e podem ser compreendidas.

O conhecimento das emoções se reflete em nosso vocabulário emocional e em nossa habilidade de realizar análises emocionais do tipo: "E se...?"

Uma pessoa que compreende as emoções:

➡ tira conclusões corretas sobre as pessoas;

➡ sabe quais as coisas certas a dizer;

➡ faz boas previsões sobre o que as pessoas sentem;

➡ tem um rico vocabulário emocional;

➡ entende quando alguém sente emoções conflitantes;

➡ tem um conhecimento emocional apurado.

As emoções, por sua própria natureza, desenvolvem-se e progridem. Elas não costumam ser estáticas; longe disso, seguem um certo curso conforme o sentimento diminui ou se intensifica.

As emoções comportam significados. Se quisermos compreender plenamente a nós mesmos e aos outros, devemos ter uma apurada base de conhecimento emocional.

Se compreendermos as causas das emoções teremos aprendido algo muito importante sobre as situações, podendo assim enxergar melhor as causas dos problemas.

Se compreendermos os fluxos e os refluxos das emoções saberemos algo sobre o futuro e dessa maneira poderemos prever, talvez com certa precisão, como a pessoa se sentirá em seguida, caso certos acontecimentos se desdobrem de outras formas.

É o nosso vocabulário emocional que nos proporciona um meio de comunicar tais informações a outras pessoas e serve como uma linguagem e uma realidade emocionais.

As emoções têm regras e seguem determinados padrões e progressões.

A capacidade de conceber situações emocionais do tipo "E se...?" – de determinar o que ocorrerá em seguida conosco e com os outros, emocionalmente falando – é uma das habilidades fundamentais da IE.

O planejamento e a análise "E se...?" é uma técnica fundamental da administração, mas, mesmo o mais analítico dos planos fracassará se não se incorporar análises "E se...?" do tipo **emocional**.

O líder deve, pois, considerar como as pessoas ouvirão e reagirão ao seu plano, levando em conta basicamente o modo como as pessoas se sentem e então prever as possíveis razões a vários dos seus aspectos.

Isso não é fácil de fazer, mas, como as emoções têm regras ou padrões, é **ao menos possível**.

Como as emoções têm regras, pode-se chegar à conclusão, por exemplo, que se quisermos "enlouquecer alguém" então a seqüência de emoções que se deve explorar é a seguinte: ver se alguém está com um humor relativamente negativo, sem estar nervoso nem transtornado, mas **irritado**.

Deve-se fazer com que essa irritação continue e se agrave, fazendo com que a pessoa fique de fato **incomodada**.

Quando o incômodo persiste, é quase certo que a pessoa fique **frustrada**, pois os seus planos estão sendo bloqueados e atrapalhados.

Isso pode ser facilmente intensificado levando a pessoa a ficar **transtornada** e em seguida, aumentar o sentimento, até que ela fique louca.

Nós, por outro lado, quando voltamos nossos sentimentos contra outra pessoa, fazemos isso, pois estamos com **raiva** dela e, quando não sentimos resultados nas nossas ações ficamos **furiosos** e quando perdemos totalmente o controle, ficamos **irados**.

Obviamente quando alguém sabe como as emoções funcionam e não funcionam, pode aprender a prever o futuro, pelo menos no sentido de saber como uma pessoa irá se sentir por ocasião de um determinado acontecimento, como um cliente reagirá a sua proposta ou como você se sentirá se assumir um novo papel.

Por exemplo, se considerarmos o caso da **alegria**, qual é a maneira de ordenar as emoções de uma pessoa para que ela chegue a esse estado, começando com a condição calma?

A seqüência pela qual se deve passar é sair de um humor positivo neutro – a **calma** – até chegar ao humor positivo ativo – o **júbilo** –, passando, na ordem, por **contente, satisfeito, descontraído, positivo e feliz.**

Com tudo isso dito, convém, porém, ressaltar que as emoções não são totalmente previsíveis, mas por vezes são mais previsíveis do que o futuro valor das ações de uma empresa. Mas estamos chegando em uma época em que as empresas vão procurar capacitar, principalmente os seus gestores para que sejam excelentes analistas de humores, mais do que serem apenas especialistas em produção, justamente para poderem ter um desempenho melhor ainda...

4. Administrar as emoções.

Uma vez que as emoções contêm informações e influenciam o pensamento, precisamos incorporá-las de forma inteligente ao nosso raciocínio, a nossos processos decisórios, a nossos julgamentos e a nossas atitudes.

Para isso devemos estar abertos às emoções, sejam elas bem-vindas ou não, e adotar estratégias que levem em conta a sabedoria de nossos sentimentos.

Saber gerenciar as emoções é essencial para se ter IE.

Os atributos de uma pessoa capaz de administrar as emoções – as suas próprias e as dos outros –, são:

- conseguir se "animar", acalmar ou manter o humor conforme a necessidade;
- saber como estimular os outros, acalmá-los ou gerenciar devidamente seus humores;
- estar aberta aos sentimentos próprios e alheios; e
- levar uma rica vida emocional.

As pessoas com grande habilidade para administrar emoções podem ser passionais, mas também possuem bom auto-controle emocional, costumam ter um temperamento comedido, pensam com clareza ao experimentar emoções fortes, tomam decisões com base no coração e no cérebro e geralmente refletem bastante sobre suas emoções.

Ao mesmo tempo, indivíduos sem especial habilidade na gestão emocional costumam ser vistos como tendo mau temperamento, perdendo o controle e descontando o que sentem nos outros. Por vezes, parecem estar cegos pelos sentimentos, tomando atitudes estúpidas e agindo com base em impulsos, em vez de parar para refletir. Paradoxalmente, eles nem procuram pensar direito sobre tais sentimentos.

A administração bem-sucedida das emoções subentende que nossa conduta é guiada por nossos pensamentos como por nossos sentimentos.

Essa habilidade nos permite integrar cognição e afetos para gerar **soluções mais efetivas**.

A idéia de que existe paixão por um lado e razão por outro representa uma falsa dicotomia que pode nos induzir à crença equívoca de que nossos sentimentos não são nem racionais nem informativos.

Sem a habilidade de integrar pensamento e sentimento, podemos analisar problemas de forma laboriosamente minuciosa, orgulhando-nos de ser uma pessoa calma e sem emoções.

Mas aí perdemos as importantes fontes de informação representadas por nossos sentimentos.

Ou podemos nos banhar em emoção, deixando-nos avassalar pelos sentimentos e sair assustados em busca de uma saída.

Por exemplo, uma emoção que todas as pessoas devem aprender a administrar é a **raiva,** pois quando se acham em uma situação de confronto que resulta em sentimentos raivosos, os indivíduos tendem a se tornar verbalmente agressivos.

Há aqueles que, inclusive, querem partir para a agressão física. Na verdade, 82% têm vontade de agredir verbalmente, e 40% de esmurrar a outra pessoa.

Conforme os estudos feitos por especialistas como J. R. Averill, sentir raiva e agir com base nela são, porém, coisas bem diferentes. A raiva pode ser uma emoção poderosa e construtiva ou poderosa e destrutiva.

Assim, toda pessoa que identificar incorretamente a causa de sua raiva e não parar de questionar suas impressões, provavelmente enveredará por uma trilha destrutiva.

Mas administrar as emoções dos outros construtivamente estando com raiva é uma tarefa extremamente difícil, requerendo habilidades emocionais altamente desenvolvidas que lhe permitam compreender quando a raiva surgiu e se ela se intensificará ou gradualmente passará e desaparecerá.

Além disso, é vital saber se o sentimento de raiva é justificado, ou seja, se houve de fato um ato de injustiça e o que fazer com ele: que a outra pessoa reconheça seu erro, que mude o seu comportamento ou que simplesmente pare com o que está fazendo.

Aprender a administrar seus sentimentos e os sentimentos das outras pessoas requer também um bom conhecimento das maneiras características de como você experimenta seus próprios sentimentos.

Todo aquele que conseguir administrar suas emoções com os seus pensamentos, aumentará em muito as suas chances de estar tomando decisões mais eficazes.

Aliás, esse é o grande desafio da administração emocional: nem reprimir os sentimentos nem dar-lhes vazão, e sim refletir sobre eles, integrá-los com o pensamento e usá-los como uma fonte de informações e como inspiração para a tomada de decisões inteligentes.

O século XXI precisa de líderes emocionalmente inteligentes, ou seja, aqueles que fundamentem suas decisões na afirmação de Sylvan Tomkins: "Do casamento entre a razão e os afetos nasce a clareza com paixão. A razão sem os afetos seria impotente, os afetos sem a razão seriam cegos."

O líder emocionalmente inteligente sabe identificar, utilizar, compreender e administrar as emoções.

E você caro leitor, a partir de agora não deve retardar a oportunidade de desenvolver e utilizar cada vez mais as suas habilidades de IE.

Aproveite pois, todo e qualquer momento: no seu próximo telefonema, no cumprimento no corredor, numa reunião de equipe ou nas suas reflexões sobre o que ocorrerá em seguida para desenvolver as suas aptidões emocionais.

Você sente, pensa e decide em cada uma dessas situações, então por que não tentar uma abordagem emocionalmente inteligente em algumas delas?

A formação de um líder, emocionalmente inteligente, ocorre peça a peça, situação a situação e emoção a emoção.

Ela ocorre quando se é inteligente com relação às emoções, e ter emoções o auxilia a ser mais inteligente.

Que bom que os leitores são pessoas que não querem viver apenas sob o jugo da razão ou sob o jugo da emoção!!!

São indivíduos que vão optar por serem emocionalmente inteligentes, com o que saberão enfrentar todos os obstáculos, quando o sucesso não estiver chegando com facilidade.

Marketing 1

O QUE É *MARKETING*?

O que é *marketing* pode ser resumido muito bem no anúncio de uma funerária: "**Está vivo? Então você precisa de nossos serviços!!!**"

As vezes se faz a divulgação de produtos (serviços) não muito recomendáveis e mesmo assim eles emplacam.

Este talvez seja o caso da disputa entre Deus e o Diabo.

Qualidade com Humor

Deus deixou a Terra repleta de vegetais e frutas para que o homem tivesse uma vida longa e saudável.
Então o Diabo criou o cheeseburger. E perguntou ao homem:
- Quer também batata frita para acompanhar?
E o homem respondeu:
- Grande!
E engordou.
Aí Deus criou o iogurte saudável, e o Diabo congelou o iogurte e acrescentou chocolate, nozes e confeitos coloridos.
E o homem engordou mais ainda.
Aí Deus iventou o tênis, e o homem decidiu emagrecer.
Então o Diabo inventou a TV a cabo, o controle remoto, pipoca, salgadinhos e refrigerantes.
E o homem adotou o controle remoto e comeu toda essa junk food.
Aí o Diabo viu tudo e disse:
- Muito bem. Parabéns!!!
Bem, o homem teve uma parada cardíaca.
Aí Deus suspirou e criou a cirurgia de ponte de safena.
Mas o Diabo, não ficou parado e inventou imediatamente o plano de saúde.

E agora o que acha, existe algum plano de saúde confiável e justo?
E aí vão mais três piadinhas que tem um pouco de *marketing* também.

SERÁ QUE ISSO É VERDADE?

Madre Teresa chega ao céu.
- Tens fome? - pergunta Deus.
Madre Teresa assente.
Ele serve para ambos um sanduíche de atum num pão integral de centeio.
Enquanto isso, a mulher canonizada vê os glutões do inferno se empanturrando de carne, frango, lagosta e vinho.

No dia seguinte, Deus a convida para outra refeição.

De novo, é um sanduíche de atum no pão integral de centeio.

Mais uma vez, ela vê os habitantes do inferno se banqueteando com amplo sortimento de assados.

No terceiro dia, quando Deus abre outra lata de atum, Madre Teresa intervém:

– Estou agradecida por estar aqui com o Senhor, mas não entendo: nós só comemos sanduíche de atum, enquanto lá embaixo, eles se fartam como reis.

– Sejamos siceros – diz Deus, com um suspiro.

– Para duas pessoas, vale a pena cozinhar?

QUESTÃO DE PREFERÊNCIA

– Toninho, você prefere que a mamãe dê a você um irmãzinho ou uma irmãzinha?

– Sinceramente?

– Sinceramente.

– Eu preferia um videogame...

QUE ESPETÁCULO!?!?

– Posso experimentar aquele vestido na vitrine? Pergunta uma mulher linda ao gerente da loja.

– Naturalmente. Responde o gerente. Talvez isso atraia mais clientes!!!

OS HUMORISTAS ESTÃO EXAGERANDO?

O exagero dos humoristas acaba muitas vezes em grandes trapalhadas e processos que levam a indenizações significativas.

Esse por exemplo é o caso de Sílvio e Vesgo, que procuram criar situações embaraçosas e hilariantes com pessoas famosas que acabam reagindo, pois não acham as suas atitudes nada engraçadas.

Vesgo que faz parte do programa de televisão *Pânico*, iniciou em 2005 o seu ritual de atormentar celebridades, beijando-as geralmente sem permissão.

Por exemplo, um beijo nas costas da Luana Piovani teve como reação muitos tapas e abertura de um processo na Justiça que ela ganhou e a emissora foi condenada a pagar R$ 300 mil. Claro que a emissora recorreu...

Em 2006 Vesgo e seu parceiro Silvio foram detidos pela polícia por tentarem chegar à janela do apartamento da Carolina Dieckmann, no Rio de Janeiro, usando uma escada *magirus*.

Eles queriam que a atriz calçasse as *Sandálias da Humildade*, porém acabaram sendo obrigados a indenizá-la em R$ 35 mil.

Em ambos os casos, a fama de Sílvio e Vesgo nos tribunais, cresceu devido aos processos que foram abertos contra os dois por danos morais, ou seja, prejuízos por ofensa dirigida à honra de alguém, mediante calunia (mentira) ou difamação (falar mal).

Clodovil, Luiza Tomé, Mariana Kupfer e muitas outras pessoas famosas quase processaram os humoristas pela sua impertinência em querer que eles calçassem os tais chinelos e por perguntas maliciosas e ofensivas.

O comentarista esportivo Milton Neves diz: "Processar o *Pânico* é uma insensatez, porque os meninos fazem apenas humor. Claro que se alguém mexer com a minha honra, eu processo mesmo. A pessoa que pense um pouco antes de falar."

Já Emilio Surita o apresentador do *Pânico* explica: "A emissora – rede TV! – nos dá total liberdade e apoio para segurar o rojão. Claro que recebemos algumas recomendações, tais como não brincar com políticos em época de eleições, não citar o nome de pessoas que processaram a emissora e evitar piadas de estereótipos, para não provocar a gritaria de organizações não-governamentais (ONGs) de plantão.

Todo indivíduo que processa a emissora não aparece mais, e assim o *marketing* que fazemos do mesmo desaparece!?!?

O sonho de toda a celebridade é **receber só elogios**.

O *Pânico* faz humor crítico e os artistas mais intolerantes buscam na lei o respaldo para impedir que a crítica seja feita.

Além disso, não entendo o valor das indenizações estabelecidas.

Não é possível compreender qual é o critério adotado, pois o fato de uma simples menção do nome das 'ofensas' chega a implicar em multa de praticamente meio milhão de reais.

Esse valor equivale aos 1.315 salários mínimos estabelecidos como pena para a infração.

São 109 anos de trabalho de um cidadão comum.

De duas uma, ou a multa é alta demais ou o salário do trabalhador é realmente insignificante.

Nós na emissora sabemos que ninguém cria humor restrito às limitações jurídicas, mas não deixamos de lembrar que macaco gordo não pula em galho fino.

Por isso, no momento nossos primatas estão praticamente em dieta."

Uma outra turma que dá bastante trabalho para os advogados e juizes, é o grupo do Casseta&Planeta, da TV Globo.

Entre os que já processaram os humoristas estão o ex-presidente Fernando Collor, Jorgina de Freitas, acusada de fraudar o INSS, e o empresário Arthur Falk, criador do *Papa Tudo*.

Só em 1997, o Casseta&Planeta foi alvo de mais de 130 ações movidas por policiais militares de Diadema.

As ações não deram em nada – mas cada uma pedia cerca de R$ 200 mil por danos morais.

Os integrantes do programa Casseta&Planeta foram vetados de cobrir a Parada *Gay* em São Paulo em 2007, e quase levaram um processo de uma entidade gaúcha por causa de piadas questionando a masculinidade dos sulistas.

Pois é, rir faz bem, rir é interessante mas rir pode também trazer conseqüências dramáticas quando se brinca demais com certas características, comportamentos ou atributos das pessoas, por mais *marketing* que se faça delas.

Marketing depreciativo, principalmente de caráter regional, nacional ou até global, poucos querem.

Isto é, falem de mim, mesmo que não seja boa coisa, não é uma verdade!!!

COMO SE PODE DESVENDAR OS SEGREDOS DO *MARKETING*?

Muitas pessoas querem se transformar em profissionais talentosos em *marketing* e uma quantidade maior ainda quer entender como valer-se do *marketing* de forma eficaz.

Um fato é indiscutível, sem *marketing* é muito difícil – para não dizer quase impossível – que uma empresa, um produto ou serviço e inclusive as pessoas alcancem o sucesso almejado.

E aí torna-se muito interessante "meditar" sobre os **segredos de *marketing*** que Steve Cone, – ele que coordena a gestão de marca (*branding*) para todos os negócios do Citigroup no mundo – expõe no seu livro *Roube Estas Idéias!*

Para que o leitor dê maior credibilidade ao conteúdo do livro de Steve Cone, deve apoiar-se nos seguintes depoimentos:

Steve Forbes, CEO da Forbes Inc:
"Os especialistas em marketing que dão valor a seus empregos – ou melhor ainda, que querem subir na carreira – estarão sempre consultando essa incrível coletânea de dicas e idéias esclarecedoras, como um guia para a inovação e o sucesso."

Al Ries, o grande guru do *marketing* e autor do *best-seller Marketing de Guerra*:
"Repleto de ótimas idéias e a um preço justo."

Mas talvez a melhor forma de justificar a praticidade e validade de *Roube Estas Idéias* seja através do relato do primeiro encontro entre Woody Allen e Arnold Schwarzenegger ocorrido há um bom tempo em Nova York.

Consta que numa elegante recepção em Manhattam, o engraçado e inteligente Woody Allen aproximou-se de Arnold Schwarzenegger, que estava com um copo na mão, e lhe perguntou: "Arnold, o que eu preciso para ser parecido com você?"

Sem titubear, Arnold respondeu: **"Duas gerações!!!"**

Mas ao contrário de Woody, você não vai precisar esperar tanto e ao terminar de ler este capítulo sem dúvida vai sentir uma certa transformação.

Realmente os segredos de *marketing* recomendados por Steve Cone são conselhos práticos e *insights* muito simples de entender.

Inicialmente convém lembrar que Steve Cone acha que para ser tudo que podemos ser na carreira de profissional de *marketing* ou pelo menos entender a arte do *marketing* é vital compreender que os produtos (serviços) mudam, os preços mudam, os atributos, a moda e a tecnologia mudam. Porém, a natureza humana continua a mesma!!!

Mesmo em anos, décadas e séculos passados, quando as pessoas claramente tinham mais tempo para pensar, elas ainda queriam que a venda fosse feita de maneira direta e relativamente rápida.

Aí ele insiste no que é imprescindível para que os profissionais de *marketing* tenham sucesso nas suas carreiras: "Eles precisam usar o mais que puderem o *marketing* direto.

Precisam entender o que faz as pessoas ficarem ligadas e o que as leva a comprar produtos e serviços.

Devem compreender os principais elementos que constroem uma marca de sucesso.

Necessitam diminuir o jargão de *marketing* e parar com o uso exagerado de imagens e gráficos sem fim, dos quais ninguém se lembra no dia seguinte.

Devem buscar as grandes idéias que permitem impulsionar a sua profissão e a empresa para a qual trabalham para um futuro promissor.

Precisam também aprender com os erros do passado.

Devem ainda saber que nada é mais importante do que ter o produto (serviço) certo, na frente do cliente certo, com o menor desperdício de tempo e de dinheiro possível."

Ele diz tudo isso porque conseguiu tornar-se uma das figuras mais respeitadas do *marketing*, particularmente em serviços financeiros, nesses seus quase 34 anos de carreira, fazendo uso adequado dos seguintes segredos:

1º) Segredo – Os três ingredientes essenciais de uma campanha de *marketing* bem-sucedida são: empolgação, informação e um apelo persuasivo à ação.

Se você quer um exemplo claro em que aparecem em poucas linhas os três elementos para um êxito promocional: **empolgação**, **informação** e um **apelo persuasivo para agir**, leia com atenção o anúncio que *sir* Ernest Shackleton, famoso explorador de regiões polares, do início do século XX, colocou em 1913, em vários jornais londrinos: "***Precisa-se de homens** para uma **viagem arriscada**.*

Salário baixo, um frio de rachar, longos meses de completa escuridão, perigo constante, retorno seguro duvidoso.

Honra e reconhecimento em caso de êxito."

Shackleton, esperava receber de 50 a 75 respostas, mas mais de cinco mil almas valentes responderam ao seu anúncio que é uma magnífica peça de comunicação, integrando de forma sintética a empolgação, valor da informação e o apelo persuasivo à ação.

Assim, ao vender um produto (ou serviço) a alguém, em qualquer lugar do mundo, é fundamental ter uma **resposta afirmativa** para a pergunta: será que meu anúncio, folheto, *outdoor*, montagem da vitrine, propaganda na rádio ou televisão, mensagem na Internet causam empolgação, geram informações reais e dão um motivo para que o consumidor **pare** tudo que estiver fazendo imediatamente e compre o produto (ou serviço) oferecido?

2º) Segredo – Para poder usar o poder da marca é imprescindível criar uma forte conexão visual.

Em poucas palavras, uma marca é uma pessoa, lugar ou coisa reconhecida.

A tarefa primordial de um profissional de *marketing* é criar uma marca que seja individual e diferente dos produtos ou serviços similares oferecidos pela concorrência.

Portanto a essência de uma marca está na diferenciação.

A marca valorizada, na maioria dos casos, significa, quase sempre, uma garantia de um bom produto ou serviço.

Porém, toda a marca de sucesso precisa ter uma proposta de venda única, **visual** ou **escrita**, que destaque a marca entre as concorrentes e a torne especial.

Essa proposta única de valor deve ser clara, concisa e entendida em sua totalidade por todos os funcionários da empresa e principalmente por muitos milhares ou milhões de clientes.

A marca precisa ser descrita em poucas palavras como:

➡ Schwarzenegger – "Exterminador/governador"

➡ ESPN – "Canal de esportes"

Além disso, deve ter uma proposta de venda única que em uma ou duas frases a descreva de maneira inesquecível, como por exemplo, se fala no mundo das motocicletas, sobre a Harley Davidson: **"Permitimos que caras brancos de meia idade e com excesso de peso usem roupas de couro nos finais de semana e viagem em suas Harleys para pequenas cidades e povoados assustando um bocado os moradores locais!!!"**

Fantástica essa descrição de uma marca admirada, não é?

São os símbolos, os logos ou pequenas mensagens incisivas que fazem com que as marcas permaneçam sempre em nossas mentes.

É como aquela propaganda de uma igreja episcopal que queria aumentar a freqüência dos fiéis: "Venha para uma Igreja fundada por um homem que tinha seis esposas, na qual nem é necessário dizer que existe o perdão."

3º) Segredo – É vital tomar muito cuidado com os diretores de arte.

Muitos dos diretores das agências de propaganda tem aproximadamente 23 anos e esquecem que estão criando anúncios para pessoas de 63 anos que muitas vezes não conseguem lê-los!?!?

É por isso que se deve insistir em fontes com serifa em todos os anúncios.

Serifa quer dizer que cada letra termina com um traço ou barra, o que ajuda os olhos literalmente a terminar de enxergar a letra. **Não é o caso desse texto, não é?**

Sempre é imprescindível não esquecer que o mundo tem cada vez mais pessoas de 55 anos ou mais e deve-se usar um tamanho de letra que convenha a eles.

Entre as cores, a vermelha é sem dúvida a mais poderosa, isto é, aquela voltada para a ação.

Agora, a combinação de cores contrastantes que melhor facilita a legibilidade é sem dúvida: **letras pretas sobre um fundo amarelo.**

Cuidado pois, com os diretores de arte, quando para o material promocional oferecem cores como bege, verde claro, azul, etc.

4º) Segredo – É uma obrigação inspirar-se no que fazem as revistas de maior sucesso no mundo.

É imprescindível aprender com os melhores e nesse sentido é importante inspirar-se por exemplo no editor da revista *People*, que é a de maior sucesso no mundo.

Ela está baseada em quatro princípios que você deve utilizar para criar o melhor material de **marketing**:

1. Use sempre que puder fotos de pessoas reais, não modelos que são anônimos.
2. Utilize fotos colocando legendas sempre, sempre, sempre.
3. Escreva de forma concisa: você não está em uma comissão governamental.
4. Deixe bastante espaço em branco em cada página, de modo que os olhos possam assimilar o que estão vendo.

Nos Estados Unidos da América (EUA) a revista *Advertising Age* sempre faz a análise das revistas preferidas pelos norte-americanos e a *People* é a que está em primeiro lugar.

Uma outra revista bastante admirada nos EUA é a *Rolling Stone*, que está inclusive agora sendo publicada em português.

É vital saber aproveitar o *layout* e o *design* das revistas de sucesso para construir de forma eficaz os próprios anúncios.

5º) Segredo – Valer-se constantemente do poder da personalidade.

Não há nada mais forte do que o porta-voz de uma empresa que é a parte integrante de sua proposta de venda única.

Um exemplo inesquecível foi o do ator Karl Malden que divulgou os *travellers checks* da American Express durante 25 anos – um tempo extraordinário para qualquer garoto-propaganda (lembre do caso da Bom Bril aqui no Brasil...).

Seus anúncios de *travellers* cheques feitos para a televisão eram uma combinação perfeita de empolgação, informação e um apelo à ação persuasiva.

Primeiramente, você via um ladrão roubando dinheiro, de uma sacola na praia ou em um quarto de hotel de um pobre turista que nada suspeitava.

Em seguida, Karl Malden entrava em cena, parecendo o policial que ele fazia na famosa séria de TV *São Francisco Urgente*.

Ele olhava para você e dizia: "Não deixe um ladrão estragar suas férias.

Use os *travellers* cheques da American Express."

Não foi pois surpreendente que a American Express tornou-se líder dessa categoria, com uma participação de mercado de 75%.

A maioria dos habitantes do planeta baseia-se em algum tipo de personalidade, para explicar a sua existência como: Jesus Cristo, Buda, Maomé e todas as outras figuras religiosas importantes reverenciadas ao longo dos séculos. Dessa maneira não deveria surpreender o fato de uma personalidade de destaque poder causar um tremendo impacto na estratégia de propaganda.

Escolher um porta-voz pode ser o fator único mais importante de uma empresa na busca de um melhor desempenho financeiro.

Às vezes pode-se também obter uma boa aceitação e divulgação de seus produtos/serviços usando mascotes, personagens animados e animais.

Os mascotes são atores que representam personagens criados exclusivamente para a sua organização. Posicionados adequadamente, esses porta-vozes suscitam interesse, fidelidade e até são queridos pelo público.

A utilização de personagens animados no mundo da propaganda começou há muito tempo na televisão e serve muito bem para divulgar, por exemplo, produtos alimentícios. É fácil lidar com personagens animados pois eles não são arrogantes, em geral não têm problemas pessoais, raramente espantam os clientes com seus pontos de vista políticos, sendo rapidamente admirados pelos espectadores.

Já, valer-se dos animais (cachorrinhos bonitos ou gatos ou pássaros ou ainda cavalos) que falam e se movimentam prende bastante a atenção e em geral eles são lembrados durante muito tempo.

6º) Segredo – Preocupar-se muito com os clientes que realmente importam.

É vital nunca esquecer que são poucos os clientes que na verdade, contribuem significativamente para o seu salário no fim do mês.

No mundo dos negócios, os profissionais de *marketing* sempre se concentraram na **regra 20/80**, ou seja: 80% da receita de uma empresa é gerada por 20% de seus clientes.

As organizações sem fins lucrativos deram um passo à frente e conseguiram determinar que 50% de sua receita vêm de apenas 1% de seus doadores.

Se as empresas, agora no século XXI, fizeram uma pesquisa mais acurada identificando melhor os 20% que representam seus melhores clientes, em geral, elas encontrarão uma regra 10/90, o que significa que menos de 10% dos clientes geram 90% da receita.

Esses 10% são um grupo que definitivamente precisa de muita atenção e de um diálogo contínuo. Em termos de tamanho, pode ser administrado eficazmente por uma equipe de seus melhores profissionais de *marketing*. Aliás, é vital que isso aconteça!!!

7º) Segredo – Uma lição inolvidável sobre os clientes: eles querem repetir a experiência que os encantou.

Na realidade, as pessoas querem repetir a experiência que as conquistou como clientes. Dessa maneira, se alguém gostou do seu primeiro terno Armani, provavelmente quererá comprar outros. Se você se apaixonar por um BMW aos 30 anos, desejará sempre um carro de marca com a mesma dirigibilidade e desempenho no futuro. Se acha que Angelina Jolie é a mulher mais sensual do mundo, seguramente irá assistir todos os filmes dela. Essa lei da repetição da experiência do cliente se aplica a todas as faixas etárias, todas as culturas, desde os princípios dos tempos, enquanto habitarmos este planeta!!!

Aliás, isso também vale para as instituições de caridade.

As pessoas fazem uma primeira doação por causa de um pedido que mexe com suas emoções – uma criança sem lar que foi salva, uma espécie em perigo que precisa de proteção, uma instituição que distribui sopa gratuitamente e que precisa ser ampliada, uma orquestra sinfônica que quer manter seu alto nível, etc.

Os contribuintes vão ser sempre favoráveis às futuras solicitações, se elas tiverem um enfoque semelhante ao primeiro pedido que lhes foi feito.

8º) Segredo – Todos grandes profissionais de *marketing* são grandes comunicadores.

Você nunca se tornará um astro do *marketing* se não aprender a gostar de falar em público.

Praticamente ninguém nasce com o dom natural da oratória.

A contratação de um especialista para lhe dar treinamento por alguns meses é um dos melhores investimentos. Realmente vale a pena.

E, nunca, nunca faça a pose de "folha de parreira", em que você fica de pé com a mão na frente de partes que não podemos mencionar aqui...

Não faça isso em público ou quando estiver sentado ou andando.

Essa pose quer dizer que você é "fraco" e vulnerável e fará com que pareça ridículo.

Você também deve sempre ser capaz de convencer as pessoas que uma parcela da receita de sua empresa, obtida com muito esforço, deve ser direcionada para os programas de *marketing*. Uma vez perguntaram ao presidente dos EUA Franklin D. Roosevelt quais eram as diretrizes para se fazer uma boa apresentação.

Ele disse: "Há três regras básicas: ir até o pódio e sorrir, ir direto ao ponto, sentar!!!"

9º) Segredo – Os programas de fidelidade devem ter um valor percebido que supere o custo percebido.

É fundamental ter a plena convicção de que a sua estratégia de reconhecimento do cliente gere um valor concreto. Dessa maneira, se ele paga R$ 400 por ano por um cartão especial deve perceber claramente que os benefícios que receberá pela sua utilização constante irão superar os R$ 400.

Um exemplo típico é o da grande cadeia de livrarias dos EUA, a Barnes&Noble que cobra uma anuidade de US$ 25, com o que o proprietário do cartão do seu programa de fidelidade tem direito a um desconto de 5% em todos os itens que comprar *on-line* e 10% em qualquer produto que adquirir diretamente na loja.

Sem dúvida, para itens como livros, CDs, aparelhos eletrônicos, etc., a "gratificação" instantânea faz muito sentido, pois o cliente constata imediatamente os benefícios, no exato momento da compra.

10º Segredo – Nunca esquecer as seis razões essenciais para fazer propaganda.
Pela ordem de importância elas são:
1. Motivar seu pessoal e fazer os funcionários sentirem orgulho da empresa em que trabalham.
2. Lembrar seus clientes por que eles são clientes.
3. Gerar novos clientes (*leads*).
4. Recrutar bons profissionais dos concorrentes.
5. Fazer-se notar pela imprensa e aumentar o *share of mind* (domínio da mente) do público, em decorrência da visibilidade na mídia.
6. Construir a marca. Maior *share of mind* é bom, e isto é uma verdade universal.

Agora que você está ciente das sutilezas, das minúcias, ou seja, dos "segredos" do *marketing*, "roube" estas idéias de forma ética e torne-se de fato um competente profissional de *marketing*.
Você vai valer-se desses segredos, não é?

Marketing 2

"Não estou interessado se parece, anda e faz o ruído de um pato. O que eu quero é que ele seja semelhante a um cisne."

QUAL É A MISSÃO DE UM PALHAÇO?

Inicialmente convém salientar que palhaço não nasce pronto. Tivemos grandes palhaços como por exemplo Arrelia e Piolin que aceitaram se aperfeiçoar a cada dia para cumprir a sua missão: **fazer os outros rir, mesmo sendo ridículos**.

No Teatro Fabrica São Paulo, no 2º semestre de 2007 foi apresentada a peça *A Julieta e o Romeu* e Esio Magalhães apareceu como Zabobrim – o fazedor de abobrinhas como seu nome sugere.

E quem assistiu a peça, viu um palhaço daqueles que toca fundo na alma de tanto que faz as pessoas rirem.

Zabobrim leva a fundo sua tarefa, domina o tempo de suas brincadeirinhas, improvisa sem cerimônia e atua com o corpo livre de imposições cerebrais, sugerindo que ele veio pronto.

Ele não folcloriza, o palhaço, mas satiriza a atuação dirigida e vigorosamente aplica-se em desfazer a lógica do pensamento hegemônico.

Explica Hugo Possolo, palhaço e dramaturgo, além de diretor do grupo Parlapatões e do Circo Roda Brasil: "O palhaço, por ser um arquétipo, é um pouco representação e um pouco o próprio ator.

Só assim um palhaço é diferente do outro.

Felizmente, Zabobrim segue a tradição pícara dos mestres do picadeiro.

Emociona porque nos faz rir de coisas singelas, nos colocando em contato com uma ingenuidade que, por vezes, esquecemos ainda ser possível.

Porém, não posso, simplesmente dizer que gostei do desempenho de Zabobrim em *A Julieta e o Romeu*. Sou apenas mais um palhaço que, aliás, poderia ser motivo de comentário, agradável ou desagradável!?!?

Zabobrim não é apenas um bom palhaço.

Ele consegue pela sua avidez instintiva de palhaço fazer com que toda a atenção na peça se volte para ele...

Há quem diga que não se pode confiar nos palhaços, que dizem tanta bobagens que de tão tolas, nos jogam de frente a verdades que passavam ao largo.

O que eu quero ressaltar é: **vai Zabobrim**!

Segue dançando com tua vassoura, enche o mundo de abobrinhas que nem são tão abobrinhas assim e varre com alegria a tal tristeza que vive a nos espreitar, cumprindo maravilhosamente a sua missão."

Bem, de tanto se falar neste livro, o leitor já deve ter aceitado que rir é o **melhor remédio**!!!

E os paulistanos em 2007 tiveram a oportunidade de curar-se através da **risoterapia**, ou seja, da terapia da alegria ou terapia do riso assistindo as boas comédias que estavam em cartaz na cidade no início do 2º semestre de 2007.

Aí vão as citações de algumas delas:

1. *Trair e Coçar... É Só Começar*, que estreou em São Paulo em 1989, já foi assistida por mais de 3,6 milhões de pessoas – o nosso recorde dos palcos – de autoria de Marcos Caruso, um verdadeiro festival de gargalhadas.

As trapalhadas da doméstica Olímpia – já interpretadas por onze atrizes, em 2007 foi vivida por Anastácia Custódio –, que envolve seus patrões em mirabolantes histórias de adultério.

2. *As Favas com os Escrúpulos*, cujo autor e protagonista é Juca de Oliveira – que tem uma enorme capacidade natural de arrancar gargalhadas – auxiliado nessa tarefa por Adriane Galisteu e Bibi Ferreira.

Ele interpretava um senador corrupto que se torna vítima de uma arapuca armada pela própria mulher.

O ponto alto do espetáculo, dirigido por Jô Soares, é a cena de embriaguez em que Bibi Ferreira deixa clara a diferença entre fazer comédia e caricatura.

3. *Os Homens São de Marte... e É pra Lá que Eu Vou!* é um espetáculo em que Mônica Martelli, atriz e autora do monólogo contava de forma extremamente hilariante as suas próprias aventuras sentimentais para encontrar o "príncipe encantado"

4. *O Método Grönholm*, uma comédia baseada no texto do espanhol Jordi Galcerán, em que o diretor Luiz Antonio Pilar procurou satirizar o ridículo a que muitas pessoas se submetem em nome de um objetivo: **conquistar um cargo de alto escalão em uma empresa.**

Os quatro executivos que são capazes de qualquer coisa para "subir na vida" em um dos momentos "campeão de gargalhadas", participam de uma dinâmica de grupo em que são obrigados a fazer imitações.

A executiva vivida por Taís Araújo encarna uma palhaça, enquanto os personagens de Lázaro Ramos e Edmilson Barros representam, respectivamente, o papa e um político. Ângelo Paes Leme, por sua vez, muito divertido como o candidato homossexual, tem a missão de incorporar um sedutor toureiro. E aí o espectador entra no suspense para decifrar quem será o dono do emprego.

5. *Amigas, Pero No Mucho,* foi escrita por Célia Regina Forte, comédia na qual ela apresenta as contraditórias situações vividas por quatro quarentonas que acabam se transformando em cenas de intensa comicidade por retratarem histórias familiares aos espectadores.

É verdade que eles já começam a rir quando Elias Andreato, Claudio Fontana, Leopoldo Pacheco e Romis Ferreira aparecem de salto agulha, boca vermelha, peruca, etc. e aí a intensidade das gargalhadas aumenta quando debocham da infelicidade mútua...

6. *Carro de Paulista,* é um texto divertido, tendo um elenco jovem entusiasmado e que fez o espetáculo praticamente sem verba.

Os atores interpretam rapazes da Zona Leste que emprestam um carro velho para paquerar as garotas descoladas dos Jardins. Muito divertido mesmo!!!

7. *Sua Excelência, o Candidato* é um espetáculo de Jandira Martini, que tendo ao lado Marcos Caruso, tem na ponta da língua a explicação para tamanho sucesso da comédia que em um ano foi assistida por mais de 45 mil pessoas: "O Brasil já é uma perfeita comédia."

Com montagem criativa de Alexandre Reinecke, as trapaças

políticas de um jovem candidato prestes a disputar uma eleição fazem o público rir muito.

8. *Motel Paradiso*, foi escrita em 1980 por Juca de Oliveira e atualizada agora para a montagem de Roberto Lage. Nesta comédia, uma gravidez inesperada e uma carteira de identidade em mãos erradas desencadeiam a crise da dona-de-casa Lurdes – interpretada por Bárbara Bruno –, ao descobrir que o marido tem um caso com a mulher do presidente do banco onde trabalha. Juca de Oliveira comentou: "Reescrever o meu texto me deu a sensação de recriar minha própria obra usando o que aprendi com a comédia nestes últimos 28 anos."

9. *Toalete* é um espetáculo que mostra o que todo homem quer saber: **o que é que as mulheres falam no banheiro?** E como milhares de mulheres já assistiram o espetáculo, isto comprova que as próprias mulheres também estão interessadas!?!?
Walcyr Carrasco aproveitou o tema e criou a comédia *Toalete*!!! Ele conta: "Por seis meses fiz entrevistas em busca de histórias reais. Descobri que nos banheiros de hotéis desfilam executivas, prostitutas, noivas, etc.
E aí foi possível criar uma série de diálogos e manifestações incríveis. O público gostou muito e tem se divertido com as 'confusões' apresentadas. E é um direito que as pessoas têm, não é? A vida está tão complicada."

Bem, depois desse *minimarketing* de algumas das comédias que os paulistanos puderam assistir em 2007 em São Paulo – dos mais de 80 espetáculos em cartaz, a metade era de comédias – a pergunta é uma só: **você não quer viver melhor?**
Então por que não tem ido assistir espetáculos de cômicos?
Há quem diga (e prove) que os milhares de espectadores que assistiram as comédias em cartaz em São Paulo, viveram momentos inesquecíveis depois que voltaram para as suas residências...

VOCÊ ENTENDE A VITAL IMPORTÂNCIA DO "BUXIXO"?

Ben McConnell e Jackie Huba, autores do livro *Buzzmarketing* (*M*. Books do Brasil Editora Ltda – São Paulo – 2006) dizem: "Quando os clientes ficam realmente impressionados com o seu produto ou serviço, eles se tornam **'evangelistas'** sinceros para sua empresa.

Aliás, os profissionais de *marketing* descobriram que esse grupo de clientes satisfeitos pode ser convertido em uma ferramenta potente de *marketing* para aumentar o universo de seus clientes, por meio de **depoimentos espontâneos** que eles emitem no dia-a-dia em seus relacionamentos interpessoais."

Para criar clientes evangelistas é necessário seguir alguns princípios e talvez o mais importante deles seja estabelecer o "buxixo", ou seja, de uma maneira sábia é necessário construir eficazes redes de *marketing,* boca-a-boca (*buzzmarketing*).

Mas o que é na verdade, um "buxixo"?

Emanuel Rosen, o decano do "buxixo", escreveu um livro, literalmente para descrever bem como o conceito funciona.

Nesse livro – *The Anatomy of Buzz* (*Anatomia do "Buxixo"*) –, ele disseca os pontos de partida, as trajetórias e os sistemas de comunicação que alimentam o "buxixo".

Em tempo, convém lembrar que a palavra inglesa *buzz* pode também ser traduzida como zumbido, zunido, rumor, murmúrio, uma conversação excitada, etc.

Emanuel Rosen começou sua busca pelo conhecimento maior sobre a importância do "buxixo" no final dos anos 90, quando era o encarregado de *marketing* em uma empresa de *software* no Vale do Silício, que ainda nem havia lançado o seu produto...

Um dia, antes mesmo de o produto estar pronto, chegou um pedido de compra de uma universidade do outro lado do país.

Comenta Emanuel Rosen: "Aquilo realmente me chocou, pois de repente, alguém de fora conhecia o produto antes dele ser lançado.

Era no mínimo muito estranho.

Você fica com uma sensação de 'Uau!!!', isto está realmente acontecendo?

Por incrível que pareça, o produto da empresa na qual eu trabalhava, que nem tinha sido lançado, foi difundido por "buxixo" (*buzzmarketing*)."

- Então o que é um "buxixo"?
- É diferente de *marketing* boca a boca?
- O *marketing*, boca a boca, é fundamentalmente face a face?

Inicialmente no século XXI, deve-se destacar que o "buxixo" inclui a profusão de conversas que existe pessoalmente e pela *Web*, em salas de bate-papo (*chats*), quadros de aviso e *e-mails* enviados.

Portanto "buxixo" é o agregado de todas as comunicações de pessoa para pessoa sobre um produto, serviço ou empresa específica feitas a qualquer momento.

Assim:

"Buxixo" = *Marketing* boca a boca + *Marketing* de mente transformado em mensagem com o auxílio do *mouse*.

Atualmente, todos os profissionais do *marketing* adoram um "buxixo" porque ele pode arremessar um produto para a estratosfera do altamente visível.

Mas para se tornar um profissional de *marketing*, mestre em "buxixo", é necessário entender que ele viaja por redes invisíveis.

Pegue uma revista de bordo e examine as rotas de vôo de uma empresa. Entre as rotas, você verá os *hubs* (pontos centrais) onde os vôos se originam e terminam. Imagine que os *hubs* são as pessoas e as rotas são as redes de conexão entre as pessoas.

O "buxixo" viaja por essas conexões por meio de encontros face a face, pela Internet, por telefonemas e outras coisas desse tipo.

Assim, os *hubs* podem ser entendidos ou tomados como fontes de informações que as disseminam rapidamente.

Existem dois tipos de *hub*:

1. **Megahubs,** ou seja, pessoas que escrevem para revistas e jornais como por exemplo, os comentaristas de produtos ou críticos de arte ou de moda, ou ainda políticos proeminentes.

2. **Hubs de redes individuais,** isto é, pessoas na comunidade que conseguem influenciar uma rede enorme de colegas de trabalho, amigos e familiares – pessoas na sua empresa ou no escritório em que você trabalha que parecem sempre saber tudo sobre o último filme, moda ou invenção.

E como é que o "buxixo" se espalha?

Alguns produtos (serviços) são "contagiosos", o que significa que as pessoas são "infectadas" com a idéia do produto (serviço) apenas ao vê-lo ser usado (aplicado) por uma outra pessoa.

Produtos ou serviços com alta visibilidade geram, sem dúvida, o "buxixo".

Assim o "buxixo" sobre um restaurante geralmente não é apenas sobre a sua comida, mas também (e principalmente...) sobre as pessoas que o freqüentam.

Já o "buxixo" sobre um filme normalmente se concentra na vida real dos atores do filme...

Renee Dye, num artigo publicado na *Harvard Business Review* (novembro-dezembro de 2000) explicou que, antes que as empresas possam tirar o proveito total do "buxixo", é imprescindível que os seus executivos principais saibam livrar-se de cinco conceitos errôneos.

1º) Mito – Apenas os produtos ousados ou de ponta merecem "buxixo".
Na realidade, os produtos mais improváveis, como medicamentos, podem provocar um tremendo "buxixo".

2º) Mito – O "buxixo" simplesmente acontece.
Lamentavelmente, não é isso!!!

O "buxixo" é, cada vez mais, o resultado de táticas perspicazes de *marketing*, nas quais as empresas semeiam um grupo de vanguarda, racionam o fornecimento, usam celebridades para gerar o "buxixo", alavancam o poder das listas de comunicação (*e-mails*) e deflagram um *marketing* popular.

3º) Mito – O melhor "buxixo" começa com seus melhores clientes.
Infelizmente não!!!

Geralmente, uma contra-cultura tem maior habilidade para iniciar o "buxixo".

4º) Mito – Para lucrar com o "buxixo" você precisa agir primeiro e rapidamente.
O fato concreto é que as empresas imitadoras também conseguem colher lucros substanciais se souberem quando entrar e onde não entrar!!!

5º) Mito – A mídia e a propaganda são necessárias para criar o "buxixo".
Não se pode esquecer que, quando usadas cedo ou em excesso, a mídia e a propaganda podem destruir o "buxixo", antes que ele alcance a intensidade adequada e coloque todos os consumidores em polvorosa.

Uma outra coisa que deve-se evitar ou tomar cuidado é o de criar um "buxixo" falso!?!?

Como, por exemplo, é feito por algumas empresas que vendem sabão em pó, empregando "clientes" vestidos com roupas extravagantes, encenando desfiles de moda improvisados em *shopping-centers* de grande visitação e mencionando que as suas roupas esquisitas tinham cores mais lindas pois tinham sido lavadas com um específico sabão em pó!?!?

Para criar verdadeiros clientes evangelistas, por meio do "buxixo", é necessário muito trabalho.

Pagar atores para fazer de conta que são verdadeiros evangelistas, é somente uma forma de trapaça, e sem dúvida essas campanhas manipuladoras acabam sendo percebidas pelos consumidores, que não são tolos!!!

O evangelismo de clientes precisa começar com um grande produto (excelente serviço). Porém, geralmente, o que cria o maior "buxixo" é como o produto (serviço) é experimentado (aproveitado).

Pense na diferença entre assistir a um jogo de basquete da liga profissional norte-americana (NBA) na **TV** ou **ver o jogo ao vivo**.

Da experiência na TV, você poderá comentar com algum conhecido sobre as jogadas e ressaltar alguma espetacular.

Por ter estado no jogo, poderá dizer ao amigo algo sobre qualquer um dos seguintes itens que não foram mostrados na TV:

- A banda que tocou antes e no intervalo do jogo.
- A música legal, no estilo *hip-hop* que foi executada durante todos os pedidos de tempo dos técnicos.
- As camisetas grátis que foram jogadas nas arquibancadas, antes do início da partida.
- O grande contingente de espectadores que recebeu um vale para um sorvete grátis.
- Os uniformes maravilhosos dos atletas e as roupas "excitantes" das líderes das torcidas organizadas.
- O desespero de um dos proprietários da equipe que acabou perdendo o jogo.
- As pessoas engraçadas que imitavam o penteado do grande astro do jogo...
- A forma estridente como o locutor do ginásio deu as informações complementares e fez alguns sorteios.
- Etc.

É obvio que ver um jogo da NBA ao vivo é uma experiência inesquecível, como também o é assistir a um espetáculo do *Cirque du Soleil*, no lugar de apenas ver o mesmo em DVD, ou ainda uma partida do tricampeão mundial de futebol, o São Paulo, no Morumbi.

Ao criar pontos memoráveis e identificáveis para os clientes, uma empresa gera fluxos de fontes de "buxixo".

E aí as pessoas contam suas experiências para os amigos, familiares e colegas de trabalho. As experiências memoráveis é que possibilitam que as empresas evitem que seus produtos ou serviços se tornem meras *commodities*.

Hoje vivemos num ambiente em que graças a tecnologia de comunicação e informação pode-se saber o que as pessoas estão falando em suas conversas particulares.

De fato, à medida que as conversas entre amigos e colegas de trabalho passam, cada vez mais, para o mundo digital, de *e-mails*, torpedos e *sites*, os padrões podem ser observados e mensurados.

É possível pois prever a propagação do "buxixo" e analisar como os diferentes grupos de clientes interagem e influenciam um ao outro.

Por exemplo o Yahoo!, o enorme portal e mecanismo de busca, como também o Google, conseguem quantificar o interesse de centenas de milhões de seus visitantes mensais usando um índice de "buxixo" como sendo o número de vezes que uma pessoa, local ou coisa é usado como termo ou veículo de busca em seu *site*.

Assim o Yahoo! conseguiu chegar a conclusão de que o número de vezes que um filme é procurado no *site* está freqüentemente correlacionado com as receitas de bilheteria do filme.

O Yahoo! já estendeu esse programa de medição do "buxixo" para outros setores como o financeiro, musical, vendas de automóveis e eletrônicos, etc.

A chave para fazer com que um "buxixo" *on-line* funcione é que a mensagem seja claramente definida e peça uma chamada de ação: **"Como ouviu falar de nós?"**

Entretanto no universo da Internet não se pode esquecer do alerta fundamental, ou seja, **"mais é mais".**

Na realidade isso significa que menos e mais compacto é melhor do que grande e espaçoso para gerar novos "buxixos", especialmente para produtos de entretenimento.

Portanto, é vital escolher cuidadosamente as palavras certas que sejam fáceis de lembrar e de repetir, isto é: um *site* que possibilite ao visitante saber o que deseja em poucos minutos e conseguir repetir, com facilidade, várias mensagens fundamentais para outras pessoas.

Em 1976, o biólogo Richard Dawkins, no seu livro *The Selfish Gene* cunhou a palavra **meme.**

Um meme é um **conceito auto-explicativo** que se movimenta por uma população como um vírus. Os memes transmitem uma idéia completa de forma simples e compacta.

Um exemplo de memes são: *Intel Inside* (agora *Leap Ahead*) ou *Coca-Cola é isso aí!*

Um meme é mais do que um *slogan*, porque auxilia as pessoas a entenderem o que você oferece.

Sem dúvida, um meme para os produtos e serviços de uma empresa ajuda os clientes evangelistas a contarem a sua história de forma mais sucinta.

Com algumas poucas palavras cuidadosamente ordenadas em uma frase que sai sem a pessoa pensar, **um meme** será transmitido de pessoa a pessoa com um aperto de mão.

Que "buxixo" isso produz, não é?

Richard Dawkins escreveu no seu livro *The Selfish Gene*: "Os melhores exemplos de memes são as melodias, idéias, frases chamativas, roupas da moda, etc.

Assim como os genes que se propagam no reservatório genético, pulando de corpo em corpo, por meio do esperma ou dos óvulos, os memes também se propagam no reservatório memético, pulando de cérebro em cérebro, por meio de um processo que, em sentido amplo, pode ser chamado de imitação."

O que você acha, o que é mais fácil lembrar: "Somos uma empresa de consultoria em *marketing* que auxilia o crescimento de empresas de clientes, fazendo com que seus consumidores não apenas comprem seus produtos, mas que acreditem tanto neles que falarão para todos que os conhecem" ou "Criando clientes evangelistas"?

Aqui está meio evidente, mas não existe uma fórmula mágica para criar um meme.

De fato são necessárias algumas interações para que ele dê certo.

Entretanto aí vão algumas dicas para que se tenha uma maior probabilidade de sucesso com o meme.

1ª) Sugestão – Entenda perfeitamente o valor que você proporciona com o seu produto (serviço).

Como os seus melhores clientes, depois que o experimentam, conseguem explicar o seu valor melhor que você, peça-lhes para que eles descrevam isso, ou seja, com suas próprias palavras como o seu produto (serviço) os ajudou.

2ª) Sugestão – Crie um meme com poucas palavras, abuse da simplicidade.

3ª) Sugestão – Teste-o, ou seja, experimente seu meme com muitas pessoas, em todos os eventos possíveis.

Quando apresentar seu meme, tente interpretar os sinais de compreensão ou confusão. Preste atenção ao que as pessoas respondem!

Se elas disserem: "É exatamente isso de que precisamos. Vamos já falar com o chefe!" então o seu meme funciona!!!

Porém, se a resposta for: "Não entendi muito bem o que você quis dizer", seu meme no mínimo precisa ser retrabalhado.

Aí vão alguns exemplos do que fizeram certas empresas norte-americanas para produzir um *marketing* boca a boca (*marketing* viral) espetacular.

➡ A Krispy Kreme Doughnuts procura sempre incluir um *donut* quente extra para todo cliente que compra vários *donuts* ou que espera na fila ou porque é um cliente regular ou ainda porque dá um lindo sorriso.

Receber um *donut* de graça, cria o "buxixo" e em termos de *marketing* significa criar o deleite do consumidor.

A lição que se deve aprender aqui é que um produto singular espalha o "buxixo" rapidamente, mas uma experiência positiva (ganhar um *donut*) e divertida (só porque você sorriu...) espalha o "buxixo" mais depressa ainda.

➡ Desde que comprou o *Dallas Mavericks*, equipe da NBA, por US$ 285 milhões, Mark Cuban ajudou a ressuscitar uma franquia dormente, tornando-a uma equipe vencedora – tanto nas quadras quanto no escritório.

Mark Cuban, é certamente o dono mais visível e mais acessível de um time de esporte profissional nos últimos 20 anos.

Vai a todos os jogos do Mavericks e se senta na primeira fila, torcendo pelo time e gritando com os juizes.

Durante os jogos na casa do Dallas Mavericks, o placar fica mostrando seu *e-mail*: mark.cuban@dallasmavs.com.

Ele tem seu próprio programa de TV: *The Mark Cuban Show*.

Depois dos jogos, muitas vezes é visto no bar de dois andares do ginásio, fazendo relacionamento social com os torcedores e tomando dezenas de Coca-Cola *Light*.

Um comentarista da NBC-TV durante um jogo dos *playoffs* do Mavericks disse: "Graças ao Mavericks e a Mark Cuban, Dallas tornou-se uma cidade ligada ao basquetebol. E isso foi uma proeza, considerando que o Dallas Cowboys (famoso time de futebol norte-americano) dominou a atenção da maioria dos torcedores esportivos da cidade, por décadas."

A evidência mostra que o valor do entretenimento que Mark Cuban ofereceu nas quadras agradou e com isso as arquibancadas do ginásio ficaram cada vez mais cheias...

Assim, a lição que se pode extrair é que o Dallas Mavericks criou clientes evangelistas porque:

→ o proprietário, Mark Cuban, soube se conectar com os torcedores clientes;

→ a equipe se concentrou nas "experiências" do cliente;

→ a sua estratégia de marketing é **responsiva e flexível.**

→ toda experiência memorável cria o "buxixo" (ver o dono da equipe discutir com o juiz que apontou uma falta que não existiu...)

→ A Southwest Airlines recebe milhares de cartas e *e-mails* de clientes todos os meses, que reclamam dos atrasos de vôos, de bagagem perdida e de outros males sistêmicos associados a viagens aéreas.

Mas a empresa estima que pelo menos três quartos de toda a correspondência agradece à companhia pelo bom serviço, recomenda um atendente de bordo para promoção ou pede que a Southwest estabeleça vôo para uma nova cidade.

Aliás, os atendentes de bordo da Southwest Airlines são conhecidos pelo seu senso de humor amalucado o que gera um enorme "buxixo", pois os passageiros obviamente adoram captar o humor da Southwest e partilhá-lo.

Por exemplo, eles costumam dizer:

→ "O comandante desligará as luzes, enquanto nos preparamos para a decolagem.

Esse procedimento não é uma necessidade técnica. É que hoje foi um dia longo e duro, e as nossas atendentes não estão tão bonitas como estavam pela manhã."

→ "Deve haver umas 50 maneiras diferentes de deixar seu amante, mas existem apenas quatro maneiras de sair desta aeronave. Vamos prestar atenção nelas!!!"

O espírito da Southwest é certamente uma incorporação da personalidade livre do seu co-fundador e *chairman* da empresa – Herb Kelleher – um agitador de multidões, um não-conformista, um gozador que tem um espírito livre.

Herb Kelleher é conhecido por voar nos aviões da Southwest para conversar com clientes e funcionários, procurando tendências e observando inconsistências.

Essa sua estratégia vem de uma crença voltada para o cliente.

"Falamos para o nosso pessoal: 'Não se preocupem com o lucro. Pensem no atendimento ao cliente.'

O lucro é um subproduto do atendimento ao cliente. Não é um fim em si", dizia Herb Kelleher.

Portanto, o que causa o "buxixo" sobre a Southwest Airlines são os atendentes de bordo divertidos e engraçados que fazem os clientes falarem, além disso os funcionários são encorajados a demonstrar sua personalidade, mas sempre prestando atenção aos detalhes, ligando de volta para as pessoas que reclamem ou precisem de informações.

Bem, após esses exemplos reais de organizações que conseguiram muito "buxixo", ou seja, *marketing* boca a boca, o que é vital é saber se as pessoas falam sobre sua empresa, seus produtos e serviços e sobre a sua personalidade.

Algumas até dizem coisas legais...

Você gostaria de saber quem elas são?

Como é possível encontrar seus evangelistas?

Mesmo não tendo câmeras ocultas e microfones escondidos, não é difícil encontrar seus evangelistas.

E a idéia mais simples é você vasculhar a *Web*, usando seu mecanismo de busca favorito, descobrindo assim onde você foi mencionando *on-line* e por quem.

Tome nota de todos que elogiam seus produtos e serviços e de todos aqueles que os criticam.

Para as pessoas que amam você, envie uma nota de agradecimento **escrita à mão!!!**

Convide-os a participar de um "clube especial" com outros evangelistas onde possam obter mais informações sobre seus produtos e serviços.

Faça com que se sintam muito especiais.

Para aqueles que têm problemas com seus produtos ou serviços, encontre uma maneira de contatá-las por *e-mail* ou pergunte-lhes se é possível conversar por telefone.

A diferença entre um cliente insatisfeito e um evangelista é, muitas vezes, apenas um telefonema.

Mais que qualquer coisa, os clientes insatisfeitos muitas vezes apenas desejam ser **ouvidos** e **paparicados**.

Realize pois o desejo do seu cliente insatisfeito!!!

Claro que você também pode perguntar aos seus clientes potenciais como descobriram você, criando um eficaz "mapa do buxixo".

Aliás, é muito bom ter um eficaz *software* de rastreamento de *sites* para entender como os visitantes do *site* descobriram você!!!

O *marketing* boca a boca (provocado pelo "buxixo") ou como outros o chamam, o *marketing* viral se fundamenta na **necessidade** que nós, seres humanos, temos de **compartilhar informações.**

A pertinência e a maneira como compartilhamos as informações com colegas e amigos, acabam construindo o grau de importância e de influência de nossas mensagens e estabelecem inclusive o grau de credibilidade em nosso círculo social. Se utilizarmos o *e-mail* com sabedoria, sem dúvida vamos construir um sólido canal de comunicação com a nossa audiência.

Caso contrário, o *e-mail* vai chegar com aspecto de mensagem indesejada e a audiência vai fugir.

Afinal de contas, ninguém acredita que merece receber, com muita freqüência, cumprimentos poéticos e mensagens compartilhadas com outras 400 pessoas, fotos engraçadas, piadas da vida cotidiana e outras manifestações, mais ou menos críveis de solidariedade.

O futuro do *marketing* viral depende da pertinência com que é realizado, ou seja, o "buxixo" precisa ter valor.

Não adianta criar uma estratégia que leve em conta só a quantidade de pessoas viralizadas, mas que considere também a qualificação dos viralizados, ou seja, clientes evangelistas realmente persuasivos.

A viralização em si não pode ser levada a sério se não tiver conteúdo.

É imprescindível, portanto, resistir à tentação de fazer viralização (difundir cada vez mais o "buxixo") só para aproveitar a base de contatos existente.

Caso uma marca decida realizar uma campanha de *marketing* viral, deve fazê-la profissionalmente.

E, ao final de uma campanha de viralização, não se trata somente de quantas pessoas foram viralizadas e em quantos Estados (ou países), mas também, e principalmente, qual foi o impacto da mensagem.

Existe uma linha bem tênue que divide o *marketing* viral de *spam* (*e-mail* indesejado) e a ultrapassagem dessa linha posiciona a marca como chata, evasiva e até desrespeitosa.

Porém, sem duvida a viralização é uma ferramenta eficiente do *marketing*, pois estabelece uma relação interativa e lúdica da marca com o cliente.

E quando o conteúdo for relevante isso melhorará muito a "saúde financeira da empresa que se fez valer de um bom "buxixo".

Preocupe-se assim a criar memes bem pertinentes, como por exemplo o da Toyota, que está para superar a General Motors como a maior montadora do mundo, "Fabricamos os melhores carros do mundo com os preços mais competitivos", ou então aqueles que Carlos Moreno divulgou durante 26 anos para a Bombril e que ele voltou a difundir em 2006, que certamente se transformarão em um "buxixo" positivo alavancando mais ainda o lucro da empresa, que com a sua lã de aço, continua líder de mercado...

POR QUE AS PESSOAS CONTAM MENTIRAS?

Quando se fala de humor não se pode deixar de citar José Simão que de forma brilhante consegue interpretar as manifestações "apressadas" ou comportamentos desvairados de políticos, artistas, atletas, gestores, educadores, cronistas, enfim, de quase todos que de alguma forma "pisam no tomate".
Aí vão algumas de suas tiradas geniais publicadas no jornal *Folha de S. Paulo*:

- "Se teu namorado te trair, não se atire pela janela: você tem chifres, não asas!!!"
- "Antes a gente tinha medo de avião. Depois ficamos com medo de aeroporto. E agora estamos com medo de avião e de aeroporto. E de chuva, e de controlador, e de piloto, e de pista, e de trem de pouso, e de ir e de vir! Ou seja estamos em uma prisão domiciliar! Ninguém entra, ninguém sai!"
- "O marido pergunta a mulher que está preparando a mala do casal: 'Para que você está levando tanta roupa? É só um fim de semana!!!'
Aí ela responde: 'Essa daqui é para a chegada em Cumbica, essa outra é para a primeira noite em Cumbica, e essa outra aqui é para ir na lanchonete de Cumbica.' Pois é, o que se deve concluir é que todos deveriam dizer *I Love Cumbica!* porém convém lembrar que *cumbica* em tupi-guarani significa **nevoeiro**.
Ou seja, até os índios já sabiam que ali avião não levanta vôo tão facilmente."
- "Já se disse antes que Anac, quer dizer Aeronaves Não Pousam em Congonhas. Porém agora mudou e Anac agora significa: Anarquia em Congonhas, Anarquia em Cumbica. E aliás querem transferir a interpretação para Viracópos: Anarquia em Campinas!"
- "Sei como o último papa foi eleito. Os cardeais velinhos estavam todos gripados e começaram a espirrar: *ratzinger, ratzinger, ratzinger*. E ele disse que pediu a Deus para não ser eleito. Então, Deus não ouviu as preces do papa!"
- "Cristo Redentor, é a nova maravilha do mundo!!! Mas o Rio de Janeiro tem monumentos melhores: Camila Pitanga, Juliana Paes e Luma de Oliveira! E se diz que essa votação que elegeu o Cristo como uma das novas maravilhas do mundo é tão válida quanto aquela que elegeu o Maradona como o melhor jogador do mundo!!!"
- "Os meninos do Dunga venceram em 2007 a Copa América ao derrotar a Argentina por três a zero.
Mas o melhor foi o gol **cuentra de la Ar..rrentina**! Gol contra da Argentina é melhor que enterro de sogra!!! E as manchetes do jornal argentino *Olé* na segunda-feira depois do jogo foram: 'Tristeza sem fim', 'Não merecíamos esse triste final' e 'Descanse em paz'. Pois é tristeza sem fim para os argentinos e alegria sem fim para os brasileiros graças ao Dunga que de Soneca passou para Dungacete!"

Bem existem várias maneiras de começar um dia mais animado e sorrindo.

Uma delas é ler logo pela manhã na *Folha de S. Paulo*, a secção de José Simão o verdadeiro esculhambador-geral da República, que aborda tudo que acontece no País da Piada Pronta com um fino sarcasmo e humor inteligente, nunca transformando-o em uma mentira ou um fato totalmente imaginário.

Normalmente, quem tem senso de humor, também sabe perdoar, inclusive as mentiras.

Robert Muller, um antigo vice-secretário geral da Organização das Nações Unidas (ONU), escreveu o seguinte texto para a Semana Internacional do Perdão:

Decida perdoar

Decida perdoar
Pois o ressentimento é negativo,
O ressentimento é venenoso,
O ressentimento mata e consome,
Seja o primeiro a perdoar,
A sorrir e a dar o primeiro passo,
E a felicidade florescerá.
Diante de seu irmão ou irmã,
Seja sempre o primeiro;
Não espere que os outros o perdoem.
Pois ao perdoar
Você se torna dono do seu destino,
O arquiteto da vida,
O fazedor de milagres.
O perdão é a mais elevada,
A mais bela forma de amor.
Em troca, você terá
Paz e felicidade imensuráveis.

Eis um programa para conceder o verdadeiro e sincero perdão:
Domingo: *Perdoe a si mesmo.*
Segunda-feira: *Perdoe a família.*
Terça-feira: *Perdoe os amigos e colegas.*
Quarta-feira: *Perdoe os limites econômicos de sua nação.*
Quinta-feira: *Perdoe os limites culturais de sua nação.*
Sexta-feira: *Perdoe as outras nações.*
Somente os corajosos sabem perdoar.
Os covardes nunca perdoam, pois isso não faz parte de sua natureza.

Mark Twain disse um dia: "Há várias maneiras boas de se proteger contra as tentações, mas a melhor delas é a covardia."

Não seja porém covarde para não ter a coragem de perdoar.

Mude a sua vida, perdoando os que lhe fizeram desafetos ou que atrapalham seriamente a sua vida.

Entretanto, antes esteja preparado para saber porque as pessoas contam **mentiras**.

E agora vamos saber um pouco mais sobre o motivo de contarmos (ou ouvirmos) mentiras que precisamos muitas vezes perdoar.

No *Dicionário Houaiss* da Língua Portuguesa explica-se que **mentira** significa uma afirmação contrária à verdade a fim de induzir o erro; é qualquer coisa feita com a intenção de enganar ou de transmitir uma falsa impressão (uma teoria elaborada à base de mentiras).

E aí vão alguns sinônimos (ou variações) de mentira: acalento, aldrabice, arara, bafo, balão, balela, balona, bola, boquejo, bota, broca, bula, caraminholas, carapeta, carapetão, conto, conversa, encravação, enredo, fábula, fabulação, falsia, falsidade, fraude, futico, fuxico, galga, gamela, garoupa, gazopa, goma, grupo, história, invenção, invencionice, inverdade, lamarão , lambaça, lampana, landená, louda, léria, loas, lona, lorota, larotagem, maranhão, marquinha, maxambeta, mentira-carioca, mentirinha, mentirola, moca, pala, palão, patacorda, patranha, peta, petarola, poçoca, poetagem, pomada, pombo, potoca, prego, puia, pulha, quimera, relambóia, rodela, saque, tamanduá.

O professor e cientista David Livingstone Smith, Ph.D em filosofia e co-fundador do Instituto de Ciência Cognitiva e Psicologia Evolutiva da Universidade da Nova Inglaterra diz: "Todos mentimos. O tempo todo. Até mesmo sobre a própria mentira!!!"

No seu livro *Por Que Mentimos – Os Fundamentos Biológicos e Psicológicos da Mentira*, David Livingstone Smith salienta: "Nossa tendência para enganar é herdada do nosso passado evolutivo.

Macacos demonstram formas criativas de dissimulação, cobras não venenosas imitam as venenosas, animais se disfarçam de folhas e galhos, etc.

A razão porque a '**mentira**' é tão freqüente na natureza é que trata-se de uma vantagem para os organismos que sabem usá-la.

Aliás, Charles Darwin nos ensinou que a evolução seleciona características que são mais vantajosas aos indivíduos.

E a **capacidade de enganar**, auxilia os seres vivos a sobreviver.

Como não podia deixar de ser, os humanos mais do que se possa imaginar aproveitam-se das mentiras para proveito próprio e sobreviver com mais segurança...

Dessa maneira, mentir tornou-se tão natural, como respirar, falar e sentir desejo sexual.

As pessoas mentem todos os dias para amigos e inimigos, familiares, subordinados, colaboradores, maridos, mulheres e amantes.

Médicos mentem para pacientes, advogados mentem para seus clientes e os políticos para os cidadãos.

O que os seres humanos não gostam é de admitir que estão mentindo.

A mentira faz hoje parte intrínseca da vida humana e do convívio social.

Você já imaginou como seria se, em apenas um dia, uma pessoa contasse tudo o que pensa sobre tudo e todos.

E o mesmo fosse feito por todos ao redor dela?

Seria o caos total. Algo realmente insuportável."

Por ser uma habilidade, algumas pessoas são capazes de **mentir melhor de que outras**!!!

No tocante a mentira é fundamental separá-la em **deliberada**, ou seja, a **consciente** e a **inconsciente**.

A maioria das pessoas não é boa na mentira deliberada.

Elas alteram o tom de voz, ficam ruborizadas, transpiram e ficam desorientadas e desastradas.

Como qualquer habilidade, isso pode ser melhorado com a prática.

Jogadores de pôquer, por exemplo, são mestres nisso.

Entretanto a maioria das pessoas quando mente, não sabe que está mentindo!?!?

A mentira sai naturalmente da sua boca e transforma-se geralmente numa comunicação muito convincente!!!

O incrível é que os bons mentirosos são mais populares, bem-sucedidos, têm melhores salários e conseguem um *status* melhor.

Isto sem dúvida é uma constatação terrível, pois leva à conclusão: **mentir compensa**!!!

O difícil de acreditar é que existem muitas pessoas que querem esconder a verdade de si mesmas, ou seja, praticam o **auto-engano**.

Se bem que o auto-engano só parece um paradoxo se pensarmos que a mente é uma coisa única, consciente.

Sigmund Freud procurou explicar isso, ao afirmar que a mente não é um corpo único, mas dividido, o que abriu a possibilidade para entender que uma parte esconda a verdade das outras!?!?

Esse seria o componente **psicológico**.

O segundo componente é o **biológico**.

Se o auto-engano é uma característica da espécie humana, a biologia deve ser envolvida pois assim se explica a evolução dessa característica – a **mentira** – já que ela é vantajosa para a pessoa.

Quem acredita em suas própria mentiras é muito mais persuasivo, ou seja, mentimos com mais eficiência quando pensamos que estamos falando a verdade.

O fato é que o mundo é cheio de sofrimento.

Tudo isso é difícil de suportar.

Dessa maneira, talvez precisemos mentir para nós mesmos para impedir que fiquemos desesperados e até loucos!!!

Obviamente hoje em dia usa-se muito a linguagem para transmitir uma mentira.

O fato é que a linguagem nos possibilita pintar facilmente um falso retrato da realidade.

Com palavras, podemos estruturar uma imagem do mundo incorreta, mas que esteja adequada com o que acreditamos ser verdadeiro.

Quantas vezes alguém já disse: "Eu te amo" ou "Jamais fui infiel" e de fato não quis dizer isso...

Naturalmente muitas mentiras podem ser não-verbais, isto é: podemos mentir pelo nosso jeito de andar, pelo tom de voz, pelos gestos, pelas nossas expressões faciais, etc.

Apesar de não ser politicamente correto, David Livingstone Smith enfatiza: "Todo ser humano que pensa que não mente está se enganando.

Mentir não é um comportamento superficial.

É algo inerente a natureza humana.

Claro que existem muitos tipos de mentiras.

Algumas são omissões, outras concessões.

Algumas sobre nós mesmos, outras sobre os outros. Algumas dolorosas e outras prazerosas.

Algumas conscientes e outras inconscientes.

O fato é que não podemos parar de mentir como não podemos parar de transpirar.

A sociedade se desmoronaria sem a mentira.

O pior de tudo é que os mecanismos da mentira, estão se aprimorando cada vez mais no século XXI.

Por isso acredito, que se não nos destruirmos e a evolução continuar seguindo o seu curso, os seres humanos ficarão cada vez melhores em uns enganar aos outros e também terão ferramentas cada vez mais eficientes para detectar as mentiras!!!"

Puxa vida, quem diria que um futuro e importante mercado de trabalho será para aqueles que souberem detectar as mentiras!!!

E você achava que existem poucas formas de iludir ou enganar alguém, não é?

Ao contrário, mentir bem pode ser aperfeiçoado cada vez mais.

Claro que contar a verdade não é também tão fácil e é por isso que precisamos estar atentos para classificar as informações recebidas em mentirinha, mentirola (mentira sem importância), mentiralha (quase uma mentira-carioca com a nítida finalidade de enganar) e a pessoa que as difunde como um clássico mentireiro com tendência de se transformar em um **mentirólogo** (versado na arte de mentir).

Allan e Barbara Pease, autores reconhecidos mundialmente, nos seus trabalhos nas áreas de relacionamento humano e linguagem corporal no livro *Será que a Gente Combina?* dizem que existem quatro tipos básicos de mentira: a **leve**, a **benéfica**, a **maldosa** e a **enganadora**.

A mentira leve já faz parte do convívio social. É aquela que nos impede de magoar ou ofender os outros com a verdade fria, dura e dolorosa.

A mentira benéfica é utilizada com a intenção de ajudar!?!?

É o caso por exemplo de um médico, que "dissimula" certas informações para o paciente com uma doença gravíssima, procurando poupá-lo de um sofrimento maior e sem solução.

A mentira maldosa é contada (ou difundida) por alguém com a clara intenção de se vingar de alguma pessoa ou para conquistar uma vantagem na hierarquia de uma organização. Lamentavelmente, as mentiras maldosas (que alguns aliviam e chamam de boatos) são usadas nas empresas como armas nas acirradas situações provocadas pela competição.

Os mentirosos comumente querem destruir a reputação de suas vítimas, geralmente com conseqüências devastadoras e bastante duradouras.

A tecnologia da informação (TI) tem favorecido essa situação para difundir um fuxico na Internet, o que hoje em dia é cada vez mais fácil.

É o caso de uma companhia que de forma anônima, espalha informações falsas a respeito das dificuldades da sua principal concorrente.

Mas a mentira mais perigosa é a enganadora, pois neste caso a maxambeta divulgada tem como objetivo primordial, prejudicar seriamente o "alvo" para que alguém (ou alguma organização) tire proveito direto e imediato da mesma.

Existem pelo menos duas maneiras principais de mentir de forma enganadora: **omissão**, com prejuízo para terceiros ou para a sociedade e **falsificação**, fazendo passar por verdadeiro o que não é.

No caso de omissão muitas vezes as pessoas deixam de dar as informações vitais, podendo até não ser um ato intencional.

As conseqüências da omissão são geralmente gravíssimas, principalmente quando se descobre a verdade e a situação não pode ser remediada de maneira rápida.

Quanto a falsificação, a única coisa que se pode dizer é que isso é uma contravenção, sendo portanto um crime que deve ser punido severamente de acordo com a lei.

Allan e Bárbara Paese salientam que os **homens mentem bem mais** do que as mulheres!!!!

Entretanto estudos e experiências recentes, baseados principalmente em relatos de muitas mulheres que entraram há pouco no mercado de trabalho, indicam que homens e mulheres no mundo ocidental se equivalem na **quantidade de mentiras**.

O que varia mais é o conteúdo.

No livro *Será que a Gente Combina?* Allan e Bárbara Pease afirmam: "A mulher tende a mentir **para fazer os outros se sentirem melhor**, ao passo que o homem mente **para parecer bem diante dos outros.**

A mulher mente para garantir a segurança da relação, mas tem dificuldade em mentir sobre os seus sentimentos.

O homem mente para evitar discussões, mente sobre a própria importância e adora mentir ao contar vantagem sobre seus feitos (particularmente os da juventude...).

Um homem é capaz de dizer que faz parte da diretoria de uma empresa internacional de alimentos quando na realidade é dono de uma pequena instalação que possui serviço de entregas de pizzas...

Tudo indica que as mulheres no século XXI mentem tanto quanto os homens, apenas o fazem de forma diferente.

Provavelmente pelo fato das mulheres terem uma ampla consciência da linguagem corporal e dos sinais emitidos pela voz, os homens **são pegos em flagrante** mais facilmente, o que faz com que pareça que mentem com mais freqüência.

Na verdade eles não mentem mais, **apenas continuam sendo pegos.**"

Metaeducação

A procura do saber é indissociável do conhecimento de nós mesmos.

Daí o fato do grande filósofo Sócrates ter tomado como seu lema: **"Conhece-te a ti mesmo!!!"**

Assim, contra um conhecimento revelado a partir do exterior, Sócrates apontou para um que se revela a partir da **autodescoberta** do próprio indivíduo.

Sócrates insistiu muito nos seus ensinamentos que qualquer um de nós seria capaz de fazer o que ele fez, se nos dispuséssemos a aprender com todos; a desafiar nossas próprias crenças; a expressar plenamente a nossa capacidade inata de fazer perguntas e tomar posição em favor do que é direito.

Além disso, ele sempre esteve envolvido com as mesmas questões que nos preocupam hoje, tais como: amizade, amor, criação de uma sociedade justa, necessidade de dar um sentido à vida e trabalho.

Mas, o que ele mais fez, foi provocar as pessoas para que elas questionassem sempre as suas percepções, conclusões ou opiniões, fazendo com que examinassem detidamente as coisas, considerassem as várias alternativas e chegassem a suas próprias descobertas surpreendentes.

Eis aí dez das muitas lições que Sócrates legou para a humanidade:

1ª) Lição – Só nos tornamos plenamente nós mesmos por meio de nossos relacionamentos com as outras pessoas: colegas, amigos, professores, mentores, etc. e todos aqueles que amamos e que nos amam.

2ª) Lição – Necessitamos nos libertar das expectativas dos outros e descobrir por nós mesmos o que efetivamente viemos fazer no mundo.

3ª) Lição – Podemos fazer as perguntas certas ao examinarmos nossas vidas, nossas comunidades e nossas empresas.

Aí vão dez perguntas que cada um deve fazer a si mesmo no final do dia – uma **instrospecção** – caso queira melhorar a sua qualidade de vida.

1. O que mais me irritou hoje?
2. Por que houve mais demora do que deveria na execução das tarefas?
3. O que causou mais reclamações?
4. O que os meus colaboradores (aprendizes) não entenderam bem hoje?
5. Algo foi desperdiçado? O quê?
6. O que custou mais do que deveria?
7. O que foi mais complicado fazer hoje?

8. O que realmente fiz que foi uma grande besteira?
9. Que situação exigiu de mim mais que se esperava?
10. Qual a situação envolveu mais tempo que o necessário?

Ao fazer essa introspecção regularmente, certamente a sua vida será mais organizada, eficiente e feliz.

4ª) Lição – Todos devemos nos preocupar com a maneira como vivemos nossas vidas e resolvemos nossas questões públicas.

5ª) Lição – Podemos nos tornar mais sensíveis às fagulhas da intuição e da imaginação que trazemos em nós, tomando, com isso, decisões mais sábias e aumentando a nossa criatividade.

6ª) Lição – Devemos viver plenamente a vida, desfrutando e aproveitando o melhor que nossa sociedade tem para oferecer, ao mesmo tempo que imprimimos nossa marca e fazemos nossa parte para melhorar o mundo.

7ª) Lição – Cada um de nós deve ser capaz de se posicionar claramente em questões referentes a igualdade, justiça e eqüidade em nossa sociedade.

8ª) Lição – É essencial que tiremos proveito de um exame mais detalhado das qualidades mais importantes que herdamos de nossos pais.

9ª) Lição – É fundamental se manter como aprendiz pelo resto da vida, o que representa enriquecer a vida com o que se aprende cada dia.

10ª) Lição – Devemos contemplar nosso próprio legado e perguntar: **"O que deixarei gravado nos corações e mentes dos meus amigos e entes queridos?"**

Os alunos das nossas escolas não só escrevem errado como estão falando de maneira cada vez mais difícil para entender, pelo menos por aqueles que costumam ler bons livros.

Aí vai um trecho, do texto elaborado pelo filósofo e musicólogo Nando Araújo, publicado na *Gazeta de Ribeirão Preto* (25/1/2007) do diálogo entre dois universitários após as férias do meio do ano:

E aí "bro", faz "mó cara" que não te vejo!

- É "mano", desde quando "fizemo" aquele último exame na "facu", lembra?

- Oh! Qual foi mesmo a disciplina?

- Foi... Ah! Também não me lembro.

- Só sei que "dançamo bunito", né!?

- Só... E o meu pai está "fulo" de raiva.

- Liga não, tipo assim... Fica na moral.

- Bró! Fiquei bolado nas férias!

- Vacilou, mano?

- Sabe aquela mina?

- Aquela "sarada" do segundo ano que "cê" deu um rolê com ela?

- Então. Ela ia viajar comigo, mas deu pra trás. Voltou com o "mané" do namorado.

- Ficou na mão... hahaha!

- É... Mas eu falei pra ela: então "vaza" daqui!

- Pode crê mano!

- Mas o meu pai tá de marcação comigo. Ele me arrumou um "trampo" nas férias. De repente, o "véio" encanou, e me disse que tá jogando a grana dele fora pagando a "facu" pra mim.

- Ih maluco, mas que férias hein!? Mas, óh... Deixa comigo. As aulas estão começando e "vamo" "tomá" todas.

- Só... Vai começar as baladas. Os "churras". Estava até sentindo falta da "facu". Do bar do Zóio. E das "mina", né?

- E olha só, nada de mocréia hein! Este semestre só mina bombada... hehehe.

- Ainda bem que as férias acabaram, já tava "deprê" com essa paradeira toda.

E o diálogo assim continuou por mais duas horas, até que se despediram.

Parece que há mais de 25 anos, circulou entre os alunos de pós-graduação que estudavam em Piracicaba (São Paulo) a seguinte fábula dos *Porcos Assados*.

Certa vez, ocorreu um incêndio num bosque onde viviam alguns porcos, que foram assados pelo fogo. Os homens, que até então os comiam crus, experimentaram a carne assada e acharam-na deliciosa. A partir daí, toda vez que queriam comer porco assado, incendiavam um bosque. O tempo passou, e o sistema de assar porcos continuou basicamente o mesmo.

Mas as coisas nem sempre funcionavam bem: às vezes os animais ficavam queimados demais ou parcialmente crus. As causas do fracasso do sistema, segundo os especialistas, eram atribuídas à indisciplina dos porcos, que não permaneciam onde deveriam, ou à inconstante natureza do fogo, tão difícil de controlar, ou, ainda, às árvores, excessivamente verdes, ou à umidade da terra ou ao serviço de informações meteorológicas(!?!?), que não acertava o lugar, o momento e a quantidade das chuvas.

As causas eram, como se vê, difíceis de determinar - na verdade, o sistema para assar porcos era muito complexo. Fora montada uma grande estrutura: havia maquinário diversificado, indivíduos dedicados a acender o fogo e especialistas em ventos - os anemotécnicos. Havia um diretor-geral de Assamento e Alimentação Assada, um diretor de Técnicas Ígneas, um administrador-geral de Reflorestamento, uma Comissão de Treinamento Profissional em Porcologia, um Instituto Superior de Cultura e Técnicas Alimentícias e o Bureau Orientador de Reforma Igneooperativas.

Eram milhares de pessoas trabalhando na preparação dos bosques, que logo seriam incendiados. Havia especialistas estrangeiros estudando a importação das melhores árvores e sementes, fogo mais potente, etc. Havia grandes instalações para manter os porcos antes do incêndio, além de mecanismos para deixá-los sair apenas no momento oportuno.

Um dia, um incendiador chamado João Bom-Senso resolveu dizer que o problema era fácil de ser resolvido – bastava, primeiramente, matar o porco escolhido, limpando e cortando adequadamente o animal, colocando-o então sobre uma armação metálica sobre brasas, até que o efeito do calor - e não as chamas – assasse a carne.

Tendo sido informado sobre as idéias do funcionário, o diretor-geral de Assamento mandou chamá-lo ao seu gabinete e disse-lhe: "Tudo o que o senhor propõe está correto, mas não funciona na prática. O que o senhor faria, por exemplo, com os anemotécnicos, caso viéssemos a aplicar a sua teoria? E com os acendedores de diversas especialidades? E os especialistas em sementes? Em árvores importadas? E os desenhistas de instalações para porcos, com suas máquinas purificadoras de ar?

E os conferencistas e estudiosos, que ano após ano têm trabalhado no Programa de Reforma e Melhoramentos? Que faço com eles, se a sua solução resolver tudo? Hein?."

"Não sei", disse João, encabulado.

"O senhor percebe agora que a sua idéia não vem ao encontro daquilo de que necessitamos? O senhor não vê que, se tudo fosse tão simples, nossos especialistas já teriam encontrado a solução há muito tempo?."

"O senhor, com certeza, compreende que eu não posso simplesmente convocar os anemotécnicos e dizer-lhes que tudo se resume a utilizar brasinhas, sem chamas? O que o senhor espera que eu faça com os quilômetros de bosques já preparados, cujas árvores não dão frutos e nem têm folhas para dar sombra? E o que fazer com nossos engenheiros em porcopirotecnia? Vamos, diga-me!".

"Não sei, senhor."

"Bem, agora que o senhor conhece as dimensões do problema, não saia dizendo por aí que pode resolver tudo. O problema é bem mais sério do que o senhor imagina. Agora, entre nós, devo recomendar-lhe que não insista nessa sua idéia - isso poderia trazer problemas para o senhor no seu cargo."

João Bom-Senso, coitado, não falou mais um "A". Sem despedir-se, meio atordoado, meio assustado com a sua sensação de estar caminhando de cabeça para baixo, saiu de fininho e ninguém nunca mais o viu. Por isso é que até hoje se diz, quando há reuniões de Reforma e Melhoramentos, que falta o Bom-Senso.

Caro leitor você consegue induzir dessa fábula alguma semelhança para a solução de alguns problemas crônicos do Brasil, como a sonegação e a corrupção fiscais, o caos nos aeroportos, as longas filas nos nossos hospitais, etc.
*Parece que os gestores criativos honestos que sabem planejar e implementar boas soluções são impedidos de colocar suas idéias em prática para **continuarmos assando porcos colocando fogo na floresta toda, não é?***

O QUE É A METAEDUCAÇÃO?

Inicialmente, convém ressaltar que em boa hora foi aprovada pelo Conselho Nacional de Educação (CNE) em 7/7/2006, a obrigatoriedade de se ensinar filosofia e sociologia no ensino médio brasileiro.

Atualmente, já há 17 redes estaduais que incluíram as disciplinas no currículo e dessa forma não será tão traumática essa implantação que deve ocorrer no prazo máximo de um ano.

Para as escolas com sistema de currículo flexível, ou seja, que não ensinam por meio de matérias, mas sim de conteúdo, não vai haver necessidade de alterações, mas espera-se que elas modifiquem de alguma forma o conteúdo introduzindo tópicos específicos de filosofia e sociologia.

Assim, a partir de 2007, todas as escolas de ensino médio teriam aulas de filosofia no 1º e 2º anos e, no 3º ano os alunos poderiam optar por sociologia ou psicologia, mas até agora...

Sem dúvida essa decisão do CNE vai qualificar mais o ensino médio no Brasil, pois o estudante brasileiro – futuro profissional – precisa ter uma **melhor formação humanística** para se tornar um cidadão ético, crítico e protagonista.

Muitas escolas particulares também continuam oferecendo filosofia e sociologia nos currículos e convém lembrar que em São Paulo, essas matérias deixaram de fazer parte do ensino médio no fim dos anos 90, mas voltaram em 2005.

O fato é que a filosofia **"está na moda"** e é uma disciplina com múltiplas vocações.

Aliás, muitas empresas começaram a ensinar filosofia, psicologia e artes aos seus funcionários com o intuito de "abrir suas mentes".

Como exemplo prático, pode-se citar vários escritórios de advocacia de São Paulo, que passaram a dar cursos de filosofia para os seus colaboradores terem mais facilidade para analisar os impasses da vida contemporânea, para perceberem os mesmos problemas sob uma nova ótica, a partir de abordagens mais criativas e inclusive para que cada um deles se identifique com a linha de pensamento de algum filósofo...

Um fato é cada vez mais aceito, principalmente pelos educadores: a medida que o volume de conhecimento da humanidade aumenta, também vai se tornando mais abrangente e complexo.

Surge assim a necessidade de se reintegrar conhecimentos diferentes.

E que tipos de conhecimento deve ter não só o educador, mas todo aquele que quer ser bem-sucedido no século XXI?

De uma forma bem condensada pode-se responder, que pelo menos três tipos são essenciais, a saber:

1º) Empírico – É aquele conhecimento que é composto pelo saber proveniente da vida prática, da herança cultural, das certezas cotidianas e da experimentação. Muitos referem-se a ele, dizendo que trata-se do **senso comum**.

2º) Científico ou teórico – É o saber centrado no método, mas com horizontes ampliados. É claro que ao se falar do conhecimento cientifico não se deve pensar apenas nas engenharias, nas ciências físicas, matemáticas e biológicas, mas também, por exemplo, na **administração ciência**, que tem como objeto de investigação fatos e/ou fenômenos organizacionais.

Aliás, segundo a natureza de seu objeto de estudo, ela é uma ciência social, que deriva de uma ciência humana denominada **economia**.

É claro que não basta no século XXI ter só o conhecimento científico, até porque a ciência não é capaz de explicar todos os fenômenos que levaram, por exemplo, ao surgimento da vida na Terra.

O bioquímico italiano Pier Luigi Luisi, da Universidade de Estudos de Roma III, um dos maiores estudiosos da origem da vida, tanto pelo aspecto científico quanto cultural e religioso diz: "Não tenho dúvidas de que a vida é um fenômeno puramente físico-químico, resultado de uma combinação afortunada de moléculas ocorrida **3,5 bilhões de anos atrás**!!!

Ainda assim, não acredito que seja possível provar a inexistência de Deus.

Sempre haverá a questão de quem fez as moléculas, e por que existe algo em vez de não existir nada!!!

São questões que não podem ser solucionadas pela ciência e cada um pode sempre colocar Deus no estágio de criação.

Aliás, a idéia de que a ciência pode explicar tudo é tão fundamentalista quanto a dos criacionistas que querem **banir** o ensino da evolução.

Um cientista pode (e deve...) acreditar em Deus, dizendo que Ele criou o universo e suas regras, e depois deixou que as coisas funcionassem por si só. Nesse sentido, o surgimento da vida, assim como a evolução, seria uma conseqüência das leis da natureza, e o desafio dos cientistas é descobrir quais são os mecanismos desse desenvolvimento. Cientificamente, houve um momento na Terra em que não havia vida.

Havia apenas moléculas orgânicas simples, e hoje temos indicações de que essas moléculas orgânicas simples podem se organizar para formar estruturas cada vez mais complexas.

O que se assume é que, ao fazer isso, com o auxílio de alguns milhões de anos, chegue-se a uma estrutura capaz de se auto-replicar (um organismo vivo).

Ainda assim, não sabemos dizer como é que uma coisa qualquer apareceu.

Nós começamos do ponto em que existe alguma coisa, mas a questão do porque existe alguma coisa em vez de nada não pode ser respondida pela ciência.

Temos que partir do ponto em que as moléculas existem; não dá para fazer mais do que isso!!!"

3º) Filosófico – É o conhecimento responsável por mais reflexão sobre a vida real, os propósitos e os rumos que deve tomar o ser humano e quando vinculado ao saber transcendental também contempla a **espiritualidade**.

A espiritualidade é um assunto bem antigo e muito importante, pois conecta pessoa, fé, esperança e amor.

Por sinal, a espiritualidade passou a ser reconhecida inclusive pela Organização Mundial da Saúde (OMC) como uma das quatro categorias de saúde humana: **física**, **mental**, **social** e **espiritual**.

Aliás, falando de espiritualidade, convém não esquecer o que diz o prof. Luiz Felipe Pondé, vice-diretor da Faculdade de Comunicação da FAAP: "Jesus Cristo, nos últimos tempos virou celebridade cultural, em diversos livros como *As Várias Faces de Jesus*, do historiador Geza Vermes, *Evangelho de Judas* de Simon Mawer e *Os Manuscritos de Jesus* de Michael Baigent tentando estabelecer cientificamente a verdadeira identidade de Jesus, procurando humanizar os primórdios do Cristianismo."

Claro que os teólogos mostram-se particularmente preocupados com essa **"descons-trução" divina** na qual Jesus deixa de ser o Messias para assumir profissões que jamais teve.

Obras como *Jesus, o Maior Psicólogo Que Já Existiu* e *Jesus, o Maior Executivo que já Existiu* estão fazendo muito sucesso no Brasil, retratando Cristo, ora como empresário bem-sucedido ora como treinador de uma equipe de vendedores.

A escritora norte-americana, Laurie Beth Jones, autora de *Jesus, o Maior Líder que já Existiu,* destaca que é simples entender essa popularidade pois Jesus é um bom exemplo para patrões e empregados, executivos e estudantes.

Enfim para todos!!!

Ela destaca que, se o Messias escolheu 12 pessoas imperfeitas para treinar e motivar, então é possível fazer o mesmo nos dias que correm, usando um método análogo.

Assim, propõe que os executivos treinem seus subalternos seguindo os passos de Jesus, ou seja, **perdoando** e **ensinando**.

Muitos líderes religiosos consideram uma verdadeira heresia misturar estratégia empresarial com pregação religiosa, mas Laurie Beth Jones não se choca com isso e procura estimular os "**empreendedores do espírito**" a experimentar os métodos de Jesus para disciplinar seus colaboradores ou "escolhidos".

Laurie Beth Jones enfatiza: "Nós não trazemos Deus para os negócios, porque ninguém pode mantê-Lo distante, já que Ele está em toda parte."

Já o seu concorrente na venda de livros sobre Jesus, Mark Baker, autor do *Jesus, o Maior Psicólogo que já Existiu* prefere o Messias no lugar de Sigmund Freud.

De acordo com Mark Baker: "Freud iniciou a guerra entre a psicologia e a religião.

Aliás, esta batalha foi motivada pela desconfiança, pelo medo recíproco entre cientistas e religiosos. Certo ou não, o Vaticano está tentando uma reconciliação com a comunidade científica.

Por sinal, o papa Bento XVI, tem convocado regularmente médicos e psiquiatras para debates com os teólogos em Roma.

Acredito que a moderna psicologia, nada mais é do que um prolongamento dos princípios teológicos, apesar de que essa idéia certamente arrepiaria Freud...

Os teólogos liberais costumam, de uma maneira geral, buscar em Jesus Cristo, uma figura que se pareça com eles.

E os psicólogos não são diferentes quando especulam sobre a natureza do Jesus histórico, aquele que Dan Brown explora à exaustão no seu *best-seller O Código Da Vinci*, comprando (ou quem sabe plagiando...) a tese de Michael Baigent e afirmando que Jesus se casou com Maria Madalena e teve filhos!?!?

Com isso, Dan Brown provocou um *tsunami* religioso, atraindo para si a ira tanto de evangélicos como de católicos.

Um fato que, entretanto, todos devem aceitar: Jesus Cristo não foi apenas um bom carpinteiro, mas teve certamente outros talentos excepcionais.

A grande lição do Mestre é que todos devem agir de forma ética. Apesar disso, para muitos indivíduos perdão e compaixão são palavras que rimam, mas não no campo dos negócio.

Isso tem que mudar!!!

Um exemplo claro das mudanças espirituais que estão acontecendo no mundo é a eleição da bispa Katharine Jefferts Schori para presidir a Igreja Episcopal norte-americana, o mais alto posto alcançado por uma mulher na história da Igreja Anglicana, que não é pouca coisa, pois ela tem quase 80 milhões de seguidores no mundo todo.

Metaeducação **323**

O incrível é que ela é uma bióloga formada na Universidade de Stanford, oceanógrafa e filósofa.

Casada com um matemático, é mãe de um segundo-tenente da Força-Aérea Americana, sendo também piloto de avião.

O mestre em teologia pela Universidade de Louvain, na Bélgica, o prof. Fernando Altemeyer comenta: "A eleição de Katharine J. Schori é o corolário de um processo iniciado em 1976, quando começou o debate sobre a ordenação de mulheres na Igreja Episcopal dos Estados Unidos da América (EUA), a Igreja Anglicana.

Ela é a primeira mulher nomeada para esse conselho de bispos e, como destacou seu antecessor, a eleição é uma confirmação do testemunho que as mulheres exercem em todas as ordens sagradas da Igreja.

Achei divertidíssimo ver que uma das grandes eleitoras de Katharine J. Schori foi a mulher de um outro bispo, candidato ao mesmo cargo!!!

Isso é bastante incomum e mostra a mulher querendo no voto feminino nos EUA (e o mesmo está começando a ocorrer no Brasil...) colaborar com a 'categoria'.

O anglicanismo, hoje, é uma grande comunhão de igrejas autônomas e consensos diferenciados.

Algumas já ordenaram mulheres, nos EUA, na Nova Zelândia, no Canadá, porém outras têm muitas restrições.

Deve-se ressaltar que nessa eleição de Katharine J. Schori houve muitas vozes críticas nos EUA.

Muitas pessoas disseram: 'A tradição seria que fosse escolhido o mais velho' ou 'a tradição seria seguirmos com os homens'.

Houve grupos que argumentaram que a eleição de uma mulher seria 'ruim para o diálogo com outras igrejas onde a mulher não tem destaque'.

Naturalmente não se resolvem as questões de gênero simplesmente colocando a mulher num posto de destaque. Pode-se ter muitas pastoras, mas ainda assim haverá discriminação, salários diferentes, paróquias que não sejam do mesmo nível, tensões machistas na própria Igreja.

As igrejas também têm questões internas de lidar com essa nova realidade. Ter mulheres em postos importantes na Igreja não irá mudar, imediatamente, as relações culturais cotidianas.

Não se pode, porém, esquecer, que vivemos ainda uma situação na qual, digamos, a Igreja Católica não permite mulheres na sua organização clerical, nem no diaconato, no presbiterato, no episcopado e por conseqüência no papado.

Entretanto, há mulheres representantes do papa nos conselhos internacionais, em órgãos e secretarias do Vaticano e em outros cargos importantes.

Há, pois, dezenas de espaços na Igreja Católica que são comandados por mulheres.

E hoje temos grandes teólogas como a norte-americana Elizabeth Fiorenza Schusler, as brasileiras Ivone Gebara, Ana Maria Tepedino, Maria Clara Bingemer, Tereza Cavalcante. No Vaticano, existem algumas contradições e sente-se que atualmente existem vários grupos preocupados com a presença maciça das mulheres, tanto que um grupo alemão superconservador pediu ao papa um documento que **impedisse** as mulheres de servir o altar e que ficassem restritas ao átrio.

Porém esse não é o pensamento da totalidade dos bispos.

Em geral, no Brasil, as mulheres têm acesso e pode-se até afirmar que metade dos postos nas organizações de grandes serviços é ocupada por mulheres na arquidiocese de São Paulo.

O fato indiscutível é que a própria mulher é a agenda desse século XXI.

E aí está a grande questão: como a Igreja vai assumir a agenda da mulher?

Ela vai trazer questões da sua vida pessoal, profissional, sexual, afetiva e tudo isso vai irromper dentro da Igreja?

O que as mulheres sentem, vivem, sofrem são agenda teológica. Isso tem que se tornar a agenda da Igreja o que, sem dúvida, vai influenciar muito a espiritualidade de todos."

Pois é, a vida diária carece desses três tipos de conhecimento – empírico, científico, filosófico, – que devem ser conseguidos simultaneamente no que se pode chamar de **metaeducação**.

A nossa vida, no século XXI, parece que está cada vez mais numa espécie de "dança das cadeiras", na qual há sempre **menos** cadeiras que pessoas e todo aquele que não sentar no momento certo, quando pára a música, fica sem cadeira e não pode brincar mais...

Só que na dança da vida, fica-se sem emprego, sem valorização profissional, com dificuldade de sobrevivência, etc.

E a pessoa fica facilmente sem cadeira quando nessa "era do conhecimento" nota-se que não aprendeu o suficiente, isto é, não tem bem desenvolvidos os três tipos de conhecimento citados há pouco.

E por que isso acontece?

Porque muitas pessoas estão envolvidas em um mundo de velocidade excessiva e influenciadas pela busca compulsiva da otimização do seu tempo, com o que optam por aprender menos, querem saber apenas, **"o que se aplica diretamente na sua vida prática"**.

Essa atitude não é uma exceção.

Ela inclusive é incentivada em certos setores educacionais que procuram apenas o desenvolvimento de certas aptidões. Na realidade não se educam, mas apenas treinam-se os seres humanos!?!?

É um desenvolvimento pessoal desprovido de ética e esta é uma disciplina do conhecimento filosófico.

Na cultura ocidental, o conhecimento vale cada vez mais (aliás, a bem da verdade em qualquer cultura...) e a situação que desmerece este valor caracteriza um fato social que se denomina **inversão de valores**, que é objeto da análise ética.

Assim, na escolha entre o bem e o mal, a opção nunca deve ser numérica e é a ética que procura reduzir a tensão entre os extremos, conciliar os elementos contrários ou contra-ditórios.

A função da ética é, portanto, contrabalançar necessidades e interesses múltiplos e diferenciados para compatibilizar premissas, melhorando resultados e minimizando as per-das de ambas as partes.

Seria como, por exemplo, na questão da educação profissional, dizer que não se deve nem supervalorizar o trabalho urgente nem tão pouco, subestimar o importante.

O marco zero para o ensino e a aprendizagem da ética está na distinção entre suas duas ordens: a filosófica e a dos moralistas.

A filosófica (ou de 2ª ordem) é inerente ao modo de ser de uma pessoa no meio em que vive; é quando o objeto de reflexão filosófica focaliza valores individuais e coletivos da condu-ta humana.

Ela cria as condições necessárias para alinhar os objetivos.

Já a ética de primeira ordem é a dos moralistas. Ela dita regras de conduta e, à luz dos padrões estabelecidas em códigos, analisa os comportamentos.

Muitos códigos de ética profissional trazem mais obrigações e procedimentos de tra-balho que propriamente, padrões de conduta, postura digna ou uma moralidade dos costumes.

A profa. Geni de Sales Dornelles, no seu livro *Metagestão – A Arte do Diálogo nas Organização* explica: "Ambas as éticas, filosófica e moralista, são complementares.

Até porque a conduta privada (moral) não pode ser diferente da conduta pública (ética), embora a história econômica tenha sido escrita, permitindo toda sorte de desajustes morais e éticos.

Basta ler *Casa-Grande* e *Senzala* de Gilberto Freyre para perceber uma sociedade com uma visível incompatibilidade nas escalas de valores.

Aliás, problemas dessa natureza são de fácil identificação no cotidiano. Por exemplo, em algumas culturas, é comum a própria mãe ser considerada sagrada, mas as mães dos outros, nem tanto...

É a chamada dupla moral.

Aqui entre nós a incompatibilidade ética apontada pela filosofia no saber empírico é conhecida de diversas formas: 'jeitinho brasileiro', 'caixa dois', 'QI', 'Lei de Gerson' e outros procedimentos à margem da lei moral e, por vezes, da justiça dos homens; em suma, ilegais."

Portanto, entender os motivos da conduta humana, por meio da reflexão filosófica de base ética, é um requisito imprescindível para o futuro profissional, por isso deve estar incluído na metaeducação.

Dessa maneira, unir empirismo, ciência e filosofia permite oferecer um saber maior para os estudantes e as pessoas em geral, porque propicia novos conhecimentos, aprimora as relações interpessoais e confere ganhos para as organizações e sociedades integradas por indivíduos com esses atributos.

Sem dúvida, os horizontes de conhecimento de uma pessoa se ampliam enormemente, quando ela lê mais e quando questiona freqüentemente.

Uma bela forma de ensinar – que faz parte da metaeducação – é a de forçar as pessoas a ler variados textos de filósofos, para romperem com as suas idéias que se tornaram hábitos de pensamento ou pressupostos inatacáveis!!!

Só assim se consegue uma mudança eficaz.

O futuro da sociedade que se deseja melhorar, começa em um lugar privilegiado da mudança, isto é: na **academia**.

Assim vamos entender a metaeducação (e o *metá* grego pode significar "entre" ou "no meio") como a união da ciência, do empirismo e da filosofia para oferecer uma educação mais esclarecida e humanizada, adequada para o desenvolvimento que a humanidade alcançou no século XXI.

As pessoas precisam no século XXI ter uma maior inteligência espiritual.

QUOCIENTE ESPIRITUAL É A BASE PARA AS OUTRAS INTELIGÊNCIAS?

A expressão QI (quociente de inteligência) entrou definitivamente no vocabulário mundial só no início do século XX, quando o psicólogo francês Alfred Binet (1859-1911) desenvolveu, em 1905, o primeiro teste para medir numericamente a capacidade intelectual de um indivíduo.

O teste, aplicado em escolas de Paris, tinha como intuito principal identificar as crianças com necessidades especiais de aprendizado.

Porém acabou servindo de base para novos testes para medir as competências lógico-matemática e lingüística.

Durante muito tempo, só foi considerado inteligente quem entendia de matemática(!?!?)

Porém essa percepção começou a mudar nos anos 80, a partir da teoria das inteligências múltiplas do psicólogo e pesquisador norte-americano Howard Gardner, da Universidade de Harvard.

Ao acompanhar o desempenho profissional de pessoas que haviam ido mal na escola, Howard Gardner surpreendeu-se com o sucesso de várias delas.

O pesquisador verificou que havia outras capacidades importantes na vida de uma pessoa, além das competências lógico-matemática e lingüística.

Howard Gardner passou, então, a definir inteligência como: **"A capacidade de resolver problemas ou de elaborar produtos valorizados em um ambiente cultural e comunitário."**

O pesquisador identificou sete tipos de inteligência: lógico-matemática, lingüística, musical, interpessoal, intrapessoal, pictórica-espacial e corporal-cinestésica. Mas, deixou claro que esse número não era definitivo.

Em 1995, o psicólogo norte-americano Daniel Goleman, autor do *best-seller Inteligência Emocional*, popularizou pesquisas realizadas por numerosos neurocientistas e psicólogos mostrando que capacidades como autoconhecimento, autodisciplina, persistência e empatia **têm repercussão muito maior na vida** de uma pessoa do que o QI.

Desenvolver a inteligência emocional (QE) virou febre no final dos anos 90 do século XX, particularmente no mundo empresarial e um pouco nas IESs (instituições de ensino superior).

Em 2000 a psicóloga e filósofa norte-americana Danah Zohar e o seu marido, o psiquiatra Ian Marshall lançaram o livro *Inteligência Espiritual*, enfatizando que havia um outro tipo de inteligência ainda mais importante que o QI e o QE, ou seja, a inteligência com a qual abordamos e solucionamos problemas de sentido e valor.

O QS (quociente espiritual, do inglês *spiritual quocient*) segundo eles, é a base necessária para o funcionamento eficaz das demais inteligências.

E dessa maneira é vital abordar esse tema, isto é, na metaeducação desenvolver a inteligência espiritual de uma pessoa para que ele tenha:

- ➡ capacidade de ser flexível;
- ➡ um grau elevado de autoconhecimento;
- ➡ condição de suportar a dor;
- ➡ saber aprender com as falhas;
- ➡ competência de se inspirar em novas idéias e valores;
- ➡ relutância em causar danos aos outros;
- ➡ inclinação para enxergar conexões entre realidades distintas;
- ➡ tendência de se questionar sobre suas ações e seus desejos, com perguntas do tipo: "Por que agir de tal forma?" ou "O que aconteceria se eu agisse de outra maneira?";
- ➡ capacidade de seguir as próprias idéias e ir contra as convenções.

Danah Zohar por sua vez explica a inteligência espiritual da seguinte forma: "É a nossa **terceira inteligência** – certamente a mais importante – que coloca nossos atos e experiências num contexto mais amplo de sentido e valor, tornando-os mais efetivos.

Ter um alto QS implica ser capaz de usar o espiritual para ter uma vida mais rica e mais cheia de sentido, adequando senso de finalidade e direção pessoal.

O QS aumenta nossos horizontes e nos torna mais criativos. É uma inteligência que nos impulsiona. É com ela que abordamos e solucionamos problemas de sentido e valor.

O QS está ligado à necessidade humana de ter propósito na vida.

É ele que usamos para desenvolver valores éticos e crenças que vão nortear nossas ações.

Fui criada numa família bastante religiosa, mas perdi a fé no Cristianismo quando tinha 11 anos e passei o resto da minha vida buscando respostas para essa perda, pois não acredito mais em qualquer religião.

Religiões são sobre crenças, coisas que nos são passadas de fora. E eu estava procurando algo mais profundo em nós, buscando valores espirituais porque todos nós precisamos de um senso de propósito de vida.

Para achar esse propósito a pessoa deve fazer a si mesma as perguntas certas, fazendo das respostas um diário de acontecimentos e refletindo sobre elas.

As perguntas podem ser:

➡ Quais as coisas que mais me afetaram hoje?

➡ De que mais gostei?

➡ De que me arrependo?

➡ De que outro modo eu poderia ter me sentido ou me comportado e que efeito isso teria produzido?

Etc.

O conceito de inteligência espiritual também vai contra as atitudes comodistas.

Para desenvolvê-la, é preciso assumir a responsabilidade pela própria vida.

Ser espiritualmente inteligente nos ajuda a entrar em contato com o verdadeiro propósito de nossa vida.

Se uma pessoa, uma IES, uma empresa ou uma nação entrarem em contato com o seu propósito mais profundo, sempre encontrarão uma enorme fonte de energia e inspiração. Acredito que a inteligência espiritual ajuda muito as pessoas a lidar com adversidades ou tragédias, por mais terríveis que sejam.

Por exemplo, os atentados terroristas de 11 de setembro de 2001 fizeram muitos norte-americanos pararem e se perguntarem pelo que estão dispostos a lutar, que tipo de país eles querem ter, em vez de verem os EUA apenas como uma nação conveniente para se viver porque lá ganham bastante dólares, vivem em casas grandes e têm três carros.

Os norte-americanos deixaram há muitos anos de pensar nos valores centrais dos EUA.

E isso acontece principalmente porque os seus cidadãos foram 'contaminados' pelo materialismo e pela empolgação da vida diária.

Naturalmente, isso se deve também à falta de grandes líderes como Gandhi, Dalai Lama, Nelson Mandela, etc., pois líderes são as pessoas que nos inspiram para uma qualidade de vida melhor, para os valores mais profundos.

A vida ficou muito fácil e confortável para muitos dos que vivem nos EUA e em outras partes do mundo desenvolvido e, assim, as pessoas pararam de fazer perguntas existenciais..."

No início dos anos 90, o neuropsicólogo norte-americano Michael Persinger e, em 1997, o neurologista Vilayanu Ramachandran, da Universidade da Califórnia, identificaram no cérebro humano um ponto chamado de "ponto de Deus" (ou "módulo de Deus") que aciona a necessidade humana **de buscar um sentido para a vida**.

Esse centro espiritual localiza-se entre as conexões neurais nos lobos temporais do cérebro.

Escaneamentos realizados com topografia de emissão de pósitrons (antipartícula do elétron) mostraram que essas áreas se iluminam toda vez que os pacientes discutem temas espirituais ou religiosos.

Essa atividade do lobo temporal tem sido ligada há anos às visões místicas de epilépticos e de usuários do alucinógeno dietilamida do acido lisérgico (LSD na sua sigla em inglês).

E a pesquisa de Vilayanu Ramachandran mostrou, pela primeira vez, que o centro espiritual está ativo em todas as pessoas, ou seja, que o cérebro humano evoluiu para fazer perguntas existenciais, para buscar sentidos e valores mais amplos.

As pessoas estão percebendo cada vez mais que fazem parte de um todo e que estão ligadas a tudo que as cerca.

E nesse contexto é vital ter o **espírito de cooperação**, que é a forma mais elevada de inteligência espiritual.

Quem sabe utilizar sua inteligência espiritual pode-se dizer que "caminha com a razão, mas age com o coração".

Naturalmente, não é fácil encontrar esse equilíbrio, mas é importante procurá-lo.

Quem faz tudo com amor e dedicação tem o incrível poder de atrair o "rebento" que as mentes ociosas preferem chamar de **sorte** e que as mentes perceptivas, ordinariamente, denominam de **mérito**.

Um dos especialistas em inteligência humana Robert A. Emmons, professor da Universidade da Califórnia ressalta: "Para mim, são cinco as habilidades que formam os componentes essenciais do que caracteriza a inteligência espiritual: capacidade de transcendência; a aptidão de entrar em estados espiritualmente iluminados de consciência; a competência de investir em atividades, eventos e relacionamentos carregados com o senso do sagrado; a habilidade de utilizar recursos espirituais para resolver problemas na vida e a capacidade de ser virtuoso e de se comportar efetivamente como tal.

A inteligência espiritual é certamente um antídoto ao intelectualismo agnóstico ou areligioso predominante nos meios acadêmicos, uma vez que abre perspectivas novas na discussão científica e no relacionamento entre a fé e a razão.

A investigação sobre o processo de maturação espiritual traz uma contribuição original para o estudo dos processos e o funcionamento do conhecimento humano.

Proporciona, além disto, um cenário novo para o diálogo entre espiritualidade e saúde integral.

O entendimento do que é específico no espiritual tem conseqüências psicológicas, físicas e interpessoais.

O uso inteligente da informação espiritual, por sua vez, contribui positivamente para o bem-estar emocional e social das comunidades, gerando melhor qualidade de vida para as pessoas. Portanto a espiritualidade é um constructo dinâmico.

Passa espontaneamente à ação e dá às pessoas um contexto interpretativo que lhes possibilita negociar com vantagem as demandas da vida cotidiana.

A espiritualidade está conduzindo a humanidade, cada vez mais, a uma apreciação positiva de suas expressões transculturais.

Ela possui habilidades e competências que podem ser cada vez mais valorizadas nas diferentes maneiras de que se servem as culturas para expressar a experiência espiritual de nossa época.

As competências e as habilidades espirituais, sendo faculdades humanas, podem ser adquiridas, cultivadas e encorajadas.

Ponderadas sob um ângulo educativo, se deveria dizer, que o comportamento virtuoso e a maturidade espiritual têm grande potencial na formação de cidadãos produtivos para a sociedade e para a cultura.

Para o mundo desumanizado de hoje, a espiritualidade tem elevado coeficiente de desejabilidade."

Portanto, as qualidades da inteligência espiritual são as seguintes:

1. Autoconsciência – Ou seja, saber que o nosso *self* (eu) é maior que o nosso ego buscando continuamente respostas para perguntas do tipo:

➡ Sei quem sou?

➡ O que quero da vida?

➡ Pelo que quero morrer?

➡ Por que gosto e não gosto de alguém ou de alguma coisa?

Etc.

2. Motivação por visão e valores – Significa ir além de nossos interesses particulares e de nossa família, praticando o idealismo que transforma o mundo.

3. Capacidade de lidar com adversidade – Na realidade representa a nossa aptidão em transformar as dores e os sofrimentos em aprendizagem.

No Brasil e em muitos países ocidentais, não se gosta de falhas, de erros, e há o pressuposto de que tudo pode ser consertado, que tudo deve ser rápido e fácil.

As adversidades questionam e demonstram a inadequação da vida acelerada em vários aspectos.

4. Ser holístico – É a capacidade de ver a conexão entre fatos, idéias, locais e épocas.

Ser holístico é o oposto de colocar cada coisa em um compartimento separado e estanque.

Ser holístico é interessar-se por tudo, num mundo em que a educação é voltada à acumulação de conhecimentos e não às conexões entre matérias. Aliás, isto também é ainda dito no mundo do trabalho, quando se diz: **"Faça apenas o seu trabalho!"**

5. Celebração da diversidade – Condição de ir bem além de uma porcentagem inexpressiva de minorias no seu rol de amizades ou relacionamentos e, principalmente, de funcionários colaboradores diretos na empresa em que trabalha.

Ter tolerância aos "diferentes" é essencial no século XXI.

Celebrar a diversidade significa reconhecer que você é diferente de outras pessoas, que você tem um histórico familiar e profissional baseado em outros princípios, assim como a sua religião pode não ser a mesma que de alguns.

6. Acreditar no que faz – No fundo isso quer dizer: ter a coragem de defender seus pontos de vista, em qualquer situação.

7. Ser sempre curioso, questionador – É vital ter continuamente a "insistência" de uma criança de quatro anos de idade que pergunta "Por quê?" a todo momento.

É preciso que você também questione o sistema em que vive, o jeito com que as coisas sempre foram.

As perguntas abrem, ao passo que as repostas fecham!!!

8. Ser controlado – Uma qualidade indispensável no ser humano no século XXI é a habilidade de conter-se, equilibrando os seus desejos e suas aspirações individuais com os do todo.

Vivemos numa era de consumo, porém não podemos ter todas as coisas que estão sendo oferecidas ou vendidas.

9. Espontaneidade – É a habilidade de responder com o coração para quem está à nossa frente, sem preconceitos. É também assumir nossa responsabilidade pessoal, não se colocando como vítima ou colocando a culpa nos outros pelo que nos acontece de ruim.

10. Compaixão – Significa saber sofrer, "curar" a alegria e a dor dos outros, estendendo a sua compaixão a todos.

No fundo é o reconhecimento de que nós sempre existimos e que, dentro de nosso cérebro e corpo, estão o DNA e a história inteira da humanidade.

Quando vemos estas qualidades da inteligência espiritual, podemos perguntar: **não são estas as competências essências que as organizações buscam nos seus profissionais no século XXI?**

São e aí está mais uma razão de enveredarmos para a **metaeducação**.

E o papel das IESs (e das empresas) é o de ensinar, nutrir e abrir espaço para que os aprendizes possam saber usar as suas inteligências espirituais, possibilitando, o surgimento do verdadeiro "ser humano".

O psicólogo Floriano Serra, chama a inteligência espiritual de "terceira inteligência" e explica: "Não basta um perfeito domínio das emoções para assegurar a uma pessoa que está indo em direção do sucesso e da felicidade – objetivos que só podem ser atingidos sob a condição do indivíduo estar bem consigo mesmo e com os demais.

A dimensão espiritual que defendo como a 'terceira inteligência' tem tudo a ver com o desejo sincero de compartilhar, sem discriminações de raça, cor, credo, aparência e posses; pela consciência de que tanto uma empresa (escola) como a sociedade e o mundo inteiro é uma grande família."

Nesse início do terceiro milênio, mais do que nunca, o objetivo não deveria ser o de enquadrar cegamente o cidadão dentro desta ou daquela crença, mas sim despertar nele aquela inteligência direta que o libertasse das formas externas e o fizesse navegar no território ilimitado da sabedoria eterna, enquanto assume a direção da sua própria vida.

Deve-se, pois, ter a sensibilidade de não ser prisioneiro de dogmas com o que se perde muito a liberdade.

O dogma, a rotina e a "verdade oficializada" são instrumentos de amortecimento e asfixia da nossa inteligência.

Um outro importante obstáculo são os conflitos psicológicos e o choque entre pessoas, especialmente quando, no calor da luta entre o dogma e a verdade, forem deixadas de lado a ética e a lealdade.

Naturalmente, os conflitos são inevitáveis na vida.

Viver é lutar – desde a primeira respiração até o último alento – e as discordâncias são parte da vida real em toda união de dois seres humanos, em toda família, nas empresas, nas associações comunitárias, nas escolas, nas cidades e num país.

Porém há conflitos e conflitos.

Quando desaparece a honestidade entre as partes que discordam, a inteligência é substituída pela astúcia, que é apenas a inteligência de um pobre animal furioso ou assustado – mesmo que, no caso humano, a astúcia seja disfarçada por um sorriso amável em um rosto transformado em máscara...

Um professor estará envolvido na promoção da metaeducação quando tiver um conceito de si definido com muita clareza, demonstrando que se conhece e aprecia muito seus diferentes "eus": o físico, o emocional, o intelectual e o espiritual.

Um profissional da educação que no processo de ensino e aprendizado comprovadamente consegue sair dos "muros da faculdade", desafia e provoca seus alunos a experimentarem essa transcendência, possibilitando-lhes, assim, uma visão total do cosmos a que pertencem.

Na sua prática docente enfatiza solidariedade, generosidade, paixão, emoção, conexão, muita ousadia e subversão, tendo como resultado uma docência bem-sucedida e prazerosa para os alunos.

Na metaeducação, a docência bem-sucedida é a que implica na aceitação de si, no auto-conhecimento, na inteligência espiritual ampliada, evidenciada na coerência e equilíbrio de posicionamento nos diferentes fatores que a constituem.

Portanto os educadores do século XXI, ou seja, os metaeducadores são aqueles que vão valorizar ao mesmo tempo **o ser, o saber e o fazer**.

E dessa maneira estarão formando o verdadeiro profissional que as empresas e o mundo demandam no século XXI, isto é, aquele que no alto de sua inteligência espiritual, substituirá a experiência de base **"Penso, logo existo"**, pelo comportamento vivencial **"Sinto, logo existo"**.

Um bom exemplo de metaeducação talvez seja o de Srikumar Rao, autor do livro *Você está Preparado para o Sucesso,* no qual ele busca explicar o sentido e o significado da vida.

Pois é, ele dá aulas num curso de MBA da prestigiada Universidade de Columbia em Nova York, porém não ensina análise financeira e nem gestão.

Seu curso denomina-se Criatividade e Controle Pessoal, com um conteúdo que se encontra bastante em salas de oração ou em retiros espirituais!!!

Mas os seus alunos não têm nada a ver com esses ambientes pois sonham alcançar sucesso profissional em bancos de investimentos ultracompetitivos como consultores ou ainda na gestão de empresas de produtos e/ou serviços.

Por incrível que pareça o curso de Srikumar Rao é o mais disputado na Columbia e também na London Business School, onde também leciona.

Para serem aceitos os candidatos precisam escrever sete ensaios, apresentar o currículo e mostrar cartas de recomendação.

Só os mais destacados, na escala de Srikumar Rao, são entrevistados para concorrer a uma matrícula.

E os selecionados são logo avisados: antes da primeira aula terão de ler seis livros e escrever mais trabalhos.

E por que toda essa luta para fazer o curso do mestre Srikumar Rao?

Bem, inicialmente, talvez seja porque ele é de origem hindu, o que dá um ar quase místico as suas afirmações.

E de fato, parte do que ensina vem da religião.

Mas na realidade, a demanda é para aprender a livrar-se dos problemas e circunstâncias criadas pelo mundo.

Srikumar Rao nas suas aulas explica: "As pessoas de um modo geral estão presas a modelos mentais que elas próprias criaram e depois passaram a acreditar ser a realidade.

Só quando alguém consegue mudar o seu modelo mental é que o mundo muda para ele.

Justamente o que procuro mostrar ao meus aprendizes é como proceder para fazer essa mudança, apoiando-se em uma série de oito exercícios."

O filósofo Tom Morris, PhD em filosofia e religião pela Universidade de Yale, usa Harry Potter para dar lições de liderança.

Realmente Tom Moris tornou-se mais conhecido do público quando em 1997 lançou *E Se Aristóteles Dirigisse a General Motors?* que foi um grande sucesso e o alçou à condição de guru e palestrante admirado.

Em 2005, ele lançou um outro livro *ousado E Se Harry Potter Dirigisse a GE?* que também entrou logo na lista de *best-sellers* do *The Wall Street Journal*.

Diz Tom Morris: "Tudo o que um profissional da gestão ou inclusive um executivo precisa saber sobre liderança e desenvolvimento de pessoas pode ser encontrado no '**mundo dos bruxos**'!?!?

A magia é apenas uma ferramenta.

Não é por causa dela que os personagens-chave da série conseguem sair de situações delicadas, mas sim graças as virtudes clássicas.

Para mim existe muita semelhança entre o pensador antigo Aristóteles e o diretor da escola, o sábio e bom Alvo Dumbledore da série Harry Potter.

Aliás, Dumbledore personifica uma filosofia de vida e uma liderança muito similar à concepção de Aristóteles.

O filósofo grego listava dez virtudes: coragem, autocontrole, liberalidade, grandiosidade, orgulho, bom humor, cordialidade, autenticidade, presença de espírito e justiça.

Aristóteles foi preceptor de Alexandre, o Grande, o imperador que conquistou e levou prosperidade a quase todo o mundo civilizado em sua época.

Já Dumbledore, nos livros de ficção de J. K. Rowling, não fica atrás.

Ele tem Harry Potter.

É verdade que Dumbledore não é exatamente o professor de Harry, mas ele é o professor mais importante pelo exemplo que dá, bem como pelas muitas interações que mantém fora da classe.

É ele que lhe dá instrução para a vida.

E Harry é um exemplo de liderança, coragem e desenvolve a confiança das pessoas e mais tarde elas estão ali, a sua disposição, quando ele necessita de seu auxílio.

O incrível que são essas as características que agradam ao homem que hoje dirige tão bem a General Electric (GE), ou seja, ao seu presidente, Jeffrey Immelt.

Aliás, Jeffrey Immelt, num discurso recente que fez na formatura de uma turma na instituição onde ele mesmo tinha estudado, ou seja, na Dartsmouth College, salienta essas qualidade: 'A época em que vivemos pertence às pessoas que acreditam em si mesmas, mas estão atentas às necessidades dos outros.

Chamo isso de ser forte e generoso.

Forte no sentido de competir para ser o melhor, e generoso no sentido de desenvolver confiança.'

Achei que o meu livro *E Se Harry Potter Dirigisse a GE?* poderia ser alvo de piadas, porém isso não está acontecendo e ao contrário tenho notícias que muitos presidentes de empresas o estão comprando e distribuindo para os seus gestores e supervisores, na esperança de que após a leitura, possam ser mais justos e confiáveis, conseguindo, dessa maneira, formar relações fortes e organizações sólidas."

Por sua vez, o professor Joseph L. Badarraco Jr. acha que aprende-se de forma mais eficaz sobre liderança numa peça de William Shakespeare do que nos livros de negócios tradicionais.

De fato, Joseph L. Badarraco Jr, que é o professor de ética nos negócios e autor do livro *Questions of Character: Iluminating the Heart of Leadership Through Literature* (algo como: *Questões do Caráter: Iluminando o Coração da Liderança por Meio da Literatura*), nas suas aulas usa como referência peças de Shakespeare, discursos de Aristóteles, livros de Nietzsche e Maquiavel.

A partir dos conflitos narrados nas obras desses e de outros grandes nomes da literatura, ele estimula os seus 90 alunos a refletir sobre temas como liderança e ética.

Salienta o prof. Joseph L. Badarraco Jr.: "Nas minhas aulas uso muito livros como *O Príncipe*, de Maquiavel, *Enduring Love* (Amor para Sempre) de Ian Mc Ewan, *The Remains of the Day*, de Kazuo Ishiguro (livro que deu origem a um filme) e muitos outros.

Com base nos trabalhos de ficção forço os alunos a se perguntaram: 'O meu código de ética é flexível?', 'Estou hoje ocupando um cargo adequado?', 'Sou realmente responsável no meu trabalho?', 'O meu sonho de evolução é um bom sonho?', etc.

Aí eles são compelidos a ler *The Remains of the Day*, no qual Kazuo Ishiguro conta a história de um mordomo inglês que olha para trás e faz uma reflexão sobre o preço que pagou para ser um excelente profissional.

Ao longo da vida, é bom que o jovem profissional (ou o executivo) faça isso várias vezes.

É vital que ele se questione, em diversos momentos, se suas opções profissionais valem a pena.

Assim, caso se arrependa do caminho que sua vida tomou, ainda dá tempo de mudar o rumo.

Os meus alunos discutem com base na filosofia as decisões críticas como, por exemplo, a do ex-presidente dos EUA Harry Truman que, concordou em usar a arma nuclear em Hiroshima, no Japão.

Para melhor ilustrar a discussão eles leram parte do livro de John Hersey, *Hiroshima*, sobre as conseqüências da bomba atômica na cidade, e parte das memórias de Harry Stimson, secretário de Guerra de Truman.

Os meus alunos também são estimulados a ler as obras de filósofos como John Stuart Mill e Immanuel Kant, que desenvolveram importantes julgamentos filosóficos sobre as obrigações éticas dos seres humanos.

A partir daí, eles compreendem como e por que os líderes precisam prestar contas uns aos outros!?!?

Por outro lado, acredito que é mais fácil aprender com pessoas que se parecem conosco – complicadas, cheias de problemas e com falhas – do que com uma galeria de heróis e santos.

E a ficção fornece uma visão de dentro e nos faz ver os líderes preocupados, hesitantes, reflexivos, arrependidos, envergonhados..."

Que bela forma de metaeducação está praticando o prof. Joseph L. Badaracco Jr., não é?

Parece que o seu exemplo já tem diversos seguidores em algumas IESs do Brasil.

O objetivo é ter muitos deles na FAAP, que sempre se notabilizou pelo seu pioneirismo no seu processo de ensino e aprendizado!!!

Vale a pena então repetir que:

➡ **Empírico** (ou senso comum) é o conhecimento informal, obtido da herança histórica das gerações. É toda a vivência prática latente no contexto social, passível de capitalização pelas pessoas para ser inclusive repassado às empresas onde trabalham.

➡ **Científico** é o conhecimento definido com rigor metodológico, sendo pois um saber formal. Tendo em vista que sua base teórica explica o real, possibilita, através do meio interativo-relacional, prover bens e serviços à sociedade.

➡ **Filosófico** é o saber sobre o comportamento humano desvendado em sua dimensão ética, cujos fundamentos determinam o sentido da vida e explicam as expectativas de qualidade de vida para a sociedade presente e futura.

Convém ressaltar um outro saber transcendental que é o **teológico**.

Ele busca os princípios fundamentais à vida na natureza.

Na prática gerencial, corresponde a certos valores do paradigma da gestão humanizada, aquela que contempla a autonomia do indivíduo (liberdade, com menos alienação e mais responsabilidade), espiritualidade e solidariedade, em relação à cidadania, entre outras características.

Na metaeducação deve-se dar muita importância a **estrutura**, que define propósitos e relacionamentos; a **tecnologia**, que é a arte humana de transformar recursos e ao **comportamento**, que é a competência do ser humano para executar um trabalho em escalas de volume e qualidade.

Por sinal, para se fazer uma boa análise do comportamento humano, deve-se basear em disciplinas como antropologia, filosofia, sociologia, política e economia, entre outras ciências sociais.

Por exemplo, a filosofia trata do comportamento racional, ou seja, aquele que permite ao homem dominar uma situação, enfrentar as mudanças desta e corrigir as eventuais falhas do próprio procedimento.

A racionalidade (ética ou não) configura-se diante de uma situação específica vivenciada, originária da postura assumida por uma pessoa.

Um indivíduo sem referenciais admite valores alheios sem questionar.

A história é rica em exemplos de modismo que imperaram por algum tempo, evidenciando a necessidade de um comportamento racional ético.

O estudo da ética ou razão prática deve se iniciar pelo esclarecimento da racionalidade, ou seja, da estrutura mental que dá suporte ao agir humano.

Uma estratégia de ação conjunta será ética quando compatibilizar valores pessoais e coletivos para formular os princípios norteadores da conduta humana no sentido do bem.

Valor é uma possibilidade de escolha que o ser humano tem, é uma preferência sua.

Uma vez definidos, os valores são hierarquizados e formam o que se chama escala de valores.

Existem, pois, escala moral e escala ética.

As crises nas relações pessoais, organizacionais ou sociais decorrem, comumente, da incompatibilidade entre os valores formadores dessas escalas ou da inexistência deles em uma das partes.

A natureza do valor e sua ordem de prioridade definem qual racionalidade será seguida.

Um desequilíbrio nessa racionalidade instituída (pela incompatibilidade de valores na forma de conduta) causa insegurança ao ser humano.

Em tais circunstâncias, sempre haverá tensão e o ser humano ficará dividido entre os pólos da ética: **bem** e **mal**.

A metaeducação deve, portanto, orientar o agir moral e ético, pessoal e organizacional.

Como também permitir ao ser humano decidir, eficientemente, entre as seguintes polaridades:

→ **bom** e **mau** (ruim) – refere-se à relação quantidade e qualidade, que são os critérios que orientam a produtividade;

→ **falso e verdadeiro** – relaciona-se ao uso da ciência e ao nível tecnológico do que é ofertado;

→ **certo e errado** – compreende as relações legais;

→ **belo e feio** – concerne à teoria estética, conciliando os elementos materiais com a sensibilidade do ser humano. Estudos recentes confirmam que o homem tende ao progresso.

Todavia vivenciando condições de trabalho adversas à sua realização e submetido a uma rotina diária, sua vida torna-se insustentável.

Além da eficiência, o comportamento de uma pessoa se rege de acordo com outros valores, como: universalidade (atualização e *networking*), duração, eficácia, objetividade, segurança, estabilidade, confiabilidade.

Sem equilíbrio nem perspectiva, o comportamento humano passa a ser estimulado para voracidade, egoísmo, oportunismo, ganância, posse, poder, propriedade, enfim, para toda a ordem de pulsões, vontades e desejos insaciáveis e sempre prementes.

Os padrões dessa lógica instrumental resumem-se em atribuir mais valor a uma coisa do que a outra, a priorizar corporações e pretensões relacionadas às noções de equilíbrio, de simetria, de medida, de homogeneidade, de regularidade, de repetição e, em conseqüência, de inércia.

Mesmo evitando o comodismo omisso ou o radicalismo improdutivo, todo e qualquer impasse ou conflito exigem um enfrentamento.

É necessário pois, buscar soluções concretas e bem fundamentadas, menos superficiais e transitórias.

Para tanto, a saída é usar a dialética – a contradição entre princípios teóricos ou fenômenos empíricos, ou seja, a lei da mudança – como um método de exposição conduzindo-nos a metaeducação.

Ligado à concepção filosófica da história do homem na sociedade, o método dialético inclui a democracia em todas as suas formas possíveis de representação e participação.

É a dialética que torna possível alcançar um estado humano reconciliado e feliz.

Ela faz uma aliança com o caráter democrático do homem, que se caracteriza pela condição de liberdade de convívio do ser humano no meio social.

A liberdade de convívio passa a ser o suporte dessa proposta de mudança de paradigmas que pressupõe um contexto de diálogo sem repressão, priorizando valores como humildade, sinceridade, honestidade e respeito.

Assim também nasce a importância da razão comunicativa, graças à concepção de verdade processual estabelecida por consenso a partir de uma realidade de interesses compartilhados em discussões e soluções de problemas.

Como diz a profa. Geni de Sales Dornelles, no seu livro *Metagestão – A Arte do Diálogo nas Organização*: "O paradigma da razão comunicativa é uma opção na atual conjuntura.

E ele é viabilizado a partir do questionamento incondicional de verdades aceitas e de normas vigentes.

O estudante alienado e submisso certamente se transformará no profissional pouco cooperativo e eficaz nos tempos difíceis e de urgência do presente.

Ele de forma alguma será o trabalhador emancipado, corajoso e criativo que se espera num futuro próximo.

A questão principal, portanto, está resumida na razão, e esta é essencialmente filosófica.

Com isso, a **filosofia** comprova sua competência para ajudar o homem transformado pela modernidade para compreender o mundo, a si mesmo e a cultura da sociedade onde vive.

Ela tornará possível ao ser humano contemporâneo reencontrar-se, recuperar sua identidade e sua unidade perdida, significativamente, durante a evolução do atual projeto de educação.

Que bom que o ensino da filosofia e da sociologia voltou a ser obrigatório no ensino médio e com isto deve-se dar muito mais atenção a essas disciplinas no ensino superior.

E é por isso que se deseja a metaeducação, na qual se promova a formação da consciência de cidadania, com o que certamente se melhorará a qualidade de vida dos seres humanos no trabalho e em todas as suas atividades compartilhadas com os seus familiares e a sociedade como um todo.

O alcance da metaeducação deve ser prioritariamente no sentido de aprimorar a espécie humana e, principalmente, desenvolver, cada vez mais, o potencial criativo das pessoas!!!

Pensamento Estratégico

MENSAGEM ESTIMULANTE

Uma empresa estava em situação difícil, as vendas iam mal, os trabalhadores e colaboradores estavam desmotivados, os balanços há meses não saiam do vermelho.

Era preciso fazer algo para reverter o caos.

Ninguém queria assumir nada.

Pelo contrário, **o pessoal apenas reclamava** que as coisas andavam ruins e que não havia perspectiva de progresso na empresa.

Eles **achavam que alguém deveria tomar a iniciativa de reverter aquele processo**. Um dia, quando os funcionários chegaram para trabalhar, encontraram na portaria um enorme cartaz que dizia: "Faleceu ontem a pessoa que impedia o crescimento de nossa empresa. Você está convidado a participar do velório na quadra de esportes."

No início todos se entristeceram com a morte de alguém, mas depois de algum tempo, ficaram curiosos para saber quem estava bloqueando o crescimento da empresa. A agitação na quadra de esportes era tão grande que foi preciso chamar os seguranças para organizar uma fila indiana. Conforme as pessoas iam se aproximando do caixão a excitação aumentava. "Quem será que estava atrapalhando o progresso?", se perguntavam. Ainda bem que este infeliz morreu!

Um a um, os funcionários agitados aproximaram-se do caixão, olhavam o defunto e engoliam a seco, ficando em absoluto silêncio como se tivessem sido atingidos no fundo da alma.

No lugar do visor do caixão havia apenas um **espelho!!!**

Conclusão:

Só existe uma pessoa capaz de limitar seu crescimento: é você mesmo.

Você é a única pessoa que pode fazer a revolução de sua vida.

Você é a única pessoa que pode prejudicar sua vida.

Você é a única pessoa que pode ajudar a si mesmo.

Não tente achar culpados pelas suas falhas.

E é dentro do seu coração que você vai encontrar a energia para ser o artista de sua criação.

O resto são desculpas!!!

Que tal esse pensamento estratégico?

QUAL É A NECESSIDADE DO PENSAMENTO ESTRATÉGICO?

Na 6ª edição da *Expo Management*, ocorrida em São Paulo entre os dias 6 e 8 de novembro de 2006, praticamente todos os palestrantes falaram sobre a imperiosa necessidade que os executivos tinham de **construir estratégias** para obter resultados sustentáveis

342
Qualidade com Humor

para as suas organizações, num ambiente cada vez mais complexo e em constante mudança. Entre estes palestrantes, gente do porte de Jack Welch, Stephen Covey, Robert Kaplan, W. Chan Kim e o técnico brasileiro Luiz Felipe Scolari – que conquistou o pentacampeonato para o Brasil na Copa do Mundo de Futebol de 2002.

Os professores Cornelis A. de Kluyver e John A. Pearce II escreveram o livro *Estratégia – Uma Visão Executiva*, no qual explicam que as estratégias bem-sucedidas dependem tanto de um entendimento sólido das preferências dos clientes como da compreensão clara do ambiente competitivo.

A despeito das inúmeras tentativas de se oferecer uma definição simples e descritiva de **estratégia**, sua complexidade e sutileza inerentes impedem que seja descrita em uma frase única. Mas há um certo consenso sobre as suas principais dimensões.

Assim, estratégia diz respeito a posicionar uma empresa para a obtenção de **vantagem competitiva**. Isto envolve **escolhas a respeito** de que **setores participar**, quais **produtos e serviços oferecer** e **como se deve proceder** para alocar os recursos corporativos.

O objetivo principal de uma estratégia é criar valor para os acionistas e outros *stakeholders* (fornecedores, parceiros, altos executivos, gerentes de nível médio, funcionários, etc.) ao proporcionar valor para o cliente.

Obviamente, para se chegar às boas estratégias é essencial saber pensar bem estrategicamente! A evolução do pensamento estratégico, nos últimos 50 anos, reflete essas mudanças e é caracterizada por um redirecionamento gradual do foco, saindo de uma **economia industrial**, passando por uma perspectiva **baseada em recursos** e chegando a um panorama no qual se destaca o **capital humano**.

ECONOMIA INDUSTRIAL

A perspectiva inicial da **economia industrial** sustentava que as influências ambientais – particularmente aquelas que moldam a estrutura do setor – eram as determinantes primárias do sucesso de uma empresa. Pensava-se que o ambiente competitivo impusesse pressões e restrições que tornavam certas estratégias mais atraentes que outras.

A escolha cuidadosa de onde competir – selecionando os setores ou segmentos mais atraentes – e o controle de recursos estrategicamente importantes, como o capital, tornaram-se os temas dominantes de estratégias, tanto no nível da unidade de negócios quanto no nível corporativo. Deste modo, o foco estava em capturar **valor econômico através** de um posicionamento competente, e a análise do setor, o estudo da concorrência, a segmentação, o posicionamento e o planejamento estratégico eram as ferramentas mais importantes para a análise da oportunidade estratégica.

Mas quando a globalização, a revolução tecnológica e outras forças ambientais importantes ganharam velocidade e começaram a modificar radicalmente o cenário competitivo, as premissas sobre as quais se fundamentava a economia industrial passaram a ser fortemente discutidas. Iniciou-se o questionamento se o ambiente competitivo deveria ser tratado como uma restrição; se era conveniente uma empresa controlar a maioria dos recursos estratégicos relevantes que fossem necessários para competir; se era de fato uma vantagem possuir certos recursos e competências específicas e muitas outras...

Para sanar essas dúvidas, começou-se a utilizar um panorama de desenvolvimento de estratégia **baseada em recursos**.

RECURSOS E COMPETÊNCIAS COMO BASE ESTRATÉGICA

Agora, no lugar de focar o posicionamento de uma empresa em função das restrições impostas pelo ambiente, essa nova escola definiu o pensamento estratégico como a **construção de competências essenciais** que transcendem os limites das unidades de negócios tradicionais, tendo seu foco na criação de portfólios corporativos ligados aos **negócios essenciais** e na adoção de metas e processos dedicados à melhoria das **competências essenciais**.

As competências essenciais representam habilidades singulares que possibilitam a uma organização criar uma vantagem competitiva. Por exemplo, a competência da Procter&Gamble em *marketing* (o uso do *marketing* boca-a-boca) permite que a empresa se adapte mais rapidamente do que suas rivais a oportunidades de mudança.

O desenvolvimento de competências essenciais tornou-se um elemento-chave na criação de vantagem competitiva de longo prazo. Uma avaliação de recursos e competências estratégicas, portanto, deve incluir a análise das competências essenciais que uma empresa possui ou está desenvolvendo, como elas são alimentadas e como podem ser alavancadas.

Este novo paradigma representou uma mudança de ênfase: no lugar de capturar o valor econômico, **cria-se valor** através do desenvolvimento e do aperfeiçoamento de recursos e capacidades fundamentais. Atualmente, o foco é no **capital humano** e **intelectual,** como um recurso estratégico fundamental de uma empresa.

CAPITAL HUMANO

O fato é que, para muitas empresas, o acesso a recursos físicos ou financeiros já não representa mais um impedimento para o seu crescimento nem para usufruir uma certa oportunidade de negócio.

É a ausência de pessoas ou do conhecimento corretos que se tornou o fator limitante. As empresas são gerenciadas por e para pessoas. Entender suas preocupações, aspirações e competências é, conseqüentemente, vital para determinar a posição e as opções estratégicas de uma empresa.

No século XXI, é cada vez mais acirrada a batalha entre as organizações para não perder os seus talentos, isto é, torna-se cada vez mais importante o desenvolvimento e a retenção do capital humano.

As empresas mais bem-sucedidas do mundo são aquelas que investem de 2% a 4% de suas despesas em treinamento obrigatório dos seus funcionários. Claro que são os talentos que possibilitam as inovações e, inclusive, viabilizam o registro de patentes que permitem gerar receitas adicionais.

Porém, infelizmente (ou talvez felizmente...), a maior porção da **base de capital intelectual** de uma empresa não é patenteável. Ela representa o conhecimento total acumulado pelas pessoas, grupos e unidades de uma organização sobre os clientes, fornecedores, produtos e processos, e é composta por uma combinação de experiências passadas, valores, educação e percepções.

À medida que uma organização aprende, ela toma decisões melhores. Decisões melhores, por sua vez, aumentam o desempenho e aprimoram o aprendizado. O conhecimento se torna um ativo quando ele é gerenciado e transferido.

Existe o **conhecimento explícito**, formal e objetivo, que pode ser codificado e armazenado em livros, arquivos e bancos de dados. Já o **conhecimento implícito** ou **tácito** é informal e subjetivo; ele é adquirido com a experiência e transferido por meio da interação pessoal e da colaboração.

É interessante observar que muitos pesquisadores estão reintroduzindo a idéia de que o ambiente de uma empresa é um fator muito importante do seu desempenho. Assim, eles acreditam que boa parte do sucesso de certas organizações pode ser atribuída aos seus "ecossistemas", às amplas redes de fornecedores, distribuidores, fabricantes contratados, produtores ou prestadores de serviços relacionados, provedores de tecnologia e outros que desempenhem um papel importante na criação e na entrega de seus produtos e serviços.

Portanto, a formulação cuidadosa de estratégias deve ir bem além das oportunidades e capacidades imediatas da empresa, promovendo a saúde global do seu **ecossistema**.

Neste ponto, é importante lembrar que todas as organizações no século XXI procuram, de todas as formas, aumentar sua eficácia operacional. Investem na gestão da qualidade, na terceirização, no *benchmarking* (análise das melhores práticas), na concorrência baseada no tempo e em vários outros "esforços" para melhorar a sua competitividade. Isto realmente é crucial no ambiente competitivo selvagem de hoje, mas não substitui de forma alguma o bom **pensamento estratégico**.

TÁTICA X ESTRATÉGIA

Existe uma diferença fundamental entre **estratégia** e aplicação de ferramentas operacionais e filosofias gerenciais focadas na **eficácia operacional**. Ambas são essenciais para a competitividade. Entretanto, não se deve esquecer de que a aplicação de ferramentas gerenciais está voltada primordialmente para **fazer as coisas de uma forma me-**

lhor que os concorrentes e tem, portanto, uma natureza **tática**. Já a **estratégia**, por outro lado, concentra-se em fazer as coisas de **uma maneira diferente**.

Compreender essa diferença entre o que é uma tática e uma estratégia é de fundamental importância. Por exemplo, as empresas que acolheram a Internet como a "resposta estratégica" para seus negócios – em vez de ser apenas mais uma nova ferramenta, embora muito importante – descobriram seu erro da pior forma possível. Ao concentrar-se demais em opções de *e-business* (negócio eletrônico), em detrimento de preocupações estratégicas mais amplas, muitas dessas organizações se viram correndo atrás de qualquer cliente, trocando qualidade e bom atendimento por preço e, com isso, acabaram perdendo a sua vantagem competitiva e sua lucratividade.

O pensamento estratégico, portanto, deve se concentrar em **abordagens diferentes** para gerar valor ao cliente e em escolher **conjuntos diferentes de atividades** que não possam ser facilmente imitados, construindo-se dessa maneira uma base para uma vantagem competitiva duradoura.

Um exemplo clássico de "fazer diferente" foi o da Dell Computer, que se tornou pioneira em seu altamente bem-sucedido modelo de negócios de venda direta e produção sob demanda, quando ela projetou minuciosamente cada aspecto do seu sistema de manufatura, compras e estoque, para apoiar a sua **estratégia de venda direta de baixo custo**. Neste processo, ela redefiniu o significado de valor para muitos clientes, em termos de velocidade e custo, e criou importantes barreiras à imitação.

Seus competidores, presos às redes de distribuição e aos modelos de fabricação convencionais, viram-se diante de uma escolha difícil: abandonar seus modelos de negócios tradicionais ou concentrar-se em maneiras alternativas de fornecer valor para o cliente.

Dessa maneira, a escolha de um **posicionamento competitivo exclusivo** – a essência da estratégia – força *trade-offs* (compensações ou gestão dos opostos), em termos do que **fazer** e, igualmente importante, do que **não fazer**, criando barreiras à imitação.

Uma boa estratégia deve se concentrar sempre na **criação de valor** – para acionistas, parceiros, fornecedores, funcionários e para a comunidade –, através da satisfação das necessidades dos desejos dos consumidores, de uma forma melhor que qualquer outra empresa.

E esta não é uma tarefa simples, pois os desejos, as necessidades e as preferências dos clientes mudam, às vezes muito rapidamente, à medida que mais concorrentes entram no mercado, à medida que conhecem mais sobre um produto ou serviço e à medida que novos participantes redefinem o significado de valor. Como conseqüência, o que tem valor hoje pode não ter amanhã!

E a moral desta história é bem simples e muito poderosa: **o valor de um dado produto ou serviço, a não ser que seja constantemente conservado, alimentado, renovado e aperfeiçoado, desgasta-se com o tempo**. Assim, qualquer que seja a vantagem competitiva de uma organização, ela deve estar sempre pronta para uma mudança contínua no ambiente estratégico e apta para enfrentar as ações das empresas rivais que trabalham continuamente para desgastá-la.

Assim, a estratégia competitiva tem um duplo propósito: desacelerar o processo de desgaste, por meio da proteção de fontes atuais de vantagens contra a ação de concorrentes, e investir em novas competências que formem a base para a próxima posição de vantagem competitiva.

VISÃO, MISSÃO E INTENÇÃO ESTRATÉGICA

Portanto, a criação e a manutenção da vantagem competitiva são um processo contínuo e sem fim... Ao se formular estratégias, deve-se criar sempre uma **visão** de longo prazo para a organização, ao mesmo tempo em que se mantém um certo grau de flexibilidade quanto a como chegar lá e como construir um portfólio de opções que permitam se adaptar à mudança.

Do momento em que uma estratégia é criada, ou seja, quando os resultados pretendidos são especificados, ao momento em que é implementada, muita coisa pode se alterar. Por exemplo, um concorrente pode ter lançado um novo produto (ou serviço), uma nova legislação pode ter sido aprovada ou alguma outra modificação radical pode ter acontecido no mercado. Aí está a justificativa de que muitas vezes a **estratégia realizada** pode ser sensivelmente diferente da **estratégia pretendida**.

Uma declaração de **visão** representa os objetivos de longo prazo da alta administração para a empresa, isto é: uma descrição da posição competitiva que se deseja alcançar ao longo de um certo período de tempo e de quais competências essenciais devem ser adquiridas para se chegar lá. Como tal, ela resume o foco estratégico amplo de uma organização para seu futuro.

Já uma declaração de **missão** documenta o propósito da existência da empresa. Declarações de missão com freqüência contêm um código de conduta corporativo para orientar a gerência na implementação da própria missão.

As declarações de visão e missão são, em sua maioria, *inputs* (insumos) para o processo de desenvolvimento de estratégia. Elas orientam os critérios pelos quais uma estratégia é desenvolvida e definem o leque de opções que uma empresa deve levar em conta.

Dessa forma, ao se estabelecer uma declaração de propósito, ou melhor, a **intenção estratégica**, tem-se ao mesmo tempo o *input* e *output* (resultado pretendido) do processo. Ela, na realidade, é um sumário executivo dos objetivos estratégicos adotados por uma empresa e a sua mensagem motivacional.

A intenção estratégica não apenas pinta uma visão do futuro, como também sinaliza o desejo de vencer e reconhece que estratégias de sucesso são construídas tanto em torno do que pode ser quanto do que realmente é. Ela foca a organização em alvos competitivos mais importantes e define metas sobre quais competências desenvolver, que tipo de recursos explorar e em que segmentos se concentrar.

No lugar de se preocupar com o grau de adequação entre os recursos e as oportunidades atuais, ela altera o foco para preencher o *gap* (lacuna) existente de competência. Portanto, os recursos e as competências atuais precisam ser tomados como pontos de partida para o desenvolvimento de estratégias, e não como restrições para a sua formulação ou implementação.

PERGUNTAS-CHAVE

Kluyver e Pearce II destacam corretamente no seu livro: "O processo de criação de uma estratégia pode ser organizado com base em três perguntas-chave:

- ➡ **Onde estamos?**
- ➡ **Para onde vamos?**
- ➡ **Como chegamos lá?**

Cada pergunta define uma parte do processo e sugere diferentes tipos de análises e avaliações. Elas também mostram que os componentes de uma análise estratégica se sobrepõem, e que ciclos de *feedback* (realimentação) representam uma parte integrante do processo de pensamento estratégico.

Na parte do processo referente à pergunta '**Onde estamos?**', a principal preocupação é com a avaliação do estado atual do negócio como um todo.

Já a pergunta '**Para onde vamos?**' é feita para se poder explorar e gerar alternativas estratégicas baseadas nas várias respostas obtidas para a primeira questão. Pode-se querer crescer, associar-se com outra empresa, oferecer produtos (serviços) com custo menor (ou maior), mudar a filosofia do negócio, etc.

Finalmente, com a questão '**Como chegamos lá?**', busca-se imaginar como atingir os objetivos desejados. Uma das grandes dúvidas deste estágio de pensamento é a de como se pode preencher o *gap* de competência que separa as atuais habilidades e capacidades organizacionais daquelas que são necessárias para atingir o propósito estratégico declarado. Isto é, deve-se promover o **alinhamento estratégico** de competências essenciais com as necessidades emergentes do mercado e com a identificação de fatores-chave de sucesso associados à implementação bem-sucedida da estratégia escolhida."

O teste definitivo de qualquer estratégia ocorre ao se verificar se de fato produz uma vantagem competitiva, com retornos acima da média. Assim, não é surpresa que, para muitos executivos, a avaliação da estratégia seja principalmente uma avaliação do desempenho da própria empresa.

Embora intuitiva, esta perspectiva não é totalmente satisfatória, pois medidas de desempenho atual não são necessariamente indicações de um bom desempenho no futuro. A avaliação da estratégia deveria estar também focada na competitividade futura de uma empresa, e é preciso questionar se os objetivos de longo prazo são apropriados, se as estratégias escolhidas para alcançar esses objetivos são consistentes, suficientemente corajosas, viáveis e se é provável que essas estratégias produzam uma vantagem competitiva sustentável acima da média.

Tradicionalmente, o **retorno sobre o investimento** (a sigla em inglês é ROI) era a medida mais comum para avaliar a eficácia de uma estratégia. Atualmente, **o valor para o acionista** (*shareholder value approach – SVA*) é uma das medições mais amplamente aceitas. Em termos econômicos, o valor é criado quando uma empresa investe capital com uma taxa de retorno que excede o custo daquele capital. De acordo com este modelo, uma nova iniciativa estratégica é tratada como um investimento feito pela empresa e é avaliada com base no SVA.

Finalmente, uma outra estratégia é aquela de criar uma vantagem sustentável, através do valor **entregue aos clientes** que, a longo prazo, tem forte correlação com o SVA. Este é o caso do *Balanced Scorecard*, um método desenvolvido por Robert Kaplan e David Norton que impele a alta administração e todos os seus gestores a olharem o seu negócio sob as seguintes perspectivas: cliente, competência da empresa (processos internos), inovação e aprendizado e finanças.

Dá para notar, que decidir sobre a melhor metodologia quantitativa generalizada, teoricamente consistente, para avaliar bem uma proposta estratégica corporativa complexa, envolvendo múltiplas opções, não é uma tarefa fácil?

Embora algum progresso tenha sido feito com "modelos informatizados amigáveis", habilidades especializadas serão sempre necessárias para implementar com sucesso uma estratégia.

Mas, na medida em que o comportamento futuro de clientes, de concorrentes e de outros *stakeholders* pode ser melhor previsto com base no seu comportamento passado, os executivos com experiência relevante estão ficando cada vez mais bem municiados para auxiliar a sua organização a ver o que "há por perto e em volta a uma distância razoável", formulando as estratégias adequadas para a sua sobrevivência.

Então, estimado leitor, como estamos chegando a um novo ano, que tal fazer uma **introspecção** estratégica, não só para a sua empresa, mas também para sua vida pessoal? O que você gostaria de alcançar no próximo ano e nos anos seguintes? Tenho plena convicção de que, usando o seu **pensamento estratégico**, você pode estabelecer um novo rumo para a sua vida profissional e pessoal.

Feliz elaboração de estratégias bem-sucedidas! Espero que elas, entre outras coisas, lhe tragam mais satisfação com o seu desempenho!

Poder

COMO PROCEDER PARA SE TORNAR UM EXECUTIVO PODEROSO?

Chuck Martin é um autor reconhecido no jornal *The New York Times* pelo seu *best-seller Gerentes e Executivos Poderosos* (*M.* Books do Brasil Ltda – São Paulo – 2007) e nele ele mostra a forma de proceder para se tornar um **executivo (ou gerente) poderoso**!!!
E por que todo mundo deve almejar ser um executivo poderoso?

Por uma simples razão: para poder executar eficazmente o trabalho que é hoje mais exigente do que jamais foi.

O mundo do trabalho mudou para sempre, sem dar sinais de que voltará a ser como antes. A orientação para os resultados, demandada pelas empresas que estão restringindo os orçamentos **é o novo modo de vida**.

A obrigação sempre crescente de se conseguir resultados e lucros sem um aumento proporcional de pessoal está levando acionistas, executivos e gestores de nível médio a exigir mais de si e daqueles que trabalham com eles.

Quando essa carga recai sobre você, todos são afetados: as pessoas que você gerencia, as pessoas que o gerenciam, seus clientes, seus colaboradores e fornecedores em todas as partes.

Todos se encontram na mesma situação diante do atual mantra do trabalho: **fazer mais com menos!!!**

Portanto, o mundo dos negócios de hoje é mais exigente do que nunca, impondo um ambiente de desafio para os executivos e gerentes, no qual:

➡ o volume de trabalho aumentou para 80% dos executivos e gerentes seniores, crescendo também significativamente para mais da metade deles;

➡ a remuneração não aumentou significativamente para 90% deles;

➡ o local de trabalho é altamente estressante e 80% deles declaram que estão estressados e quase um terço expressando que estão muito estressados (exigências dos clientes, prazos, restrições orçamentárias, etc.);

➡ os empregados planejam permanecer algum tempo na sua empresa, mas não décadas;

➡ embora quase 95% deles tenham uma lista de tarefas a executar durante o dia de trabalho, 99% não conseguem completá-las.

De acordo com Chuck Martin as sete "regras" (ou componentes) que constituem o gerenciamento eficaz, com o que os executivos se tornam poderosos são:

1. Comunique-se com clareza

Apesar de muitos executivos e gerentes seniores acreditarem que se comunicam bem, na prática a sua mensagem freqüentemente acaba circulando de forma distorcida ou até nem passada para frente.

Mas se a comunicação é tão importante, por que tantas pessoas são tão ruins nesse quesito no mundo dos negócios?

Uma causa dessa falha concentra-se nos hábitos de comunicação – ou na falta deles –, que podem (e devem) começar cedo.

É preciso, portanto, ensinar aos alunos a argumentar, a debater vários assuntos com propriedade e a saber enviar mensagens simples e claras.

Não é por acaso também que está crescendo de importância o cargo de *chief informattion officer* (CIO), ou seja, o principal executivo de tecnologia de informação (TI) da empresa.

A tarefa de um CIO, numa empresa que vive na era digital é possibilitar que todos os funcionários da organização possam ser facilmente acessados pela Internet, que tenham facilidade de enviar e receber *e-mails*, participar de treinamentos por meio de videoconferências e comunicar-se com qualquer lugar pelo telefone.

No século XXI, não basta também que a alta liderança se comunique de forma coerente, abundante e cuidadosamente.

É vital que essa comunicação seja **freqüente**.

A dificuldade que se deve saber sobrepujar é a de comunicar as coisas na hora certa.

Ninguém pode esquecer que, se a comunicação for cedo demais, conclusões inexatas podem ser extraídas. Se for tarde demais, os funcionários reclamarão de não estar a par das coisas.

Portanto, o executivo (gerente) será poderoso, graças à sua eficácia na comunicação.

2. Tomar decisões difíceis

A maioria dos executivos e gerentes infelizmente reclama que seus superiores (!?!?) não lidam bem com as decisões difíceis, isto é, **não forçam as mesmas**...

Dessa maneira também eles ficam em dificuldades para comunicá-las.

As decisões mais difíceis, comumente, envolvem pessoas, porém nem todas são da mesma natureza.

Como é mais do que natural seguir o caminho da menor resistência, as pessoas que têm que tomar decisões optam, inicialmente, pelas mais fáceis e esperam (ou protelam) o mais que podem para lidar com as mais difíceis ou complexas.

Entretanto, quem quer praticar o gerenciamento eficaz deve fazer o oposto.

Os executivos e gerentes que tomam as decisões duras o mais rapidamente possível e que encorajam aqueles que os rodeiam a fazer o mesmo, são os administradores realmente poderosos.

É obvio que tomar decisões difíceis e implementá-las em toda a organização não cria muitos amigos novos, mas estabelece imediatamente um novo respeito pelo processo de tomada de decisão em todos os pontos da cadeia de comando.

As decisões mais difíceis de tomar numa organização são aquelas que afetam a vida dos colaboradores. Aliás, 60% dos gerentes e executivos consideram a contratação e a demissão as decisões mais complicadas que têm que tomar no seu trabalho.

Realmente, todo o processo de demissão é de dar um nó no estômago, desde a identificação dos indivíduos – principalmente os que se tornaram mais próximos – até a realização da tarefa.

Portanto, tomar uma decisão com firmeza e eficácia nem sempre é fácil. Mas, enfrentá-la e decidir comprova a verdadeira liderança e o poder. Muitas pessoas desejam seguir e obedecer uma pessoa que acreditam ser honesta e resoluta.

Forçar a si mesmo e forçar os auxiliares que o rodeiam, a tomar decisões difíceis sem dúvida fará sua organização funcionar melhor e, o mais importante, fazê-la sobreviver.

É só tomando decisões difíceis que no século XXI – turbulento e hipercompetitivo – consegue-se criar um ambiente, no qual se possa alcançar regularmente resultados favoráveis no desempenho da empresa.

3. Focar-se nos resultados

Executivos e gerentes poderosos conseguem essa classificação porque sabem identificar exatamente os resultados que mais importam em um dado cenário do mercado e têm a aptidão de implementar as ações que produzem resultados.

Apesar de determinadas empresas entenderem como resultados os lucros, as vendas, a satisfação do cliente ou qualquer outro tipo de medida, todos os executivos e gerentes estão pressionados por algumas medidas que eles devem alcançar, seja individualmente ou como integrantes destacados da administração da empresa.

Toda organização tem um tipo de resultado que lhe é mais importante para a sua evolução.

Dessa maneira, o gerenciamento eficaz exige que cada executivo (gerente) defina claramente quais os resultados que mais importam para ele num dado momento e estabeleça o foco apropriado para alcançar esses resultados.

Toda ação, pois, deve ter conseqüências que apresentem resultados.

Agora todo aquele que deseja ser um executivo (gerente) poderoso deve trabalhar combinando adequadamente "**trabalhar mais com a maneira mais inteligente de trabalhar**", com o que certamente obterá bons resultados.

O segredo para isso é trabalhar mais e de maneira mais inteligente durante todo o tempo em que estiver trabalhando, com o foco integral **apenas** naquilo que se refere ao resultado desejado.

As pessoas têm a tendência de acreditar que trabalhar mais significa trabalhar mais horas, e esse não é necessariamente o caso. Todo aquele que trabalha demais, acaba notando que a sua eficiência por hora tende a diminuir, à medida que vai passando do tempo razoável de trabalho contínuo pois ele começa a perder de vista as atividades que de fato produzem os resultados desejáveis.

Para trabalhar mais e de maneira mais inteligente é vital comunicar-se com clareza e com freqüência; quantificar em valores o que se deseja obter; definir precisamente o que se espera dos outros e gerenciar convenientemente as expectativas em toda a hierarquia.

Além disso, consegue-se ser mais produtivo sabendo trabalhar em equipe, delegando todas as tarefas e minimizando as reuniões.

Gerenciar com eficácia de fato significa fazer menos reuniões.

Praticamente, nenhum executivo (gerente) poderoso considera que o aumento do número de reuniões é uma maneira de incrementar a produtividade na sua organização. Por sinal, uma pesquisa recente feita pela NFI Research, da qual Chuck Martin é o presidente, constatou que **apenas 2%** dos executivos e gerentes concordam que mais reuniões tornariam o trabalho nas suas empresas mais produtivo.

Basicamente, ninguém quer mais reuniões!?!?

4. Permanecer flexível

Os executivos e gentes poderosos do século XXI são aqueles que têm a capacidade de se reorganizar rapidamente para poder mudar de direção velozmente, de modo a manter o ritmo com as necessidades da empresa em que trabalham e dos seus clientes, visto que essas necessidades mudam constantemente.

O gerenciamento eficaz é aquele que força o executivo (gerente) a recuar e dizer "não" às vezes, bem como "transformar-se" para ter a flexibilidade exigida.

Infelizmente, quanto mais tempo uma pessoa faz uma coisa, mais facilidade ela tem para continuar fazendo a mesma coisa!!!

E isso vale para grupos de pessoas, departamentos e organizações inteiras.

As atividades tornam-se rotineiras e acabam tornando-se **hábitos**.

O conforto se instala, e qualquer indivíduo que esteja fazendo "essa atividade" sente-se ofendido e mortalmente desafiado quando alguém quer mudá-la.

Apesar de que alguns desses hábitos possam ser positivos, muitos não o são.

Os executivos (gerentes) poderosos são aqueles que têm facilidade de identificar esses hábitos, desafiá-los e mais que isso rompê-los, impondo um maior grau de flexibilidade na vida profissional dos seus funcionários e deles mesmos.

Mesmo quando os indivíduos se comunicam com eficácia, forçam a tomada de decisões certas e concentram-se nos resultados, eles devem se organizar para continuar sendo suficientemente flexíveis de tal forma que possam mudar rapidamente de direção quando for necessário e adaptar-se às condições em constante mudança.

A capacidade de identificar a mudança e adaptar-se a ela está no topo da lista das qualidades de liderança mais importantes para os executivos e gerentes.

Ser flexível também auxilia muito a diminuir os níveis de estresse desses executivos (gerentes).

Uma "receita" eficiente para permanecer flexível é através da metamorfose, segundo a qual o executivo (gerente) busca essencialmente assumir a forma do ambiente.

Isso não significa, obrigatoriamente, mudar quem você é, mas leva-o a adaptar por completo o modo como age e aquilo que faz em função do ambiente de trabalho em que está vivendo no momento.

Uma adaptação discutível na vida do executivo (gerente) é o uso do *e-mail* que segundo Chuck Martin é o **"assassino da flexibilidade"**.

Realmente, como se todos os curtos prazos, para cumprir as tarefas que causam estresse e o pesado volume de trabalho já não bastassem para fazer o executivo (gerente) ficar com as "asas caídas", há ainda a quantidade e a velocidade espantosas dos *e-mails* para ajudar a preencher o seu dia.

O *e-mail* pode ser tão avassalador que pode eliminar toda a flexibilidade, particularmente quando distancia o executivo (gerente) daquilo que deveria ser o seu foco primordial no longo prazo.

É difícil ser flexível quando o dia de trabalho fica preenchido com a crise do momento, a lista de afazeres, os telefonemas, as questões pessoais e certamente algumas horas de leitura e redação de *e-mails*, tudo num dia só.

Nos EUA, em 2006, uma pesquisa indicou que 75% dos executivos e gerentes seniores passam uma hora ou mais, por dia, enviando, recebendo, lendo ou escrevendo *e-mails* e 33% passa três ou mais horas por dia!?!?

Quando tudo isso termina, é praticamente impossível ter qualquer flexibilidade até o fim do dia. É por isso que o vice-presidente de uma importante empresa desabafou gritando: "O *e-mail* está me matando!!!"

Naturalmente, um significativo contingente de homens de negócios enxerga o *e-mail* como uma excelente ferramenta de comunicação quando usada adequadamente, por possibilitar que os executivos (gerentes) possam enviar a mesma mensagem para todos de uma só vez e instantaneamente.

A flexibilidade, tanto no trabalho como na vida pessoal, é essencial para o gerenciamento eficaz.

Obviamente ela não significa tirar os olhos da bola ou desviar-se daquilo que importa.

Significa, ao contrário uma constante reavaliação daquilo que realmente importa para se fazer avançar o negócio de maneira coerente com a visão geral da organização.

Para permanecer flexível, o executivo (gerente) deve sempre tentar novas abordagens, não confiar em velhos hábitos; aprender sempre com os outros e encorajar os seus colaboradores a serem flexíveis com todos os outros funcionários.

5. Provar o seu valor para a empresa

É essencial que o executivo (gerente) se alinhe com os valores de sua organização de maneira que possa provar seu valor dentro da mesma.

Isso, no fundo, significa aceitar mais desafios ainda (!?!?) e transformar-se na pessoa a quem todos recorrem em busca da orientação e de soluções.

As dez principais maneiras de ser mais valorizado na sua organização são, pela ordem hierárquica:

➡ aumentar receita;
➡ fazer mais com menos;
➡ aumentar o lucro;

Qualidade com Humor

→ comunicar-se mais e melhor;
→ cortar custos;
→ fornecer idéias criativas;
→ assumir mais responsabilidades;
→ colaborar mais com os outros;
→ compartilhar mais informações;
→ passar mais tempo com os clientes.

Para melhorar o seu valor, o gerenciamento eficaz exige foco no domínio das habilidades que mais importam para o sucesso futuro.

Aí vão, segundo a pesquisa de Chuck Martin as 20 habilidades mais importantes para que um executivo (gerente) seja bem-sucedido, na ordem de importância:
→ comunicar-se bem;
→ manter-se concentrado;
→ colaborar com os outros;
→ manter a perspectiva geral (visão holística);
→ aprender continuamente;
→ saber priorizar as tarefas;
→ ser bom planejador;
→ gerenciar relações externas;
→ gerenciar relações internas;
→ gerenciar bem o tempo;
→ avaliar corretamente a concorrência;
→ organizar o trabalho do dia-a-dia;
→ cumprir prazos;
→ ensinar os colaboradores;
→ orientar (tutorar) os outros;
→ lidar com problemas relacionados aos clientes;
→ usar a tecnologia;
→ ser gentil;
→ administrar os conflitos;
→ adivinhar as tendências da tecnologia.

Mas como diz a 4ª regra, é vital também que o executivo (gerente) permaneça flexível para que o valor que ele oferece também possa mudar quando o valor que e a empresa fornece mudar com o mercado.

Nesse sentido é essencial que o executivo (gerente) reserve um tempo para refletir, aproveitando para isso inclusive as horas gastas em viagens para o trabalho e a serviço da empresa.

Poder **357**

6. Saber conquistar a colaboração

O executivo (gerente) fica mais poderoso quando consegue o trabalho em equipe em todos os níveis!!!

Trabalhar bem com a ajuda dos outros está se tornando cada vez mais importante por causa, principalmente, da complexidade do próprio trabalho.

Com as pressões da economia e da concorrência, as organizações estão desejosas cada vez mais de aumentar sua produtividade por meio do incremento da eficiência, bem como da receita, recorrendo para isso a uma abordagem mais integrada para resolver seus problemas.

Para que haja colaboração é imprescindível que aconteça o compartilhamento de informações, apesar de que ele provavelmente será considerado sempre como insuficiente.

Isto porque nem toda informação pode ser compartilhada com todos os empregados, mas sim apenas com aqueles que estão envolvidos com certo assunto...

Destaca Chuck Martin: "Entretanto, nessa era da transparência é melhor compartilhar informações demais do que não compartilhar o suficiente.

Porém, o simples compartilhamento de informação não significa, obrigatoriamente, que algo positivo acontecerá por parte de quem a recebe.

Muitas vezes, o comportamento das pessoas que recebem as informações não muda, o que é lamentável.

Há três tipos de ação potencial que se espera da informação compartilhada:

- ➡ levar alguém a fazer alguma coisa;
- ➡ lavar alguém a interromper alguma coisa;
- ➡ permitir que outra pessoa faça alguma coisa.

Mas obviamente não haverá a ação, a menos que o executivo (gerente) trate de convencer o receptor a fazer algo com base na informação enviada ou repartida, pois isso lhe será relevante para aumentar sua remuneração, seu trabalho ou sua imagem.

Apesar de muitas pessoas no mundo dos negócios estarem reclamando da sobrecarga de informações, a maioria dos executivos (gerentes) poderosos acha que as informações que recebem internamente são úteis e relevantes para se tomar boas decisões e para aprender.

Só compartilhando as informações é que o executivo (gerente) de uma empresa consegue enxergá-la melhor, ou seja, não através das aberturas de uma persiana fechada..."

7. Praticar o gerenciamento firme sem ser rude

O executivo (gerente) poderoso é aquele que consegue bons resultados quantitativos sem ser bruto ou grosseiro com os seus subordinados.

Enquanto, nos seis primeiros princípios, as aptidões do executivo (gerente) poderoso estavam vinculadas a melhoria quantitativa, como concentrar-se nos resultados, forçar a tomada de decisões difíceis, comunicar-se de modo direto e claro, o sétimo lida praticamente só com os aspectos qualitativos, isto é: melhorar a própria vida profissional e a vida dos seus colaboradores.

E isso pode ser conseguido ao mesmo tempo que se mantém uma postura firme, mas **justa**.

Para praticar o gerenciamento eficaz sem parecer uma fera sem coração, o executivo (gerente) deve ter a capacidade de compreender a situação daqueles que está comandando.

O problema é que os executivos (gerentes seniores) poderosos ficam no emprego cada vez mais, ou seja, a semana de trabalho de 40 horas não existe, e mais de 75% deles labutam mais de 50 horas por semana na organização e 70% deles trabalham mais de 10 horas por dia.

O pior é que a grande maioria dos executivos (gerentes) tem 90 minutos ou menos de tempo para si, durante o dia de trabalho.

Assim, o dia de trabalho está se tornando mais longo, e os homens e mulheres de negócios têm cada vez menos tempo ao longo do dia, o que, na melhor das hipóteses, não é uma situação saudável.

E o problema não é apenas o número de horas trabalhadas durante o dia, mas o tipo de hora trabalhada, pois o ritmo de trabalho está aumentando cada vez mais, com mais reuniões, decisões e projetos e, conseqüentemente, mais estresse.

O gerenciamento eficaz impõe que você tenha mais tempo para si durante o dia de trabalho.

Entre as maneiras de se fazer uma pausa no trabalho, existem as seguintes opções:

➡ fazer um almoço de duas horas;

➡ voltar para casa mais cedo alguns dias do mês;

➡ reservar um tempo para pensar, para clarear a mente;

➡ fazer exercícios físicos (dar uma pequena volta de pelo menos uns 500 m) e voltar ao trabalho;

➡ ler algo que não tenha nada a ver com o trabalho ou ver algumas piadas na Internet, afastando-se mentalmente dos problemas do trabalho.

O executivo (gerente) poderoso é aquele que já está agindo como se estivesse na organização saudável de amanhã, que já percebeu que as pessoas que estão trabalhando nela, o fazem acima dos níveis toleráveis e precisam muito de um **tempo pessoal** significativo.

As condições econômicas dos últimos anos também têm exercido um peso enorme sobre a força de trabalho, o que os executivos (gerentes seniores) reconhecem claramente devido a significativa queda do moral dos empregados nas suas organizações.

Há vários fatores que exercem influência no declínio do moral, e muitos deles têm a ver com condições econômicas, com a sobrecarga de trabalho, com a erosão da confiança devido a insegurança em vista das reduções de pessoal e o nivelamento dos salários por baixo.

É bem difícil os trabalhadores permanecerem motivados com discussões a respeito de potenciais demissões ocorrendo com freqüência nos escritórios da alta administração.

O gerenciamento eficaz requer que os altos executivos ajam para que o moral dos empregados não prejudique o desempenho da empresa.

Além de tratar do moral em declínio e da ambição menos intensa, o gerenciamento eficaz requer uma avaliação contínua de como os melhores empregados estão sendo recompensados. Esta é uma tarefa que é sempre bem feita pelo executivo (gerente sênior) poderoso.

Portanto, praticar o gerenciamento eficaz sem parecer duro demais exige que o executivo (gerente) saiba reconhecer as pessoas ao seu redor pelo trabalho bem-feito.

Entre as maneiras que as pessoas querem ser reconhecidas, numa pesquisa da NFI Research, constataram-se pela ordem de importância as seguintes:
- receber um bônus;
- aumentar sua remuneração;

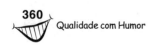

- receber um 'muito agradecido' pessoal do superior;
- conquistar maior responsabilidade;
- obter uma promoção;
- receber um *e-mail* (ou um bilhete) de congratulações do chefe;
- ser citado em evento festivo da empresa;
- oportunidade de participar de eventos externos;
- inclusão em um maior número de reuniões para a tomada de decisões.

Realmente, o executivo (gerente) poderoso é aquele que **sabe agradecer**.
Por isso ele agradece constantemente:
- à sua família por compreender ou pelo menos valorizar o tempo que não está em casa trabalhando;
- a todos na sua empresa que lhe permitem, de vez em quando trabalhar na sua casa;
- à pessoa que retornou sua ligação ou seu *e-mail*;
- ao indivíduo que lhe forneceu a informação de que precisava e que ninguém achava;
- aos colaboradores que atendem bem os clientes;
- aos clientes, seja no *business-to-business* ou *business-to-consumer*, por comprar seu produto ou serviço.

E você, caro leitor, não está pensando em ser um executivo (gerente) poderoso?
Então agradeça essas excelentes lições, ou melhor, regras enunciadas por Chuck Martin, assimile-as no seu dia-a-dia e parabéns antecipado pelo seu sucesso!!!

Qualidade de Vida

QUAL É O MELHOR NEGÓCIO DA VIDA?

Uma homenagem tem que ser feita ao humorista Ronald Golias (1929-2005), pois ele seguramente é um dos melhores que o Brasil já teve.
Atingiu o auge da sua fama provavelmente com os programas da *Família Trapo* que foram exibidos pela TV Record entre 1967 e 1971.

O elenco da *Família Trapo* era grandioso, formado por Otelo Zeloni, Renata Fronzi, Cidinha Campos, Ricardo Corte-Real e Jô Soares – o responsável pelo texto, junto com Carlos Alberto de Nóbrega.

Esse programa reinou absoluto nas noites de sábado durante quatro anos, e os teatros paulistanos só marcavam o início das suas peças depois que ele terminava de ser mostrado na televisão.

Pode-se dizer que a *Família Trapo* – e um canal recentemente começou a reprisar os capítulos com Golias interpretando Bronco Dinossauro – deu certo particularmente devido ao talento de Ronald Golias e companhia.

Nessa época não havia edição e tudo era feito em cima da hora, valendo-se de muita improvisação.

Ronald Golias foi entretanto um dos atores mais disciplinados e dedicados do elenco.

Ele decorava o texto e ainda tinha que auxiliar Otelo Zeloni, nos seus "vacilos", que apesar de ser um grande ator, tinha muitas dificuldades de lembrar as falas adequadas.

Porém era só o Golias fazer uma careta, um pequeno improviso, para todo mundo rir e o programa voltar ao normal.

Por exemplo, uma vez durante um programa, o cano em que o Bronco descia do segundo para o primeiro andar quebrou.

No meio do caminho, Ronald Golias mesmo assim conseguiu se equilibrar e só fez isso porque se criou na escola de circo.

Todo o elenco ficou assustado, mas ele ainda aproveitou a cena para fazer uma piada.

Entre as últimas aparições de Ronald Golias na TV, algumas foram no programa *A Praça é Nossa*, com décadas de sucesso, desde a sua criação por Manoel de Nóbrega.

O próprio Ronald Golias, sempre num tom bem-humorado, achava curioso que o colunista Zé Simão – um gênio da sátira – o achasse parecido com o presidente norte-americano George W. Bush, na realidade um verdadeiro sósia.

Num desabafo, disse Ronald Golias: "Em primeiro lugar, ninguém pode e nem merece ter a minha cara.

Outra coisa: como um homem carrancudo, mal-humorado, que nunca sorri naturalmente (!?!?), pode ser comparado a um cara como eu.

Espero que um dia ele assista um programa meu, quem sabe.

O mundo está precisando de um pouco de bom-humor."

Infelizmente o presidente norte-americano nunca viu e nem verá mais Ronald Golias, mas aqueles que o assistiram na televisão ou puderam vê-lo ao vivo sem dúvida nenhuma, deram muitas gargalhadas e se tornaram menos tensos, mais produtivos e queimaram algumas dezenas de calorias...

E agora nada melhor do que falar sobre como viver melhor!!!

O BOM NEGÓCIO É VIVER BEM!!!

Sempre que a humanidade passa por sérios abalos, como foi o caso dos atentados terroristas de 11 de setembro de 2001 nos EUA, ou aqueles em Madri ou ainda os de Londres, isso provoca uma grande especulação sobre o que deve ser feito para melhorar a qualidade de vida dos homens e diminuir os conflitos entre os povos.

Muitos começam a se perguntar se vale a pena continuar a uma tal velocidade e envolvido em tamanho estresse que não têm mais espaço para a vida pessoal e familiar.

Vamos nos restringir a preocupação com qualidade de vida no trabalho (QVT).

Uma coisa já é óbvia por várias pesquisas que a qualidade de vida é tão importante que mais de 80% dos gestores entrevistados afirmam que sua produtividade aumentaria muito se tivessem uma QVT melhor.

A QVT é sem dúvida uma das fontes de vantagem competitiva e um bom exemplo é o caso da Natura, que levou a sério o desafio de maximizar a QVT dos seus funcionários.

Realmente está mais que comprovada a forte relação entre **satisfação no trabalho** e a **produtividade**.

Assim, as pessoas que são felizes nos seus empregos, que vão todos os dias para o trabalho contentes, têm mais idéias e estão dispostos a fazer mais sacrifícios.

Mas segundo as últimas constatações, em muitas empresas de países da América Latina – em particular no Brasil – os problemas que mais abalam as pessoas são a **raiva** e o **medo** (por exemplo de ser despedido).

E aí não é nada fácil ser produtivo e competitivo, se as organizações estão cheias de pessoas raivosas e assustadas.

Aliás, um outro problema que se constata com freqüência é a alta taxa de depressão entre os empregados, pois eles reconhecem que não têm controle sobre suas vidas!!!

Muitos deles inclusive sofrem com o chamado **assédio moral** em seus trabalhos.

Trata-se na realidade de uma contínua perseguição de seus colegas e chefes, uma espécie de tortura psicológica.

Talvez um bom exemplo seja dos chefes arrogantes.

Eles estão sempre contra os seus funcionários e a única coisa que fazem é instigar o medo.

A depressão pode ser difícil de reconhecer nos ricos, pois eles sabem dissimular, mas à medida que se desce na escala social, os sinais vão ficando menos difíceis de perceber.

Quando alguém de classe média fica deprimido e começa a se retrair, chama a atenção de amigos e parentes. Entretanto, quando se é pobre, esses sintomas não parecem provocar grande mudança, pois a vida sempre foi uma droga e a pessoa nunca foi capaz de obter ou conservar um emprego decente.

Nunca esperou realizar muito e jamais acalentou a idéia de que tem muito controle sobre o que lhe acontece.

Os pobres deprimidos se consideram tão impotentes que geralmente nem procuram ou aceitam ajuda.

Isso de fato justifica porque a maioria dos pobres e deprimidos continua pobre e deprimida.

A pobreza é depressiva e a depressão, como leva à disfunção e ao isolamento, é **depauperante**.

Os pobres tendem a ter uma relação passiva com o destino: sua falta de autodeterminação os deixa muito mais inclinados a se acomodar aos problemas do que a resolvê-los.

Essa passividade também os leva a aceitar passivamente o tratamento, o que significa que eles podem ser ajudados por **programas de superação afirmativa**, uma das boas tentativas para se melhorar a QVT.

O psiquiatra e autor de muitos livros de auto-ajuda Roberto Shinyashiki comenta: "A gente tem três tipos de depressão: a **endógena**, em que a pessoa nasce com um distúrbio no cérebro; a **traumática** causada por um evento inesperado e aquela que os psiquiatras clássicos chamam de **existencial**.

Essa última atinge o indivíduo que organiza o seu estilo de vida de uma maneira que não satisfaz a sua alma.

Isso faz com os seus sistemas neurológicos que fazem o cérebro funcionar normalmente, sejam inibidos progressivamente.

Essa depressão acaba até se tornando dramática por causa da batalha para manter as aparências.

O profissional do século XXI tem que manter continuamente a imagem de super-herói ou de super-homem.

E com todo esse clima no trabalho, a depressão está virando a segunda maior fonte de perda de produtividade de uma organização.

Um dia conversando com o vice-presidente de uma empresa ele me confidenciou: 'Hoje em dia ninguém vira vice-presidente se não mentir um bocado!!!'

Lamentavelmente, no estilo natural de ser de uma organização, a pessoa transparente é desvalorizada.

Isso não deve continuar e para tanto torna-se necessário fazer uma revolução nas organizações, criando relacionamentos éticos, honestos e verdadeiros.

É preciso acabar com essa idéia de que todo mundo tem que mostrar que é '**feliz 24 horas por dia**'.

Como ninguém está feliz 24 horas por dia, as pessoas optam por fingir.

Acabam fingindo que não viram muitos desatinos na empresa (trabalho imperfeito, atendimento inadequado dos clientes, roubos de materiais da organização, ausências, etc.)

➡ **Até que ponto a dedicação exclusiva ao trabalho é responsável pela depressão e conseqüentemente pelo declínio da QVT?**

O termo depressão realmente ganhou hoje uma conotação mais ampla, sendo de fato usado para quadros tão abrangentes como tristeza e irritação.

Mas o trabalho, continua sendo o fator central na vida de um profissional, sendo portanto um dos estruturadores de sua personalidade.

Porém, como as empresas no século XXI – no qual o desemprego é crescente – exigem cada vez mais (e pagam cada vez menos...), sobrecarregam os seus funcionários.

Toda organização tem como ideal contratar o "guerreiro perfeito", isto é um trabalhador que saiba produzir e ser eficaz sob tensão permanente.

E é por isso que surge a irritabilidade e o individualismo, cada um querendo sobrepujar o outro, o que acaba levando muitos a depressão, pois todos não podem estar sempre sendo vitoriosos...

A longo prazo esse cenário leva a maus resultados.

Para complicar a situação, o gerente comumente não entende por que os empregados não conseguiram cumprir as metas e pensa que isso se deve à ineficiência de seus subalternos, quando na verdade, como já tinha alertado o grande guru da qualidade William E. Deming, grande parte da responsabilidade é dele.

O pior que quando não é o chefe, nós também muitas vezes descontamos em outras pessoas quando deixamos alguma questão (ou conflito) pendente com outro colega de trabalho.

Isto acontece geralmente porque não fomos capazes de dizer-lhe o que pensávamos.

O resultado final, é que a outra pessoa, que não tinha praticamente nada a ver com a história, chega para falar conosco, para receber alguma explicação ponderada e o que fazemos corriqueiramente é descarregar nela a nossa raiva!?!?

Como é que dá para ter uma boa QVT desse jeito?

Não é pois, por acaso que as pessoas tornam-se infelizes no seu trabalho e buscam, quando podem, um emprego em outra organização.

Certamente um fator importante para tornar as pessoas infelizes é a **falta de sociabilidade no ambiente de trabalho.**

O problema é que agora tudo é competitivo demais, o que torna mais difícil ter relacionamentos de verdade, ser uma pessoa vinculada.

É necessário saber rir junto para compensar a raiva.

O engraçado é que a maioria dos risos não é uma reposta a piadas.

O riso comum é uma reação a comentários mundanos e quem fala ri mais do que, quem escuta!?!?

Uma outra descoberta recente muito importante: **ninguém consegue controlar o riso.**

Quando se pede às pessoas para rirem, com certeza elas acabam rindo devido ao pedido um tanto estranho, embora muitas terem dito, inicialmente, que não conseguiriam rir só porque alguém lhes pediu isso...

Normalmente a mulher ri mais que o homem.

Trata-se de uma descoberta sobre a psicologia do sexo.

A mulher ri mais porque é assim que se manifesta perto de quem a atrai fisicamente – **é um ato inconsciente.**

Ao mesmo tempo, o homem se sente **atraído** por uma **mulher que ri em sua presença**!!! É muito comum por isso encontrar, nos "correios sentimentais", anúncios de homens que se dizem divertidos e de mulheres que afirmam gostar de rir. É por isso que há mais homens comediantes do que mulheres.

Pense bem: na infância, quem são os "palhaços" na escola?

Quase sempre os meninos, porque é assim que chamam a atenção das meninas.

O filósofo Henri Bergson foi o primeiro a escrever, há mais de cem anos, sobre o aspecto social do riso.

Rir é um ato social!!!

O riso quase desaparece na solidão.

Rimos com amigos de trabalho, com os familiares e com os amantes.

Rir com alguém forma um laço, uma intimidade.

Aliás, é por isso que espero que o estimado leitor possa rir bastante durante o tempo que estiver "devorando" este livrinho – aliás a coleção toda – para que formemos o nosso elo íntimo virtual...

Rir de alguém, ridicularizar com o riso, funciona como um manifesto inconsciente significando: **"Você não é como nós!!!"**

Naturalmente o riso não é alinhado apenas às coisas boas.

É comum vê-lo associado à violência racial e assassinatos.

Deve-se recordar que os enforcamentos públicos de "foras-da-lei" nos séculos XVIII e XIX muitas vezes eram um programa para toda a família, que lá ia para beber, comer e rir!?!?

O fato é que em tempos politicamente corretos, deixou de ser normal rir de infortúnios dos outros, de quem, por exemplo, escorrega numa casca de banana, cai e quebra o braço...

Entretanto não se pode esquecer que Charles Chaplin (e muitos outros comediantes "pastelões"...), considerado um gênio das comédias, fez milhões de pessoas rirem de cenas esdrúxulas por muitos anos.

Alguns estudiosos afirmam que a *Bíblia* é o livro menos humorado da História e essa falta de humor tem uma explicação: muitos cristãos acreditam ainda que o riso não condiz com o sofrimento de Jesus Cristo...

Mas há um fato incontestável o **riso é contagioso**!!! Rimos quando outras pessoas riem. Isso acontece geralmente em lugares públicos como teatros, cinemas e, com o auxílio de claques em auditórios de TV.

O fato é que as próprias claques são resultado de uma descoberta básica: **a de que risos nos fazem rir!!!**

Mesmo atores dramáticos caem na risada quando seus parceiros, por qualquer razão, desatam a rir.

Houve inclusive um caso extraordinário de epidemia de riso.

Isso aconteceu em 1962 em Tanganica – hoje Tanzânia –, na África, quando um grupo de garotas começou a rir sem motivo aparente na sala de aula.

Riam, riam e não conseguiam parar, levando os colegas a acompanhá-las sem que soubessem por quê riam.

A escola teve de ser fechada.

Entretanto isso não foi o suficiente para conter a contaminação, pois os alunos levaram os risos para casa, aumentando o alcance do contágio até atingir a aldeia toda.

Foram necessários **dois anos** para que o último vestígio da epidemia desaparecesse.

Esse caso é um exemplo contundente do poder da risada.

O dr. Robert R. Provine, autor do livro *Laughter: A Scientific Investigation* destaca: "Desvendar todas as nuances do riso é um terreno muito rico e está longe de ser exaurido.

A maior contribuição do meu livro acredito que foi a de estabelecer uma agenda para trabalhos futuros.

Por exemplo, quais são os mecanismos do cérebro que envolvem a produção do riso?

Que efeito rir tem no nosso corpo?

Muitos acreditam que, do mesmo modo que corremos para melhorar a saúde, devemos rir para ser mais saudáveis.

Mas de que forma o riso amplia a nossa saúde?

Isso ainda precisa ser melhor estudado!!! Por enquanto, é apenas uma hipótese não comprovada. Afinal, não desenvolvemos o som para melhorar nossa saúde, mas para nos comunicar. Talvez assim, o riso esteja associado a pessoas saudáveis porque os doentes não conseguem rir tão bem!!!"

O que se pode também concluir do trabalho do dr. Robert R. Provine é que o riso melhora muito a QVT.

Dessa maneira, muitas vezes, embora as pessoas estejam bastante insatisfeitas com o que fazem e ganham nas empresas não vão embora principalmente porque têm aí boas relações humanas que as fazem se sentir integrantes de um grupo que as valoriza e com o qual se pode rir gostosamente com freqüência.

A ausência de boas relações humanas – o que inclui o riso conjunto – afeta sem dúvida a QVT, tendo como problema marginal o abalo da saúde.

É, o conceito de doença não está restrito ao meramente físico, pois a **pessoa é um todo**!!!

Os vínculos humanos servem para curar feridas, inclusive, para superar doenças.

Mas aí surge a seguinte questão: **como é possível compatibilizar a concorrência entre organizações e seres humanos com a existência de relações humanas enriquecedoras?**

Bem, a energia perdida em conflitos pode ser uma fonte de vantagens competitivas, visto que é possível utilizá-la de diversas maneiras produtivas, e não somente por que é um fator de coesão de grupo em uma empresa.

Não se trata portanto de não ter nenhum tipo de conflito, mas sim de reduzi-los ao mínimo necessário, para que não se transformem apenas em desgaste e desperdício.

Também é preciso começar a cuidar de si mesmo, é claro não fumando, não comendo exageradamente e praticando atividades físicas fora do ambiente de trabalho.

É vital que cada um conheça seus altos e baixos, inclusive o seu metabolismo.

O conceito central é que o corpo de cada pessoa precisa se recuperar.

Isso é óbvio demais, mas chegou-se a um grau no qual é vital lembrar essa necessidade e fundamentá-la cientificamente.

O homem primitivo precisava restaurar seu sistema nervoso, no máximo, a cada 120 minutos, o que é conhecido como **ritmo ultradiano**.

Dessa forma, ele estava preparando para reagir e continuar sobrevivendo diante dos perigos cotidianos.

Atualmente, nós também precisamos de uma descanso após um trabalho incessante que ultrapasse 2 horas, nem que seja de cinco minutos.

Veja o que acontece em todos os esportes.

Existem os intervalos, não é?

Por outro lado, hoje, muita gente não sabe quando parar e por isso mesmo há muita gente com insônia.

Até quando querem dormir, as pessoas não conseguem deixar de pensar em trabalho!?!?

A psicóloga Nureya Abarca, autora do livro *Liderazgo Emocional: Entre Racional y Emocional* para melhorar a QVT recomenda: "É preciso descobrir como cada um restaura as suas forças, para encontrar a paz.

Não se trata apenas de desconectar-se do trabalho saindo de férias uma vez por ano e pronto.

Talvez até sirva melhor dividir o mesmo tempo em vários períodos.

Tampouco adianta praticar esportes e ser tão competitivo como no trabalho. Isso não é recomendável para a maioria das pessoas, pois assim a atividade física não vai servir para relaxar. Não se trata pois de impor a si mesmo disciplinas que se transformem em tortura, como ir à academia de forma compulsiva.

Entretanto, a preocupação com o bem-estar físico deve fazer parte do jogo que leva a uma melhor QVT.

Por que as pessoas fazem esporte?

Acredito que é para se sentirem bem consigo mesmas e de uma certa forma se manterem competitivas.

Hoje me dia, são feitas cirurgias plásticas de todo tipo, mas nesse caso a motivação para o bem-estar é mais extrínseca do que intrínseca. Entre os principais obstáculos para que as pessoas (executivos, gestores e profissionais de um modo geral) melhorem sua QVT estão a falta de um clima de confiança e as ações não transparentes praticadas pelos colegas de trabalho.

Os melhores lugares para trabalhar são as empresas nas quais os efeitos desses problemas foram minimizados.

O incrível é que em muitas organizações ainda existem aqueles executivos que acreditam que as pessoas podem simplesmente ser compradas, ou seja, pagando-lhes bons salários – inclusive para as talentosas –, esquecendo que se a concorrência cuida bem dos seus empregados, muitos vão preferir aquelas com QVT melhor, do que simplesmente mais dinheiro.

Não se pode esquecer que a partir de uma certa renda anual média (alguns especialistas dizem que a atual fronteira pode ser de uns US$ 60 mil), o acréscimo de renda tem um efeito muito pequeno sobre a felicidade declarada de cada pessoa.

Isto foi constatado numa pesquisa nos EUA, onde de 1975 a 1995, a renda *per capita* norte-americana cresceu 43%, em termos reais e, no entanto, as proporções dos que se declararam felizes, moderadamente felizes ou infelizes com a sua vida ficou rigorosamente estável.

A conclusão foi de que o crescimento de renda *per capita* não tem uma contrapartida direta na melhoria da felicidade.

Portanto não adianta pagar muito, se os outros valores corporativos não forem cumpridos integralmente.

O melhor é ter valores menos ambiciosos, mas que pelo menos sejam, respeitados.

Assim, estarão sendo levantadas as bases para que nessa organização sejam criadas redes e vínculos internos entre os empregados, o que vai influenciar positivamente a QVT.

Alguns líderes astutos estão dedicando a maior parte do seu tempo na intensificação desse relacionamento pessoal, no lugar de apenas responder *e-mails* para todo mundo.

É vital lembrar que relacionamentos não podem ser enviados por *e-mail* e por isso a comunicação eletrônica tem pouca influência na QVT.

São os líderes, com a sua presença física que fazem e continuarão fazendo a grande diferença para se ter uma excelente QVT na organização."

Sete Pecados

Quem gosta de humor extremamente refinado deve ler Luís Fernando Veríssimo e uma boa idéia é certamente devorar o seu ultimo livro *O Opositor* no qual um jornalista de São Paulo vai a Manaus fazer uma reportagem sobre plantas alucinógenas.

Encontra Serena, mulher metade dinamarquesa, metade índia, Jósef Teodor, o polaco; e Hatoum, o dono do bar.

Jósef Teodor, que vive no bar de Hatoum há anos, resolve contar sua vida, falar sobre a organização à qual está ligado.

Assim o jornalista se vê diante de uma matéria bem mais ampla.

O livro se desenrola em meio a estes personagens, sem deixar de enveredar sempre pelo humor.

É o próprio Luís Fernando Veríssimo que afirma: "Em *O Opositor* o humor e a ironia estão presentes em quase todas as páginas. Para mim o humor é uma forma de encarar o mundo.

Além disso, o humor é um meio para um fim, que pode ser o humor pelo humor ou o humor com outras intenções. Pode-se escrever tudo com humor, inclusive coisas sérias."

Pois é, na maioria das suas crônicas Luís Fernando Veríssimo observa as pessoas. Certamente, flagrar as pessoas no seu processo de sobrevivência e enfrentando inúmeros conflitos e absurdos, particularmente os de classe média, dá a ele um material extraordinário, no qual sempre emerge o humor.

Mas é o próprio Luís Fernando Veríssimo que explica: "Os que comentam que eu trato muito de conflitos entre casais, devem ficar cientes que isso não tem nada de autobiográfico, pois o meu casamento já dura mais de 41 anos, o que para muitos é um grande feito, merecendo até alguns comentários sarcásticos.

Mesmo tendo essa estabilidade na minha vida familiar, acredito que o convívio homem *versus* mulher tem sempre aspectos interessantíssimos para serem abordados com muito humor e ironia."

Ler Luís Fernando Veríssimo sempre remete um pouco aos sete pecados capitais, por isso quem não puder ter os seus livros pelo menos leia o que ele escreve às vezes no jornal *O Estado de S. Paulo*.

COMO VOCÊ SE COMPORTA EM RELAÇÃO AOS SETE PECADOS CAPITAIS?

Claro que você tem algum vício ou superstição, ou até comete algum dos "pecadinhos" básicos que vamos analisar daqui a pouco.

Inicialmente faça um auto-retrato seu, pois como disse o artista Paul Steinberg (1914-1999) "Toda pessoa deve ter o domínio de seu destino e isso começa com a elaboração de um autêntico auto-retrato".

Ele sugere fazer o seguinte, praticamente sem tirar o lápis (ou a caneta) do contato com o papel, a não ser para alguns refinamentos.

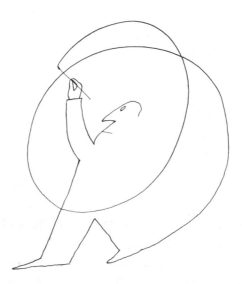

Agora vamos a análise dos sete pecados capitais. Os sete pecados capitais são: avareza, gula, inveja, ira, luxúria, orgulho e preguiça.

O filósofo agnóstico Fernando Savater, é o autor do livro *Os Sete Pecados Capitais* no qual os analisa com elegante ironia aproximando-os do ponto de vista do século XXI.

Além de estudar detidamente cada um dos pecados e suas implicações atuais, o autor apresenta as idéias de diversos religiosos, escritores e personalidades que têm inquietações a respeito da atualidade e do futuro da humanidade.

Na introdução explica Fernando Savater: "Quando falamos dos pecados, costumam surgir restrições.

Mas praticá-los é sedutor, atraente e útil.

A nossa sociedade de consumo vive graças aos vícios.

Ou seja, se as mulheres não quisessem sempre roupas vistosas e jóias, ou se outros mortais não desejassem comer bem e viver de forma confortável, a indústria e a civilização, tais como são conhecidas hoje, acabariam.

Os vícios privados se converteram em virtudes públicas e fazem a sociedade funcionar. O escritor francês Jean-Jacques Rousseau afirmava que os homens nascem **naturais** e **felizes** porque não tem desejos, mas, no momento em que eles começam a se reunir, a concupiscência aumenta e o resultado é o crescimento da sociedade, que foi feita para satisfazer os apetites.

Quem nada deseja pode, efetivamente, viver como um eremita.

Qualidade com Humor

O problema é que a sociedade se baseia na aspiração de todos de possuir coisas que estão relacionadas com a carne, os desejos e os luxos.

A verdade é que ninguém precisa da maioria das coisas que tem ou deseja, e assim tem sido na história da humanidade.

Os sete pecados clássicos que todos conhecemos, e as virtudes que supostamente poderiam derrotá-los, são os seguintes:

➡ soberba – humildade;

➡ avareza – generosidade;

➡ luxúria – castidade;

➡ ira – paciência;

➡ gula – temperança;

➡ inveja – caridade;

➡ preguiça – diligência.

São Paulo dizia que os seres humanos tinham três inimigos principais: 'a libido *sentiendi*', 'a libido *congnoscienti*' e 'a libido dominante'.

Quer dizer a concupiscência dos sentidos: comer e fornicar; a do conhecimento: querer saber mais, a curiosidade, inventar coisas; e o desejo de poder: querer mandar, dominar e se impor aos demais.

São as três grandes concupiscências a partir das quais se dão os demais pecados, que mantêm e perpetuam a vida humana.

Mas devemos moderá-las por meio de hábitos sociais que possam regular as relações entre os indivíduos.

Os pecados que nos parecem mais 'pecados', quer dizer, aqueles que vemos como mais culposos e graves, são os que **cometemos menos**."

Para Fernando Savater os sete pecados capitais deveriam ser entendidos da seguinte forma:

Soberba – De acordo com as Escrituras Sagradas, a soberba não é só o maior pecado, mas a própria raiz do pecado.

Portanto, é dela que vem a maior debilidade dos seres humanos.

Santo Agostinho disse: "A soberba não é grandeza, mas inchaço, e o que está inchado parece ser grande, mas não é saudável."

Ser soberbo é, basicamente, o desejo de colocar-se acima dos demais. Não é ruim que um indivíduo tenha uma boa opinião a respeito de si próprio – salvo que nos cause muito aborrecimento com os relatos de suas façanhas, reais ou inventadas –, o negativo é que não admite que ninguém em nenhum campo fique acima dele.

O soberbo pode ser inteligente, mas não sábio; pode ser astuto, diabolicamente astuto talvez, mas sempre deixará atrás de suas maldades fios soltos que o identificarão claramente.

Os sete pecados capitais foram agrupados por São João Cassiano e classificados pelo papa Gregório Magno no século VI.

Eles receberam esse nome por derivar do latim *caput* (que quer dizer cabeça, líder, chefe). Como na máfia, em que cada chefe é conhecido como capo, seriam sete os "poderosos chefões" que comandam outros vícios subordinados.

E de acordo com a hierarquia cristã, o pior deles é o orgulho e a soberba.

O filósofo Mario Sergio Cortella explica que hoje há muito desequilíbrio em como as pessoas auto-avaliam o seu comportamento: "As pessoas confundem muito os conceitos e até acham que certos vícios são bons.

Não se pode confundir por exemplo soberba com auto-estima, avareza com parcimônia, gula com fartura, inveja com admiração, ira com indignação, luxuria com sexualidade, ou preguiça com descanso."

Para mostrar a si mesmo que você é uma pessoa humilde busque ajudar os que precisam, visitando os doentes doando aos pobres e dando vez e auxiliando sempre os idosos e as crianças. É importante nesse sentido parar de procurar todos os defeitos e as explicações pelos fracassos fora, mas ao contrário analisar a si próprio e entender qual parcela disso é de sua responsabilidade.

Gula – Esse pecado tem tudo a ver com a vontade imoderada de comer, de beber, o afã de assimilar todo o universo pela via digestiva.

A gula se transforma em pecado quando ofende o direito e as expectativas do outro ao comer aquilo que é dos demais, ao tomar conta de tudo e deixá-los com pouco ou com quase nada. No que se refere a gula não se deve esquecer o que disse Sêneca: "A abundancia de alimentos entorpece a inteligência."

Certamente gula é um dos pecados sobre o que mais se fala hoje em dia nos dois extremos: pelo excesso de gula que leva ao aumento de peso (obesidade) ou pela falta de gula (bulimia ou anorexia).

Hoje em dia é cada vez mais difícil combater a gula pelos inúmeros pecados gastronômicos que se pode cometer, apesar de se ter centenas de livros que ensinam dietas miraculosos que são geralmente difíceis de seguir de forma integral.

Para combater a gula é essencial disciplinar o regime alimentar, o que começa evitando-se comer produtos que fazem mal à saúde. Uma dieta com muitas frutas, sucos e saladas, além de bastante ginástica geralmente faz com que as pessoa percam os seus quilos extras...

É muito importante para poder livrar-se da gula que a pessoa reduza o seu nível de ansiedade, pois comumente os indivíduos ansiosos comem de forma errada, ou seja, depressa, sem mastigar e quantidades acima daquelas que o seu organismo necessita.

Avareza – A característica do avaro é a de esterilizar o dinheiro, que, em lugar de estar em movimento fica parado.

Dessa maneira ele transforma um elemento fluido e útil em algo totalmente inservível. Molière, no seu livro *O Avarento*, retratou magnificamente a essência de um homem capaz de vender a sua alma por dinheiro, descrevendo a avareza com muita comicidade e com um fino sentido satírico.

Talvez a mais óbvia explicação sobre a avareza seja de Plutarco: "A bebida elimina a sede, a comida satisfaz a fome; mas o ouro elimina a avareza."

Avareza é um pecado que tem tudo a ver com auto-estima.

As pessoas por outro lado têm muito medo da perda e por isso procuram economizar dinheiro e comprar bens.

Um aspecto terrível da avareza é o controle exagerado ultrapassando todos os critérios contra o desperdício como por exemplo um pai enumerar as folhas de um caderno para que o seu filho não as arranque ou então forçá-lo a apertar com alguma ferramenta um tubo de pasta de dente para aproveitar o dentifrício até o fim...

Para não cair na avareza, a pessoa deve praticar a solidariedade, doando bens que não lhe sejam realmente importantes e não apenas as coisas velhas ou obsoletas; valorizando e não explorando os seus colaboradores, prestadores de serviço e clientes e agindo sem "exageros".

Ira – É a paixão arrebatadora, a fúria que de vez em quando nos transforma em verdadeiras feras.

O pecado da ira é uma questão de graduação.

É um movimento, uma reação que pode indicar simplesmente, que estamos vivos e, portanto, nos rebelamos contra injustiças, ameaças ou abusos.

Quando o movimento instintivo passional de ira é despertado, ficamos cegos, estúpidos, transformados em uma espécie de besta obcecada.

Esse excesso é prejudicial, mas algum nível de cólera é necessário que o ser humano demonstre em certas situações.

Como falou Confúcio: "Aquele que domina a cólera, domina o seu pior inimigo."

Quem cultivar a ira, certamente estará encomendando problemas para a sua saúde.

E uma trombose ou um ataque de coração fulminantes são os exemplos mais graves, porém o individuo colérico também está sujeito a crises alérgicas, gastrites, úlceras e até complicações de hipertensão arterial.

Toda pessoa que guarda sentimentos ruins como os de ira pode até desencadear um câncer.

Não se deve também extravasar quebrando coisas ou brigando com familiares ou com amigos.

Para desabafar, o melhor é enfrentar racionalmente a situação estressante que deixa a pessoa irada porque o risco de somatização de doenças fica reduzido quando a pessoa lida com o sentimento ou acaba achando uma explicação para ele.

O ideal é que cada um busque controlar a sua ira, evitando brigas no trânsito ou em algum evento esportivo, procure encarar uma demissão sem uma reação violenta e até no recebimento da notícia de falecimento de entes queridos é vital não "explodir" de raiva, caindo em seguida numa tremenda depressão.

Luxúria – É um dos pecados mais escandalosos, e também um dos mais tentadores. Graças a ela, viemos todos ao mundo.

Aliás, como procurava indagar o humorista Graucho Marx: **"Por que chamam de amor, quando querem dizer sexo?"**

O prazer é saudável, bom e recomendável.

Se há algo de mau na luxuria é o dano que podemos fazer a outros para atingir o gozo, ao abusar deles, aproveitar a inocência de menores ou de pessoas que por sua situação econômica são obrigadas a se submeter.

Parece que a luxúria no Brasil é confundida com algum tipo de ideal de virilidade masculina.

Os antropólogos brasileiros que pesquisam o comportamento de homens e mulheres de classe média chegaram a conclusão que o modelo admirado de homem no Brasil é aquele que tem muitas parceiras e que transa muito.

Já as mulheres brasileiras não valorizam esse modelo.

Para não cair em tentação da luxúria sexual, é conveniente que cada pessoa com certa freqüência pergunte-se o que vem buscando na vida e o que lhe causa insatisfação.

Descobrindo o que não gosta, deve-se procurar outras coisas para fazer...

Preguiça – Jules Renard dizia: "Preguiça não é mais do que o hábito de descansar antes de estar cansado."

A preguiça é a falta de estímulo, de desejo, de vontade para atender ao que é necessário e, também, para realizar atividades criativas ou de qualquer índole. É um congelamento da vontade, o abandono de nossa condição de seres ativos e empreendedores.

O escritor e humorista argentino Roberto Fontanarrosa tem uma outra teoria: "A preguiça foi o motor das grandes conquistas do progresso.

Quem inventou a roda, por exemplo, não queria empurrar e caminhar mais.

Atrás de quase todos os elementos de conforto suponho que houve um preguiçoso esperto, pensando em como fazer para trabalhar menos."

Mesmo que a preguiça seja considerada um pecado grave, a maior parte das pessoas gosta de poder envolver-se com ele, não sendo isso nem no período de férias e tão pouco após um dia de muito trabalho.

A preguiça e a gula são cada vez mais comuns entre os indivíduos, nesse século em que se pode dizer que observa-se o culto do corpo de forma cada vez mais intensa e tem-se uma sociedade voltada fortemente para o consumo.

Para sobrepujar a preguiça de fazer certas coisas a pessoa deve se acostumar inicialmente a cumprir bem as pequenas tarefas e aí ir ampliando a sua magnitude.

Para começar convém reservar para aquilo que se tem dificuldade de fazer pelo menos uma hora, depois uma manhã e para chegar a um dia e até talvez a uma semana de cada mês de sua vida.

É muito útil que se faça uma lista de prioridades atingíveis, pois o preguiçoso contumaz tem mania de criar metas inatingíveis que aí são abandonadas no meio do caminho....

Inveja – O notável escritor Jorge Luis Borges escreveu:
"O tema da inveja é muito espanhol.
Os espanhóis estão sempre com inveja.
Para dizer que alguma coisa é boa, dizem: 'É invejável'."

E no final das contas, a inveja é a tristeza diante do bem alheio, ou seja, um sentimento de não poder suportar que o outro viva bem, ambicionar seus gozos e bens, além do desejo que o outro não desfrute daquilo que tem!?!?

O invejoso semeia a idéia, diante daqueles que queiram ouvi-lo de que o outro não merece o que tem. Dessa atitude se desprendem a mentira, a traição, a intriga e oportunismo.

A inveja entre os sete pecados é o único que pressupõe a possibilidade da agressão. A inveja de fato é a raiz de muita violência. O indivíduo invejoso pensa: "Ele é e tem o que eu não sou e nem tenho."

Isso é uma enorme fonte de frustração e a pessoa que sente inveja acaba desejando destruir a outra **por não ter** e **não ser**!!!

Para fugir desse pecado a pessoa precisa parar de olhar para os outros e se valorizar mais. O importante é admirar as conquistas dos outros e não invejar.

Por outro lado é vital conhecer a si mesmo e aí torna-se possível pensar em si mesmo com mais admiração, apoiando-se nos aspectos positivos que cada um possui.

São Tomás de Aquino há muito tempo disse que o perigo dos pecados há pouco descritos é a sedução que exercem sobre os seres humanos, fazendo com que a partir dos mesmos sejam cometidos outros pecados!!!

Claro que esses pecados representam os pontos fracos mais comuns das pessoas.

Eles mexem com os desejos e as frustrações dos indivíduos, alimentam o embate eterno entre vício e virtude, criam batalhas e acabam lotando os consultórios de médicos, psicólogos e psiquiatras.

Entretanto esses sentimentos pecaminosos não precisam existir, mesmo em pequenas doses.

Nenhum deles é virtude.

São todos vícios, caracterizam o exagero e todo aquele que busca boa saúde e excelente qualidade de vida não as terá se estiver cometendo os pecados capitais!!!

Fernando Savater cita também os seis principais pecados nos dias de hoje tais como:

a crueldade, o fundamentalismo (econômico, social, religioso, estatal e privado), a corrupção, o consumismo, a mentira e o egoísmo.

Não se pode esquecer que o prêmio Nobel de Medicina Konrad Lorenz no seu livro *Os Oito Pecados Mortais do Homem Civilizado* cita os seguintes: a superpopulação, a devastação do espaço vital, a competição entre os homens, a extinção dos sentimentos, a deterioração do patrimônio genético, a demolição da tradição, a doutrinação fundamentalista e as armas nucleares.

Por sua vez o líder pacifista Mahatma Gandhi tinha sua própria versão dos sete pecados:
➡ riqueza sem trabalho;
➡ prazer sem consciência;
➡ conhecimento sem caráter;
➡ comércio sem moral;
➡ ciência sem sacrifício;
➡ política sem princípios;

Concluindo, deve-se entender que é nossa obrigação como seres humanos saber administrar as paixões, não caindo naturalmente na tentação de se transformar em um indivíduo perfeito que funciona como um autômato.

Velocidade 1

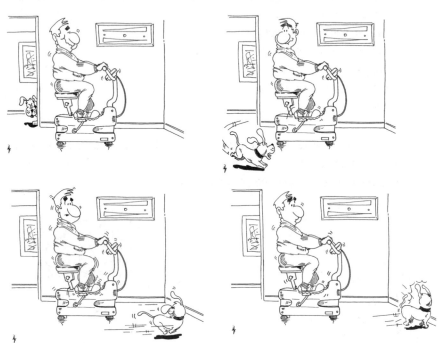

A CONDIÇÃO ESSENCIAL PARA TER SUCESSO NOS NEGÓCIOS NO SÉCULO XXI É A VELOCIDADE?

Se alguém perguntar a qualquer homem de negócio qual é a receita mais eficaz de crescimento de uma empresa numa economia marcada pelos juros, carga tributária sufocante e ausência de renda da população – ou seja, alguém que está no Brasil –, ele meditará, suspirará, fará uma cara de preocupação pois aqui 67% das novas empresas fecham as portas antes de completar dois anos de vida.

Mas aí certamente dirá que as empresas que continuam existindo são aquelas que decidem, produzem, vendem e atendem os seus clientes com **velocidade máxima** e no **menor prazo de tempo**!!!

Sem dúvida, a condição indispensável tanto para que as empresas sobrevivam bem como os seus gestores mantenham seus empregos é que elas criem produtos ou tomem decisões cada vez mais depressa. As empresas inteligentes são aquelas que conseguem criar novos produtos (serviços), quando não novos negócios **quase da noite para o dia**...

Um exemplo típico de um empresário veloz é *sir* Richard Branson, fundador do Grupo Virgin. A sua empresa tornou-se um sucesso nos mais diversos setores como música, vendas no varejo, transporte aéreo, etc.

Richard Branson tem entrado em novos negócios constantemente, ou seja, o Grupo Virgin, vende (ou possui) telefones celulares, cartões de crédito, bicicletas, academias de ginástica, livros, hotéis, transporte ferroviário, artigos eletrônicos diversos, jogos de computador e assim por diante.

Um exemplo recente foi a criação em menos de seis meses de planejamento e negócios de uma empresa de produção de filmes cômicos voltados para o público jovem em conjunto com empreendedores da Índia.

Diz Richard Branson: "Obviamente uma boa idéia não acontece de forma isolada, mas comumente a janela da oportunidade é bem pequena, por isso tomar decisões com grande velocidade é a essência de como chegar ao sucesso."

De fato, muitas empresas admiradas neste início do século XXI são as **empresas velozes** como é o caso da Nissan Motor Co., na qual o desenvolvimento de novos modelos de automóveis, que antes era feito em 21 meses (um prazo bem adequado para o segmento), hoje se faz em metade do tempo, ou seja, em **10,5 meses**!!!

Empresas que produzem telefones celulares, como Motorola, Nokia e Samsung, conseguem lançar modelos novos em seis a nove meses, quando até há pouco tempo isso levava de 12 a 18 meses. O problema é que a companhia que demora 18 meses para lançar um novo telefone celular, constata que quando ele chega ao mercado já está **obsoleto** em relação ao que a concorrência oferece aos consumidores!!!

Realmente, especialmente no mundo dos negócios, cada vez mais a sobrevivência de uma empresa está vinculada ao seu poder de inovação.

Todas as organizações estão hoje conscientes que ter sua preocupação contínua com processos eficientes, não é mais o bastante.

Para vender no ambiente hipercompetitivo é **vital** ser rápido para inovar em períodos cada vez mais curtos!!!

Steve Hamm, elaborou um artigo interessantíssimo na revista *Business Week* (27/3/2006) com o título *Speed Demons* (*Demônios da Velocidade*) no qual destaca as cinco características das **empresas velozes**.

1ª) Característica – Utilizam **novas formas para perceber** o que pode tornar-se um sucesso. Valer-se de grupos de foco ou análise de mercado **não é mais eficiente**. Deve-se ter novos métodos para conectar-se adequadamente as lacunas entre as tecnologias existentes e o que o cliente não sabe explicar que quer, mas vai desejar assim que lhe for oferecido.

Um bom exemplo é o da percepção da empresa Procter&Gamble Co. que só nos últimos dois anos lançou mais de 100 produtos novos.

Um deles foi resultado do uso de um método de imprimir imagens em bolos com um jato de tinta, inventado por um professor de Bolonha (Itália) que foi adquirido e usado para produzir a famosa batata Pringles com desenhos e piadas com o que, as suas vendas subiram tremendamente.

2ª) Característica – Mantêm **equipes extremamente ágeis** no desenvolvimento de novos produtos (serviços).

Nesse sentido é cada vez mais importante ter nas empresas pequenos grupos de intra-empreendedores que tenham autonomia e em torno dos quais as "cercas organizacionais" tenham o menor tamanho possível.

3ª) Característica – Corriqueiramente **desrespeitam as regras não escritas**.

Todas as organizações têm a sua própria cultura e muitos procedimentos não escritos, mas que indicam, como as coisas devem ser feitas e porque esta é a maneira como sempre foi feito!?!?

Isto até funciona para executar as ações rotineiras. Porém, não serve de forma alguma para quem está tentando criar **rapidamente** algo novo.

Para incrementar a ruptura do *status* existente, uma idéia, é sempre que for possível promover um debate com *outsiders* (estranhos) sobre os "problemas" da organização. O motivo principal é que na maior parte das vezes eles introduzem pensamentos novos e um raciocínio mais revigorado e provocativo.

4ª) Característica – Terceirizam todos os serviços que os especialistas fazem melhor.

Quem quer ser rápido não pode insistir muito tempo em querer fazer (ou aprender a executar) um produto (ou serviço) melhor e mais barato do que quem já tem sucesso nesse trabalho.

Os velozes são aqueles que sabem que não devem perder tempo "reinventando a roda"!!!

Por isso, deixam muitas tarefas, principalmente na fabricação de certas peças ou componentes, para aqueles que fazem isto mais depressa e barato com o que conseguem desenvolver novos produtos muitas vezes em metade do tempo que os seus concorrentes.

Um exemplo é o da empresa Cellon que é contratada por muitos fabricantes para lhes fazer o novo *design* de seus telefones celulares, com o que, esses fabricantes conseguem lançar os novos modelos em prazos que chegam a ser menores que seis meses!!!

5ª) Característica – Enquanto as coisas estão dando certo, é conveniente repetir as mesmas estratégias...

É obvio que a eficiência continua sendo um atributo essencial num negócio.

Assim, a maneira que uma dada tecnologia ou modelo de negócio foi desenvolvido em um certo mercado significa num primeiro momento que deve-se tornar a **repetir** isso em novos mercados!!!

Naturalmente, não se deve abandonar um padrão sem um motivo. Até porque, implementar um modelo de negócio já conhecido em outro local, é bem mais rápido e enxuto.

Entretanto isso não significa que se deverá proceder dessa forma para sempre, pois aí sim se estará usando a receita para chegar ao desastre!!!

No século XXI existem dois tipos de empresas: as **rápidas** e as **que estão desaparecendo**.

Bem, apesar dessa declaração provavelmente parecer um exagero para muitos, o fato é que ela é cada vez mais verídica.

A revista *Isto É Dinheiro* (22/3/2006) no artigo *Como Eu Trabalho*, assinado por Jerry Useem, apresentou como alguns dos superexecutivos do exterior e do Brasil lidavam com as suas agendas lotadas, os compromissos em diversos países e as pressões permanentes para decidir rápido e corretamente.

Claro que cada um deles tem uma fórmula particular para lidar com os problemas de gestão do tempo, a enxurrada de informações (centenas de *e-mails*) e as reuniões que têm que participar.

Em todas as suas respostas percebe-se claramente que buscam incessantemente horários e ambientes que lhes permitam fazer mais coisas em menos tempo e ter uma maior velocidade para tomar decisões.

Aí vão algumas lições dos líderes empresariais mais admirados do mundo:

Carlos Ghosn, CEO (*chief executive officer* ou executivo principal) da Renault na França e da Nissan no Japão:

"Tenho uma assistente na França, um no Japão e um nos EUA. Todos são bilíngües: japonês e inglês, francês e inglês.

Eles filtram toda a correspondência e os documentos.

Sou muito seletivo. Eles sabem também quais os tópicos que me interessam e quais devem ser encaminhados a outros membros do comitê executivo.

Não levo trabalho para casa. Brinco com meus quatro filhos e passo os finais de semana com a minha família. Assim, quando vou trabalhar na segunda-feira posso enxergar

o problema de longe e bem depressa. Conseqüentemente, apareço com boas idéias por estar forte e recarregado!!!"

A.G. Lafley, presidente mundial da Procter&Gamble (P&G):
"Trabalho realmente duro continuamente por uma hora ou uma hora e meia. Então faço uma pausa para descansar. Ando e bato papo com as pessoas.

Isso pode levar de cinco a quinze minutos e serve para eu me recarregar. É como um intervalo que os atletas fazem durante o treino. Aprendi isso num programa chamado *O Atleta Corporativo*, que implementamos para os gerentes da P&G.

A outra parte de *O Atleta Corporativo* é espiritual, ou seja, coisas que você pode fazer para acalmar a mente.

Quando viajo, o que acontece 60% do meu tempo, acredito que meditar à noite por dez a quinze minutos num quatro de hotel pode ser tão bom quanto me exercitar.

De maneira geral, posso dizer que me conheço muito melhor agora do que antes.

E isso tem me ajudado a manter a calma quando estou sob pressão."

Howard Schultz, fundador e presidente da cadeia de lojas Starbucks:
"Eu me levanto entre 5h e 5h30min, e naturalmente a primeira coisa que faço é um pouco de café. Tomo meu café, leio três jornais – *The Seattle Times*, o *The Wall Street Journal* e o *The New York Times* – e escuto um correio de voz que resume o resultado de vendas nas últimas 24 horas.

Já no escritório, a primeira coisa que faço é ler rapidamente o relatório, que é o meu guia do que fazer durante aquele dia.

Gerencio detalhadamente o meu dia-a-dia e tenho orgulho de ser ágil, pois tenho um excelente fluxo de informações para que isso aconteça. No avião é onde tenho tempo para ler, o que faço vorazmente. Tento ser uma esponja, para captar o máximo que posso da leitura."

Mauricio de Sousa, presidente da Mauricio de Sousa Produções:
"Tenho três secretárias. Uma delas varre meu computador pela manhã para jogar os *spams* fora e me avisar de coisas urgentes. Sobram cerca de 300 e-mails para eu ler por dia.

A outra secretária recebe os roteiros e a terceira cuida da parte de vídeo e dos atendimentos internacionais. Tenho reuniões rápidas, quase diárias com os diretores da empresa.

Desses encontros, às vezes sai alguém mal informado. Por isso, a minha porta está sempre aberta!!! Trabalho todo o tempo em que estou acordado. Mas isso não quer dizer que eu não me entregue aos meus 10 filhos, à minha família. Alguns filhos trabalham comigo.

Também consegui colocar toda a filharada morando perto do escritório, porque assim posso visitá-los durante o dia, dar carinho e socorro.

É essa paz que me dá muita inspiração para a criação..."

Bem, na FAAP temos também uma liderança aceleradora na figura do seu diretor-presidente **Antonio Bias Bueno Guillon**, um exemplo típico de um executivo ágil.

Diz ele: "Se alguém quer ter uma empresa de sucesso tem que dar prioridade a velocidade e não estimular o trabalho de comissões que passam a maior parte do tempo em reuniões demoradas e ineficazes.

Claro que deve existir um planejamento, particularmente para a empresa antecipar onde deseja estar no futuro...

Mas os executivos num ambiente acelerado devem estar preparados para conviver com falhas não propositais, pois decisões rápidas têm o inconveniente de não permitirem avaliar adequadamente todos os riscos, mas sempre podem ser corrigidas velozmente.

Porém, torna-se cada vez mais evidente que se você não for rápido, em breve verá seu negócio em declínio.

Obviamente, se você não tomar decisões eficazes também em breve desaparecerá do seu setor.

É pois vital saber implementar todas as boas idéias depressa e dirigir uma organização baseando-se na liderança acelerada na qual busca-se estimular os funcionários de todos os níveis a serem rápidos e eficazes tanto na execução das suas tarefas como na ação de por em prática todas as melhorias sugeridas pela administração ou por eles mesmos."

Velocidade 2

A ERA DA VELOCIDADE INFLUENCIA A TODOS?

Hoje nós queremos a velocidade, necessitamos da velocidade e vivenciamos a mesma em níveis nunca antes sentidos.

A raça humana perseguiu a velocidade durante milênios, e atualmente ela está num patamar incrível, ou seja: de um lado vive com uma necessidade sem precedentes de velocidade e de outro demonstra uma aptidão cada vez maior de lidar com ela.

A velocidade não é mais um luxo que só alguns podem desfrutar pois voar em aviões, fazer uso da Internet ou conseguir falar instantaneamente com alguém do outro lado do mundo, está cada vez mais acessível à maioria das pessoas...

Para fazer todas as coisas que queremos durante a nossa vida, é essencial valer-se da velocidade, pois é a maneira mais eficaz para se ter mais tempo.

É verdade que para algumas pessoas, **mais** não significa necessariamente **melhor**.

Esses indivíduos ficam satisfeitos em não fazer mais coisas, limitam as suas experiências e acreditam que esta "calma" relativa os torna felizes. Para esses seres humanos vale o conceito do que **mais** rápido não significa obter **maior felicidade**.

Entretanto, as pesquisas mostram, particularmente nos países desenvolvidos, que na possibilidade de escolher entre fazer menos ou fazer mais, a maioria das pessoas prefere aproveitar de todas as formas a **era da velocidade**, ou seja, ter mais relacionamentos, conhecer mais pessoas, viver mais tempo, ir a mais lugares, ter à sua disposição mais oportunidades e assim por diante.

Claro que com mais opções a disposição, podemos concretizar mais os nossos sonhos!!! É evidente que não estamos aptos a acrescentar mais horas a um dia (!?!?). Mas temos à nossa disposição formas para fazer mais coisas em cada intervalo de tempo.

A diferença do que podemos fazer hoje em 60 minutos, na era da velocidade, é extraordinariamente maior (e diferente) do que podíamos executar há 30 anos.

Pense em fazer um relatório que necessita de uma pesquisa, na reserva de um hotel ou de um vôo para o exterior ou ainda para conhecer o resultado de jogo de futebol que terminou na madrugada ou então mandar uma mensagem de agradecimento a algum amigo.

Com a Internet estamos conectados instantaneamente a um número enorme de informações desejadas e as comunicações entre as pessoas são rapidíssimas.

Toda vez que fizermos um melhor aproveitamento do tempo, fazendo mais depressa alguma tarefa não muito importante geramos a possibilidade de ter mais tempo para fazer algo mais significativo, desde pensar no seu próprio negócio ou apreciar melhor um pôr-do-sol.

Agora, sem dúvida, o leitor vai entender melhor a resposta para a questão: **por que devemos ser cada vez mais velozes?**

Uma das respostas é que isso nos permite viver com mais qualidade aqueles momentos que são os mais importantes da nossa vida.

No livro *The Age of Speed* (*A Era da Velocidade*), o autor Vince Poscente, um reconhecido palestrante e consultor norte-americano faz uma outra interpretação da fábula do Esópo, *A Tartaruga e a Lebre*.

Para ele, a moral da história: "quem vai devagar e de forma estável sempre vence a corrida" é uma conclusão **totalmente errônea** e leva as pessoas a tomar decisões erradas na era da velocidade.

Destaca Vince Poscente: "Vamos recordar: uma tartaruga concorda em participar de uma corrida com a lebre.

Ao ser dada a partida a lebre sai numa desabalada corrida, deixando a tartaruga 'comer poeira'.

Aí deveríamos perguntar inicialmente: o que levou a tartaruga a acreditar que é uma boa idéia competir numa corrida com a lebre?

Como a lebre tinha certeza de que a tartaruga jamais poderia alcançá-la, num certo momento resolve parar, vai comer capim e tira um cochilo.

Quando acorda, nota que a tartaruga já chegou pois ela tinha dormido demais...

A lebre não perdeu a competição porque não era rápida, ou seja, a velocidade não a atrapalhou de forma alguma!!!

A tartaruga por sua vez também não venceu porque ela é lenta?!?!

A lebre perdeu porque tomou uma decisão ridícula, sobre como gastar o seu tempo, sendo arrogante e irresponsável pois acreditou na vitória antes de cruzar a linha de chegada.

A tartaruga por seu turno merece todos os elogios pois foi suficientemente corajosa (ou até irresponsável) para entrar na corrida quando todos apostavam contra ela e persistente o bastante para sem parar, sem perder o foco e sem nunca desanimar continuar na corrida até chegar ao seu final.

O papel da velocidade na fábula serve para salientar uma lição, para ilustrar que mesmo com uma vantagem natural dramática – no caso da lebre, a sua velocidade – alguém que seja focado e persistente pode vencer uma competição!!!

Em outras palavras, mesmo quando não se é favorito é possível vencer desde que alguém se fundamente na determinação, na coragem e na humildade.

Portanto a velocidade não é a grande falha na derrota da lebre e a lerdeza certamente não é o principal fator que levou a tartaruga à vitória.

Porém, o que muitas gerações de leitores acabaram assimilando é a idéia errônea de que ser **vagaroso é inteligente** (ou esperto) e **ser rápido corresponde a ser irresponsável**!?!?

Essa é uma mensagem totalmente inadequada para o ambiente de trabalho e de vida pessoal no século XXI."

Realmente todo aquele que resistir a ir mais depressa, a produzir mais rapidamente e a responder (agir) mais velozmente pode ter certeza que será ultrapassado por muitos e diferentemente do que aconteceu com a lebre, eles não vão parar e vão ocupar todas as melhores posições e aproveitar primeiro as oportunidades que estiverem à frente.

A **velocidade** é a grande solução para se aumentar a produtividade e obter melhores resultados, porém esses benefícios não são os únicos.

A velocidade não é entretanto a única maneira de conseguir fazer mais trabalho em menos tempo. A velocidade é o segredo para ter mais tempo para fazer aquilo que se deseja mais. E fazer as coisas mais depressa não significa necessariamente trabalhar mais duro.

Na era da velocidade, existem muitas ferramentas e dispositivos que possibilitam fazer as coisas mais depressa do que, por exemplo, se podia fazer 25 anos atrás.

Conseqüentemente, temos mais tempo, mas não obrigatoriamente para executar mais trabalho.

Pode-se, sim, usar o tempo economizado para fazer coisas mais importantes, coisas mais agradáveis e prazerosas.

Nos últimos tempos começou a se pensar que o "triângulo do desejo" constituído por **tempo**, **qualidade** e **custo** era um tanto quanto paradoxal, conflitante e que conduzia a dilemas terríveis. Ou seja, se você quer mais de algum desses atributos (ou características), freqüentemente tem que sacrificar algum outro.

Na realidade, tempo, qualidade e custo têm tudo a ver respectivamente com **rápido**, **bom** e **barato**.

Infelizmente até algum tempo atrás tinha que se aceitar que se alguém não tivesse dinheiro não poderia esperar adquirir algo de qualidade.

Por outro lado, se algo tem que ser feito rapidamente, provavelmente irá custar muito, ou então não terá a qualidade adequada, ou ainda ambas as coisas.

De fato, comprar passagens aéreas na véspera custa mais caro do que se essa aquisição fosse feita algumas semanas antes, roupa barata geralmente encolhe e a *fast-food* (comida fornecida rapidamente) tem uma qualidade discutível...

Porém na era da velocidade, essas situações (ou regras) têm mudado.

Se de um lado parece ser improvável o desaparecimento pleno de *trade-offs* ("compensações") entre tempo, qualidade e custo, o velho modelo *trade-off* (modelo de substitutibilidade ou troca) não vale mais.

Hoje existe um grande conjunto de produtos e serviços que nos permitem ter velocidade cada vez maior sem que isto leve a uma qualidade menor ou a um custo maior.

A tecnologia da informação (TI), por exemplo, nos permitiu uma enorme eficiência em tempo – atalhos incríveis – possibilitando a realização de serviços (ou resultados) de boa qualidade e com custos bem baixos.

A velocidade, de fato, tem um enorme potencial para que façamos mais e inclusive vivamos melhor.

É por isso que ela está se tornando uma prioridade pessoal e empresarial.

Vince Poscente, no seu livro, *The Age of Speed*, de forma eficaz relaciona a velocidade, sucesso e falha (insucesso) criando quatro perfis de pessoas ou empresas.

Afirma Vince Poscente: "Todo aquele que está num ambiente que exige velocidade precisa **abraçá-la**, ou seja, firmar um compromisso com ela.

E todo aquele que vai valer-se dela, deve saber como lidar com a mesma para ser bem-sucedido, pois aqueles que andam velozmente podem também sofrer choques ou acidentar-se de forma totalmente destruidora.

É vital dessa maneira, saber se alguém (ou a empresa) prioriza a velocidade ou se opõe a ela, se ela é essencial ou irrelevante para um dado ambiente e se ela vai funcionar a favor ou contra.

No meu modo de ver existem quatro padrões de comportamento na era da velocidade e uma forma de ilustrá-los é por meio da matriz da Figura 3 na qual estão os Balões, os Zepelins, os Busca-pés e os Jatos.

Zepelim é aquele indivíduo (ou empresa) que resiste o máximo que pode a velocidade. Prefere ir num ritmo uniforme e não lhe agrada nada mudar inopinadamente de rumo.
Não deseja também andar mais depressa. Aliás isto é decorrente da concepção de que para se ter um controle real é conveniente ir devagar.

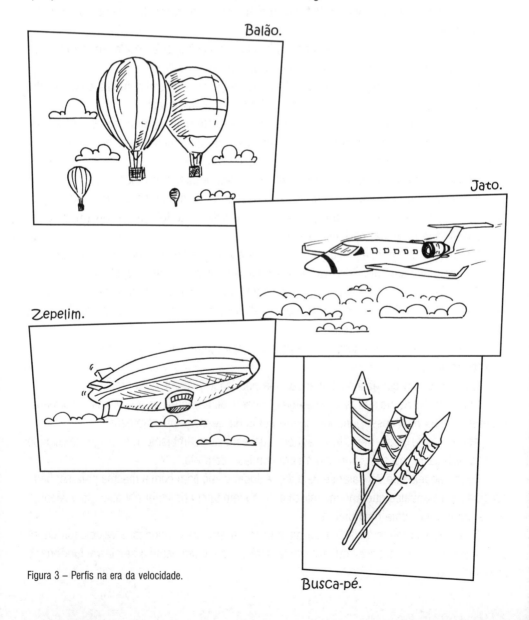

Figura 3 – Perfis na era da velocidade.

Dessa maneira os Zepelins constróem verdadeiras barreiras entre eles e a velocidade. Resistem o mais que podem para adotar uma tecnologia nova e, se puderem fazer algo mais depressa, acabam preferindo fazer mais devagar em mais tempo!?!?

Um exemplo evidente, talvez seja o da Eastman Kodak que inventou a câmera digital em 1994, mas continuou apegada à máquina fotográfica tradicional que precisava de filmes, um produto cuja venda sustentava a empresa, até que a concorrência desenvolveu a sua inovação e ela quase "explodiu" como aconteceu com o famoso zepelim inventado por Ferdinand von Zeppelin, levando mais tarde ao pavoroso desastre aéreo da época.

Balão é a pessoa (ou organização) que não recorre a velocidade e acredita que não precisa dela para ser bem-sucedida.

Na realidade Balão é todo aquele que optou por viver fora da era da velocidade.

Assim, ele busca ambientes nos quais as pressões externas não demandem aumento de velocidade e interage com a cultura da velocidade de forma relativa, mantendo uma distância sempre que existir outra opção...

Mesmo assim, os Balões apesar de resistirem à velocidade conseguem ter sucesso, da mesma maneira como os balões dirigíveis que usam ar aquecido conseguem chegar de forma segura ao seu destino. Não é por acaso que o balonismo está se tornando tão popular em muitos países do mundo, mas apenas como um esporte ou uma diversão...

Um bom exemplo de uma empresa Balão talvez seja aquela que produz bicicletas, se bem que as "magrelas" modernas são cada vez mais leves e resistentes – melhor qualidade – e permitem atingir velocidades cada vez maiores (!?!?), dependendo evidentemente do esforço humano contínuo.

Porém, naturalmente, isso tem um limite e não se deve confundir o produto com a velocidade com que ele é produzido....

Balões são hoje cada vez mais raros pois os ambientes de trabalho do século XXI demandam cada vez mais velocidade.

Portanto: como Zepelim você está condenado ou a obsolescência ou a explosão e sendo Balão dificilmente terá um grande progresso no século XXI.

Ser veloz porém não significa ter a condição indiscutível para o sucesso, ou seja, a necessária e suficiente!!!

Esse é o caso do Busca-pé.

Busca-pé é todo aquele que adora a velocidade e um exemplo típico é o indivíduo que procura ultrapassar todos, de qualquer forma, em situações de trânsito congestionado.

Ele avança o sinal vermelho, passa pelo acostamento, "corta" quem pode perigosamente e assim por diante.

É o indivíduo (empresa) que está sempre se movendo rápido, porém sem um gerenciamento adequado para alcançar algo substancial.

Os Busca-pés perseguem a velocidade a todo custo, porém a sua inaptidão de lidar adequadamente com a velocidade torna-os perigosamente explosivos.

Eles até podem mover-se rapidamente mas não o fazem de maneira inteligente.

Seus esforços não estão alinhados com um objetivo claro, de forma que isso não lhes garante um trajeto seguro e nem sabem se adaptar adequadamente ao que exige o ambiente em constante mudança.

Freqüentemente as suas trajetórias tornam-se imprevisíveis, a velocidade incontrolável e eles acabam se espatifando contra algum obstáculo e caindo no chão.

Em outras palavras, os Busca-pés são aqueles que desperdiçam sua velocidade para alcançar os resultados errados ou então para alcançar objetivos inadequados ou ainda realizar procedimentos inúteis.

Estão portanto focadas em andar depressa, mas não analisam de forma correta porque devem se movimentar dessa maneira, para onde estão tentando ir, ou o que é pior o que estão deixando para trás tão depressa.

Há quem diga que a estratégia adotada pela empresa fabricante de computadores Dell, ou seja, a sua *Dell Way*, com a sua inovadora proposição de **apenas vender o seu produto diretamente** ao consumidor, sem nenhum tipo de intermediário ou alguma loja de varejo iria aumentar significativamente a velocidade de entrega do computador e com custo menor!?!?

No início essa estratégia deu bastante resultado e a Dell tornou-se líder do mercado.

Com o passar do tempo a *Dell Way* começou a trabalhar contra a empresa devido a burocracia interna, falhas na fabricação e os avanços significativos dos concorrentes como Hewlett Packard, o que levou o seu presidente, Michael Dell, a entrar na lista dos piores líderes, elaborada pela renomada revista *Business Week*.

Assim, embora a Dell tenha enveredado pela adoção de um processo que aumentasse a velocidade de atendimento do consumidor, ela acabou não sabendo lidar adequadamente com a mesma.

Para sobreviver na era da velocidade é imprescindível ser **ágil**, **aerodinâmico** e **alinhado**, isto é, as três características que capacitam pessoas e organizações a ir cada vez mais rapidamente, obtendo significativas vantagens competitivas como fazem os Jatos.

Jato é todo aquele que se vale continuamente da velocidade conseguindo resultados cada vez mais impressionantes – verdadeiros recordes – e chega sempre ao seu destino intacto, em boas condições.

Os Jatos enxergam na velocidade uma aliada essencial, um poder que os empurra poderosamente para realizar depressa os seus desejos, uma força benéfica que amplia sua vida, o seu crescimento, sua motivação, sua energia e o valor de tudo que eles fazem.

Provavelmente um exemplo bem atual de um Jato é a notável empresa Google, que sabe como ninguém usufruir e conquistar resultados financeiros cada vez maiores graças a sua ferramenta de busca, toda baseada em velocidade. E a Google exibe a sua **agilidade** quando ao constatar que não consegue rapidamente superar um concorrente veloz, procura fazer o mais rápido possível a sua aquisição, incorporando-o ao seu grupo como aconteceu recentemente com a líder do mercado de vídeo *on-line* You Tube.

Ela também é **aerodinâmica** quando demonstra a sua mudança completa para não errar e não demorar na seleção e recrutamento de novos empregados para trabalhar de forma eficiente na empresa.

Apesar de ter concorrentes poderosos como a Microsoft e Yahoo!, a Google soube rapidamente se **alinhar** para continuar sendo o vórtice de toda a propaganda moderna.

Na era da velocidade, para ser rápido é imprescindível ser também ágil.

E para ser ágil torna-se essencial saber cultivar algumas das qualidades que possuem os seres que sabem como ninguém valer-se de seus atributos para desvencilhar-se das dificuldades interpostas aos seus movimentos.

E nesse sentido vale a pena inspirar-se nas descobertas mais recentes que explicam por que os morcegos são tão ágeis.

Para se tornar mestre na disciplina de agilidade, devemos também ser flexíveis tanto nos nossos pensamentos como nas nossas ações. Mas agilidade é perigosa, pois ao se tentar coisas (idéias) novas pode-se chegar a insucessos inéditos.

Ser flexível e ter a mente aberta é crucial na cultura atual, mas se nós queremos realmente acelerar, precisamos ser responsivos, ou seja, saber ajustar-se rapidamente e corretamente às mudanças que acontecem no nosso trabalho, na economia, na dinâmica da vida familiar, no relacionamento com os colegas e os clientes, e principalmente com o mundo.

Responder à mudança nos tempos atuais, sendo ultra-sensível a quaisquer pequenas alterações, sabendo analisar as mesmas e tomando as medidas adequadas, é uma das mais importantes competências do líder (empresa) eficaz. Isto o(a) caracteriza como ágil.

Por sua vez ser **aerodinâmico** significa estar livre de imperfeições, evidenciar uma forma perfeita, ou seja, não carregar consigo nada desnecessário que possa provocar atrito e provocar resistência ao seu movimento.

Uma fonte comum de retardamento das ações eficazes, particularmente para as pessoas, é a sua inclinação de se tornarem multitarefas.

É comum hoje uma pessoa comer, estar vendo televisão e conversar com alguém ou então dirigir e comer ao mesmo tempo ou ainda estar executando um trabalho no computador e simultaneamente estar telefonando para uma grande lista de clientes.

O problema com o comportamento multitarefa é que na maioria dos casos no lugar de aumentar a velocidade com que as pessoas executam os seus serviços, elas acabam perdendo a sua eficiência, fazendo o trabalho todo em muito mais tempo.

A interrupção do que se está fazendo para iniciar outra tarefa geralmente tem efeito negativo na produtividade. Mas na era da velocidade é vital aprender a lidar com diversas solicitações e ter o bom senso de parar algo para iniciar outra coisa e voltar mais tarde a tarefa anterior para completá-la.

É claro que isso deve ser feito com algum critério de prioridade, e o recomendável é aquele que torna todo o processo de trabalho o mais aerodinâmico possível!!!

Um fato porém é indiscutível, uma vez que alguém (ou algo) seja aerodinâmico tem potencial de também **ser alinhado**.

Estar alinhado com os seus reais propósitos significa que a sua meta (ou objetivo), seu ponto focal, está de acordo com os seus valores mais profundos e pontos fortes naturais, sendo que as suas ações estão consistentemente voltadas para promover e alcançar essa meta.

Como muitas outras coisas na era da velocidade, para obter o alinhamento é necessário uma conscientização profunda das tarefas que uma pessoa faz cotidianamente para aí se questionar, perguntando: **elas estão alinhadas com a minha visão?**

Uma vez que você identificou o seu real propósito na vida (no caso de uma empresa o objetivo do seu negócio) e está comprometido em alinhar os seus esforços com ele, para descobrir a trajetória do alinhamento não é tão difícil.

Basta usar a regra: **para ficar alinhado deve-se buscar a simplicidade**.

E a simplicidade é também essencial para lograr e manter a velocidade.

Essa é uma declaração um tanto quanto contra-intuitiva, pois os indivíduos de um modo geral tendem a pensar que **devagar é que é simples** e o **rápido é caótico**.

Mas hoje, particularmente a TI tem mostrado que a velocidade é o caminho mais seguro para se chegar a simplicidade.

No início do século XXI a multinacional Philips passou por grandes dificuldades financeiras e aí iniciou um processo de eliminar tudo que não estivesse alinhado com o seu propósito autêntico.

A Philips eliminou tudo aquilo que a tornara vagarosa e chegou a conclusão que a forma mais eficaz e rápida para a empresa alcançar suas metas é a de seguir a trajetória mais simples.

A simplicidade é essencial para que uma organização consiga ficar alinhada.

É praticamente impossível ser complexo e ao mesmo tempo alinhado e rápido.

E sem um alinhamento autêntico não se pode andar a grandes velocidades...

Bem, no século XXI se as pessoas (as empresas) não aprenderem a se antecipar e se tornarem velozes, as conseqüências serão cada vez mais negativas porque a demanda pela rapidez continua a crescer.

Para as pessoas de um modo geral, uma forma de encantá-las é oferecendo-lhes cada vez mais velocidade, como é o caso de se ter acesso à Internet de alta velocidade (e gratuita) nos hotéis, nos restaurantes, nos saguões dos aeroportos.

Os indivíduos desejam ter acesso a informações com poucos *clicks* do *mouse*!!!

É indiscutível que o desejo pela velocidade está se tornando uma obsessão cotidiana em um número de áreas cada vez maior. Entretanto para vencer na **era da velocidade** não basta só encontrar novos atalhos (ou caminhos mais curtos).

É imprescindível encontrar mais velocidade através de maneiras mais inovativas, fundamentadas na tecnologia e em novas formas de executar os serviços.

Como diz Vince Poscente ao finalizar o seu livro: "Até que a vida como um Balão não é totalmente ruim, e hoje já existem movimentos a favor da desaceleração, ou seja, o **movimento devagar**.

O fato é que não é nada fácil viver dessa maneira quando a maioria ao nosso redor está se valendo eficazmente do fator velocidade.

Naturalmente não se deve pensar atualmente em querer ser bem-sucedido comportando-se como um Zepelim ou um Busca-pé, pois não se pode esquecer que eles acabam caindo no chão ou explodindo.

O objetivo deve ser o de tornar-se um Jato eficaz, valendo-se de todos os benefícios que a velocidade oferece mais oportunidades e maior significado para a sua vida."

Como é, caro leitor, com tudo isso que foi destacado, já está apto para aproveitar-se ao máximo da era da velocidade tornando-se um Jato inalcançável?

Ótimo, é dessa maneira que se chega ao sucesso estável no século XXI!!!

BOA SORTE É UMA QUESTÃO DE ATITUDE

Quem pensa em ser um bom vendedor se preocupa muito com o **fator sorte**.

E a sorte sempre foi um grande e fascinante mistério.

Uma espécie de força mágica que premia os seres humanos aleatoriamente.

E, como todo bom mistério, a sorte tem sido objeto de curiosidade e cobiça desde que o homem começou a raciocinar.

Por exemplo, tem muita gente que tem medo do número 13.

O escritor norte-americano Daniel Cohen, especialista em temas sobrenaturais, diz que o temor deriva da lenda do ataque de Loki, o deus do mal, a um banquete de 12 deuses para o qual não havia sido convidado.

Outros estudiosos afirmam que o medo do 13 é uma referência às bruxas celtas que dividiam o ano em 13 luas e tinham confrarias compostas de 13 pessoas.

Já para o historiador Luís da Câmara Cascudo, um importante pesquisador de costumes brasileiros: "A superstição quanto ao número 13 é uma reminiscência da Santa Ceia, quando Jesus Cristo ceou com os seus 12 apóstolos, anunciando-lhes a traição de um deles e seu próprio martírio."

Na cultura chinesa, por exemplo, o macaco representa a prosperidade, alegria e vivacidade.

Assim em alguns templos, é comum haver imagens em alto-relevo.

Passar a mão na figura do animal significa atrair boa sorte para muitos chineses.

Um fato importante que se deve lembrar, é que o ano 2004 foi o ano do macaco, visto que o calendário chinês se baseia num ciclo de 12 bichos.

Se você quer fazer uma rápida avaliação do seu estado como "sortudo" (ou talvez um "azarado") vale a pena responder o teste adaptado do livro de Richard Wiseman, *O Fator Sorte*.

Atribua de 1 a 5 pontos, sendo 1 igual a "pouco ou nunca" e 5 igual a "muito ou sempre" e 2, 3 e 4 como posições intermediárias entres esses extremos para as seguintes condições.

1) Costumo conversar com estranhos na fila do supermercado, do banco ou no embarque num aeroporto.
2) Evito ficar preocupado ou ansioso quanto à vida e ao futuro.
3) Sou aberto a novas experiências, como provar novas comidas ou bebidas.

4) Costumo seguir minha intuição em momentos de decisão.
5) Procuro aperfeiçoar minha intuição com técnicas como meditação ou relaxamento.
6) Acredito que coisas boas me acontecerão no futuro.
7) Insisto em conseguir o que quero, mesmo quando as possibilidades são mínimas.
8) Acho que as pessoas que eu vier a conhecer serão sempre agradáveis e prestativas.
9) Costumo ver o lado positivo de tudo que me acontece.
10) Acredite que os eventos negativos resultarão em algo bom a longo prazo.
11) Evito remoer as coisas que não deram certo no passado.
12) Aprendo com meus erros.

Para se auto-avaliar leve em conta o seguinte:

Mais de 49 pontos – Você tem um comportamento aberto e positivo, que potencializa sua sorte.

De 36 a 48 pontos – Você está na média. Não desperdiça sua sorte, mas também não a aproveita como poderia.

De 12 a 35 pontos – Sua atitude diante da vida o impede de aproveitar muitas oportunidades. Vale a pena repensar alguns conceitos ou procurar ajuda profissional.

Os estudos mais recentes indicam que o estado mágico, ou seja, um **estado de graça quando tudo dá certo,** depende de cinco fatores:

➡ **baixa depressão**, ou seja, um nível adequado de autoconfiança;

➡ **ansiedade ótima**, isto é, uma espécie de tensão positiva que aguça os sentidos mas não chega a atrapalhar as decisões;

➡ **agressividade**, que significa a disposição de arriscar em vez de esperar;

➡ **clareza mental**, com uma noção perfeita de quando e onde agir;

➡ **estado físico**, tendo pois a capacidade de fazer o seu corpo reagir satisfatoriamente aos quatro fatores anteriores.

Mesmo assim, tem gente que acha que o que controla a sua vida é a **lei do azar**, popularmente conhecida como a **lei de Murphy**, caracterizada pela declaração: "Se existirem duas formas de executar uma tarefa e uma delas puder levar a um desastre, alguém acabará optando pela pior."

Na realidade quem chegou primeiro a essa conclusão foi o engenheiro Edward Murphy, em 1949, ao ver um teste encomendado pela Força Aérea dos EUA ir para o beleléu devido a um erro humano.

Em poucos dias, o desabafo do militar contra a incompetência de seus subordinados acabou se espalhando.

Mas não como uma reclamação, e sim como um enunciado do azar, uma espécie de teoria geral da má sorte.

Estava assim criada, a hoje famosa, lei de Murphy!!!

É o caso do pão que "quase sempre" cai no chão com a manteiga para baixo.

Segundo o físico inglês Robert A. J. Matthews, que estudou seriamente a famosa lei, isso acontece basicamente por causa da altura das mesas que usamos hoje em dia e do tipo de pão que comemos.

Explica-se: como qualquer objeto empurrado para fora de uma superfície, a fatia inicia um movimento de rotação ao cair da mesa.

A velocidade dessa rotação tem a ver com o tamanho e o peso do pão.

Na maioria das vezes, a rotação é lenta e não há tempo suficiente para que a fatia complete um giro inteiro. Assim, a **manteiga acaba acertando o chão!!!**

Se as mesas fossem um pouco mais altas ou então as fatias de pão fossem menores, tudo seria diferente.

Isso é física pura – **a serviço do azar.**

Você na sua vida, independente de ser ou não um vendedor, no sentido mais amplo, acha que é "perseguido" pelos efeitos da lei de Murphy?

Não acredite nisso!!!

Você pode controlar mais o resultado de suas ações de venda!!!

COMO PROCEDER PARA SER UM GRANDE VENDENDOR?

Muitos deveriam almejar ter a competência de um excelente vendedor!!!

O que as pessoas precisam, principalmente no século XXI, é que as suas idéias sejam aceitas e executadas e para que isso ocorra precisam saber "vendê-las" de forma eficaz.

Além disso, todas as organizações necessitam de pessoas que saibam vender os seus produtos ou serviços [particularmente as instituições de ensino superior (IESs) como é o caso da FAAP] torna-se, pois, vital que existam nas mesmas pessoas com a capacidade de vender. E saber vender é algo que se pode aprender, principalmente com quem é *expert* no assunto.

Esse é sem dúvida o caso de Jeffrey Gitomer que escreveu o *best-seller* no assunto que é a *A Bíblia de Vendas* e agora lançou um outro excelente livrinho com o título *O Livro Vermelho de Vendas* (M. Books – São Paulo – 2007) no qual enuncia os seus **12,5 princípios de excelência em vendas** e ensina de maneira bem clara qual é a diferença entre o **fracasso** e o **sucesso** dos vendedores!!!

Ele lembra que *Just do it* (*slogan* da Nike) foi talvez a expressão mais citada na década de 90 do século XX, porque entre outras coisas é um dos "estímulos" que todo vendedor deve seguir. Ou seja, nada ocorrerá até que o vendedor faça alguma coisa, e isso todo dia.

Ele não pode ser um FDC ("faz de conta"), ou seja, falar muito e não fazer nada!!!

Aí Jeffrey Gitomer dá o seu conselho: "Para vender sempre você deve seguir os meus 12,5 princípios de excelência em vendas.

Eles contêm a informação que você necessita.

Claro que o resto cabe a você.

Posso levá-lo até a água, mas não posso obrigá-lo a beber...

E você tem de bebê-la, um copo por vez e assim ela se converterá no mais fino champanhe.

Aí, no lugar de tomá-lo, você fará um brinde a si mesmo e sorverá a merecida taça do sucesso!!!"

Aí vão os princípios de excelência em vendas:

1º PRINCÍPIO - SAIBA CHUTAR O SEU TRASEIRO, SEMPRE QUE FOR PRECISO.

Quem quer ser um grande vendedor deve assimilar que ninguém fará isso por ele!!!

Aliás, os vendedores em geral tendem a se lamentar muito, não você, evidentemente...

Isso devido à concorrência desleal, às vendas lentas, as ligações ou *e-mails* que não retornam, etc.

Todo aquele que quer se tornar um vendedor eficaz precisa parar com a choradeira, que na sua empresa não lhe dão um *notebook*, não lhe pagam um treinamento adequado ou então que o seu chefe não o motiva, apenas assusta com uma possível demissão.

O vendedor que se sentir **encalhado**, ou seja, quando percebe que não está vendendo o suficiente, não deve entrar em pânico, nem deve se menosprezar ou enlouquecer.

E acima de tudo, não desistir!!!

Para sobreviver deve desenvolver a sua inteligência emocional, e examinar com mais cuidado a sua condição de "encalhado" para descobrir, por exemplo, se as causas principais dessa situação não estão ligadas ao fraco desempenho da economia do país.

O QUE O FAZ ENCALHAR?

Muitas vezes é você mesmo!!!

Por isso, a melhor (e talvez única) pessoa para resolver isso é **você mesmo**.

E a "prescrição médica" para ajudar a curar sua doença em vendas deve ser um *mix* das seguintes ações:

➡ Mude a sua apresentação, dando ênfase a uma abordagem que privilegie a perspectiva do seu cliente.

➡ Passe 30 minutos por dia (de manhã é o melhor período) lendo sobre como ter uma atitude positiva frente a uma frustração.

➡ Grave um vídeo de sua apresentação e peça a algumas pessoas nas quais confia, para lhe darem uma opinião construtiva sobre a mesma.

➡ Ouça uma canção favorita antes da próxima apresentação, ou seja, vá para a sua próxima visita cantando.

➡ Fuja de "festas de choradeira", isto é, evite andar e ouvir um bando de colegas derrotados e incompetentes.

➡ Escape das conversas negativas e de pessoas negativas, com a mesma disposição que se busca evitar pragas.

Pois bem, além desse *cocktail* da saúde mental é vital que você desenvolva a atitude positiva, ou seja, uma **atitude "sim"**.

Uma atitude "sim" o ajudará a formular as respostas de uma maneira sempre positiva.

Todos querem ouvir um "sim". Se você se considera uma pessoa "sim", não só estará em esquema mental positivo, mas também terá expectativas positivas.

Caso alguém queira ser o melhor vendedor, primeiro deve ser a melhor pessoa.

A fim de ser o melhor que pode para os outros, primeiro você deve ser o melhor para si mesmo.

Quando você alcança o melhor para si mesmo, então – e só então – pode ser o melhor para os outros!!!

2º PRINCÍPIO - ESTEJA PREPARADO PARA VENCER OU ENTÃO PERCA PARA ALGUÉM QUE ESTEJA PREPARADO.

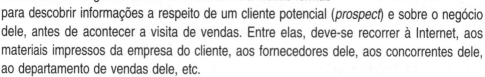

Todo vendedor vencedor conhece muito bem o lema dos escoteiros: **"Esteja preparado!"**

Para estar preparado, um vendedor deve conhecer muita coisa sobre os negócios dos seus clientes. E há muitas formas para descobrir informações a respeito de um cliente potencial (*prospect*) e sobre o negócio dele, antes de acontecer a visita de vendas. Entre elas, deve-se recorrer à Internet, aos materiais impressos da empresa do cliente, aos fornecedores dele, aos concorrentes dele, ao departamento de vendas dele, etc.

Portanto, um bom vendedor é aquele que "faz a sua lição", isto é, colhe antecipadamente informações sobre os seus clientes potenciais, para estar preparado para uma conversação valiosa com eles. E aí, não vai agir nunca como um fracote ou um chorão lamuriento, que reage com choradeira quando por algum motivo perde uma venda importante.

3º PRINCÍPIO - CONSTRUA A SUA MARCA PESSOAL.

É vital construir a marca **"eu"** (ou seja, você). *Branding* (construção da marca) pessoal não é tão complicado assim e isto significa:

➡ criar demanda pelo seu produto (ou serviço) indiretamente;
➡ fazer a comunidade empresarial ter confiança em você;
➡ estimular as outras organizações a dar credibilidade para sua empresa;
➡ estabelecer-se como especialista;
➡ ser visto e conhecido como inovador;
➡ ganhar estatura profissional, destacando-se da concorrência;
➡ construir a sua imagem, repleta de comentários positivos a seu respeito.

O vendedor que consegue construir sua marca pessoal verá que seus clientes serão fiéis e são eles que ligarão para ele.

Em vendas, o mais importante não é quem você conhece, mas sim quem conhece você!!!

4º PRINCÍPIO - OFEREÇA VALOR E NÃO APENAS O PREÇO.

Oferecer e adicionar valor lamentavelmente são palavras que muitos vendedores (e gestores) têm dificuldade de entender, mais ainda de fornecer.

A maioria das pessoas acha que valor diz respeito a algo que a empresa adiciona.

Um pequeno serviço extra, algo adicionado ao produto (serviço), uma ligeira redução no preço, e mesmo alguma coisa "grátis".

Esse conceito, porém, está **totalmente errado**!!!

Todas essas coisas citadas há pouco são promoções, e não valores.

Valor é algo feito para o cliente, em favor do cliente.

O cliente perceberá que o produto que comprou lhe trouxe valor quando for evidente que com ele obteve mais lucro, menor desperdício de tempo, maior conforto, etc.

O bom vendedor é aquele que consegue passar essas informações para os seus clientes enviando-lhes *e-mails* explicativos ou então escrevendo matérias (boas) em periódicos, jornais, etc.

Ou ainda, fazendo palestras gratuitas, que obviamente não sejam "apresentações de vendas". Jeffrey Gitomer ressalta: "Se você faz uma venda, pode ganhar uma comissão.

Se faz um amigo – porque lhe criou valor – pode ganhar uma fortuna.

Quando todos os demais fatores forem iguais, as pessoas preferem fazer negócio com os amigos.

Se todos os demais fatores não forem tão iguais, as pessoas **ainda** querem fazer negócio com os amigos.

Essa é a essência de minha filosofia, sendo o cerne de meu negócio e certamente o ponto fundamental do meu sucesso.

Faça pois dele a sua lição primordial – primeiro ofereça valor, aja como um profissional, converse como um amigo – e ganhe a sua fortuna."

5º PRINCÍPIO - O FUNDAMENTAL NÃO É O TRABALHO DEDICADO, MAS A ADEQUADA E EXTENSA REDE DE CONTATOS.

A pergunta aqui é: o que a criação de uma rede de contatos pode fazer por suas vendas?

Inicialmente, construí-las, em seguida realizá-las!!!

São os bons contatos e conexões com os clientes certos que levam um vendedor ao sucesso.

Entre os lugares que aquele que deseja ser um vendedor eficaz deve freqüentar destacam-se:

→ os eventos comerciais (e sociais) das mais diversas câmaras de comércio;
→ os encontros de organizações de negócios e premiação dos empreendedores;
→ reuniões de organizações não-governamentais (ONGs) que atraem pessoas com classe e dinheiro;
→ seminários e cursos para se aprimorar mais ainda nas técnicas de venda, convivendo com pessoas que almejam sucesso no mesmo tipo de trabalho;

➡ os locais onde se realizam eventos esportivos, culturais; de lazer (*happy hours*, karaokê, etc.) nos quais é muito fácil praticar o seu "jogo" preferido: *Networking* (*Estabelecimento da Rede de Contatos*).

Quem consegue formar uma vasta rede de contato não precisa ficar desperdiçando o seu tempo fazendo ligações para pessoas desconhecidas.

Aliás, ligar para desconhecidos geralmente é uma perda de tempo, pois são poucos os clientes amigos que se consegue para a vida toda, a partir dessa iniciativa...

O vendedor que consegue uma excelente rede de contatos, acaba também obtendo indicações das pessoas que conhece e que assim estarão o ajudando a expandir a mesma.

É vital porém nunca esquecer que a criação de uma rede de contatos funciona bem quando o vendedor emprega continuamente a palavra secreta: **aparecer**.

Aliás, a criação de uma rede de contatos funciona melhor ainda quando ele emprega sempre duas palavras secretas: **aparecer preparado**.

6º PRINCÍPIO - É CRUCIAL SABER CHEGAR ATÉ A PESSOA QUE REALMENTE TOMA AS DECISÕES.

Obviamente um vendedor que não consegue passar do porteiro de uma empresa está ferrado!!!

Assim, também, se o recado que deixou na secretária eletrônica ou o *e-mail* que enviou não tiverem retorno.

Naturalmente, o bom vendedor é aquele que tem um conjunto de artimanhas que permite contornar qualquer tipo de obstáculo, a começar pelo porteiro, que o impede de falar com quem toma as decisões de compra.

Por exemplo, no caso do porteiro, uma solução criativa é ficar um pouco no estacionamento da empresa e descobrir o nome de alguém do departamento de vendas.

Aí, na recepção, você diz ao porteiro que quer falar com ele.

E pronto, em menos de três minutos ele vai aparecer, disposto a falar de tudo e sobre todos.

Ele o auxiliará a chegar até a pessoa que decide pelas compras e até ao CEO (*chief executive officer*) se você lhe disser que tem algo importante a oferecer.

E no caminho, enquanto estiverem andando, lhe dará várias informações particulares (tipo: que carro possui, o time para o qual torce, em que escola estudou, etc.) da pessoa com quem você quer falar, que lhe serão úteis para iniciar a sua apresentação...

No que se refere a mensagem telefônica, convém deixar algum recado que seja ligeiramente ousado e arriscado.

Se for bem-humorado e criativo, tem uma grande probabilidade de provocar um retorno rápido.

Para conseguir uma reunião com quem toma as decisões, é fundamental captar a sua atenção e o seu interesse.

Nesse sentido, no seu pronunciamento inicial deve falar logo de idéias e oportunidades, não de economizar dinheiro.

Não se deve também pedir a esse decisor uma chance para mostrar o que você faz.

O que ele espera é a sua ajuda sobre como aumentar a produtividade, a lucratividade e a aceitação do que fabrica.

O decisor comumente não precisa ser educado, pois o que ele quer saber de você são respostas ou soluções para os problemas que têm na empresa e não ouvir a sua apresentação de vendas!?!?

Portanto, o vendedor, principalmente com um cliente potencial, precisa rapidAmente comunicar-lhe muitas soluções. Assim, não só será bem atendido como terá outros encontros.

7º PRINCÍPIO - DESPERTE O INTERESSA DO CLIENTE POTENCIAL, POIS ASSIM PODERÁ CONVENCÊ-LO A COMPRAR.

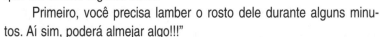

Isso parece o conselho daquele "cão falante" que disse ao vendedor: "Você não pode entrar aí dentro como quem não quer nada e achar que vai vender alguma coisa.

Primeiro, você precisa lamber o rosto dele durante alguns minutos. Aí sim, poderá almejar algo!!!"

Um fato é indispensável para acontecer logo uma venda: **fazer perguntas inteligentes**. Mas aí está uma fraqueza de muitos vendedores, ou seja, saber fazer perguntas inteligentes para que também o achem inteligente.

É muito importante que todo o cliente potencial ou o existente diga: "Ninguém nunca me perguntou isso antes!"

Entre as estratégias de sucesso para fazer perguntas cativantes não se deve esquecer daquelas sobre:
➡ o aumento da produtividade, dos lucros ou dos investimentos;
➡ os objetivos da empresa ou os pessoais;
➡ o futuro da organização;
➡ a criação de uma atmosfera de compra (não de venda) por meio de uma comunicação de impacto.

Como exemplo de algumas perguntas de impacto para começar a conversa o vendedor deve experimentar as seguintes:
➡ "O que você procura...?"
➡ "Por que este é um fator decisivo...?"
➡ "O que você mais gosta em...?"

Qualidade com Humor

➡ "O que seu concorrente faz sobre...?"
➡ "Como os seus clientes reagem a...?"
➡ "Como você lidou com o sucesso...?"
Etc.

É evidente que o vendedor eficaz é aquele que evita a todo custo perguntas tolas ou vazias como:
➡ "Você está acostumado com o seu atual..?"
➡ "Posso fazer uma oferta sobre...?"
➡ "Você é a pessoa que decide sobre...?"
➡ "Se você quer poupar o dinheiro da empresa, então...?"
➡ "O que precisamos para fechar já o negócio?"

Essa última pergunta, se não é a pior, está próxima disso pois significa que você, meu caro vendedor tolinho não tem mais tempo para atender o seu cliente!?!?

Aí, só falta acrescentar mais algumas expressões tenebrosas, que os clientes potenciais (e os existentes) detestam tais como "estou falando honestamente", "se eu fosse você", "francamente, não sei por que você está na dúvida", e a venda decididamente vai para o brejo...

Resumindo, é fundamental todo vendedor não esquecer que se fizer perguntas (propostas) inteligentes, os clientes o acharão também inteligente, mas caso fizer perguntas burras também receberá a classificação equivalente.

E aí vale muito o conselho de Jeffrey Gitomer: "Não se trata de vender pela cotação, e sim de vender pelo coração.

As boas perguntas vão ao cerne da questão ou do problema ou ainda da necessidade com extraordinária velocidade, sem que o comprador sinta que está sendo pressionado."

8º PRINCÍPIO - FAÇA SEUS CLIENTES RIREM, POIS ISSO É MEIO CAMINHO ANDADO PARA UMA VENDA BEM-SUCEDIDA.

Um indivíduo que quer se tornar um vendedor precisa saber usar bem o humor, que aliás, entre outras coisas, é uma demonstração de domínio da linguagem.

Fazer as pessoas sorrirem ou darem risada deixa-as à vontade e cria uma atmosfera mais propícia para se fazer negócio.

Se elas aceitam o humor do vendedor, é bem mais provável que concordem em comprar o seu produto ou serviço.

Mas é importante que o vendedor saiba dizer coisas engraçadas que comprovadamente farão as pessoas rir, sem que seja "espinhoso" e que não envolva questões étnicas ou de gênero. Aliás, o melhor é fazer graça de si mesmo!!!

Tudo bem se o dedo apontar para você.

Não convém porém fazer rir demais os seus clientes potenciais, aos quais não conhece bem, ainda.

Mas fazer as pessoas sorrirem é fundamental para a venda.

O cliente potencial pode não estar inicialmente interessado em ouvir sobre o produto (ou serviço) que você vende, mas ele está quase sempre procurando sorrir.

O humor não só ajuda a fazer a venda mas também auxilia a construir relacionamentos.

A risada é a aprovação mútua, e esta consiste no ponto fundamental da venda.

A conclusão é: **se um vendedor os faz rir, pode fazê-los comprar!!!**

Um vendedor deve aperfeiçoar o seu lado humorista e para tornar-se um aprendiz eficaz do humor deve:

- ir a *shows* de comédia no teatro;
- assistir aos programas humorísticos na TV, com muita atenção;
- ler livros de piadas ou aqueles que sejam engraçados;
- praticar gestos engraçados e caretas, além de conseguir ter diferentes entonações na sua voz;
- apreciar o humor na sua vida diária, inclusive rir de si mesmo;
- rir muito, convivendo com pessoas engraçadas.

Porém, o grande alerta é que hoje existe um enorme contingente de vendedores que são recontadores de piadas, ou melhor: **maus recontadores de piadas**.

Contar piadas tem assim o seu lado perigoso, e geralmente não muito engraçado.

Em primeiro lugar, a maioria das piadas humilha uma ou outra pessoa.

Em segundo, as piadas soam premeditadas, quase como se você estivesse forçando a barra. E o pior de tudo, se o cliente já ouviu (ou leu na Internet) a piada antes, o vendedor pode parecer um grande tolo, principalmente no final, quando é o **único que ri**.

Já quando o vendedor sabe contar uma história engraçada, isso parece bem mais genuíno.

Com freqüência, quando o vendedor consegue atrair a atenção do cliente potencial para a sua história com passagens humorísticas também faz uma apresentação de venda eficaz, atraindo-o para o seu produto ou serviço.

É por isso que Jeffrey Gitomer enfatiza: "Você pode até questionar quanto humor deve usar, quando o humor foi empregado com mais eficiência, ou até debater o tipo de humor que deve ser utilizado.

Porém, não pode de forma alguma negar o poder de uma risada como um vínculo universal de um ser humano com outro, e de um ser humano – o vendedor – com um formulário de pedido de vendas."

9º PRINCÍPIO - USE A CRIATIVIDADE PARA SE DIFERENCIAR E DOMINAR.

Inicialmente é preciso salientar que a criatividade pode ser aprendida e que a grande maioria das pessoas não acredita que pode ser criativa, estando aí incluídos os vendedores.

Entre os aspectos que impulsionam e/ou inspiram o processo da apresentação criativa destacam-se:

- a **atitude**, sendo que a negativa bloqueia o pensamento criativo;
- o **hábito de observar**, procurando olhar as coisas e as circunstâncias de maneira não trivial;
- o **costume de colecionar idéias**, anotando no seu *palm* (ou até num guardanapo) tudo o que for incomum;
- **acreditar em si mesmo**, possibilitando que as suas idéias sejam implementadas;
- ter um **sistema de apoio**, constituído por pessoas que lhe digam que você tem boas idéias;
- **estudar criatividade**, convivendo com amigos e mentores criativos, que lhe forneçam *insights* (discernimentos) e não apenas respostas imediatas;
- **valorizar o seu cérebro**, acreditando que pode ser cada vez mais esperto e ter idéias brilhantes.

Todo vendedor criativo procura se diferenciar e um ótimo lugar para começar é pela mensagem gravada.

Ela deve ter não mais que 35 palavras e precisa ser mudada com freqüência.

Aí vão dois exemplos.

- "Oi! Aqui é o seu amigo Zé Neto e você ligou no Melhor Dia da Minha Vida! Muito obrigado por ligar e tornar o meu dia melhor ainda; e por favor, diga-me quem você é e o que eu posso fazer para ajudá-lo ao soar o sinal! Tenha um excelente dia. Eu sei que você terá! ...biiiiip!"
- "Uau, aqui é o Zé Neto. Não posso atender o telefone porque estou fora praticando minha guitarra. Deixe uma mensagem...
Melhor ainda: deixe um pedido para que eu possa pagar as minhas aulas."

O vendedor que adotar uma abordagem criativa e até irreverente não apenas nas suas mensagens telefônicas gravadas, mas também nas suas apresentações, terá uma maior probabilidade de sobrepujar o obstáculo ou a síndrome de: **"estamos satisfeitos com o nosso fornecedor atual."**

Aliás, uma tática para acabar com esse obstáculo é o vendedor dizer para o potencial cliente: "O senhor prefere ficar encantado e lucrar mais ou contentar-se em ficar apenas satisfeito?"

O cliente provavelmente dirá: "Encantado e lucrar mais."
"**Ótimo**", você diz.
"Vim aqui hoje **esperando** que o senhor estivesse satisfeito com o seu fornecedor", você complementa!!!

10º PRINCÍPIO - REDUZA O RISCO DOS CLIENTES, E VOCÊ IRÁ CONVERTER VENDAS EM COMPRAS.

A maneira óbvia de vender é eliminando o risco de comprar!!! O risco de compra é uma barreira mental ou física real (ou imaginada), que faz uma pessoa hesitar ou repensar a aquisição.

Como vendedor a sua função é **identificar o risco e eliminá-lo**.

Na mente de um cliente potencial podem estar passando as seguintes preocupações:
→ posso adquirir a mesma coisa a um preço mais baixo em outro lugar;
→ este produto ficará obsoleto logo depois da compra;
→ existe alguma coisa bem melhor;
→ realmente não preciso desse produto (serviço);
→ o atendimento pós-venda não será oferecido.
Etc.

Como se nota, o risco abala o potencial cliente, sendo na realidade, uma falta de segurança, confiança e crença, seja no produto, no serviço, na empresa, no vendedor ou até em si mesmo.

Os riscos são emoções internas que são julgadas e justificadas logicamente na mente do comprador potencial.

Não há um **remédio único** para remover o risco.

Há entretanto uma técnica que pode funcionar tanto para identificar o risco quanto para fechar o negócio.

Porém é delicada e exige o domínio por meio da preparação e da prática.

A estratégia é chamada: **"Qual é o risco? Qual é a recompensa?"**

Quando uma cliente potencial hesita, o vendedor deve pedir-lhe para listar a série de riscos para a compra, anotando-os e inclusive sugerindo outros.

Se o cliente disse "Não tenho certeza", deve perguntar-lhe: "Poderia ser...?"

Quando perceber que a lista está completa, o vendedor deve pedir ao cliente que também elabore a lista das recompensas ou vantagens.

Obviamente também vai anotá-las e "enfeitá-las" o máximo que puder, sem cansar o cliente.

Depois disso, ou seja, tendo eliminado os riscos um a um, o vendedor deve pronunciar frases como: "Suponho que pudéssemos...", "Você sabia que...", "Acho que podemos...". e finalmente vem a pergunta final: "Você pode ver outras razões para não ir em frente nessa compra?"

Se o cliente tem condições de comprar, tem uma necessidade clara, quer o produto (serviço) e ficou livre de risco, o vendedor receberá a sua recompensa, isto é: o **pedido de compra**!!!

11º PRINCÍPIO - QUANDO VOCÊ FALA DE SI MESMO, ESTÁ SE GABANDO, MAS QUANDO ALGUÉM DIZ ALGO SOBRE VOCÊ, PODE SER UMA COMPROVAÇÃO.

O método mais poderoso de fazer uma venda vem dos testemunhos, e esse recurso não tem sido usado de forma adequada na criação de uma mensagem de *marketing*.

Um bom testemunho escrito deve mostrar um benefício de valor ou uma melhoria específica do produto (serviço).

Aí vão alguns exemplos de testemunhos adequados:
- ➡ *"Eu costumava usar o produto de um concorrente; mudei para XYZ, e você também deveria fazer isso."*
- ➡ *"Achei o preço alto demais, mas, mesmo assim, comprei e percebi que eles ofereciam um produto melhor."*
- ➡ *"Aumentei minha produtividade com esse equipamento e tive mais lucro."*
- ➡ *"Fácil de usar. Rapidez de serviço. Agora, meu pessoal não quer usar outra máquina."*

Etc.

Os testemunhos são de fato uma garantia para incrementar as vendas.

Eles funcionam!!! Então, todo vendedor que quer ser vencedor deve elaborar o mais rápido que puder pelo menos uma lista de testemunhos dos dez clientes que mais gostam dele. Os testemunhos são o poder e a prova de que o vendedor é o que afirma ser.

A falta de testemunhos significa fraqueza e prova indiretamente que o vendedor não é o que diz ser!!!

12º PRINCIPIO - FIQUE SEMPRE ANTENADO.

O vendedor precisa sempre saber usar o seu sexto sentido, ou seja: o **sentido da venda**.

Infelizmente muitos vendedores ainda dizem que nunca foram treinados e que continuam recorrendo às suas **"intuições".**

Que bom que eles não decidiram ainda mudar de carreira e se tornaram neurocirurgiões operando instintivamente, não é?

Os seis sentidos positivos de vendas são:

- **confiança**, e a melhor parte dela é que é contagiante, podendo transmiti-la ao seu cliente potencial;
- **antecipação positiva**, pensando sempre que pode realizar a venda;
- **determinação**, persistindo, não importa o que esteja ocorrendo;
- **realização**, querendo sentir novamente a satisfação que teve ao fazer sua última venda;
- **vitória**, com a vontade de se preparar para vencer ser maior do que a própria vontade de vencer;
- **sucesso**, impulsionado pelo propósito positivo.

Porém, isso não é tão fácil de sentir, pois o vendedor também é abalado por sentidos negativos, tais como o medo, nervosismo, rejeição, relutância (procrastinação), incerteza, fracasso, falta de sorte, etc., que o seu subconsciente apresenta e projeta no processo de venda. A maneira mais poderosa que um vendedor tem à sua disposição para livrar-se dos sentidos negativos é contrabalançá-los com os pensamentos e palavras positivas, ou seja, não reclamar e nem culpar os outros.

Equilibrar é algo delicado por definição e contrabalançar é ainda mais.

A excelente notícia sobre os sentidos de vendas é que você tem o controle total, podendo converter sentidos negativos em sentidos positivos com uma combinação de dedicação ao aprendizado ao longo de toda vida, e adquirindo sempre uma atitude positiva.

Todos os sentidos destrutivos devem ser contrabalançados por sentidos construtivos ou se empregar o sentido mais forte de todos – o bom senso do vendedor.

É vital pois que o vendedor fique "antenado" o tempo todo, prestando atenção no que está à sua volta e com quem está à sua volta.

Um vendedor nunca deve perder as oportunidades de fazer bons contatos, esteja no saguão de um hotel, num elevador, no avião e até num banheiro.

Precisa estar sempre antenado, capitalizando todas as oportunidades de estabelecer um novo e provavelmente bom contato!!!

12,5º PRINCÍPIO - RENUNCIE AO SEU CARGO DE GERENTE GERAL DO UNIVERSO.

Inicialmente deve-se parabenizar Jeffrey Gitomer por essa sua forma criativa de classificar os atributos, os princípios, as qualidades.

Onde já se viu o princípio 12,5?

Mas assim, o leitor supersticioso não falaria do 13º princípio, ou aquele mais atento acharia que este não é bem um princípio, mas na realidade apenas uma conclusão temporária (pois nada é definitivo...)

Após ter entendido os 12 princípios anteriores o indivíduo que quer ser um vendedor eficaz precisa juntar tudo e fazer com que cada um deles seja um princípio seu!!!

E a primeira parte disso implica saber controlar a própria vida.

Para tanto é preciso que você gaste o menos tempo possível com os problemas e dramas dos outros para ter mais tempo para construir o seu próprio sucesso.

Nesse sentido, Jeffrey Gitomer recomenda: "Renuncie ao seu cargo de 'gerente geral do universo' ficando preocupado com a crise no seu time de futebol preferido, com os brutais assassinatos que acontecem todos os dias, com as mentiras dos políticos, com as infidelidades dos artistas famosos, etc.

É vital que você use o tempo disponível no seu próprio universo.

E aí, se em cinco ou dez anos tornar-se o rei do seu universo poderá novamente voltar a aborrecer-se com os problemas dos outros..."

Bem, se você, caro leitor, dominar todos os princípios ora enunciados, certamente saberá vender a si mesmo, o que como conseqüência lhe permitirá receber muitos pedidos de compra dos seus serviços (ou produtos).

Bibliografia

Allardice, P. e outros. *Salve o Meio Ambiente*
Reader's Digest Brasil – Rio de Janeiro – 2006

Alonso, F. R. – López, F. G. – Castrucci, P. de L. *Curso de Ética em Administração*
Editora Atlas – São Paulo – 2006

Arruda, M. C. C. de – Whitaker, M. de C. – Ramos, J. M. R. *Fundamentos de Ética Empresarial e Econômica.*
Editora Atlas – São Paulo – 2006

Bierce, A. *O Dicionário do Diabo*
Editora Mercado Aberto – Porto Alegre – 1999

Borysenko, J. *Paz Interior para Mulheres Muito Ocupadas*
Editora Best Seller Ltda. – Rio de Janeiro – 2006

Bossidy, L. – Charan, R. *Execução – A Disciplina para Atingir Resultados*
Editora Campus – Rio de Janeiro – 2004

Caruso, D. R. – Salovey, P. *Liderança com Inteligência Emocional – Liderando e Administrando com Competência e Eficácia*
M. Books do Brasil Editora Ltda. – São Paulo – 2007

Diniz, L. *Almanaque Light*
Editora Arx – São Paulo – 2006

Diniz, L. *O Prazer de Viver Light*
Editora Arx – São Paulo – 2006

Dornelles, G. de S. *Metagestão – A Arte do Diálogo nas Organizações*
Editora Saraiva – São Paulo – 2006

Drunkard, R. *O Guia Definitivo da Ressaca*
Editora Senac – São Paulo – 2004

Fernandes, M. *Todo Homem é Minha Caça*
Editora Record – Rio de Janeiro – 2005

Finkelstein, S. *Por Que Executivos Inteligentes Falham*
M. Books do Brasil Editora Ltda. – São Paulo – 2007

Funes, M. *O Poder do Riso – Um Antídoto contra a Doença*
Editora Ground Ltda. – São Paulo – 2001

Galford, R. M. – Maruca, R. F. *Seu Legado de Liderança*
M. Books do Brasil Editora Ltda. – São Paulo – 2007

Gitomer, J. *A Bíblia de Vendas*
M. Books do Brasil Editora Ltda. – São Paulo – 2005

Gitomer, J. *O Livro Vermelho de Vendas*
M. Books do Brasil Editora Ltda. – São Paulo – 2006

Grogan, J. *Marlley&Eu*
Ediouro Publicações – Prestigio Editorial – Rio de Janeiro – 2006

Harrison, T. L. e Frakes, M. H. *Instinto*
Larousse do Brasil Participações Ltda. – São Paulo – 2007

Hoover, J. *Como Trabalhar para um Idiota*
Editora Futura – São Paulo – 2005

Izquierdo, I. *A Arte de Esquecer – Cérebro, Memória e Esquecimento*
Vieira& Lent Casa Editorial Ltda. – Rio de Janeiro – 2004

Jenkins, S. e outros. *Tenha um Coração Saudável com apenas 30 Minutos por Dia*
Seleções do Reader's Digest – Rio de Janeiro – 2006

Kluyver, C. A. de – Pearce II, J. A. *Estratégia – Uma Visão Executiva*
Pearson – Prentice Hall – São Paulo – 2006

Kupermann, D. *Ousar Rir – Humor, Criação e Psicanálise*
Editora Civilização Brasileira – Rio de Janeiro – 2003

Kupermann, D. - Slavutzky, A. *Seria Trágico...Se não Fosse Cômico*
Editora Civilização Brasileira – Rio de Janeiro – 2005

Marinoff, L. *Pergunte a Platão*

Editora Record Ltda. – Rio de Janeiro – 2006

Marinoff, L. *Mais Platão, Menos Prozac*
Editora Record Ltda. – Rio de Janeiro – 2006

Martin, C. M. *Gerentes e Executivos Poderosos*
M. Books do Brasil Editora Ltda. – São Paulo – 2007

Rose, S. *O Cérebro do Século XX*
Editora Globo S. A. – São Paulo – 2006

Rovell, D. *Gatorade – Primeiro Lugar na Sede*
M. Books do Brasil Editora Ltda. – São Paulo – 2007

Savater, F. *Os Sete Pecados Capitais*
Ediouro Publicações S. A. – Rio de Janeiro – 2005

Schmidt, T. – Tavares, U. *Guia do Homem (Que a Mulher Também Deve Ler)*
Geração da Comunicação Integrada Ltda – São Paulo – 2001

Simão, J. *José Simão no País da Piada Pronta*
Editora Clara Ltda – São Paulo – 2007

Smith, D. L. *Por Que Mentimos - Os Fudamentos Biológicos e Psicológicos da Mentira*
Elsevier Editora Ltda. - Rio de Janeiro - 2006

Toviassú Produções Artísticas. *As Piadinhas do Cassetinha*
Editora Objetiva – Rio de Janeiro – 2002

Ziglar, Z. *Namorados para Sempre*
Editora Vida – São Paulo – 2001

 Qualidade com Humor

Conheça os títulos mais recentes do autor:

QUALIDADE COM HUMOR
Volume 1 e 2

A RODA DA MELHORIA

GESTÃO CRIATIVA
Aprendendo com os mais bem sucedidos empreendedores do mundo

QUALIDADE DA CRIATIVIDADE
Volume 1 e 2

EMPREENDER É A SOLUÇÃO

O BOOM NA EDUCAÇÃO
O Aprendizado Online

Boa Leitura, melhor qualidade de vida

Acesse nossos títulos no site:
www.dvseditora.com.br